ALL IN ONE

군무원

심리학

SD에듀
㈜시대고시기획

Always **with you**

사람의 인연은 길에서 우연하게 만나거나 함께 살아가는 것만을 의미하지는 않습니다.
책을 펴내는 출판사와 그 책을 읽는 독자의 만남도 소중한 인연입니다.
SD에듀는 항상 독자의 마음을 헤아리기 위해 노력하고 있습니다.
늘 독자와 함께하겠습니다.

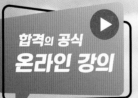

머리말

군사정보직 군무원을 목표로 달려가는 수험생 여러분 반갑습니다.

군사정보직 군무원은 주변국 및 대북 군사정보 수집 또는 생산관리, 부대전파, 보안 업무 등의 업무를 담당하는 군무원입니다. 이러한 군사정보직의 특수성 때문에 필기 시험 문제가 공개되지 않아 출제경향을 파악하는 것이 어렵고, 군사정보직 교재도 부족한 것이 현실입니다. 게다가 군사정보직 7급에는 9급(국어 · 국가정보학 · 정보 사회론)보다 심리학 과목이 하나 더 추가되는데, 일반인들이 생각하는 심리학과 학 문적인 심리학에는 차이가 크기 때문에 학습하는 데 더욱 어려움이 많습니다. 이러 한 수험생들의 고충을 덜어드리고자 SD에듀에서는 군사정보직 군무원 수험생들을 위해 군사정보직 7급 과목인 심리학 기본서를 출간하였습니다.

★ 2023 ALL-IN-ONE 군무원 심리학 도서의 특징 ★

1. 군사정보직 심리학 최신 기출복원문제 수록

기출문제의 키워드를 100% 복원하여 2022년 7월에 시행된 최신기출문제와 2021~ 2017년 기출문제를 합하여 모두 6개년 기출복원문제를 수록하였습니다.

2. 최신 출제경향을 분석하여 담은 핵심이론

군무원 전문 연구진들이 철저하게 분석한 출제경향을 바탕으로, 군무원 심리학 필기 시험에 꼭 필요한 핵심이론인 심리학개론을 체계적으로 정리하였습니다

3. 단원별 적중문제

각 챕터별로 이론을 바로 확인할 수 있도록 적중문제를 수록하였습니다.

국가정보학, 정보사회론은 방대한 내용과 예측 불가능한 출제경향을 띠고 있어 군사 정보직 학습에 여러 가지 어려움이 있지 만 심리학 과목은 앞의 두 과목에 비해 출제 경향에 일관성이 있고, 학습의 범위가 일정하여 안정적인 점수를 획득할 수 있습니다.

『2023 ALL-IN-ONE 군무원 심리학』 구성에 따라 학습한다면 틀림없이 필기시 험에서 좋은 결과를 얻을 수 있을 것이라 확신합니다. 저희 SD 군무원시험연구소는 앞으로도 수험생 여러분들에게 도움이 되는 도서와 양질의 콘텐츠를 제공하여 수험 생 여러분의 수험의 길을 함께 걸어가도록 하겠습니다.

SD 군무원시험연구소

군무원 채용 필수체크

⬡ 응시자격

응시연령	• **7급 이상**: 20세 이상 • **8급 이하**: 18세 이상
학력 및 경력	제한 없음

⬡ 군무원 채용과정

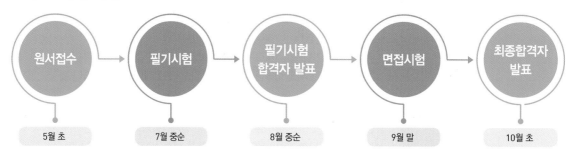

원서접수 → 5월 초	필기시험 → 7월 중순	필기시험 합격자 발표 → 8월 중순
면접시험 → 9월 말	최종합격자 발표 → 10월 초	

1 필기시험

- 객관식 선택형 문제로 과목당 25문항, 25분으로 진행
- 합격자 선발 : 선발예정인원의 1.5배수(150%) 범위 내(단, 선발예정인원이 3명 이하인 경우, 선발예정인원에 2명을 합한 인원의 범위)
  → 합격기준에 해당하는 동점자는 합격처리

2 면접시험

- 필기시험 합격자에 한해 응시기회 부여
- 평가요소
  - 군무원으로서의 정신자세
  - 전문지식과 그 응용능력
  - 의사표현의 정확성 · 논리성
  - 창의력 · 의지력 · 발전가능성
  - 예의 · 품행 · 준법성 · 도덕성 및 성실성
  → 7급 응시자는 개인발표 후 개별 면접 진행

3 최종합격자 결정

필기시험 합격자 중, 면접시험 성적과 필기시험 성적을 각각 50% 반영하여 최종합격자 결정
→ 신원조사와 공무원 채용 신체검사 모두 '적격' 받은 자에 한함

※ 위 채용일정은 2022년 군무원 국방부 주관 채용공고를 기준으로 작성하였으므로 세부 사항은 반드시 확정된 채용공고를 확인하시기 바랍니다.

영어능력검정시험 기준점수

구분	5급	7급	9급
토익(TOEIC)	700점	570점	470점
토플(TOEFL)	PBT 530점 CBT 197점 IBT 71점	PBT 480점 CBT 157점 IBT 54점	PBT 440점 CBT 123점 IBT 41점
텝스(TEPS) 2018.5.12. 이전 실시된 시험	625점	500점	400점
新텝스(新TEPS) 2018.5.12. 이후 실시된 시험	340점	268점	211점
지텔프(G-TELP)	Level 2 65점	Level 2 47점	Level 2 32점
플렉스(FLEX)	625점	500점	400점

⋯▸ 당해 공개경쟁채용 필기시험 시행 예정일부터 역산하여 3년이 되는 해의 1월 1일 이후에 실시된 시험으로서 필기시험 전일까지 점수(등급)가 발표된 시험에 한해 기준점수 인정
⋯▸ 응시원서 접수 시 본인이 취득한 영어능력검정시험명, 시험일자 및 점수 등을 정확히 기재
⋯▸ 응시원서 접수 시 입력 사항에 변동이 있거나 원서 접수 후 발표된 성적 등록 시 추가등록 필수

한국사능력검정시험 기준점수

구분	5급	7급	9급
한국사능력검정시험	2급	3급	4급

⋯▸ 2020년 5월 이후 한국사능력검정시험 급수체계 개편에 따른 시험종류의 변동(초 · 중 · 고급 3종 → 기본 · 심화 2종)과 상관없이 기준(인증)등급을 그대로 적용
⋯▸ 당해 공개경쟁채용 필기시험 시행 예정일부터 역산하여 4년이 되는 해의 1월 1일 이후에 실시된 시험으로서 필기시험 전일까지 점수(등급)가 발표된 시험에 한해 기준점수(등급) 인정
⋯▸ 응시원서 접수 시 본인이 취득한 한국사능력검정시험의 등급인증번호와 급수(성적)를 정확히 기재
⋯▸ 응시원서 접수 시 입력 사항에 변동이 있거나 원서 접수 후 발표된 성적 등록 시 추가등록 필수

※ 위 기준점수는 군무원인사법시행령을 기준으로 작성하였으므로 세부 사항은 반드시 확정된 채용공고를 확인하시기 바랍니다.

S T R U C T U R E S

이 책의 구성과 특징

─── ALL-IN-ONE 한 권으로 군무원 필기시험 합격하기! ───

최신 출제경향에 맞춘 핵심이론과 보충·심화학습 자료

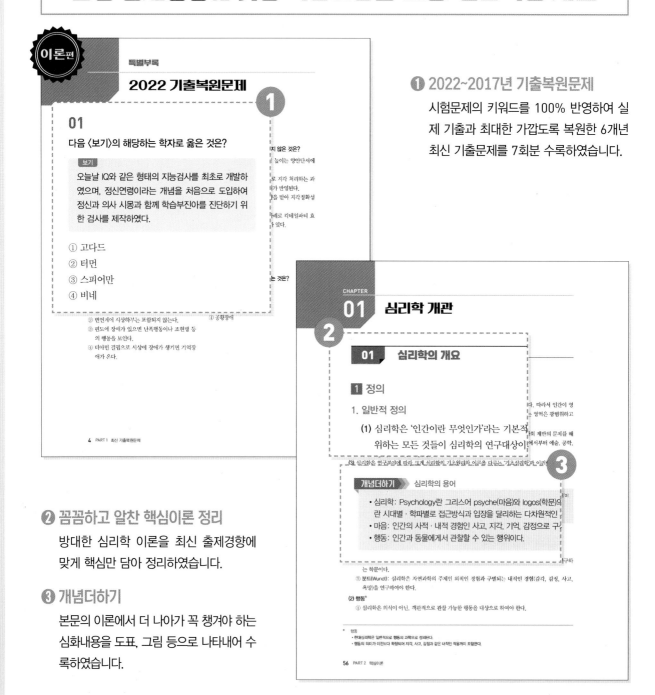

이론편

특별부록

2022 기출복원문제 ①

01

다음 〈보기〉의 해당하는 학자로 옳은 것은?

보기

오늘날 IQ와 같은 형태의 지능검사를 최초로 개발하였으며, 정신연령이라는 개념을 처음으로 도입하여 정신과 의사 시몽과 함께 학습부진아를 진단하기 위한 검사를 제작하였다.

① 고다드
② 터먼
③ 스피어만
④ 비네

❶ 2022~2017년 기출복원문제

시험문제의 키워드를 100% 반영하여 실제 기출과 최대한 가깝도록 복원한 6개년 최신 기출문제를 7회분 수록하였습니다.

CHAPTER

01 심리학 개관 ②

01 심리학의 개요

1 정의

1. 일반적 정의

(1) 심리학은 '인간이란 무엇인가'라는 기본적
위하는 모든 것들이 심리학의 연구대상이

개념더하기 ③ 심리학의 용어

• 심리학: Psychology란 그리스어 psyche(마음)와 logos(학문)의
란 시대별·학파별로 접근방식과 입장을 달리하는 다차원적인
• 마음: 인간의 사적·내적 경험인 사고, 지각, 기억, 감정으로 구
• 행동: 인간과 동물에게서 관찰할 수 있는 행위이다.

❷ 꼼꼼하고 알찬 핵심이론 정리

방대한 심리학 이론을 최신 출제경향에 맞게 핵심만 담아 정리하였습니다.

❸ 개념더하기

본문의 이론에서 더 나아가 꼭 챙겨야 하는 심화내용을 도표, 그림 등으로 나타내어 수록하였습니다.

─── ALL-IN-ONE *한 권으로 기출문제까지 섭렵하기!* ───

핵심이론과 직결된 적중문제

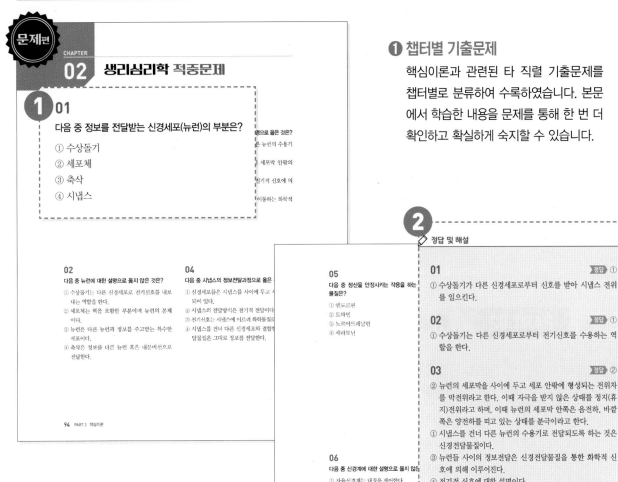

문제편

CHAPTER
02 생리심리학 적중문제

❶ 01

다음 중 정보를 전달받는 신경세포(뉴런)의 부분은?

① 수상돌기
② 세포체
③ 축삭
④ 시냅스

02

다음 중 뉴런에 대한 설명으로 옳지 않은 것은?

① 수상돌기는 다른 신경세포로 전기신호를 내보
내는 역할을 한다.
② 세포체는 핵을 포함한 부분이며 뉴런의 본체
이다.
③ 뉴런은 다른 뉴런과 정보를 주고받는 특수한
세포이다.
④ 축삭은 정보를 다른 뉴런 혹은 내분비선으로
전달한다.

04

다음 중 시냅스의 정보전달과정으로 옳은

① 신경세포들은 시냅스를 사이에 두고
되어 있다.
② 시냅스의 전달방식은 전기적 전달이다
③ 전기신호는 시냅스에 이르러 화학물질
④ 시냅스를 건너 다른 신경세포와 결합한
달물질은 그대로 정보를 전달한다.

94 **PART 2** 핵심이론

❶ 챕터별 기출문제

핵심이론과 관련된 타 직렬 기출문제를
챕터별로 분류하여 수록하였습니다. 본문
에서 학습한 내용을 문제를 통해 한 번 더
확인하고 확실하게 숙지할 수 있습니다.

❷

정답 및 해설

05

다음 중 정신을 안정시키는 작용을 하는
물질은?

① 엔도르핀
② 도파민
③ 노르아드레날린
④ 세라토닌

06

다음 중 신경계에 대한 설명으로 옳지 않

① 자율신경계는 내장을 제어한다.
② 체성신경계는 골격근을 제어한다.
③ 체성신경계는 비수의적인 운동을 관장한다.
④ 혈압을 상승시키는 것은 자율신경계의 기능이다.

❷ 상세한 해설

친절한 해설로 핵심이론과 관련된 문제를
혼자서도 학습할 수 있습니다. 낯설고 어려
웠던 심리학 문제를 쉽게 느낄 수 있습니다.

01 정답 ①

① 수상돌기가 다른 신경세포로부터 신호를 받아 시냅스 전위
를 일으킨다.

02 정답 ①

① 수상돌기는 다른 신경세포로부터 전기신호를 수용하는 역
할을 한다.

03 정답 ②

② 뉴런의 세포막을 사이에 두고 세포 안팎에 형성되는 전위차
를 막전위라고 한다. 이때 자극을 받지 않은 상태를 정지(휴
지)전위라고 하며, 이때 뉴런의 세포막 안쪽은 음전하, 바깥
쪽은 양전하를 띠고 있는 상태를 분극이라고 한다.
① 시냅스를 건너 다른 뉴런의 수용기로 전달되도록 하는 것은
신경전달물질이다.
③ 뉴런들 사이의 정보전달은 신경전달물질을 통한 화학적 신
호에 의해 이루어진다.
④ 전기적 신호에 대한 설명이다.

① 세라토닌은 도파민과 노르아드레날린을 제어하여 마음의
평정을 유지시키는 기능을 한다.
② 엔도르핀은 통증을 완화시키고 기분을 안정시킨다.
③ 도파민은 집중력과 쾌감, 도취감, 의욕 등을 높이고 공격
성·창조성·운동기능 등과 관여한다.
④ 노르아드레날린은 신경을 흥분시키는 작용을 한다.

06 정답 ③

③ ③ 체성신경은 통증이나 온도를 뇌에 전달하는 지각신경
(감각원심)과 수의적(자신의 의지로 움직일 수 있는) 운동신
경으로 나뉜다.
① ④ 자율신경은 자신의 의지로 움직일 수 없는 심장, 혈관,
내장에 분포한 신경이다.

이 책의 차례

특별부록	2022 기출복원문제	002

PART 01　최신 기출복원문제

CHAPTER 01	2021 기출복원문제	004
CHAPTER 02	2020 기출복원문제	012
CHAPTER 03	2019 추가채용 기출복원문제	021
CHAPTER 04	2019 기출복원문제	030
CHAPTER 05	2018 기출복원문제	038
CHAPTER 06	2017 기출복원문제	046

PART 02　핵심이론

CHAPTER 01	심리학 개관	056
CHAPTER 02	생리심리학	078
CHAPTER 03	감각과 지각	100
CHAPTER 04	발달심리학	121
CHAPTER 05	동기와 정서	158
CHAPTER 06	학습과 기억	179
CHAPTER 07	언어와 사고	213
CHAPTER 08	지능과 지능검사	228
CHAPTER 09	성격심리학	255
CHAPTER 10	적응과 이상행동	278
CHAPTER 11	사회심리학	336

특별부록
2022 기출복원문제

2022 기출복원문제

01

다음 〈보기〉의 해당하는 학자로 옳은 것은?

> **보기**
>
> 오늘날 IQ와 같은 형태의 지능검사를 최초로 개발하였으며, 정신연령이라는 개념을 처음으로 도입하여 정신과 의사 시몽과 함께 학습부진아를 진단하기 위한 검사를 제작하였다.

① 고다드
② 터먼
③ 스피어만
④ 비네

02

다음 중 변연계에 대한 설명으로 옳지 않은 것은?

① 변연계의 기능에는 동기부여, 감정, 학습, 기억 등이 있다.
② 변연계에 시상하부는 포함되지 않는다.
③ 편도에 장애가 있으면 난폭행동이나 조현병 등의 행동을 보인다.
④ 티아민 결핍으로 시상에 장애가 생기면 기억장애가 온다.

03

지각 과정에 대한 설명으로 옳지 않은 것은?

① 깊이지각에 있어서 상대적 높이는 양안단서에 해당한다.
② 감각정보를 의미있는 형태로 지각 처리하는 과정에는 개인의 경험과 기대가 반영된다.
③ 주변의 맥락과 단서의 영향을 받아 지각정확성이 저하될 수 있다.
④ 선택적 주의를 설명하는 사례로는 칵테일파티 효과(cocktail party effect)가 있다.

04

다음 중 불안장애에 속하지 않는 것은?

① 불리불안장애
② 양극성 장애
③ 특정공포증
④ 공황장애

05

에릭슨의 심리사회적 발달단계 중 성인 중기의 자아 위기에 해당하는 것은?

① 근면성 대 열등감
② 신뢰감 대 불신감
③ 친밀감 대 고립감
④ 생산성 대 침체감

01

정답 ④

④ 비네는 체계적인 지능검사를 최초로 개발했으며, 정신과 의사인 시몽(Simon)과 함께 학습지진아 선별을 목적으로 한 아동용 지능검사를 개발했다. 이 검사를 기초로 1916년 미국 스탠포드 대학의 터먼(Terman)과 고다드(Goddard)가 미국의 문화에 맞도록 스탠포드-비네 검사를 고안하면서 처음으로 지능지수(IQ; Intelligence Quotient) 개념이 사용되었다.

02

정답 ②

② 변연계는 시상하부, 편도, 해마가 주가 되며 그 외에 인접 기관들로 구성되어 있다. 시상하부는 감정 변화와 운동기능 변화 등 내분비반응을 나타낸다.

03

정답 ①

① 인간은 망막에 비친 주시물체의 2차원적 영상을 3차원적으로 지각하는데, 이것을 깊이지각이라고 한다. 이때 어떤 단서들은 두 눈에 동시에 작용하기도 하며, 각 눈에 따로 작용하기도 한다. 전자를 양안단서(Binocular Cue)라고 하며, 후자를 단안단서(Monocular Cue)라고 한다. 단안단서에는 상대적 크기, 중첩, 상대적 명확성, 결의 밀도 변화, 상대적 높이, 상대적인 운동, 선형조망이 포함된다.

04

정답 ②

② 양극성 장애는 고양된 기분 상태와 우울한 기분 상태가 교차되어 나타나는 장애이다. 즉, 조증상태가 나타나거나 조증상태와 우울상태가 번갈아 나타난다. 그로 인해 과거에는 조울증(Manic Depressive Illness)으로 불렸다.
① · ③ · ④ 불안장애는 병적인 불안으로 인해 과도하게 심리적인 고통을 느끼거나 현실적인 적응에 심각한 어려움을 나타내는 경우를 가리킨다. 불안장애의 하위유형으로는 분리 불안장애(Separation Anxiety Disorder), 선택적 무언증 또는 선택적 함구증(Selective Mutism), 특정 공포증(Specific Phobia), 사회불안장애 또는 사회공포증(Social Anxiety Disorder or Social Phobia), 공황장애(Panic Disorder), 광장공포증(Agoraphobia), 범불안장애(Generalized Anxiety Disorder) 등이 있다.

05

정답 ④

④ 생산성 대 침체감: 24~65세의 중년기에 해당되며, 가정과 사회에서 중요한 역할을 담당하는 시기로 다음 세대를 이해 생산하고 희생한다.
① 근면성 대 열등감: 5~12세의 연령에 해당되며, 인지적 · 사회적 기술을 연마하여 역량을 키우는 단계이다.
② 신뢰감 대 불신감: 출생~1세의 청소년기에 해당되며, 부모와의 신뢰를 바탕으로 자신과 타인에 대한 신뢰 관계를 수립하는 시기이다.
③ 친밀감 대 고립감: 20~24세의 청년기에 해당되며, 타인과의 관계에서 친밀감과 우정을 유지하기 위해 노력함으로써 친밀한 대인관계를 형성하는 시기이다.

06

최빈값에 관한 설명으로 옳지 않은 것은?

① 주어진 자료 중에서 가장 많이 나타나는 측정
값이다.
② 최빈값은 대표성을 갖고 있다.
③ 자료 중 가장 극단적인 값의 영향을 받는다.
④ 중심경향성 기술값 중의 하나이다.

07

다음 중 동조행동이 일어나기 쉬운 사람이 아닌 것은?

① 자신보다 다른 사람의 능력이 뛰어나다고 느끼
는 사람
② 친화동기가 낮은 사람
③ 자기에 대한 확신과 자신감이 부족한 사람
④ 집단에서의 지위가 낮은 사람

08

다음 중 셀리에가 제시한 일반적응증후군 증후군의
3단계에 해당하지 않는 것은?

① 소진
② 저항
③ 경고(경계)
④ 발전

09

상관연구법(correlational method)에 대한 설명으
로 옳지 않은 것은?

① 상관연구법은 두 변인 사이의 관계의 정도를
알아보는 데 사용된다.
② 심리학자 A는 상관을 연구할 때 상관계수를 산
출하여 사용할 수 있다.
③ 두 변인 사이에 높은 상관이 있다는 것이 한 변
인이 다른 변인의 원인이 된다는 것은 아니다.
④ 상관계수는 완벽한 상관을 의미하는 $r=1$에서
관계없음을 의미하는 $r=-1$까지의 범위를 가
진다.

10

(가), (나)에 들어갈 내용이 바르게 연결된 것은?

귀인은 자신의 행동, 타인의 행동 및 사건의 원인에 관한 추론이다. 친구의 사업이 실패하였을 때 그 과정을 정확히 모르는 상황에서, 당신이 ⎡ (가) ⎤ 을 하게 되면 친구의 사업 수완 부족을 사업 실패의 원인이라고 할 것이고, ⎡ (나) ⎤ 을 할 때는 불경기를 사업 실패의 원인이라고 할 것이다.

	(가)	(나)
①	기본적 귀인	방어적 귀인
②	내적 귀인	외적 귀인
③	방어적 귀인	기본적 귀인
④	외적 귀인	내적 귀인

06 〔정답〕③

③ 최빈값은 빈도 수가 가장 많이 발생한 관찰값이므로 중위수와 마찬가지로 자료 가운데 극단적인 이상점에 영향을 받지 않는다.

최빈치(=최빈값)
- 빈도가 가장 많은 점수
- 질적 자료와 양적 자료 모두에 사용할 수 있음
- 값이 여러 개일 수 있음

07 〔정답〕②

② 동조는 타인이나 집단의 기준, 가치관, 기대에 순응하여 행동하는 것을 가리킨다. 동조 현상은 사회심리학의 용어로 다수의 의견이 어느 한 방향으로만 쏠리는 현상을 뜻한다. 친화동기가 낮은 사람이 아니라 높은 사람이다.

동조행동이 일어나기 쉬운 사람
- 자신보다 다른 사람의 능력이 뛰어나다고 느끼는 사람
- 친화동기가 높은 사람
- 자기에 대한 확신과 자신감이 부족한 사람
- 집단에서의 지위가 낮은 사람
- 자신 이외에 같은 의견을 가진 사람이 없는 사람
- 자신이 속한 집단의 지위와 매력을 동경하는 사람

08 〔정답〕④

④ 셀리에는 반응접근 방식 스트레스 연구의 대표자로, 실험동물들이 추위나 더위 등의 물리적 자극 혹은 공포나 위협 등의 심리적 자극 등 어떠한 종류의 스트레스를 가해도 모두 동일한 반응을 보인다는 점에 착안하여, 그와 같은 반응양상을 '일반적응증후군(GAS: General Adaptation Syndrome)'이라 불렀다. 일반적응증후군에는 경고단계(경고반응단계), 저항단계(저항반응단계), 소진단계(탈진단계)가 있다.

09 〔정답〕④

④ 상관계수에서 +1은 완벽한 양의 선형관계, 0은 선형관계 없음, -1은 완벽한 음의 선형관계를 의미한다.

10 〔정답〕②

- 내적 귀인
  - 어떠한 결과에 대한 책임을 자기 자신의 동기, 성격, 노력, 능력으로 돌린다.
  - 성공은 자부심과 동기 증진을 가져오지만, 실패는 수치감의 증폭으로 이어진다.
- 외적 귀인
  - 어떠한 결과에 대한 책임을 과제의 난이도나 운으로 돌린다.
  - 성공하면 외부의 힘에 감사하지만, 실패하면 분노를 일으키게 된다.

11

다음 중 〈보기〉의 사례와 관련된 편향은 무엇인가?

- 영국 심리학자 피터 웨이슨이 1960년 처음 언급한 용어로, 보고 싶은 것만 보고 듣고 싶은 것만 듣는 현상을 말한다.
- 워런 버핏은 "사람들이 잘 하는 것은 자신의 신념과 견해들이 온전하게 유지되도록 새로운 정보를 걸러내는 일"이라고 말했다.
- 평소에·책을 많이 읽으면 눈이 나빠질 수 있으므로, 안경 쓴 사람은 똑똑할 것이라고 생각한다.

① 확증 편향
② 이기적 편향
③ 기본적 귀인 오류
④ 행위자-관찰자 편향

12

다음 중 〈보기〉의 내용과 관계있는 기억의 종류로 옳은 것은?

보기

중간고사보다 기말고사 공부를 덜 했는데 내가 공부했던 자리에서 기말고사를 보았더니 기말고사의 시험성적이 더 높게 나왔다.

① 응고화
② 저장
③ 부호화 특수성
④ 인출

13

다음 〈보기〉에서 설명하는 개념으로 옳은 것은?

보기

차량 출발 시 안전벨트를 착용하지 않으면 표시등이 깜빡거리거나 경보음이 계속 울리다가 안전벨트를 착용하면 그 자극이 사라진다.

① 정적강화
② 부적강화
③ 정적처벌
④ 부적처벌

14

다음 정서 경험 과정을 설명하는 이론으로 옳은 것은?

아무도 없는 어두운 밤길을 혼자 걷고 있을 때 갑자기 옆에서 알 수 없는 소리가 들리자, 그 순간 근육이 긴장되고 심장이 빠르게 뛴 후 강한 두려움을 경험했다.

① 캐논-바드(Cannon-Bard) 이론
② 제임스-랑게(James-Lange) 이론
③ 제이온스(Zajonc) 이론
④ 샤흐터(Schachter) 이론

15

투사적 기법의 성격검사만을 모두 고른 것은?

ㄱ. 캘리포니아 성격검사(CPI)
ㄴ. NEO-성격검사(NEO-PI)
ㄷ. 로르샤흐(Rorschach) 잉크 반점 검사
ㄹ. 주제 통각 검사(TAT)
ㅁ. 마이어스-브릭스 성격유형검사(MBTI)

① ㄷ, ㄹ
② ㄴ, ㄷ
③ ㄱ, ㄴ, ㄹ
④ ㄴ, ㄷ, ㅁ

11
정답 ①

① 확증 편향(confirmation bias)이란 자신의 신념과 일치하는 정보는 쉽게 받아들이고, 일치하지 않는 정보는 무시하거나 낮은 가치를 부여하는 편향이다. 쉽게 말해서 자신이 보고 싶은 것만 보고, 듣고 싶은 것만 듣는 것을 의미한다. 선입관이나 자신이 잘못 알고 있던 최초의 정보에 의지하는 경향을 이른다.

12
정답 ③

③ 기억하려는 정보를 당시의 상황이나 환경이 단서가 되어 장기기억에서 작업기억으로 인출하는 데 도움이 된다는 이론을 부호화 특수성이라고 한다. 강의를 들을 때 매번 같은 자리에 앉는 패턴이 이와 유사하다.
① 기억을 저장하고 난 후 교란받기 쉬운 기억을 안정적 상태로 만드는 과정을 응고화라고 한다.
② 부호화된 정보를 기억 속에 유지하는 과정을 저장이라고 한다.
④ 저장된 장기기억에서 작업기억으로 정보를 꺼내는 것을 인출이라고 하며, 인출은 부호화의 반대되는 개념이다.

13
정답 ②

② 부적강화(Negative Reinforcement)는 어떤 행동을 했을 때 상대가 싫어하는 것을 제거하여 행동의 빈도를 증가시키는 것이다.
① 정적강화(Positive Reinforcement)는 어떤 행동이 일어난 직후 상대가 좋아하는 것을 제공하여 행동의 빈도를 증가시키는 것이다.
③ 정적처벌(Positive Punishment)은 상대가 싫어하는 것을 제공하여 행동의 빈도를 감소시키는 것이다.
④ 부적처벌(Negative Punishment)은 상대가 싫어하는 것을 제거하여 행동의 빈도를 감소시키는 것이다.

14
정답 ②

② 신체적 반응을 지각함으로써 그제서야 자기 자신이 두려워하는 것인지, 분노하는 것인지, 행복한 것인지 등의 정서를 느끼게 된다고 주장하는 정서 경험 이론을 '제임스-랑게' 이론이라고 한다. 예를 들면, 근육이 긴장되고 심장이 빠르게 뛰었기 때문에 두려운 것이고, 울어서 슬픈 것이며, 공격당했기 때문에 화가 나는 것이다.

15
정답 ①

ㄷ·ㄹ 성격검사는 크게 객관적 검사와 투사적 기법으로 나뉜다. 투사적 기법의 성격검사로는 로르샤흐(Rorschach) 잉크 반점 검사, 주제통각검사(TAT), 집-나무-사람 검사(HTP) 등이 있다.
ㄱ·ㄴ·ㅁ 객관적 성격검사로는 MMPI(다면적 인성검사), CPI(캘리포니아 성격검사), MBTI(마이어스-브릭스 성격유형검사) 등이 있다.

16

뉴런의 신경전달물질 중 근육 활성화와 학습, 수면 등을 통제하는 데 관여하는 약물종류로 옳은 것은?

① 아세틸콜린
② 에피네프린
③ 도파민
④ 세로토닌

17

다음 빈칸에 알맞은 부모의 양육 태도로 적절한 것은?

아이에게 애정이 필요할 때는 충분히 사랑을 주지만 잘못된 행동에 대해서는 엄격하게 바로 잡고, 자신의 요구 사항을 실천해야 하는 이유는 무엇인지 친절하게 설명해 준다. 아이에게 올바른 도덕관념을 심어주기 위해서는 적절한 통제와 애정이 동반되는 □□□□가 되어야 한다.

① 권위적인 부모
② 권위 있는 부모
③ 독재적 부모
④ 허용적 부모

18

다음 내용과 관련된 장기기억으로 적절한 것은?

자동적으로 기억에서 인출되는 기억으로, 담당하는 작업이 우리의 의식을 방해하지 않고 마치 무의식적으로 몸이 기억하는 것처럼 느껴지는 것을 말한다.

① 서술기억
② 의미기억
③ 일화기억
④ 절차기억

19

다음 행동을 설명하는 개념은?

생후 3개월이 된 A는 물건이 눈앞에서 사라져 보이지 않으면 마치 그 물건이 없는 것처럼 행동한다. 그러나 생후 24개월이 된 B는 눈앞에서 사라진 물건을 찾는 모습을 보인다.

① 자기중심성
② 보존개념
③ 마음이론
④ 대상영속성

16

정답 ①

① 아세틸콜린(ACh)은 척수의 가장 일반적인 신경전달물질로, 근육 활성화와 학습, 수면 등을 통제하는 데 관여한다. 공급이 부족할 시 알츠하이머 치매를 유발할 수 있다.
② 에피네프린은 공포를 느낄 때 분비되는 신경전달물질이다.
③ 도파민은 성취감을 느낄 때 쾌감에 관여하는 신경전달물질로, 과다할 경우 조현병에 걸릴 수 있다.
④ 세로토닌은 기분, 수면 및 각성에 영향을 주는 신경전달물질이다.

17

정답 ②

미국의 유명한 아동발달 전문가인 다이애나 바움린드(Diana Baumrind)는 부모의 자녀 양육 방식을 '통제'와 '애정'을 기준으로 '허용적 양육 태도', '민주적 양육 태도', '독재적 양육 태도', '무관심한 양육 태도'로 나누었다.
② 권위 있는 부모는 아이에게 애정이 필요할 때는 충분히 사랑을 주지만, 잘못된 행동에 대해서는 엄격하게 바로 잡는다. 또 아이에게 강요하지 않고, 요구사항을 전달할 때도, 실천 이유 등을 설명하여 아이가 납득하게 한다.

18

정답 ④

④ 절차기억에 대한 설명으로, 절차기억은 행위나 기술, 조작에 대한 기억을 말한다. 우리가 수행할 수 있으면서도 쉽게 표현할 수 없는 지식을 표상한다. 예를 들어, 자전거를 타는 것, 피아노를 치는 것, 신발 끈을 매는 것 등에 대한 기억이 절차기억에 포함된다.
① 서술기억은 의미기억과 일화기억을 포함한다.
② 의미기억은 일반적인 사실, 지식에 대한 것이다.
③ 일화기억은 과거 개인이 겪은 사건에 대한 경험이다.

19

정답 ④

④ 대상영속성이란 어떤 사물이 감추어져 보이지 않더라도 그것이 존재하고 있음을 아는 능력을 말한다. 0~2세 시기인 감각 운동기에 대상영속성을 얻게 되고 전조작기에 확립된다.
① 자기중심성은 유아가 사물을 자신의 입장에서만 보고 다른 사람의 관점을 고려하지 못하는 것이다.
② 보존개념은 사물의 수량이나 면적에 무엇이 추가되거나 제거되지 않는 한 그 형태가 변하더라도 수량이나 면적은 동일하다는 것이다.
③ 마음이론은 욕구 · 신념 · 의도 · 지각 · 정서 · 생각과 같은 자신과 타인의 마음 그리고 정신적 상태에 대하여 이해하는 선천적인 능력에 대한 이론이다. 4세 이하의 아동들이 타인의 생각이나 신념이 자신과 다를 수 있다는 것을 지각하지 못한다고 보는 견해이다.

20

회사에서 상사에게 혼난 후 집에 와서 가족들에게 화를 내는 행동을 설명하는 방어기제로 옳은 것은?

① 부인
② 합리화
③ 전위
④ 반동형성

21

다음 중 웩슬러의 지능검사법을 연령별로 연결한 것 중 옳지 않은 것은?

① 성인용 – WAIS-Ⅲ
② 아동용 – WISC-Ⅲ
③ 유아용 – WPPSI-R
④ 아동용 – WAIS

22

다음에서 설명하는 이론으로 옳은 것은?

고전적 조건화 과정에서 무조건 자극과 연합되어 있던 기존의 조건자극에 새로운 조건자극이 연합될 때, 기존의 조건자극이 새로운 조건자극에 대한 조건화를 방해하는 현상을 의미한다.

① 각인
② 향본능 표류
③ 차폐
④ 결정적 시기

23

대뇌피질의 각 영역에 대한 설명으로 옳지 않은 것은?

① 두정엽: 베르니케(Wernicke) 영역을 포함하고 있어 이 영역에 손상이 생기면 언어이해의 장애가 발생한다.

② 전두엽: 가장 앞쪽 부분인 전전두피질(prefrontal cortex)은 의사결정, 계획, 상황 판단, 정서 조절 등 고차적인 인지 기능을 담당한다.

③ 측두엽: 일차청각피질(primary auditory cortex)이 있으며 청각 정보를 분석한다.

④ 후두엽: 이 영역이 손상되면 눈에 이상이 없어도 앞을 보지 못하는 증상이 나타난다.

---

20 정답 ③

③ 전위는 자신의 무의식적 본능의 표출을 위협이 되는 대상이 아닌 위협이 덜 되는 대상으로 바꾸어서 표출하는 대처 방식이다. 자신의 감정을 대상에게 직접적으로 표현하지 못하고 전혀 다른 대상에게 자신의 감정을 발산한다. 자식을 못 가진 사람이 애완동물에 집착하는 경우, 밖에서 화난 일을 집에 와서 풀이하는 경우, 일이 안 되면 가까운 사람에게 신경질을 부리는 경우 등이 해당된다.

21 정답 ④

④ 아동용 웩슬러 지능검사법은 'WISC-Ⅲ'이다.
웩슬러 지능검사의 종류
웩슬러(Wechsler) 지능검사는 편차 IQ의 개념을 사용하며, 동일연령을 대상으로 실시하여 평균 100, 표준편차 15를 적용 · 산출한다.

대상	구분	연령
성인	WAIS(Wecsler Adult Intelligence Scale)	16~89세
아동	WISC(Wecsler Intelligence Scale for Children)-Ⅲ	6~16세
유아	WPPSI(Wechsler Preschool & Primary Scale of Intelligence)	3~7.5세

22 정답 ③

① 각인: 세상에 처음 태어났을 때 시각적, 청각적, 촉각적 경험을 하게 되는 대상에게 모든 주의와 관심이 집중되어 그것을 쫓는 학습의 한 형태이다.

② 향본능 표류: 학습되어야 할 행동이 유기체의 선천적인 행동인 고정 행위패턴과 상충할 때 고정행위 패턴으로 되돌아가려는 경향을 말한다.

④ 결정적 시기: 동물이 특정한 종류의 행동을 학습할 가능성이 높은 일생의 한 시점을 의미한다.

23 정답 ①

① 두정엽은 대뇌피질의 다른 영역으로부터 모든 감각과 운동에 관한 정보를 받아 정보들을 종합한다. 베르니케 영역은 좌반구 측두엽 청각피질 근처에 위치하여 타인의 말을 이해하는 기능을 한다.

특별부록 2022 기출복원문제 **11**

24

다음 성격이론을 주장한 학자로 옳은 것은?

- 1920~30년대 심리학계를 지배하던 정신분석과 행동주의에 대해 반발하면서, 인간의 행동을 어린 시절의 경험이나 억압된 본능의 탓으로 돌리거나 자극에 대한 단편적인 반응으로 간주하는 방식을 거부하였다.
- 성격은 과거의 경험에 의해 학습된 행동성향으로, 상황에 따라 행동성향도 변화한다고 주장하였다.

① 로저스
② 올포트
③ 카텔
④ 프로이트

25

다음 통계방법에 대한 설명으로 옳은 것은?

- 한 변수의 분포에 있는 모든 변수값들을 통해 흩어진 정도를 추정하는 것이다.
- 편차를 제곱하여 총합한 다음 이것을 전체 사례수로 나눈 값에 해당하며, 표본분산(s^2)과 모분산(σ^2)으로 구분한다.

① 분산(변량)
② 범위
③ 표준편차
④ 사분편차(사분위편차)

$\diamond$ **정답 및 해설**

24 　　　　　　　　　　　정답 ②

① 로저스: 현실에 대한 주관적 해석 및 인간의 자아실현과 성장을 위한 욕구를 강조하였다.
③ 카텔: 특성을 표면특성과 근원특성으로 구분하고 자료의 통계분석에 따라 16개의 근원특성을 제시하였다.
④ 프로이트: 본능적 측면을 지나치게 강조하여 사회·환경적 요인을 상대적으로 경시하였다.

25 　　　　　　　　　　　정답 ①

② 범위: 수분포에 있어서 최고점수와 최저점수까지의 거리를 말하며, 범위를 R라고 할 때, R=(최고점수)−(최저점수)+1의 공식으로 나타낸다.
③ 표준편차: 점수집합 내에서 점수들 간의 상이한 정도를 나타내는 것으로, 변수값이 평균값에서 어느 정도 떨어져 있는지를 알 수 있도록 해준다.
④ 사분편차(사분위편차): 자료를 일렬로 늘어놓고 제일 작은 쪽에서 1/4 지점(제1사분위수), 3/4 지점(제3사분위수)에 있는 자료 두 개를 택하여 그 차이를 2로 나눈 값이다. 범위(Range)가 양극단의 점수에 의해 좌우되는 단점을 가지므로 점수분포상에서 양극단의 점수가 아닌 어떤 일정한 위치에 있는 점수 간의 거리를 비교하고자 하는 것이다.

최신 기출복원문제

CHAPTER 01   2021 기출복원문제

CHAPTER 02   2020 기출복원문제

CHAPTER 03   2019 추가채용 기출복원문제

CHAPTER 04   2019 기출복원문제

CHAPTER 05   2018 기출복원문제

CHAPTER 06   2017 기출복원문제

01

안대로 한 쪽 눈을 가리고 공을 던지거나 받으면 양쪽 눈을 떴을 때보다 잘 되지 않는 느낌이다. 이때 거리를 가늠하기 위해 사용하는 단서는?

① 양안부등
② 중첩
③ 직선조망
④ 대기조망

03

다음 중 설득이 어려운 경우에 해당하는 것은?

① 설득하는 사람의 신체적 매력이 높은 경우
② 설득하는 사람이 나와 가치관이나 지위가 비슷한 경우
③ 처음에는 쉽고 작은 요구를 하다가 이후 어렵고 큰 요구를 하는 경우
④ 설득하려는 의도를 알고 있는 경우

02

다음 중 고전적 조건형성의 원리가 적용되지 않는 경우는?

① 교통사고를 겪은 이후로 차를 타는 것이 무섭다.
② 좋아하는 연예인이 모델인 상품을 구매한다.
③ 폭력적인 영화를 보고 공격성이 늘었다.
④ 개에게 물린 뒤 개를 무서워한다.

04

심리학 실험연구에서 통제의 대상인 독립변인 외의 변인을 과하게 통제할 경우에 나타나는 내적 타당도와 외적 타당도에 대한 설명으로 적절한 것은?

① 내적 타당도와 외적 타당도 모두 올라간다.
② 내적 타당도와 외적 타당도 모두 내려간다.
③ 내적 타당도는 올라가고 외적 타당도는 내려간다.
④ 내적 타당도는 내려가고 외적 타당도는 올라간다.

05

다음 중 편견이나 고정관념이 유지되는 이유로 가장 적합한 것은?

① 단순노출효과(Mere Exposure Effect)
② 자기충족적 예언(Self-fulfilling Prophecy)
③ 기본적 귀인 오류(Fundamental Attribution Error)
④ 사회적 형평이론(Equity Theory)

06

정신역동에서 불안을 다루기 위해 다양한 방어기제를 사용할 수 있다고 제안한다. 이 중 다음 〈보기〉에 해당하는 방어기제는?

보기

사회적으로 용인되지 않는 본능적인 욕구를 사회적으로 용인되는 가치 있는 행동으로 바꿔서 표현하는 경우

① 대치
② 승화
③ 반동형성
④ 투사

---

01 정답 ①

• 단안단서: 한 눈만으로 지각할 수 있는 깊이 지각 단서로, 중첩·상대적 크기·직선조망·대기조망·수평선에서의 높이 등이 있다.
• 양안단서: 양 눈의 개입을 요하는 깊이 단서로, 양안부등·수렴 등이 있다. 사람의 두 눈은 떨어져 있으므로 두 망막에 비친 망막 상에는 약간의 차이가 있다. 이로 인해 깊이 지각(입체시)이 가능하여 3차원 세계의 깊이와 거리감을 가진다.

02 정답 ③

③ 반두라의 사회학습이론의 사례이다. 사회학습이론에서는 직접경험에 의한 학습보다는 모델링을 통한 관찰학습과 모방학습을 강조한다.
① · ④ 공포학습에 의한 부정적 정서의 형성
② 광고에 의한 긍정적 정서의 형성

03 정답 ④

④ 설득하려는 의도를 이미 알고 있는 경우 설득이 잘 이루어지지 않는다.
③ '문간에 발 들여놓기 효과'로 응종을 얻어내는 기법 중 하나이다.

04 정답 ③

내적 타당도가 연구결과의 정확성과 관련된 개념이라면, 외적 타당도는 연구결과의 일반화 가능성과 연관된다. 따라서 실험연구에서 변인을 과하게 통제할 경우 내적 타당도가 올라가고, 외적 타당도는 내려간다.

05 정답 ②

② 자기충족적 예언: 사람들이 어떤 상황을 마음속에 '실제'라고 결정해버리면 결국 그 결과에 있어서 그 상황이 실제가 된다는 것으로, '말이 씨가 된다'는 속담과 관련된다.
① 단순노출효과: 대상에 대한 반복노출이 대상에 대한 호감도를 증가시키는 것을 뜻한다. '에펠탑 효과'라고도 한다.
③ 기본적 귀인 오류: 사회적 행동의 원인을 추측할 때, 상황이나 환경과 같은 외적 요인을 충분히 고려하지 않고 귀인이 행위자의 특성이라는 내적 요인에만 치우치는 경향성이다.
④ 사회적 형평이론: 노력과 직무만족은 업무상황의 지각된 공정성에 의해서 결정된다고 보는 애덤스의 이론이다.

06 정답 ②

공격 충동이 있는 사람이 격투기와 같은 운동을 통해 발산하면서 결국 격투기 선수가 되는 것 등이 '승화'의 예시이다.
방어기제의 유형
• 도피형: 퇴행, 부정, 백일몽, 동일시
• 대체형: 반동형성, 승화, 전위, 보상
• 기만형: 합리화, 투사, 억압

CHAPTER 01 2021 기출복원문제 **5**

07

학습된 무기력에 근거할 때, 다음 중 수학시험에서 과락한 학생이 할 만한 반응이 아닌 것은?

① 나는 공부에 소질이 없는 사람이다.
② 선생님이 잘 가르쳐주지 않았다.
③ 나는 다른 과목 시험들도 과락할 것이다.
④ 나는 앞으로도 수학에서 과락할 것이다.

08

복권의 당첨확률이 정해져 있고, 당첨되기 위해 복권을 몇 장 사야하는지는 모를 때, 복권을 강화계획에 비유한다면 어떤 것에 가장 가까운가?

① 고정간격 강화계획
② 고정비율 강화계획
③ 변동간격 강화계획
④ 변동비율 강화계획

09

다음 중 심리학사상 일어난 사건의 연대 순서로 옳은 것은?

① Sperry의 인지뇌 연구 → Skinner의 『Science and Human Behavior』 편찬 → Wundt의 심리학 실험실 설립
② Sperry의 노벨상 수상 → Neisser의 『인지심리학』 서술 → Watson의 자극–반응실험
③ Hubel의 노벨상 수상 → Wundt의 심리학 실험실 설립 → Sperry의 인지뇌 연구
④ Wundt의 심리학 실험실 설립 → Skinner의 『Science and Human Behavior』 편찬 → Neisser의 『인지심리학』 서술

10

다음 〈보기〉에 해당하는 개념은 무엇인가?

> 보기
>
> 기억에는 청각적인 처리를 담당하는 기제도 있고, 시각적인 처리를 담당하는 기제도 있으며, 이 둘은 각각 존재한다. 기억 안에 해당 기제들로 이루어져 있으며 정보를 통제, 변형, 처리한다.

① 장기기억
② 감각기억
③ 암묵기억
④ 작업기억

11

폭력적인 TV 프로그램의 시청이 공격성에 미치는 실험연구를 진행하려고 할 때 가장 적합한 진술은?

① 실험연구를 통해 100명의 참가자들이 지난 한 달 동안 폭력적인 TV 프로그램을 시청한 시간을 측정하여 공격성과의 관련성을 살펴본다.
② 여러 변인들을 통제하는 것은 상관연구이므로, 실험연구에서는 독립변인과 종속변인만 검토하면 된다.
③ 이 실험연구를 적용해 보면, 종속변인은 공격성이다.
④ 실험연구에서는 설정한 변인 외의 통제는 나타날 수 없다.

12

다음 중 애착유형에 대한 설명으로 옳지 않은 것은?

① 양육자의 민감성과 반응도가 높다면 유아가 안정애착을 형성할 확률이 높아진다.
② 안정애착의 유아는 호기심 있는 아이로 성장할 가능성이 높다.
③ 유아가 불안하고 저항하는 모습을 보인다면 이는 혼란애착과 관련이 있다.
④ 애착유형은 영아의 기질과 관련이 있다.

07 정답 ②

학습된 무기력이란, 피하거나 극복할 수 없는 환경에 계속적으로 노출된 경험으로 인해 실제 자신의 능력(내적 원인)으로 피하거나 극복 가능한 상황에서도 자포자기하는 것을 말한다.
② '선생님'과 같은 외적 원인으로 실패의 귀인을 돌리는 것은 학습된 무기력 반응으로 보기 어렵다.

08 정답 ④

④ '변동'적인 '비율'을 적용하여 불규칙한 횟수의 바람직한 행동이 나타난 후 강화를 부여하는 것으로, 반응률이 높게 유지되며 지속성도 높다.
예 카지노의 슬롯머신, 복권 등

09 정답 ④

분트(Wundt)의 심리학 실험실 설립(1879) → 왓슨(Watson)의 자극−반응실험(1920) → 스키너(Skinner)의 『Science and Human Behavior』 편찬(1953) → Neisser의 『인지심리학』 서술(1967) → 허블(Hubel)의 노벨상 수상(1981) / 스페리(Sperry)의 노벨상 수상(분리 뇌 이론, 1981)

10 정답 ④

④ 작업기억: 의식 중에서 능동적으로 정보를 처리하는 활동 중인 기억으로, 감각기억에 들어온 환경에 관한 정보 중 일부만이 이 단계로 전환
① 장기기억: 감각기억과 단기기억의 과정을 거쳐 장기적으로 저장되는 기억
② 감각기억: 시각이나 청각 등의 감각기관으로 들어온 정보를 순간적으로 저장하는 기억
③ 암묵기억: 의식하거나 지각하지는 못했지만 이후의 행동이나 학습 등에 영향을 주는 기억

11 정답 ③

실험연구는 독립변인에 조작과 통제를 가했을 때 어떠한 결과(종속변인)를 얻을 수 있는지를 측정하는 것이 기본이다. 따라서 '폭력적인 TV 프로그램의 시청'에 따른 종속변인은 '공격성'이다.

12 정답 ③

③ 저항애착에 대한 설명이다. 혼란애착은 일관성이 없고 혼란스러운 애착 양상을 보이는 것으로, 어머니의 일관성 없는 양육태도, 우울증 혹은 학대에서 비롯되기도 한다.

PART
1

13

성격의 5요인 모델의 성격 요소 중 하나로, 타인에게 우호적이고 대인관계가 좋으며, 결혼생활을 잘 유지하고 회사 생활을 오래 지속하는 것과 가장 관련 있는 특성은?

① 우호성
② 신경증
③ 성실성
④ 외향성

14

다음 중 설문조사의 장점과 제한점이 올바르게 짝지어진 것은?

① • 장점: 변인의 통제가 가능하다.
   • 제한점: 너무 많은 통제를 할 경우 외적 타당도가 떨어질 수 있다.
② • 장점: 두 변인 간의 뚜렷한 인과 관계를 볼 수 있다.
   • 제한점: 많은 변인 간의 관계를 보기는 어렵다.
③ • 장점: 내적 타당도가 높다.
   • 제한점: 외적 타당도가 높다.
④ • 장점: 많은 변인들을 연구할 수 있다.
   • 제한점: 인과관계를 살펴보기 어렵다.

15

다음 중 웩슬러 지능검사에 대한 설명으로 옳지 않은 것은?

① 웩슬러 지능 검사에서 사용되는 평균은 100이고 표준편차는 15이다.
② 백분위에서 98이라는 뜻은 참가 인원의 98%에 해당하는 인원보다 점수가 높다는 뜻이다.
③ IQ 70 이하는 지적장애에 해당된다.
④ 전체의 95%는 1 표준편차에 해당된다.

16

밤하늘의 별을 똑바로 쳐다보면 별이 보이지 않는 것과 마찬가지로, 야간훈련 사격 시 표적을 겨냥할 때 표적을 똑바로 쳐다보지 않고 곁눈질로 보면 맞출 확률이 높아진다. 이 원리와 가장 관련 있는 설명으로 옳은 것은?

① 야간에 동공이 확장된다.
② 중심와 옆에 간상체가 밀집되어 있다.
③ 대상과의 거리에 따라 조절이 일어난다.
④ 중심와에는 간상체가 있다.

17

조종사의 수행잠재력을 검사하기 위해 새로운 적성 검사를 개발하여 비행훈련행동을 예측할 수 있는 것은?

① 신뢰도
② 내용타당도
③ 준거 관련 타당도
④ 구성타당도

18

다음 중 부호화 특수성 원리에 대한 설명으로 옳은 것은?

① 처리 수준이 높을수록 기억에 더 잘 남는다.
② 기계적 암기보다는 의미 있는 암기를 하는 것이 기억에 훨씬 더 잘 남는다.
③ 교실에서 시험을 볼 때, 교실에서 공부한 학생이 도서관에서 공부한 학생보다 시험 점수가 더 높다.
④ 어린 시절의 특수한 경험을 평생 기억한다.

13 정답 ①

성격의 5요인 모델(Big Five)
• 외향성: 온정, 활동성, 사교성, 유쾌, 자극 추구, 단호함
• 성실성: 성실, 질서, 근면, 성취지향, 신중, 끈기
• 개방성: 상상력, 심미안, 호기심, 독창성, 창의성, 진보성향
• 우호성: 협조적, 관대함, 순종적, 솔직함, 신뢰감
• 신경증: 불안, 적개심, 우울증, 자의식, 취약성

14 정답 ④

설문조사의 장단점
• 장점: 큰 표본에도 용이하게 적용하는 것이 가능하고(일반화 정도가 높음), 수집한 자료의 표준화는 연구자의 주관적 개입을 최소화할 수 있음
• 단점: 질문요지에 대한 충분한 보충설명을 할 수 없고, 질문 내용상 오류가 발생하였을 때 수정 · 보완이 어려움

15 정답 ④

④ 1 표준편차 범위에는 68.3%(85~115점)가 해당되며, 2 표준편차는 95.4%(70~130점)가 해당한다.

16 정답 ②

• 밝은 곳(낮)에서의 움직임, 색각, 시력 등과 관계되는 추상체는 중심와에 밀집
• 어두운 곳(밤)에서 주로 작동하며 명암을 식별하는 간상체는 망막 주변부에 분포

17 정답 ③

신뢰도
반복되는 측정에서 척도가 얼마나 일관된 결과를 내고 있는가의 정도
타당도의 유형
• 준거 관련 타당도: 검사가 준거를 예측하거나 준거와 통계적으로 관련되어 있는 정도
• 내용타당도: 측정항목을 연구자가 의도한 내용대로 실제로 측정하는 것
• 구성타당도: 검사가 측정하고자 하는 구성개념을 얼마나 정확하고 충실하게 측정하는지를 나타내는 정도
• 예언타당도: 작성된 검사에서 얻은 점수와 준거로서 미래의 어떤 행동과의 관계로 추정되는 정도

18 정답 ③

부호화 특수성 원리
특정 정보를 학습한 환경과 같은 조건에서 인출이 더욱 잘 일어난다고 보는 이론

19

다음 중 삼원색 이론에 대한 설명으로 옳지 않은 것은?

① Young이 제안하고 Helmholtz가 발전시켰다.
② 색체 잔상 현상을 설명한다.
③ 세 종류의 추상체를 제시한다.
④ 컬러 TV의 색은 세 가지 색의 조합으로 나타 난다.

20

다음 중 상관계수에 대한 설명으로 틀린 것은?

① +1이 가장 강한 상관계수, 0이 중간, -1이 가 장 약한 상관계수를 의미한다.
② 상관계수는 두 개의 변인이 서로 어느 정도 관 련되어 있는지를 나타내는 추정치이다.
③ 상관연구는 실험연구에 비해 인과관계를 분명 하게 설명하지 못한다.
④ 통제된 실험법에 의해서 연구가 될 수 없는 경 우에 사용하는 연구방법이다.

21

다음 중 강화계획에 대한 설명으로 옳은 것은?

① 연속 강화는 학습이 쉽고 소거가 어렵다.
② 고정간격 강화는 일정 시간 간격이 지난 후 강 화물이 제공된다.
③ 고정비율 강화는 불규칙한 횟수의 바람직한 행 동이 나타난 후 강화를 부여한다.
④ 변동비율 강화는 강화물을 제공받은 후 쉬는 시간이 존재한다.

22

다음 중 학습원리가 다른 하나는?

① 타임아웃(Time-out)
② 역조건화(Counterconditioning)
③ 소거(Extinction)
④ 토큰경제(Token Economic)

23

자신의 의견과 같은 의견을 가진 집단에 들어가 구 성원들과 토론을 하고 난 후 자신의 원래 입장이 강 화되는 현상은?

① 익명성이 강화되어 자신의 정체성을 잃게 된다.
② 집단 내 대안들을 심사숙고하는 절차가 부족 하다.
③ 다수의 집단 구성원들로 인해 일의 효율성이 떨어진다.
④ 내집단과의 의견 차이는 극소화되고 외집단과 의 의견 차이는 극대화된다.

24

좌우 시야에 각각 다른 물건을 보여주고 오른쪽 시야에 어떤 물건이 있었는지 물어본 후 해당 물건을 왼손으로 잡으라고 말했을 때 그 결과에 괴리가 있다면, 이와 관련된 증상으로 옳은 것은?

① 뇌량 절단
② 두정엽 손상
③ 브로카 언어 증후군
④ 전두엽 손상

25

경계선 성격장애를 설명하는 다양한 심리학 이론적 배경으로 옳지 않은 것은?

① 사회학습인지이론: 자기정체감이 장기간 발달하지 못했다.
② 인지이론: 흑백논리라는 인지왜곡을 보인다.
③ 정신역동이론: 분노가 무의식적으로 자신에게 향하는 현상이다.
④ 대상관계이론: 영아기 분리-개별화 단계에서 고착되었다.

19 정답 ②

② 대립과정이론에 대한 설명이다.
영-헬름홀츠(Young-Helmholtz)의 삼원색 이론
인간의 시각에는 빨강·녹색·파랑(RGB)을 인지하는 3가지 추상체와 시신경 섬유가 있어, 이 세포들의 혼합이 뇌에 전달되어 색을 지각한다는 이론

20 정답 ①

① +1과 -1에 가까울수록 상관계수가 높고, 0에 가까울수록 상관계수가 낮다.

21 정답 ②

① 연속강화(계속적 강화): 학습이 쉽고 소거도 쉽다.
③ 고정비율 강화: 행동중심적 강화방법으로, 일정한 횟수의 바람직한 반응이 나타난 다음에 강화를 부여한다.
④ 변동비율 강화: 반응행동에 변동적인 비율을 적용하여 불규칙한 횟수의 바람직한 행동이 나타난 후 강화를 부여하는 것으로, 반응률이 높게 유지되며 지속성도 높다. 쉬는 시간을 알 수 없다.

22 정답 ②

② 역조건화: 고전적 조건형성의 원리를 응용하여 부정적인 조건자극과 조건반응의 연합을 약화 또는 소거시키는 절차를 말한다.
인지행동치료의 행동적 기법
• 고전적 조건화 관련 기법: 역조건화, 체계적 둔감화, 혐오적 역조건화
• 조작적 조건화 관련 기법: 타임아웃, 소거, 토큰경제, 처벌, 본뜨기

23 정답 ④

집단극화는 집단 내의 토론을 통해 집단의 주도적인 견해나 경향성이 강화되는 현상을 말한다.
④ 집단극화가 나타나는 원인 중 하나인 '사회정체성이론'에 대한 설명이다.

24 정답 ①

① 뇌량 절단(분리 뇌): 분리 뇌 환자의 시야를 좌우로 나누어 왼쪽 시야에 무언가를 보여주었을 때 그것을 인지하면서도 언어로 설명하지 못하는데, 이는 왼쪽 시야를 담당하는 우뇌에만 정보가 전달되고 그 정보가 언어능력을 맡는 좌뇌로 전달되지 못하기 때문이다.

25 정답 ③

경계선(경계성) 성격장애는 극단적인 심리적 불안정성, 즉 대인관계나 자아상(Self-Image), 정동에 있어서 불안정성을 보인다.
③ DSM-5 분류상 우울장애의 배경에 더 가깝다.

01

다음 중 심리학자들에 대한 설명으로 옳지 않은 것은?

① 왓슨의 영향을 받은 스키너는 인간의 행동을 결정하는 데 있어 환경적 요소가 절대적인 영향을 미친다고 보았다.

② 프로이트는 무의식적 동기와 갈등이 인간의 행동을 결정하는 요소라고 주장하였다.

③ 분트는 내성법이라는 객관적 연구방법을 발전시켰으며, 이후 행동주의 탄생에 영향을 미쳤다.

④ 독일의 베르트하이머는 의식을 요소의 조합이 아닌 전체로서 인식해야 한다고 주장하였다.

02

다음 중 〈보기〉의 사례와 관련된 뇌의 부분으로 옳은 것은?

보기

A는 평소 난치성 측두엽 간질을 앓고 있어 절제 수술을 결정하였다. 수술 후 다른 이상은 없었으나 심각한 기억장애 증상이 나타났다. 가령, A는 수술 후 더 이상 새로운 것을 배우거나 기억할 수 없게 되었으며, 같은 사람에게 똑같은 이야기를 반복하면서도 자신이 이야기를 반복한다는 것을 깨닫지 못한다. 이와 같은 기억장애로 인해 A는 학습과 대인관계에 큰 어려움을 겪고 있다.

① 시상   ② 전전두엽

③ 해마   ④ 편도체

03

다음 〈보기〉에서 설명하고 있는 심리학 개념으로 옳은 것은?

보기

A는 대학에서 경영학을 전공하였고, 2학년 때부터 경제학을 복수 전공하게 되었다. 그런데 경제학을 공부하면서 이전에 배운 경영학과 내용이 유사해 경제학을 공부하는 데 어려움을 겪었다.

① 순행간섭

② 역행간섭

③ 인출실패

④ 부적강화

04

다음 〈보기〉의 실험과 가장 관련이 깊은 개념으로 옳은 것은?

보기

빨간색 원판에 담긴 모이를 먹는 것을 학습한 비둘기가 있다면, 그 비둘기는 파랑색 원판보다 빨간색과 비슷한 주황색의 원판을 쪼아댈 가능성이 높다.

① 소거

② 강화

③ 프리맥의 원리

④ 자극 일반화

05

다음 〈보기〉에서 설명하고 있는 손다이크 이론의 법칙으로 옳은 것은?

> **보기**
>
> 행동의 결과가 미래의 그 행동의 재발을 통제한다는 행동수정의 원리로서, 만족한 결과를 초래한 반응이 학습되고 불만족스러운 결과를 초래한 반응은 점차 하지 않게 되는 현상을 뜻한다.

① 연습의 법칙
② 효과의 법칙
③ 프리맥의 원리
④ 준비성의 법칙

06

다음 중 인지주의 학습방법에 대한 설명으로 옳지 않은 것은?

① 정보를 저장한 상황 맥락을 떠올리는 것은 정보 인출에 도움이 되는 전략이다.
② 단순한 복습보다는 인출을 하며 복습하는 것이 학습을 장기기억화하기 유리하다.
③ 집중학습은 정보를 시연할 기회가 더 많기 때문에 집중학습이 분산학습보다 더 유리하다.
④ 수면은 기억에 도움이 되므로 취침 직전 학습을 하는 것이 낮 동안에 학습하는 것보다 기억에 오래 남는다.

01

정답 ①

① 왓슨은 자극-반응 실험을 통해 환경에 의한 행동과 반응을 연구하였다. 따라서 환경적 요소의 절대적 영향력을 강조한 학자는 왓슨이다. 반면, 스키너는 행동유발을 위해 보상을 통한 조작적 조건형성에 관심을 가졌으며, 손다이크의 영향을 받았다.

02

정답 ③

〈보기〉의 A가 앓는 측두엽 간질은 해마에 이상이 생겨 나타나는 증상이다. 해마는 장기기억을 담당하므로, 해마의 이상은 〈보기〉와 같은 심각한 기억장애 증상이 나타난다.
① 시상: 감각정보를 처리하여 대뇌피질로 전달하는 역할을 담당한다.
② 전전두엽: 계획, 주의집중과 같은 인지 기능을 담당한다.
④ 편도체: 감정과 관련된 기억을 담당한다.

03

정답 ①

① 순행간섭: 과거에 입력된 정보가 새로운 정보의 학습을 방해하는 현상이다.
② 역행간섭: 새롭게 학습된 정보가 이미 저장되어 있던 기억 정보를 간섭하는 현상이다.
③ 인출실패: 장기기억에 존재하는 특정 정보를 정확히 떠올리지 못하는 현상이다.
④ 부적강화: 어떤 행동에 대하여 주어지던 자극을 제거함으로써 그 행동의 빈도나 강도를 증가시키는 것이다.

04

정답 ④

④ 자극 일반화: 어떤 자극이나 상황에서 어떤 행동이 강화된 결과로 그와 다른 어떤 자극이나 상황에서도 그 행동이 일어날 가능성이 증가하는 것이다. 새로운 자극이 훈련자극과 유사할수록 유기체는 새로운 자극에 대해 마치 훈련자극인 것처럼 반응할 가능성이 더 높다.

05

정답 ②

효과의 법칙에 따르면, 자극에 따른 어떤 특정한 반응 후에 만족스러운 결과가 따라오면 자극-반응 결합이 강화되고, 불만족스러운 결과가 따라오면 자극-반응 결합이 약화된다. 즉, 행동의 결과를 강조하는 입장이다.

06

정답 ③

③ 정보를 시연할 기회가 많을수록 학습에 도움이 되는 것은 맞으나 정보를 시연할 기회가 많은 것은 집중학습보다 분산학습이다.

07

다음 중 기억에 대한 설명으로 옳지 않은 것은?

① 단기기억의 정보 기억용량은 약 7개 정도로 매우 제한되어 있다.
② 정보는 조직화 및 부호화를 통해 단기기억에서 장기기억으로 저장된다.
③ 감각기억은 유입된 모든 정보를 처리하며, 청각보다 시각정보를 더 오래 유지한다.
④ 단기기억은 감각기를 통해 유입된 정보 중 일부를 저장한다.

08

다음 중 매슬로의 욕구위계를 바르게 나열한 것은?

① 안전 – 생리적 – 소속감 및 애정 – 존경 – 인지 – 심미 – 자아실현
② 안전 – 생리적 – 소속감 및 애정 – 존경 – 인지 – 자아실현 – 심미
③ 생리적 – 안전 – 소속감 및 애정 – 존경 – 인지 – 심미 – 자아실현
④ 생리적 – 안전 – 소속감 및 애정 – 존경 – 심미 – 인지 – 자아실현

09

다음 중 시세포에 대한 설명으로 옳지 않은 것은?

① 낮에는 간상체보다 추상체가 더 활발히 작용한다.
② 망막 중심부에는 간상체가 주로 분포되어 있다.
③ 간상체를 사용하는 동물들은 밤에도 색을 볼 수 있다.
④ 간상체는 추상체에 비해 빛에 더 민감한 대신 해상도가 떨어진다.

10

다음 중 단안단서가 아닌 것은?

① 수렴
② 조절
③ 선형원근
④ 중첩

11

다음 〈보기〉의 실험과 관련된 심리학 개념으로 옳은 것은?

> **보기**
>
> 1. 생후 9개월의 아이에게 흰 쥐, 사람 가면, 불타는 종이, 강아지 등등 많은 사물들을 접촉시킨다. 이때 아이는 여러 가지 사물에 대해 특정 거부 반응이나 두려움을 보이지 않았다.
> 2. 2개월 뒤 1주일에 2번씩, 총 7회에 걸쳐 아이가 흰 쥐와 접촉할 때마다 뒤에서 쇠막대기를 두드려 큰 소리를 내어 아이에게 겁을 주었다.
> 3. 실험이 진행될수록 앨버트는 흰 쥐를 볼 때마다 울음을 터트리며 거부 반응 및 두려움을 표현하였다.
> 4. 계속된 실험 결과, 아이는 흰 쥐뿐만 아니라 산타클로스 가면, 흰 토끼 및 강아지를 봐도 두려움과 거부반응을 보였다.

① 고전적 조건형성
② 조작적 조건형성
③ 자발적 조건형성
④ 정서적 조건형성

07 　정답 ③

③ 감각기억은 감각기관을 통해 들어온 정보를 아주 짧은 시간 동안 보관하는 기능을 한다. 이때 의식적으로 선택적 주의 처리를 하지 않으면 정보는 잠시 머문 후 바로 소멸된다. 따라서 유입된 모든 정보를 처리한다는 설명은 틀린 설명이다.

08 　정답 ③

매슬로는 욕구위계 5단계(생리적 − 안전 − 소속감 및 애정 − 존경 − 자아실현)를 주장하였는데, 이후 '자아실현'의 욕구가 성장욕구(인지 − 심미 − 자아실현 − 자기초월)로 구체화되었다. 기존의 1~4단계(생리적 − 안전 − 소속 − 존경)는 결핍욕구에 해당한다.

09 　정답 ②

② 망막 중심부에는 추상체가 모여 있고, 간상체는 중심부 외에 주로 분포한다.

시세포 − 간상체와 추상체
• 간상체: 추상체에 비해 해상도는 떨어지지만 빛에 더 민감하며, 어두운 곳에서 명암의 감각에 관여한다.
• 추상체: 밝은 곳에서 작용하며 밝기, 색상, 선명함의 감각에 관여한다.

10 　정답 ①

① 수렴은 양안단서이다.
• 단안단서: 한 눈만으로 지각할 수 있는 깊이 지각 단서. 중첩, 상대적 크기, 직선조망, 대기 조망, 수평선에서의 높이 등이 있다.
• 양안단서: 양 눈의 개입을 요하는 깊이 단서로 양안부등, 수렴 등이 있다. 사람의 두 눈은 떨어져 있으므로 두 망막에 비친 망막 상에 약간 차이가 있다. 이로 인해 깊이 지각(입체시)이 가능하여 3차원 세계의 깊이와 거리감을 가진다.

11 　정답 ①

〈보기〉는 심리학자 왓슨에 의한 '어린 앨버트 실험'이다. 왓슨은 파블로프의 '고전적 조건형성 이론'이 인간에게도 적용된다는 것을 이 실험을 통해 증명하였다. 시끄러운 소리(무조건자극)에 대한 울음 및 공포(무조건반응)에 흰색 털이 달린 동물을 함께 보여 주면(조건자극), 그 이후에는 흰색 털이 달린 동물 및 흰색 사물을 보기만 해도 바로 두려움 및 거부 반응(조건반응)이 학습된다. 즉, 어린 앨버트 실험은 인간의 감정이 고전적 조건화에 의해 학습 가능하며, 행동은 특정한 자극과 조건만 주어진다면 통제와 변화가 가능하다는 점을 보여준다.

12

다음 〈보기〉 사례의 배경이 되는 상담심리학 이론으로 옳은 것은?

> **보기**
>
> A는 요즘 대학 입시를 앞두고 진로에 대한 고민이 많다. 부모님이 원하는 직업과 본인이 원하는 진로가 다르기 때문이다. 이에 대해 담임선생님께 상담을 요청하였더니, 담임선생님께서는 다음과 같이 말씀해 주셨다.
> "인간은 자유롭고 능동적인 존재이므로 얼마든지 개인의 자유의지에 따라 자기실현을 추구할 권리가 있단다. A의 잠재능력이 풍부하다는 것을 선생님이 누구보다 잘 알고 있으니 걱정 말고 네 꿈을 좇으렴. 부모님께는 선생님이 잘 말씀드려 볼게."

① 구성주의
② 행동주의
③ 인본주의
④ 인지주의

13

다음 〈보기〉에서 설명하고 있는 귀인 개념으로 옳은 것은?

> **보기**
>
> A는 일을 하며 짜증을 내는 사람들을 보면 '저 사람들 성미가 참 고약하구나.'라고 생각하면서도, 본인이 짜증이 날 때는 '이 상황에서는 예수님도 화내셨을걸.' 하며 불편한 심기를 주변에 숨기지 않는다.

① 확증적 편향
② 부정적 편향
③ 행위자–관찰자 편향
④ 기본적 귀인 오류

14

다음 〈보기〉의 사례에 나타난 방어기제 개념으로 옳은 것은?

> **보기**
>
> • A는 B에게 고백을 했다가 거절당하자, 'B와 사귀었어도 그리 행복하진 않았을 거야. B는 만족할 줄 모르는 성품을 지녔어.'라고 생각하였다.
> • 여우가 길을 가다가 높은 담장 위에 매달려 있는 포도나무를 보았다. 여우는 포도가 먹고 싶었지만 너무 높아 결국 포도를 따 먹지 못하였다. 그러자 여우는 '그 포도는 어차피 신 포도였을 거야.'라고 생각하였다.

① 회피
② 투사
③ 전위
④ 합리화

15

다음 중 콜버그(L. Kohlberg)의 도덕성 발달이론에 대한 설명으로 옳지 않은 것은?

① 콜버그는 도덕적 딜레마를 제시하고 이를 해결하는 논리에 따라 도덕성의 단계를 전인습적, 인습적, 후인습적 수준으로 구분하였다.
② 전입습적 수준은 집단과 사회에 규범이 존재한다는 것을 알고, 개인은 그 규범에 따라 행동할 필요가 있음을 이해하는 단계이다.
③ 인습적 수준에서 개인은 사회적 질서에 동조하고자 사회 구성원에게 동일시하고, 타인의 인정을 얻고자 한다.
④ 후인습적 수준은 도덕적 가치를 개인의 양심으로 완전히 내면화하여 외부 기준이 필요 없는 단계이다.

16

다음 중 고전적 조건형성의 '획득'에 대한 설명으로 옳은 것은?

① 유사한 조건자극들을 식별하여, 특정한 조건자극에 대해서만 조건반응이 나타나게 만든다.

② 소거된 조건반응에 일정시간이 지난 후 조건자극을 다시 제시하면 조건반응을 보인다.

③ 학습되었던 조건반응이 약화되거나 사라지는 현상이다.

④ 새로운 조건반응이 학습되는 현상이다.

17

다음 중 피아제의 영아기(0~2세) 특징으로 옳지 않은 것은?

① 자기중심적 사고로부터 벗어나 가까운 타인을 인지한다.

② 입으로 빨기, 잡기 등 감각기관을 통해 외부세계를 이해한다.

③ 긴장상태를 해결해주고, 만족을 가져다주는 보호자에 대해 기본적인 신뢰감이 형성된다.

④ 대상영속성이 발달하여 어떤 대상이 눈앞에서 사라져도 그 대상이 어딘가에 존재한다는 것을 안다.

18

다음 중 〈보기〉와 관련된 기억으로 옳은 것은?

> **보기**
> • 경험했던 사건의 기억
> • 내가 언제 누구와 무엇을 했는지의 상세한 기억
> • 어렸을 적 큰 충격을 받았을 때와 관련한 기억

① 단기기억 ② 의미기억
③ 작업기억 ④ 일화기억

PART 1

12 정답 ③

③ 인본주의 인간관에 따르면, 각 개인에게는 자신의 잠재능력과 가능성을 높이려는 자아실현의 욕구가 있다고 본다. 따라서 누구나 자유의지에 따라 자기를 조절하고 통제할 수 있는 능력이 있으며, 타고난 자기실현 경향을 발휘하기 위해 노력하며 참된 인간으로 성숙해지는 것이다.

13 정답 ③

③ 행위자–관찰자 편향: 행위자가 자신의 행동을 귀인할 때와, 타인의 행동을 관찰자로서 귀인할 때에 차별적인 경향을 보이는 귀인 오류이다. A는 똑같이 짜증내는 행위에 대하여 타인은 그 사람의 성미에서 원인을 찾고, 자신은 상황과 같은 외적인 요인에서 원인을 찾고 있다.

14 정답 ④

④ 합리화: 개인이 수용할 수 없는 다른 동기들을 무의식적으로 감추고 있는 상태에서, 특정 행동이나 태도를 정당화하기 위해 그럴듯한 의식적인 설명을 사용하여 스스로를 정당화하는 정신 과정이다.

15 정답 ②

② 법과 사회 규범을 인지하고 이에 따르는 단계는 인습적 수준에 해당한다. 전인습적 수준은 행위의 결과에 따른 보상이나 처벌에 의해 가치의 옳고 그름을 판단하는 단계이므로 아직 사회적 도덕성이 발달하기 전 단계라고 볼 수 있다.

16 정답 ④

① 자극변별에 대한 설명이다.
② 자발적 회복에 대한 설명이다.
③ 소거에 대한 설명이다.

17 정답 ①

① 자기중심적 사고로부터 벗어나는 시기는 구체적 조작기(7~12세)이다.

18 정답 ④

• 일화기억: 장기기억의 한 형태로서 기억의 주체인 개인이 과거에 경험했던 크고 작은 사건들에 대한 기억이다. 언제, 어디서 그 사건이 발생하였는지 등의 시공간적 맥락정보를 포함한다.

• 의미기억: 일화기억과 달리 의미기억은 시공간과 관련되지 않는다. 예를 들면, 우리나라 초대 대통령의 이름을 물었을 때는 누구나 쉽게 대답할 수 있지만 언제 어디서 그 정보를 처음 알게 되었는지는 기억하기 어렵다. 따라서 일화기억이 제공하는 정보를 '기억한다(Remember)'로 표현할 수 있는 '사건(Event)'과 관련한 기억이라면, 의미기억에 저장된 정보는 '알고 있다(Know)'로 표현할 수 있는 '사실(Fact)'과 관련한 기억이다.

19

다음 〈보기〉의 현상과 관련된 심리학 이론은?

> **보기**
>
> 알고 있는 어떤 개념이나 명칭을 떠올리려고 노력하지만, 정확하게 생각나지 않아 표현하지 못하는 현상

① 소거이론
② 응고이론
③ 간섭이론
④ 인출 실패

20

다음 〈보기〉의 실험에서 설명하고 있는 심리기법으로 옳은 것은?

> **보기**
>
> 프리드만과 프레이저는 미국 캘리포니아 주의 가정주부들에게 전화를 해서 가정에서 사용하는 제품들에 대한 질문 몇 가지에 답을 하도록 부탁했다. 사흘 뒤에 이들은 다시 전화를 해서, 이번에는 가정에서 사용하는 제품의 개수를 조사하기 위해 두 시간 정도 집에 방문해도 되는지 물었다. 심리학자들은 처음에 전화로 질문을 받은 주부들이 질문을 받지 않은 주부들에 비해 두 번째 부탁을 들어 줄 가능성이 두 배 이상 높다는 것을 발견했다.

① 낮은 공 기법(Low-ball Technique)
② 면전에서 문 닫기(Door-in-the-face)
③ 문간에 발 들여놓기(Foot-in-the-door)
④ 비위맞추기

21

다음 중 암묵기억과 관련된 개념은?

① 재인검사
② 점화효과
③ 회상검사
④ 맥락의존

22

다음 〈보기〉에서 설명하고 있는 심리학 개념은?

> **보기**
>
> 독감 바이러스와 코로나19 바이러스 중 무엇이 더 치사율이 높을까? 실제 결과와 무관하게 사람들은 코로나19 바이러스의 치사율이 더 높을 것이라고 답하였는데, 이는 최근 미디어를 통해 코로나19에 대한 관심과 경각심이 높아진 대중의 기억 속에 독감보다 코로나19에 대한 정보가 더 친숙하기 때문이다.

① 감정 휴리스틱
② 가용성 휴리스틱
③ 대표성 휴리스틱
④ 기준점과 조정 휴리스틱

23

다음 〈보기〉에서 설명하는 향정신성 약물로 옳은 것은?

> **보기**
> • 1938년 스위스의 제약회사에서 맥각균을 연구하던 알버트 호프만에 의해 합성된 환각 물질로 무색, 무미, 무취한 백색 분말이다.
> • 섭취 시 시각, 촉각, 청각 등의 감각이 왜곡되는 강력한 환각효과를 경험하게 된다.
> • 남용 시에 뇌와 염색체에 손상을 준다.

① LSD
② 프로포폴
③ 코카인
④ 모르핀

19   정답 ④

〈보기〉는 설단현상에 대한 설명이다. 설단현상은 여러 정보가 복잡하게 얽혀 있어 기억을 떠올리지 못할 때나 심리적 압박이나 불안을 느낄 때, 무의식적으로 어떤 것을 떠올리지 않으려고 할 때 등 다양한 요인으로 인해 나타난다. 즉, 인출 실패 현상으로, 기억 속에 정보가 저장되어 있다 하더라도 저장방법이나 인출과정에 문제가 있어 외부로 표출하지 못하는 것이다.

20   정답 ③

'문간에 발 들여놓기'는 상대방에게 큰 부탁을 하고자 할 때, 먼저 작은 부탁을 해서 상대방이 그 부탁을 들어주게 하는 것으로 시작한 후, 결국 상대방이 큰 부탁을 들어주게끔 하는 전략이다. 〈보기〉의 실험에서 심리학자들은 점차 부탁의 강도를 높이고 있다.

21   정답 ②

암묵기억(내현기억)이란 특정 사건의 기억에 대한 개인의 의식은 없으나 현재의 행동에 영향을 주는 기억을 말한다. 암묵기억의 대표적인 예로는 절차기억(Procedural Memory)을 들 수 있다. 신발끈을 묶는 방법, 자전거를 타는 방법에 대한 학습과 기억은 거의 무의식적으로 이루어지며, 정확하게 다시 언어적으로 설명하기가 어렵다.
② 점화효과 : 시간적으로 먼저 제시된 자극이 나중에 제시된 자극의 처리에 부정적 혹은 긍정적 영향을 주는 현상

22   정답 ②

② 가용성 휴리스틱 : 머릿속에 잘 떠오르는 정보나 사례에 근거해서 해당 사건이나 사례가 일어날 확률이 더 높다고 여기는 인지적 책략
① 감정 휴리스틱 : 합리적·이성적 판단이 아닌 감정에 따라 판단하는 인지적 책략
③ 대표성 휴리스틱 : 어떤 대상이 특정 범주의 전형적인 특성을 얼마나 많이 나타내는지, 즉 대표성이 있는지에 근거하여 특정 범주에 속할 확률을 판단하는 인지적 책략
④ 기준점과 조정 휴리스틱 : 초기 기준을 설정하고 추후에 그 기준을 조정하는 방법으로 판단을 내리는 인지적 책략

23   정답 ①

① LSD(리세르그산 디에틸아미드) : 극소량으로도 강력한 환각 작용을 일으키는 향정신성의약품이다. 세로토닌과 화학구조가 비슷하며, 맛과 냄새가 없다.
② 프로포폴 : 정맥으로 투여되는 전신마취제로 페놀계 화합물이다. 흔히 수면마취제라고 불린다.
③ 코카인 : 코카 관목의 잎에서 추출되는 결정성 분말로 병원에서 국소 마취제로 쓰였으나 강력한 환각효과와 독성으로 마약으로 분류되었다. 중독 시 현기증, 동공산란, 정신착란, 환각, 실신 등이 발생하고 호흡곤란을 일으켜 사망한다.
④ 모르핀 : 마약성 진통 의약품으로 중추 신경계에 직접 작용하여 통증을 줄인다.

24

다음 〈보기〉의 사례에 해당하는 타당도의 개념으로 옳은 것은?

> **보기**
>
> A는 군무원 채용시험에서 높은 점수를 받고 군무원이 되었다. A는 군무원이 된 이후에도 동기들에 비해 직무성과가 높은 편으로, 업무를 성공적으로 수행하고 있다.

① 내용타당도
② 구성타당도
③ 공인타당도
④ 예언타당도

25

다음 중 양극성 및 관련 장애에 대한 설명으로 옳지 않은 것은?

① 제1형 양극성장애는 조증삽화가 무조건 한 번은 나타나야 한다.
② 제1형 양극성장애는 주요 우울장애보다 조증 상태가 더 두드러지게 나타나야 한다.
③ 제2형 양극성장애는 우울이 아닌 조증이 나타나야 한다.
④ 경조증과 우울증이 반복적으로 나타나며 그 기간이 최소 2년 이상인 경우 순환성 장애로 진단한다.

24
정답 ④

④ 〈보기〉의 사례는 평가도구(군무원 채용시험)가 평가목적(군무원의 직무성과)을 적절하게 예측하고 있는 경우이므로 예언타당도가 높다고 할 수 있다.

25
정답 ③

③ 제2형 양극성장애는 제1형과 달리 주요 우울장애가 주요 증상이며, 조증이 아닌 경조증이 나타난다.

03 2019 추가채용 기출복원문제

01

다음 중 실험법에 대한 설명으로 옳지 않은 것은?

① 독립변인이 종속변인에 미치는 효과를 조사한다.

② 원인과 결과를 통해 가설을 검증하는 가장 과학적인 연구 방법이다.

③ 두 개 이상의 실험적 조건들을 설정함에 있어 엄격한 통제가 필수이다.

④ 종속변인은 실험자가 의도하는 결과를 얻기 위해 실험자가 조작, 통제하는 값이다.

02

다음 중 뉴런의 정보전달에 대한 설명으로 옳지 않은 것은?

① 축색돌기의 수초화는 정보가 빨리 전달되도록 돕는다.

② 뉴런의 축삭말단에서 전기적 신호를 방출하면 다른 뉴런의 수상돌기에서 정보를 받아들인다.

③ 뉴런의 한쪽 끝에 꼬인 나뭇가지 모양의 수상돌기가 다른 뉴런으로부터 정보를 받아들인다.

④ 뉴런의 막전위는 역치에 도달해야만 발생하며, 막전위 변화가 역치를 넘으면 일정한 활동전위가 격발한다.

✎ 정답 및 해설

01 정답 ④

독립변인에 대한 설명이다. 종속변인은 설정된 독립변인에 대한 결과에 따라 달라지는 의존변인이다.

02 정답 ②

② 뉴런의 축삭말단(종말단추)에서는 화학물질(신경전달물질)이 방출되고, 이 물질이 다른 뉴런으로 전달된다. 이는 전기적 신화가 아닌 화학적 정보의 전달이다.

03

뉴런의 신경전달물질에 대한 설명으로 옳지 않은 것은?

① 세로토닌은 기분, 수면 및 각성에 영향을 주는 신경전달물질이다.

② 에피네프린은 공포를 느낄 때 분비되는 신경전달물질이다.

③ 도파민은 성취감을 느낄 때 쾌감에 관여하는 신경전달물질로, 부족할 경우 파키슨병에 걸릴 수 있다.

④ 아세틸콜린은 뉴런의 지나친 활동을 억제하여 불안, 두려움, 스트레스를 통제하는 기능을 한다.

04

다음 중 신경계에 대한 설명으로 옳지 않은 것은?

① 중추신경계는 뇌와 척수로 이루어져 있다.

② 교감신경계는 신체를 긴장시키는 기능을 한다.

③ 체성신경계는 내장기관을 무의식적으로 제어하는 기능을 한다.

④ 말초신경계에는 감각을 전달하는 신경과 운동 신호를 전달하는 신경이 있다.

05

다음 중 뇌의 기능에 대한 설명으로 옳지 않은 것은?

① 대뇌피질은 감각기관들을 포함한 신체 여러 부위에서 오는 신호들을 처리한다.

② 변연계는 정서와 동기에 관여하며, 고등 생물일수록 변연계가 발달한다.

③ 시상은 신체 각 부분에서 들어 오는 신호를 대뇌피질로 전달하는 기능을 한다.

④ 시상하부는 체온, 소화, 갈증, 피로, 수면, 심장기능과 같은 가장 필수적인 신체활동을 관장한다.

06

다음 중 감각에 대한 설명으로 옳지 않은 것은?

① 시력의 명순응보다 암순응이 더 빠르게 작용한다.

② 신경배선모형은 삼원색 이론과 대립과정 이론을 통합한 모형이다.

③ 간상체와 추상체는 빛에 대한 자극으로 전기적 신호를 만들어 내는 수용기 세포이다.

④ 삼원색 이론은 색채 시각이 각기 다른 스펙트럼 민감도를 갖는 세 개의 수용기 기제와 관련된다고 본다.

07

다음 〈보기〉의 사례를 통해 알 수 있는 현상으로 옳은 것은?

보기

A는 콘서트를 관람하기 위해 친구들과 종합운동장으로 갔다. 콘서트장은 많은 사람들이 밀집해 있어 매우 시끄럽고 번잡하였다. 그런데 A의 귀에 문득 누군가 자신이 좋아하는 아이돌 가수의 실명을 거론하며 그에 대해 험담을 하는 이야기를 듣게 되었다. A는 시끄러운 와중에도 그 이야기만큼은 또렷이 들리는 게 신기하였다.

① 자이언스 효과
② 플라시보 효과
③ 밴드왜건 효과
④ 칵테일파티 효과

08

다음 중 거리지각에 대한 설명으로 옳지 않은 것은?

① 상대적 높이는 시야에서 위쪽에 있는 대상을 더 멀리 있는 것으로 지각하는 것이다.
② 상대적 밝기는 빛의 변화에도 불구하고 대상의 밝기를 일정하게 지각하는 것이다.
③ 상대적 운동은 인간의 움직임에 따라 실제로 고정되어 있는 대상이 움직이는 것처럼 보이는 것이다.
④ 중첩은 한 물체가 다른 물체보다 가까이 위치하면 가까운 물체가 멀리 있는 물체의 일부분을 가리는 것이다.

✏ 정답 및 해설

03 　정답 ④

감마아미노낙산(GABA)에 대한 설명이다. 아세틸콜린(ACh)은 척수의 가장 일반적인 신경전달물질로서 근육 활성화와 학습, 수면 등을 통제하는 데 관여한다. 공급이 부족할 시 알츠하이머 치매를 유발할 수 있다.

04 　정답 ③

③ 자율신경계에 대한 설명이다. 자율신경계는 흥분과 관련된 교감신경계와 이완을 담당하는 부교감신경계로 구성되어 있으며, 이 두 신경계가 상호작용하여 신체의 균형을 유지한다.

05 　정답 ②

② 변연계는 섭식, 본능, 욕구 등 생존에 필요한 기능을 하면서 공포와 슬픔, 화와 같은 정서와 관련되어 있다. 또한, 고등생물일수록 발달하는 것은 대뇌피질이다. 동물이 본능과 감정에 따라 반응한다면 인간은 대뇌피질을 통해 논리적 사고를 할 수 있다.

06 　정답 ①

① 일반적으로 암순응보다 명순응이 더 빠르게 작용한다. 암순응은 눈이 어두운 곳에 적응하는 현상이고, 명순응은 눈이 밝음에 적응하는 현상이다.

07 　정답 ④

④ 칵테일파티 효과: 시끄러운 파티장의 소음 속에서도 자신에게 의미 있는 정보에 집중하는 현상이다.
① 자이언스 효과: 접촉 빈도가 증가함에 따라 친밀도가 높아지는 현상이다.
② 플라시보 효과: 가짜 약이라도 환자의 심리적인 믿음을 통해 치료 효과가 나타나는 현상이다.
③ 밴드왜건 효과: 대중적으로 유행하는 정보를 따라 상품을 구매하는 현상이다.

08 　정답 ②

② 지각 항등성에 대한 설명이다. 상대적 밝기는 물체의 명암 차이로 인해 거리가 달라 보이는 거리지각의 한 단서이다.

09

다음 중 조건형성에 대한 설명으로 옳지 않은 것은?

① 고전적 조건형성은 결과적으로 중성자극이 조건자극이 되어 조건반응을 일으키는 형태의 학습이다.

② 고전적 조건형성의 연합 방법 중 하나는 조건자극이 먼저 제시되지만 조건자극이 사라지기 전에 무조건자극을 제시하는 것이다.

③ 조작적 조건형성의 효과와 강도는 조건자극과 무조건자극의 연합 방식에 달렸다.

④ 조작적 조건형성은 환경, 행동, 결과가 유기적으로 연결되어 있으며, 이 요소들을 조절하면 행동의 변화가 가능하다고 본다.

10

다음 중 강화계획에 따른 조작적 조건형성에 대한 설명으로 옳지 않은 것은?

① 고정간격은 반응의 수와 상관없이 일정시간이 경과하면 강화가 주어진다.

② 고정비율은 정해진 수만큼 반응이 나타날 때만 강화가 주어진다.

③ 변동비율의 예로 슬롯머신과 복권, 도박 등을 들 수 있다.

④ 변동간격 – 변동비율 – 고정간격 – 고정비율 순으로 소거될 확률이 낮다.

11

다음 중 행동주의 학습에 대한 설명으로 옳지 않은 것은?

① 행동주의는 인간을 기계론적 관점으로 정의한다.

② 행동주의 학습의 대표적인 이론으로 반두라의 관찰학습을 들 수 있다.

③ 행동주의에 따르면, 자극과 반응 간의 연합이 학습의 핵심이라고 본다.

④ 파블로프는 고전적 조건화를, 스키너는 조작적 조건화와 강화의 개념을 정립하였다.

12

다음 중 기억에 대한 설명으로 옳지 않은 것은?

① 서술기억은 의미기억과 일화기억을 포함한다.

② 의미기억은 일반적인 사실, 지식에 대한 것이다.

③ 일화기억은 자전거 타기, 운전하기와 같은 습관화된 행동, 기술을 포함한다.

④ 절차기억은 자동적으로 기억에서 인출되는 기억으로 의식적인 노력은 필요하지 않다.

13

다음 중 어림짐작 전략에 대한 설명으로 옳지 않은 것은?

① 어림짐작 전략은 전문가 집단에게서도 나타난다.
② 어림짐작 전략을 사용함으로써 인지적 부담을 덜 수 있다.
③ 대표성 휴리스틱과 관련된 인지적 편향은 '도박사의 오류'이다.
④ 가용성 휴리스틱과 관련된 인지적 편향은 '사후 과잉 확신 편향'이다.

14

다음 중 언어발달에 대한 설명으로 옳지 않은 것은?

① 생득주의 접근은 아동의 언어발달이 생물학적인 언어능력에 따른다고 가정한다.
② 구성주의 접근은 아동의 인지적 수준과 환경 간의 끊임없는 상호작용을 통해 언어발달이이루어진다고 본다.
③ 행동주의 접근은 언어가 후천적 경험이나 학습에 의해서 습득된다고 본다.
④ 사회적 상호작용 접근은 사고발달의 선행되어야 언어발달이 가능하다고 보았다.

09 　정답 ③

③ 고전적 조건형성에 대한 설명이다. 고전적 조건형성은 조건자극과 무조건자극의 연합 방식에 따라 학습의 효과와 강도가 달라진다.

10 　정답 ④

④ 소거될 확률이 낮은 강화계획을 순서대로 나열하면, '변동비율 – 변동간격 – 고정비율 – 고정간격'이다.

11 　정답 ②

② 반두라의 관찰학습은 인지주의 학습이론의 대표적 예에 해당한다.

12 　정답 ③

③ 절차기억에 대한 설명이다.. 일화기억은 과거 개인이 겪은 사건에 대한 경험이다.

13 　정답 ④

④ '사후 과잉 확신 편향'은 감정 휴리스틱과 관련된 인지적 편향이다.
사후 과잉 확신 편향
어떤 사건의 결과를 알고 난 후 마치 처음부터 그 일의 결과가 그렇게 나타날 것이라는 걸 알고 있었던 것처럼 생각하는 경향을 말한다.

14 　정답 ④

④ 사회적 상호작용 접근의 대표적 학자인 비고츠키는 언어와 사고가 상호작용하며 언어발달이 이루어진다고 보았다.
① · ② · ③ 구성주의 접근의 대표적 학자인 피아제의 언어발달 관점에 대한 설명이다.

15

다음 중 피아제의 인지발달 단계에 대한 설명으로 옳지 않은 것은?

① 감각운동기 단계에서 대상영속성을 획득한 아동은 보호자가 잠시 자리를 비워도 보호자가 사라진 게 아니라는 것을 안다.

② 전조작기 단계의 아동은 가역성의 원리를 터득하여 보존개념을 획득한다.

③ 구체적 조작기 단계의 아동은 기본적 논리체계를 획득함으로써 구체적 사물을 중심으로 한 이론적·논리적 사고가 가능하다.

④ 형식적 조작기 단계의 아동은 미술작품을 보며 상징의 의미를 추론할 수 있다.

16

다음 중 성격 특질이론에 대한 설명으로 옳지 않은 것은?

① 성격의 5요인은 개방성, 성실성, 외향성, 내향성, 신경증이다.

② 생물학적 유형론은 유전적으로 결정된 인간의 생리적 특성을 바탕으로 성격의 특질을 정리하였다.

③ 카텔은 성격을 크게 겉으로 보이는 구체적인 행동 중 일관성·규칙성을 보이는 표면특성과, 그러한 행동의 기저에 있는 보다 안정적인 특성인 원천특성으로 구분하였다.

④ 올포트는 성격의 기본 요소로 특질을 제시하며, 특질이란 어떠한 자극에 일관되게 반응하려는 경향성이라고 정의하였다.

17

다음 중 성격검사에 대한 설명으로 옳지 않은 것은?

① 성격검사는 크게 자기보고식 검사와 투사법 검사로 분류할 수 있다.

② 투사법 검사는 내담자의 무의식적 반응을 알 수 있어 타당도와 신뢰도가 높다.

③ 대표적인 자기보고식 검사의 종류로는 MMPI, MBTI, 특성검사 등이 있다.

④ 자기보고식 검사는 객관적 검사도구이지만 자유로운 표현이 어렵고 응답이 왜곡될 가능성이 있다.

18

다음 중 근본적 귀인 오류에 대한 설명으로 옳지 않은 것은?

① 근본적 귀인 오류라는 명칭은 이러한 귀인 오류가 매우 보편적인 심리현상이기 때문에 붙은 것이다.

② 근본적 귀인 오류는 자신의 행동을 설명할 때는 잘 일어나지 않는다.

③ 사람들은 상황을 판단할 때 필요한 동기나 인지적 자원이 있는 경우에 근본적 귀인 오류를 일으킬 가능성이 높아진다.

④ 근본적 귀인 오류를 통해 사람들이 타인을 판단할 때 타인이 처한 상황보다는 타인의 기질이나 성격적인 측면에 초점을 맞춘다는 것을 알 수 있다.

19

다음 중 사회심리학의 개념에 대한 설명으로 옳지 않은 것은?

① 동조란 명시적 요구가 없어도 암묵적으로 집단의 압력을 느껴 집단규범에 가까운 행동을 하는 것이다.

② 대표적인 비합리적 의사결정 과정인 '집단사고'는 동조와 관련된 현상이다.

③ 복종이란 동조와 달리 대등한 지위에 있는 타인의 명시적 요구에 따르는 것이다.

④ 밀그램의 복종실험을 통해 상당수의 피험자들이 위험 수준까지 실험자의 명령에 복종한다는 것을 알 수 있다.

20

다음 중 집단현상에 대한 설명으로 옳지 않은 것은?

① 집단사고는 응집력이 높은 집단일수록 일어나기 쉽다.

② 구성원이 충분히 이완된 상태일 때, 안일한 의사결정 과정을 거치게 되므로 집단사고의 경향성이 두드러진다.

③ 집단극화는 집단일 때 개인의 의사결정보다 더 극단적인 결정을 하게 되는 현상이다.

④ 집단극화는 집단의 권위에 순응하는 심리로서 집단사고와 밀접한 관련성을 가진다.

15 정답 ②

② 구체적 조작기 단계에 대한 설명이다. 전조작기 단계의 아동은 자기중심성을 띠며, 상징을 사용하여 문제해결과 내재적 사고가 가능하다. 그러나 가역성의 원리를 이용한 보존 개념이나 범주 포함과 같은 과제 해결에는 실패한다.

16 정답 ①

① 성격의 5요인은 개방성, 성실성, 외향성, 우호성, 신경증이다.

17 정답 ②

② 투사법은 내담자의 의도된 방어가 어려워 무의식적 반응이 표출되는 검사법인 것은 맞다. 그러나 투사법은 평가 결과를 표준화하기 어렵기 때문에 타당도와 신뢰도가 낮으며 객관성이 검증되지 않았다.

18 정답 ③

③ 상황을 판단할 때 필요한 동기나 인지적 자원이 있는 경우에는 근본적 귀인 오류를 일으킬 가능성이 낮아진다.

19 정답 ③

③ 응종에 대한 설명이다. 복종은 수직적 관계에 있는 타인의 요구에 따르는 것이다.

20 정답 ②

② 집단사고는 외부로부터 위험이 임박하여 구성원의 스트레스가 고조될 때 더 쉽게 나타나는 현상이다.

21

다음 중 불안장애에 대한 설명으로 옳지 않은 것은?

① 범불안장애는 일상생활의 다양한 주제에 대한 과도하고 통제하기 힘든 비합리적 걱정을 주요 특징으로 한다.

② 공황장애의 주요 증상으로는 호흡곤란, 어지러움 등이 있으며, 심하면 의식을 잃기도 한다.

③ 광장공포증은 특정 장소나 상황에 혼자 있는 것에 불합리한 공포를 느껴 공포를 유발하는 장소나 상황을 기피하는 증상을 보인다.

④ 강박장애는 의식적으로 통제할 수 있는 행동임에도 불구하고 지나치게 반복하여 현실에 불편을 주는 습관을 말한다.

23

다음 중 벡(A. T. Beck)의 인지치료에 대한 설명으로 옳지 않은 것은?

① 인지치료는 왜곡된 인지와 신념을 파악하여 이를 교정하는 과정이다.

② 인지치료는 개인의 환경이 아닌 환경에 대한 개인의 해석과 신념을 강조하였다.

③ 인지치료는 행동주의와 결합되어 인지행동치료로 발전하였다.

④ 인지치료의 주요 개념으로는 무조건적 존중, 적극적 경청, 무비판적 태도 등이 있다.

22

다음 중 DSM-5의 범주와 하위 장애의 연결이 잘못된 것은?

① 조현병 스펙트럼 – 해리성 기억상실증

② 수면-각성장애 – 하지불안증후군, 기면증

③ 급식 및 섭식장애 – 이식증, 되새김 장애

④ 신경발달장애 – 지적장애, 운동장애, 의사소통장애

24

다음 중 신경에 대한 설명으로 옳은 것은?

① 부교감신경은 긴장했을 때 작용한다.

② 부교감신경은 잠들었을 때 작용한다.

③ 교감신경의 작용으로 인해 혈압이 낮아진다.

④ 부교감신경의 작용으로 인해 심장 박동이 빨라진다.

25

다음 중 구성주의 심리학에 대한 설명으로 옳지 않은 것은?

① 자신의 의식 경험을 주관적으로 관찰한다.
② 의식이란 세상과 마음에 대한 개인의 주관적인 경험이다.
③ 마음을 구성하는 기본요소들을 분석하는 접근 방식을 취한다.
④ 정신의 목적은 유기체가 환경에 적응하려는 생물학적 욕구를 충족시키는 데 있다.

정답 및 해설

21
정답 ④

④ 강박장애는 강박적인 사고와 행동이 스스로 통제하지 못할 만큼 반복되어 현실적응에 문제가 발생하는 것이다.

22
정답 ①

① 해리성 기억상실증은 조현병 스펙트럼이 아닌 해리장애 범주에 해당한다.

23
정답 ④

④ 로저스의 인간중심상담의 주요 개념이다. 인지치료의 주요 개념으로는 비합리적 신념, 인지적 오류, 자동적 사고, 역기능적 인지 도식 등이 있다.

24
정답 ②

• 교감신경: 활동할 때, 긴장할 때, 스트레스를 받을 때 작용하며 교감신경의 작용으로 심장 박동이 빨라진다.
• 부교감신경: 휴식을 취할 때, 수면 중일 때 작용하며 심장 박동이 느려진다.

25
정답 ④

④ 기능주의 심리학에 대한 설명이다.
기능주의 심리학
미국의 실용주의적 정신과 다윈의 진화론의 영향을 받았다. 의식의 목적을 유기체가 환경에 적응하려는 생물학적 욕구를 충족시키는 데 있다고 하는 기능의 관점으로 설명한다.

PART
1

01

다음 〈보기〉의 내용을 설명하는 용어로 가장 적절한 것은?

> 보기
>
> 박 대대장은 낯선 군생활을 힘들어하는 신병들과 후임병사들이 잘 적응하도록 격려하며, 훈련에 성실히 참여하여 다른 병사들의 모범이 되는 이 상병에게 4박 5일 특별휴가증과 모범병사 표창을 수여하였다.

① 강화　　　　② 추동
③ 학습　　　　④ 성숙

02

다음 〈보기〉의 사례를 설명하는 용어로 가장 적절한 것은?

> 보기
>
> 육상선수 김군은 대회에서의 기록 단축을 위해 힘들고 어려운 훈련기간을 끝까지 버텨내었지만 대회에서 기록이 단축되지 않았다. 그 이후 김군은 매일 하던 개인특별훈련을 하지 않았고, 일상적인 식단관리와 근력훈련조차 게을리 하게 되었다.

① 퇴행
② 학습된 무기력
③ 프리맥 원리
④ 스티그마 효과

03

다음 중 도피기제에 해당하지 않는 것은?

① 백일몽
② 부정
③ 퇴행
④ 보상

04

다음 중 반두라의 이론에 대한 설명으로 옳지 않은 것은?

① 학습에서 학습자의 자기효능감을 중요시하였다.
② 학습자가 행동을 직접 실행하지 않고도 학습이 가능하다고 하였다.
③ 행동주의 이론이 인간의 학습과 행동을 지나치게 기계론적이고 결정론적으로 본다며 비판하였다.
④ 학습자는 행동을 하지 않고 학습할 수 있으므로 외부환경과의 상호작용은 중요하지 않다고 하였다.

05

다음 중 우반구의 특징이 아닌 것은?

① 공간 지각
② 감성적 능력
③ 언어 능력
④ 예술적 능력

06

다음 중 지능이론에 대한 설명으로 옳지 않은 것은?

① 가드너는 지능을 개인이 공통적으로 가지고 있는 일반지능과 특정한 영역에 대한 능력을 나타내는 특수지능으로 나눈다고 보았다.
② 서스톤은 지능을 개별적 능력들로 구성되어 있다고 보고 몇 가지 요인들로 구분하였다.
③ 카텔은 지능을 유동성 지능과 결정성 지능으로 구분하였다.
④ 스턴버그 이론의 경험적 지능은 새로운 과제에 대처하는 능력이나 창의적 능력을 말한다.

01 〉정답 ①

강화란 행동의 반응, 빈도, 강도를 유발하거나 증가시키는 자극을 말한다. 〈보기〉의 박 대대장은 신병을 도와주고 훈련에 열심히 참여하는 바람직한 이 상병의 행동을 증가시키기 위해 휴가와 표창이란 강화물을 제공하여 강화한 것이라고 볼 수 있다.

02 〉정답 ②

① 퇴행: 미성숙했던 정신 기능의 단계로 되돌아가는 것으로 방어기제의 한 종류이다.
③ 프리맥 원리: 두 반응 중에서 더욱 선호되는 반응이 덜 선호되는 반응을 강화 가능하다고 설명한 원리이다.
④ 스티그마 효과: 어떤 대상이 부정적으로 낙인 찍히면, 그 대상이 실제로 점점 더 나쁜 행태를 보이며 대상에 대한 부정적인 인식이 지속되는 현상을 말한다.

03 〉정답 ④

도피기제란 방어기제의 일종으로 받아들일 수 없는 현실, 고통, 위협 등을 거부하고 피하기 위해 사용하는 비합리적인 해결기제로, 문제를 해결하지 않고 문제로부터 벗어나 압박을 피하려 한다는 특징을 지닌다.
① 백일몽: 현실에서 실현 불가능한 소망이나 반대되는 상황을 꿈꾸는 것이다.
② 부정: 현실의 위험이나 외상적 사건을 받아들이지 않고 거부하는 것이다.
③ 퇴행: 해당하는 발달단계의 정신기능을 발휘하지 못하고, 이전 단계의 미성숙한 정신 기능 단계로 되돌아가는 것이다.

04 〉정답 ④

반두라의 사회인지 이론은 인간의 인지, 행동, 경험과 환경이 상호작용하여 학습과 지식습득이 일어난다는 이론으로, 사회적 상황과 외부환경을 강조했다.

05 〉정답 ③

- 좌반구: 언어능력, 개념, 읽기 · 쓰기, 계산, 음성 · 소리의 인식, 논리적 사고 담당
- 우반구: 이미지, 도형, 음악, 시각정보의 종합적인 파악, 공간 지각, 직관적 사고 담당

06 〉정답 ①

지능을 특수지능과 일반지능으로 나눈 학자는 스피어만이고, 가드너는 다중지능이론을 통해 문제해결능력과 함께 사회-문화적 상황에서 산물을 창조하는 능력을 강조하였다. 가드너에 따르면, 지능은 단일한 능력이 아닌 다수의 능력으로 구성되며 능력마다 같은 중요도를 갖는다고 하였다.

07

다음 〈보기〉의 설명과 관계있는 정보처리과정으로 옳은 것은?

> **보기**
>
> 응고된 장기기억이 다시 단기기억으로 옮겨져 과제 수행에 활용된다.

① 주의집중　　② 지각
③ 인출　　　　④ 부호화

08

다음 중 영아기의 신체발달에 대한 설명으로 옳은 것은?

① 신체 중심에서 말초 방향으로 발달한다.
② 신체 말초에서 중심 방향으로 발달한다.
③ 신체 하부에서 머리 방향으로 발달한다.
④ 전 신체가 동일한 속도로 발달한다.

09

다음 중 학자들과 이론 및 업적의 내용이 잘못 연결된 것은?

① 프로이트 - 인간의 정신활동은 약 5세 이전의 경험에 의해 결정된다고 주장하며, 무의식과 리비도를 강조하였다.
② 분트 - 라이프치히 대학에 심리학 실험실을 개설하여 새로운 학문으로서의 심리학을 탄생시켰다.
③ 에릭슨 - 인간의 행동은 개인의 심리적 요인과 사회문화적 영향의 상호작용에 의해 형성된다고 보고 심리사회이론을 정리하였다.
④ 칼 융 - 인간 개인을 이해하는 데 있어 사회적 환경과 개인이 가지고 있는 열등감의 역할을 강조하였다.

10

다음 〈보기〉의 내용이 설명하는 용어로 옳은 것은?

> **보기**
>
> 숙제를 하지 않고 컴퓨터 게임을 하고 싶어 하는 자녀에게 숙제를 다 하면 컴퓨터 게임을 하게 해주겠다고 말하였더니 자녀가 숙제를 금세 마쳤다.

① 자극 변별
② 프리맥 원리
③ 가르시아 효과
④ 하인츠 딜레마

11

다음 설명 중 옳은 것은?

① 우어반은 아동의 창의성을 측정하기 위하여 WAIS를 만들었다.
② 가드너는 지능을 모든 인간이 공통적으로 가지는 일반 요인과 특정한 능력으로 구분하였다.
③ 스턴버그는 지능을 개인의 내부세계와 외부세계에서 비롯되는 경험의 측면에서 성분적 지능, 경험적 지능, 상황적 지능으로 구분하였다.
④ 카텔의 유동성 지능은 과거의 학습경험을 활용한 판단력으로서 환경적·문화적 영향에 의해 발달이 이루어진다.

12

다음 〈보기〉의 내용이 설명하는 심리학의 분파로 옳은 것은?

> **보기**
> • 의식의 내용을 요소로 분석하고 그 요소들의 결합으로써 의식현상을 설명하고자 하는 입장의 분트 학파를 반대하였다.
> • 진화론의 영향을 받아 의식의 목적을 환경에 적응하는 유용성의 관점에서 설명하였고, 대표적인 학자로는 제임스가 있다.

① 행동주의
② 형태주의
③ 기능주의
④ 인본주의

---

07 정답 ③

③ 인출: 필요한 것을 떠올려 작동하는 능력을 말한다.
① 주의집중: 자극에 의식적으로 집중하는 과정을 말한다.
② 지각: 자극에 의미를 부여하고 해석하는 과정을 말한다.
④ 부호화: 정보를 장기적으로 파지하게 하는 전략을 말한다.

08 정답 ①

영아기 신체발달의 특징
• 머리에서 신체하부로 발달
• 신체의 중심부에서 말초부분으로 발달

09 정답 ④

④ 칼 융이 아닌 아들러에 대한 내용이다. 융은 아들러의 사상을 받아들여 성격을 내향형과 외향형으로 나누었고, 집단무의식에 대한 내용을 정리하였다.

10 정답 ②

② 프리맥 원리: 반응 중에서 더욱 선호되는 반응은 덜 선호되는 반응을 강화할 수 있다는 것이 증명된 원리이다.
① 자극변별: 둘 이상의 자극을 서로 구별하는 것을 말한다.
③ 가르시아 효과: 어떤 음식의 맛을 독·변질·독성 물질에 의해 일어나는 증상과 연관시켜 특정 물질을 회피하는 현상이다.
④ 하인츠 딜레마: 콜버그가 사람의 도덕성 발달 수준을 확인하기 위해 만든 물음이다.

11 정답 ③

① WAIS는 'Wechsler Adult Intelligence Scale'의 약자로 웩슬러에 의해 만들어진 16세 이상의 성인을 대상으로 하는 지능검사이다.
② 가드너는 인간의 지능이 서로 독립적이며 다른 여러 유형의 능력으로 구성된다는 다중 지능 이론을 주장하였다.
④ 카텔의 유동성 지능은 새로운 상황에 적응할 때 필요로 하는 능력으로 생득적인 기억력, 추리력, 추론능력을 포함한다.

12 정답 ③

① 행동주의: 자극-반응을 통해 관찰할 수 있는 행동을 연구하였다.
② 형태주의: 의식의 내용을 요소의 종합이 아닌 전체로 인식하여 심리를 연구하였다.
④ 인본주의: 인간 개인을 실존적 경험과 주관적 감정을 통해 세상을 지각하는 능동적인 존재로 규정하여 접근하였다.

13

다음 중 발달심리학 학자들에 대한 설명으로 가장 옳지 않은 것은?

① 에릭슨은 인간이 각각 단절된 여덟 단계의 과정을 거치며 자아정체성을 획득하게 된다고 주장하였다.

② 피아제는 인간의 인지발달단계를 감각운동기, 전조작기, 구체적 조작기, 형식적 조작기의 네 단계로 구분하였다.

③ 레빈슨은 인간의 전 생애적 발달과정에서 나타나는 변화와 안정, 성장, 순환과정을 밝힌 생애주기모형을 제시하였다.

④ 리겔은 인간이 성인기에 여러 가지 상황이나 대상에 대한 모순을 인식하고, 그 인식의 한계와 문제점을 알아차릴 수 있는 변증법적 추론이 가능해진다고 하였다.

14

다음 중 인과관계를 발견하는 방법으로 가장 적절한 것은?

① 자연관찰
② 실험연구
③ 면접법
④ 질문지법

15

다음 중 실험 상황에서의 요구특성을 막을 수 있는 방법으로 가장 적절한 것은?

① 무선할당
② 자연관찰법
③ 질문지법
④ 이중맹검법

16

다음 중 시각의 3차원 지각에 해당하는 것은?

① 중첩
② 선형조망
③ 결의 밀도변화
④ 양안부등

17

다음 〈보기〉의 내용이 설명하는 용어로 옳은 것은?

> **보기**
>
> 시끄러운 음악을 틀어놓고 영단어를 암기한 학생들은 조용할 때보다 시끄러운 음악을 틀어줬을 때 영단어 시험성적이 높았다.

① 초두효과
② 개념 주도적 처리
③ 빈발효과
④ 부호화 특수성

18

다음 〈보기〉의 내용과 가장 관련된 학자를 옳게 연결한 것은?

> **보기**
>
> 흔들다리 위에서 만난 이성에 대한 호감도가 안전한 지상에서 이성을 만났을 때의 호감도보다 높다는 연구결과가 발표되었다.

① 제임스 – 랑게
② 캐논 – 바드
③ 샤흐터 – 싱어
④ 레스콜라 – 와그너

13　정답 ①

에릭슨이 분류한 인간 발달의 8단계는 각각 단절된 것이 아니라 연속·축적되고 위기를 겪으면서 진행된다고 파악하였다.

심리사회적 발달단계(에릭슨)
1. 유아기: 신뢰감 대 불신감
2. 초기 아동기: 자율성 대 수치심
3. 학령 전기: 주도성 대 죄의식
4. 학령기: 근면성 대 열등감
5. 청소년기: 정체감 대 정체감 혼란
6. 초기청년기: 친밀감 대 고립감
7. 성년기: 생산성 대 침체
8. 노년기: 자아통합 대 절망

14　정답 ②

실험이란 관찰하고자 하는 대상, 조건, 장면을 인위적으로 설정하고 통제하여 그에 따라 일어나는 변화를 측정하고 결론을 도출하는 방법이다. 따라서 원인이 되는 요인에 조작과 통제를 가했을 때 어떠한 결과를 얻을 수 있는지 그 관계를 발견하기에 가장 적합하다.

15　정답 ④

- 요구특성: 실험 상황에서 실험 대상자의 반응에 영향을 주는 특정 요인이나 그 요인으로 인해 대상자가 실험자의 의도에 따라 반응하려는 경향을 말한다.
- 이중맹검: 연구에서 실험자와 피실험자 모두에게 실험의 변화를 알 수 없게 하는 방법으로, 요구특성 효과를 방지하는 방법으로 적절하다.

16　정답 ④

사람의 두 눈이 서로 떨어져 있기 때문에 두 망막에 비친 상에 차이가 생기는데, 이로 인하여 3차원 지각이 가능하다.

17　정답 ④

④ 부호화 특수성: 사람들이 특정 정보를 학습한 환경이나 조건에서 더욱 잘 인출한다고 보는 이론이다.
① 초두효과: 먼저 제시된 정보가 나중에 알게 된 정보보다 더 강력한 영향을 미치는 현상이다.
② 개념 주도적 처리: 이미 알고 있는 개념이나 지식 등이 하위 수준의 정보처리에 영향을 미치는 과정이다.
③ 빈발효과: 첫인상이 형성되었을지라도 반복되는 반응으로 인해 첫인상과는 다른 인상으로 바뀌지는 현상을 말한다.

18　정답 ③

〈보기〉는 불안정한 흔들리는 다리로 인해 두근거리는 심장 반응을 옆에 있는 이성에 대한 호감이라고 인지적인 해석을 하게 되어 이성에 대한 호감도가 높아졌다고 착각한 것이다.
③ 샤흐터 – 싱어: 정서란 생리적 반응의 지각 자체가 아닌, 그 원인을 설명하기 위한 인지해석이라고 주장하였다.

19

다음 중 대상영속성을 얻게 되는 시기는?

① 감각운동기
② 전조작기
③ 구체적 조작기
④ 형식적 조작기

20

다음 중 에릭슨의 심리사회이론 인간발달단계에서 청소년기에 경험하는 심리사회적 위기로 옳은 것은?

① 자율성 대 수치심
② 주도성 대 죄의식
③ 정체감 대 정체감 혼란
④ 친밀감 대 고립감

21

다음 〈보기〉의 내용이 설명하는 심리학자는?

> **보기**
>
> 인간 심리에 대한 결정론과 무의식이라는 두 가지 중심 개념을 가진 정신분석을 창시하였다. 인간의 행동은 본능적인 충동, 무의식에 영향을 받으며 외적인 환경보다 개인의 심리라는 내적조건에 따라 결정된다고 하였다.

① 프로이트   ② 융
③ 매슬로   ④ 아들러

22

웅이가 길을 가다가 넘어진 할아버지를 도와드리고 목적지까지 짐을 들어드렸다. 다음 중 이러한 행위가 내부귀인이 되기 위한 가장 적합한 모델은?

① 일관성이 높고, 특이성과 일치성이 낮다.
② 특이성이 높고, 일관성과 일치성이 낮다.
③ 일치성이 높고, 일관성과 특이성이 낮다.
④ 일관성, 특이성, 일치성 모두 높다.

23

다음 중 '카지노의 슬롯머신'의 강화방법으로 가장 옳은 것은?

① 고정비율강화
② 변동비율강화
③ 고정간격강화
④ 고정비율강화

24

다음 〈보기〉의 내용을 설명할 수 있는 이론으로 가장 옳은 것은?

> **보기**
>
> 상준이는 흡연이 암을 유발한다는 연구결과를 보았지만, 주변의 흡연자들 중에서도 암에 걸리지 않고 장수하는 사람들이 많다며, 그런 기사나 연구결과와 더 이상 접촉하지 않고 흡연을 지속했다.

① 인지부조화 이론
② 침묵의 나선 이론
③ 낙인이론
④ 차별적 접촉이론

25

다음 중 투사적 검사법에 해당하는 것은?

① MMPI
② CPI
③ MBTI
④ 로르샤흐 검사

19　정답 ①

대상영속성이란 어떤 사물이 감추어져 보이지 않더라도 그것이 존재하고 있음을 아는 능력을 말한다. 0~2세 시기인 감각운동기에 대상영속성을 얻게 되고 전조작기에 확립된다.

20　정답 ③

① 초기 아동기에 경험하는 심리사회적 위기이다.
② 학령 전기에 경험하는 심리사회적 위기이다.
④ 초기 성인기에 경험하는 심리사회적 위기이다.

21　정답 ①

프로이트는 인간의 행동이 무의식에 의해 동기화된다는 가설을 세우고, 심리학적 장애 또한 무의식에 기인한다고 주장하였다.

22　정답 ①

• 일관성이 높다: 다른 때에도 다른 노인의 짐을 들어준다.
• 특이성이 낮다: 노인들에게만 친절을 베푸는 것이 아니라 주변의 모든 사람을 도와준다.
• 일치성이 낮다: 다른 사람들은 노인을 도와주지 않는다.

23　정답 ②

변동비율강화계획은 부분적 강화계획의 한 종류로, 강화물을 받기 위한 반응의 횟수가 매번 변동되지만 전체 시행 평균을 보았을 때 특정 횟수로 평균을 이룬다.

24　정답 ①

① 인지부조화 이론: 개인이 가지고 있는 신념이나 생각이 실제 행동이나 태도와 일치하지 않을 때 심리적 불편감이 형성되고 이를 해소하기 위해 자신의 행동·태도와 새로운 인재요소 중 어느 한 쪽을 부정하는 현상을 설명한 이론이다.
② 침묵의 나선 이론: 여론이 형성되는 과정에서 스스로의 입장이 다수와 일치하면 동조하지만, 소수의견일 경우 침묵하는 현상을 설명한 이론이다.
③ 낙인이론: 범죄행동이 심리적 성향이나 환경 때문이 아니라 사회문화적 평가와 소외의 결과라고 규정한 이론이다.
④ 차별적 접촉이론: 비행 행위를 설명하는 사회학적 이론으로, 범죄행위를 학습하는 것도 다른 것들과 마찬가지로 주변 사람들과의 상호작용을 통해 일어난다는 이론이다.

25　정답 ④

투사적 검사는 자기보고식 검사(질문지법)와 다르게 불완전한 그림이나 형태, 언어를 제시한 후 수검자의 반응과 해석을 분석하여 행동과 성격의 무의식적인 부분을 파악하는 방법을 말한다. 로르샤흐 검사는 대표적인 투사적 검사법으로, 무작위로 잉크가 번진 좌우대칭의 이미지를 제시한 후 이미지에 대한 수검자의 반응을 측정하는 검사법이다.

05 2018 기출복원문제

01

다음 중 행동주의와 관련이 없는 것은?

① 무의식
② 강화와 처벌
③ 무조건 자극
④ 변별

03

다음 중 에릭슨의 심리사회이론에서 시기와 발달이 옳지 않은 것은?

① 65세 이후 – 자아통합 대 절망
② 5~12세 – 근면성 대 열등감
③ 20~24세 – 생산성 대 침체
④ 18개월~3세 – 자율성 대 수치심

02

다음 중 피아제의 인지발달이론에서 추상적 논리 및 과학적 사고가 발달하는 시기는?

① 감각운동기
② 형식적 조작기
③ 전조작기
④ 구체적 조작기

04

다음 콜버그의 도덕성 발달이론 중 인습적 수준에서 발달하는 것은?

① 처벌과 복종 지향 수준
② 개인의 욕구 지향 수준
③ 법과 질서 지향 수준
④ 사회계약 지향 수준

05

다음 중 강화의 조건이 아닌 것은?

① 반복성
② 연속성
③ 독립성
④ 일관성

06

다음 중 올포트와 카텔의 성격이론과 관계있는 단어는?

① 구성능력
② 특질
③ 자기조절 체계
④ 기대

07

다음 중 매슬로의 욕구 5단계 중 가장 높은 단계에 해당하는 것은?

① 자아실현의 욕구
② 존중의 욕구
③ 소속의 욕구
④ 생리적 욕구

01 정답 ①

① 무의식은 정신분석과 관련된 용어이다.

02 정답 ②

② 자유·정의·사랑과 같은 추상적인 원리와 이상들을 이해하고, 논리적 추론이 발달하는 시기는 형식적 조작기(12세~)이다.

03 정답 ③

③ 20~24세는 성인 초기 또는 청년기로, 친밀감 대 고립감을 형성하는 시기이다.

04 정답 ③

콜버그의 도덕성발달 수준이론

전인습적 수준	• 처벌과 복종 지향(타율적 도덕) • 도구적 상대주의 지향(개인주의)
인습적 수준	• 대인간 조화 지향(좋은 아이) • 법과 질서 지향(사회 시스템 도덕)
후인습적 수준	• 민주적 및 사회적 계약 지향 • 보편적인 윤리원칙 지향

05 정답 ③

강화는 행동과 자극이 연합될 때 일어난다. 따라서 독립성은 강화와 관계가 없다.

06 정답 ②

올포트와 카텔은 개인을 타인과 구별해 주는 일관적인 심리적 경향성을 가리키는 특질로써 성격을 구분한 대표적인 학자들이다.

07 정답 ①

① 매슬로의 욕구위계이론에서 가장 높은 단계는 자아실현의 욕구이다. 자아실현의 욕구는 이후 심미적 욕구, 인지적 욕구로 구체화되었다.

08

다음 중 내가 상사를 싫어하지만 역으로 상사가 나를 싫어한다고 생각하는 방식의 방어기제로 옳은 것은?

① 투사
② 전위
③ 퇴행
④ 억압

09

다음 중 새로운 기억이 먼저 있던 기억을 방해하는 현상을 설명하는 개념으로 옳은 것은?

① 칵테일파티 효과
② 순행간섭
③ 역행간섭
④ 설단현상

10

다음 중 상사가 A 직원의 선행을 보고 다른 직원에게 그 직원이 좋은 사람이라고 칭찬한 것과 가장 관계있는 것은?

① 일차적 강화
② 이차적 강화
③ 정적 강화
④ 부적 강화

11

다음 중 지각집단화 원리가 아닌 것은?

① 폐쇄성
② 유사성
③ 개방성
④ 근접성

12

다음 중 최초의 현대심리학을 발달시킨 사람은?

① 막스 베르트하이머
② 지그문트 프로이트
③ 빌헬름 분트
④ 칼 로저스

13

다음 중 막 태어난 새끼 오리가 처음 본 움직이는 물체를 어미로 인식하고 따라가는 것과 관련된 현상은?

① 애착
② 각인
③ 고착
④ 귀인

08 　　　정답 ①

① 투사: 자신의 위협적인 충동이 타인에게 있다고 가정한다.
② 전위: 어떤 대상에 대해 느낀 감정을 보다 덜 위협적인 다른 대상에게 표출하는 것이다.
③ 퇴행: 불안 상황에서 이전의 심리성적 발달단계로 돌아가려는 반응이다.
④ 억압: 용납할 수 없는 생각과 감정, 기억 등을 부정하고 의식 밖으로 몰아내어 감정적 갈등이나 스트레스를 처리하는 기제이다.

09 　　　정답 ③

③ 역행간섭: 새로운 자료가 과거의 자극 재생을 간섭하는 것이다.
① 칵테일파티 효과: 자신에게 의미 있는 정보에 집중하는 현상이다.
② 순행간섭: 이전에 학습한 자료가 현재의 자극 재생을 간섭하는 것이다.
④ 설단현상: 알고 있지만 정확하게 기억나지 않아 끝내 표현되지 않는 현상이다.

10 　　　정답 ②

② 이차적 강화: 중성자극이 일차적 정적강화와의 결합을 통해 일차적 강화물의 기능을 획득한 것을 사용하는 강화로, 이차적 강화물에는 칭찬, 용돈 등이 포함된다.

11 　　　정답 ③

지각집단화 원리
• 유사성: 비슷한 모양의 것들을 연결시키거나 무리지어 보려는 경향을 말한다.
• 연속성: 완만한 연속성을 가진 요소들을 하나의 형태로 인식하려는 경향을 말한다.
• 폐쇄성: 인접해 있는 구성요소들을 윤곽이 닫혀있는 하나의 덩어리로 보려는 경향을 말한다.
• 근접성: 분리되어 있는 요소들 가운데 인접한 요소들끼리 관계를 지으려는 경향을 말한다.

12 　　　정답 ③

③ 빌헬름 분트: 감각생리학과 영국 연상파의 심리학을 종합하여 실험심리학을 확립하였다.

13 　　　정답 ②

② 각인: 발달기의 특정 시기 또는 연령 동안 특정 자극이나 환경에 매우 민감하게 반응하여 학습이 일어나는 것

14

다음 중 귀인이론과 관련된 설명으로 옳지 않은 것은?

① 기본적 귀인오류는 외부 귀인을 하려는 경향을 말한다.
② 내부 귀인 했을 때 실패하면 수치감이 증폭된다.
③ 사람들은 성공 시 내부 귀인하고 실패 시 외부 귀인하는 경향이 있다.
④ 과제 난이도는 통제불가능한 외적 요인이다.

15

다음 중 "불안과 이완은 양립할 수 없다."라는 전제와 관련 있는 이론은?

① 합리적 선택이론
② 상호제지이론
③ 이요인이론
④ 체계적 둔감법

16

다음 중 유전과 환경에 대한 설명으로 옳지 않은 것은?

① 일란성 쌍둥이는 서로 유전정보가 완전히 일치한다.
② 일란성 쌍둥이는 일반적으로 같은 성별이다.
③ 일란성 쌍둥이가 이란성 쌍둥이보다 유사한 것은 대부분 환경의 영향이다.
④ 다른 가정에 입양된 일란성 쌍둥이들의 발달 차이는 환경의 영향을 보여준다.

17

다음 중 기억에 관한 설명으로 옳지 않은 것은?

① 처리수준이 깊을수록 오래 기억에 남는다.
② 일반적으로 장기기억의 용량은 무제한이라고 평가된다.
③ 단기기억의 한계 용량은 7 ± 2이다.
④ 의미기억은 개인의 일상적 경험을 보유하는 저장소이다.

18

다음 중 행동수정의 순서로 옳은 것은?

① 행동의 기초선 측정 – 목표 행동 정의 – 강화 및 처벌 – 행동 일반화 – 결과 검증

② 목표 행동 정의 – 행동의 기초선 측정 – 결과 검증 – 강화 및 처벌 – 행동 일반화

③ 목표 행동 정의 – 행동의 기초선 측정 – 강화 및 처벌 – 결과 검증 – 행동 일반화

④ 행동의 기초선 측정 – 목표 행동 정의 – 강화 및 처벌 – 결과 검증 – 행동 일반화

19

다음 〈보기〉의 내용과 가장 관련 있는 용어로 적절한 것은?

> **보기**
> 흡연의 위험성을 듣게 된 흡연자가 자신의 가족 중에 폐암환자가 없었다며 흡연을 지속한다.

① 효과의 법칙

② 합리적 선택

③ 인지부조화

④ 자기중심적 편향

정답 및 해설

14 　　　정답 ①

① 기본적 귀인오류는 관찰자가 타인의 행동을 설명할 때 외부요인을 무시하고 타인의 내적, 기질적인 요소, 즉 내부요인을 과대평가하여 귀인하려는 경향을 말한다.

15 　　　정답 ②

② 상호제지이론: 불안이나 공포 등의 신경증적 반응이 그것과 대립된 강력한 반응에 의해 제지될 수 있다는 이론이다.

16 　　　정답 ③

③ 일란성 쌍둥이가 이란성 쌍둥이보다 유사한 것은 대부분 유전의 영향이다.

17 　　　정답 ④

④ 일화기억이 개인의 일상적 경험을 보유하는 저장소이다.

18 　　　정답 ③

행동수정의 순서
- 1단계(목표 행동의 정의): 두 명 이상의 관찰자에 의해 관찰되고 기록될 수 있는 행동
- 2단계(행동의 기초선 측정): 목표 행동의 빈도, 지속 시간을 측정
- 3단계(강화 및 처벌): 적응행동 강화, 부적응행동 약화
- 4단계(결과 검증): 강화 및 처벌의 반전을 통해 검증
- 5단계(행동 일반화): 추수강화나 부분강화 등을 통해 습득된 행동 고정

19 　　　정답 ③

심리적 불편감으로부터 흡연이라는 태도를 유지하기 위해 '가족 중에 폐암환자가 없었다'는 생각을 함으로써 심리적 불편감을 덜어내려는 상황이므로 인지부조화와 가장 관련 있다.

PART
1

20

다음 중 집단상담자가 고려해야 할 내용이 아닌 것은?

① 집단성원의 수가 적은 경우 상담자에 대한 의존도가 높아질 수 있다.
② 집단분위기의 조성을 돕는다.
③ 최대한 많은 인원을 모아 집단상담이 원활히 진행되게 한다.
④ 의사소통 및 상호작용을 촉진한다.

21

다음 중 반두라의 사회학습이론과 가장 거리가 먼 것은?

① 대리강화
② 직접강화
③ 자기효능감
④ 대리학습

22

다음 중 좌반구의 역할로 옳은 것은?

① 직관적 사고
② 공간 지각
③ 논리적 사고
④ 시각정보 파악

23

다음 중 엘리스의 인지정서행동치료(REBT)에 대한 설명으로 옳은 것은?

① 비합리적 신념을 변화시키는 데 무엇보다 중요한 것은 무조건적 수용이다.
② 내담자의 과거사건과 경험을 중시한다.
③ 불안, 적대감, 성격장애, 정신병적 장애, 성, 사랑 등의 분야에서 널리 적용된다.
④ 행동적 기법으로는 주장훈련, 모범행동 보여주기 등이 있다.

24

다음 〈보기〉의 내용이 설명하는 용어로 가장 적절한 것은?

보기

기업이 대중에게 평판이 좋은 스포츠 스타를 광고 모델로 내세우자 해당 상품의 매출이 크게 증가하였다.

① 초두효과
② 후광효과
③ 피그말리온효과
④ 베블런효과

25

다음 중 효과적인 처벌에 대한 설명으로 옳지 않은 것은?

① 처벌에 즉각적일수록 효과적이다.
② 일관성 있게 처벌해야 효과적이다.
③ 대안을 제시하고 처벌해야 효과적이다.
④ 처벌의 강도가 강할수록 효과적이다.

---

20   정답 ③

집단의 치료적 효과는 5~15명의 범위 내에서 유효하며, 학자들에 따라 7~8명 또는 8~12명 정도를 이상적인 것으로 보고 있다.

21   정답 ②

사회학습이론

인간의 행동이 외부자극에 의해 통제된다는 행동주의의 입장과는 달리, 학습자의 인지기능의 역할에 초점을 둔 이론이다. 학습자에게 직접적인 강화가 이루어지지 않더라도 타인의 행동을 관찰하는 것만으로도 행동이 학습된다는 관찰학습의 과정을 설명한다.

22   정답 ③

③ 좌반구는 언어능력, 개념, 읽기 · 쓰기, 계산, 음성 · 소리의 인식, 논리적 사고를 담당한다.

23   정답 ③

① 비합리적 신념을 변화시키는 데 무엇보다 중요한 것은 논박(Dispute)이다.
② 다른 심리치료와 달리 인지정서행동치료에서는 내담자의 과거, 감정표현 등을 중요시하지 않는다.
④ 모범행동 보여주기는 정서적 기법이라고 할 수 있다.

24   정답 ②

후광효과는 일종의 지각오류로, 어떤 대상을 평가하거나 판단할 때 대상의 부분적 특성에 주목하여 대상을 비객관적으로 판단하는 심리적 특성을 말한다. 〈보기〉의 내용에서 해당 상품의 매출 상승은 대중에게 평판이 좋은 스포츠 스타의 이미지가 후광효과로 작용한 것이라고 볼 수 있다.

25   정답 ④

처벌의 강도는 효과가 있을 만큼 강해야 한다. 그러나 처벌이 지나치게 강하거나 신체적인 처벌을 받을 경우 정상적인 정서기능을 방해하거나 악영향을 줄 수 있다.

PART
1

01

다음 중 최초의 심리학 실험실을 설립한 학자는?

① 분트
② 제임스
③ 프로이트
④ 베르트하이머

02

다음 중 프로이트의 성격발달단계를 순서대로 나열한 것은?

① 잠복기 – 항문기 – 구강기 – 남근기 – 생식기
② 잠복기 – 구강기 – 항문기 – 남근기 – 생식기
③ 구강기 – 항문기 – 잠복기 – 남근기 – 생식기
④ 구강기 – 항문기 – 남근기 – 잠복기 – 생식기

03

다음 중 시냅스의 정보전달과정으로 가장 옳은 것은?

① 시냅스에서 이루어지는 정보전달 방식은 전기적 방식이다.
② 전기 신호는 시냅스에 이르러 화학 신호로 바뀐다.
③ 시냅스를 건너 다른 신경세포와 결합한 신경전달물질은 그대로 정보를 전달된다.
④ 신경세포들은 정보 전달을 위해 서로 밀착되어 있다.

04

다음 중 행동을 일으키고 목표를 달성하고자 그 행동에 의욕을 부여하는 것을 무엇이라고 하는가?

① 인지
② 동기
③ 욕구
④ 성격

05

다음 중 기억의 정보처리 순서로 옳은 것은?

① 저장 – 부호화 – 인출
② 부호화 – 저장 – 인출
③ 부호화 – 인출 – 저장
④ 인출 – 부호화 – 저장

06

다음 중 인간의 정신을 요소의 집합이 아닌, 전체성을 가진 구조로 파악하는 학파는?

① 행동주의
② 구성주의
③ 형태주의
④ 경험주의

07

다음 중 부교감신경계가 작용하는 상황으로 옳은 것은?

① 수면
② 업무
③ 추위 · 더위
④ 스트레스

01 정답 ①

1879년 독일의 생리학자인 분트가 라이프치히 대학에 실험실을 개설한 사건은 새로운 학문으로서의 심리학의 탄생을 알렸다.

02 정답 ④

④ 프로이트는 성격발단계를 '구강기(0~1세) → 항문기(1~3세) → 남근기(3~6세) → 잠복기(6~12세) → 생식기(12세 이후)'로 정리하였다.

03 정답 ②

① 시냅스는 신경전달물질을 통해 수상돌기로 정보를 전달한다.
③ 다른 신경세포와 결합한 신경전달물질은 전기신호로 전환되어 전달된다.
④ 신경세포들은 시냅스 간극이라는 미세한 틈을 두고 정보를 주고받는다.

04 정답 ②

동기란 자발적으로 행동하는 데 있어 의욕을 일으키는 요인을 말한다. 동기에 영향을 주는 요인의 예로는 목표의 매력, 성취감, 과제 내용의 매력 등을 들 수 있다.

05 정답 ②

기억의 과정
• 부호화(입력): 자극정보를 선택하여 기억에 저장할 수 있는 형태로 변환한다.
• 응고화(저장): 필요할 때까지 정보를 일정 기간 동안 보관 · 유지한다.
• 인출: 저장된(응고된) 정보를 꺼내 활용한다.

06 정답 ③

형태주의 학파는 정신을 요소들의 합으로 보는 구성주의 학파와 달리 전체성을 가진 구조로 파악한다.

07 정답 ①

교감신경과 부교감신경이 정반대의 활동을 함으로써 우리 몸의 균형을 유지한다.
• 교감신경: 활동, 긴장, 스트레스 상황
• 부교감신경: 휴식, 수면

08

다음 중 대상영속성이 확립되는 인지발달단계로 옳은 것은?

① 감각운동기
② 전조작기
③ 구체적 조작기
④ 형식적 조작기

10

다음 중 투사법을 이용한 심리검사의 종류로 옳은 것은?

① 미네소타 다면적 인성검사
② 캘리포니아 성격검사
③ 주제통각검사(TAT)
④ 마이어스-브리그스 성격유형검사

09

다음 〈보기〉의 설명과 관계있는 용어로 옳은 것은?

> 보기
>
> 한 극장에서 순간 노출기를 이용해 관객들에게 인간이 알아차릴 수 없는 1/3000초 동안 'Drink cola Hungry? eat popcorn'이란 단어와 문장을 5초 간격으로 제시했더니 콜라와 팝콘의 매출이 증가했다고 주장했다.

① 감각순응
② 절대역
③ 역하자극
④ 차이역

11

다음 〈보기〉의 상황을 설명할 수 있는 방어기제로 옳은 것은?

> 보기
>
> 민수는 자신보다 운동과 공부를 잘하는 영호에게 질투심을 느꼈습니다. 어느 날부터 민수는 영호가 자신을 경계하고 미워한다고 이야기하며 영호와 어울리지 않았습니다.

① 동일시
② 전위
③ 합리화
④ 투사

12

다음 중 인간의 감각 중 가장 늦게 발달하지만 가장 많은 연구가 진행된 감각은 무엇인가?

① 촉각
② 미각
③ 청각
④ 시각

13

다음 〈보기〉의 상황을 설명할 수 있는 개념은 무엇인가?

> **보기**
>
> 저 차는 신호도 안 지키고 과속을 하는군. 아마 운전자가 엄청 거칠고 사나운 사람이겠구먼.

① 기본적 귀인 오류
② 행위자 – 관찰자 효과
③ 자기고양 편파
④ 도박사의 오류

---

08 정답 ②

전조작기에서는 감각운동기에 형성되기 시작한 대상영속성이 확립된다.

09 정답 ③

역하자극이란 생물이 외부변화의 자극에 대해 반응을 일으키는 데 필요한 최소한의 자극의 세기인 역치미만의 자극을 말한다. 〈보기〉의 실험은 역치미만의 미세한 자극이 인간에 무의식에 영향을 줄 수 있다는 것을 주장한 근거가 되었다.

10 정답 ③

③ 투사법에는 주제통각검사(TAT), 로르샤흐 검사, 바움 테스트 등이 있다.

11 정답 ④

④ 투사: 자신을 억압하고 있는 생각과 감정을 다른 사람이 가지고 있는 것처럼 전가시키는 방어기제이다.

12 정답 ④

약 임신 27주부터 눈을 뜰 수 있고, 33주째부터 형체를 구분할 수 있게 된다. 시각은 오감 중 가장 마지막에 발달하지만, 다른 감각에 비해 발달속도가 빠르고 감각영역에서 많은 비중을 차지한다.

13 정답 ①

기본적 귀인 오류는 관찰자가 타인의 행동을 이해할 때 상황요인은 무시한 채 행위자의 내적, 기질적 요인들의 영향만을 강조하는 경향을 말한다.

PART 1

14

다음 〈보기〉의 상황을 설명하는 용어는 무엇인가?

> **보기**
>
> 침입한 4명의 무장 강도들이 은행 직원들을 인질로 삼아 6일 동안 경찰들과 대치한 상황에서 처음 벌어졌다. 범죄자들이 인질들에게 공포감을 주면서도 가끔씩 친절과 호의를 베풂으로써 그들과 동화되게 하여 그들을 쉽게 사로잡았는데, 경찰이 인질들을 보호하고 증언을 요청해도 그들은 오히려 경찰을 적대시하며 증언을 거부하는 모습을 보였다.

① 리마 증후군
② 스톡홀름 증후군
③ 리플리 증후군
④ 뮌하우젠 증후군

15

다음 중 에릭슨의 심리사회적 발달단계에서 신뢰감 또는 불신감을 발달시키는 단계와 대응되는 프로이트의 심리성적 발달단계는?

① 구강기   ② 항문기
③ 남근기   ④ 잠복기

16

다음 〈보기〉의 내용을 설명하는 알맞은 용어는 무엇인가?

> **보기**
>
> 투표율을 높이기 위해 예비군 훈련을 면제해주는 방안을 검토 중이다.

① 정적강화
② 정적처벌
③ 부적강화
④ 부적처벌

17

다음 중 조현병의 증상으로 옳지 않은 것은?

① 해체된 언어 사용
② 피해망상
③ 환청, 환각
④ 격렬한 정서반응

18

다음 중 조작적 조건화 이론의 창시자는 누구인가?

① 파블로프
② 손다이크
③ 스키너
④ 왓슨

19

다음 〈보기〉의 내용이 설명하는 스트레스 대처법은 무엇인가?

> **보기**
>
> 상준이는 시험에서 떨어지고 스트레스를 받았지만 점수가 나오지 않은 과목과 문제를 파악하여 집중적으로 공부해 다음 시험에 재도전할 것을 결심하며 스트레스를 이겨냈다.

① 신체중심 대처
② 정서중심 대처
③ 심리중심 대처
④ 문제해결 대처

14

정답 ②

② 스톡홀름 증후군: 인질이 인질범에게 동화되는 것이다.
① 리마 증후군: 인질범이 인질에게 동화되는 것이다.
③ 리플리 증후군: 허구를 진실이라 믿고 거짓된 행동과 말을 상습적으로 반복하는 인격장애이다.
④ 뮌하우젠 증후군: 신체적 증상이나 없는 사실을 거짓으로 만들어 관심과 동정을 이끌어 내려하는 정신질환이다.

15

정답 ①

에릭슨과 프로이트의 인간발달단계 비교

에릭슨의 심리사회적 발달단계	프로이트의 심리성적 발달단계
1. 유아기: 신뢰감 vs 불신감	1. 구강기
2. 초기 아동기: 자율성 vs 수치심	2. 항문기
3. 학령 전기: 주도성 vs 죄의식	3. 남근기
4. 학령기: 근면성 vs 열등감	4. 잠복기
5. 청소년기: 정체감 vs 정체감혼란	5. 생식기
6. 성인 초기: 친밀감 vs 고립감 7. 성인기: 생산성 vs 침체 8. 노년기: 자아통합 vs 절망	

16

정답 ③

원하지 않는 어떤 것을 제거함으로써 바람직한 행동의 빈도를 증가시키는 상황을 설명하는 용어는 부적강화이다.

17

정답 ④

조현병은 정서적 둔감화를 가져온다.

18

정답 ③

스키너는 미국의 심리학자이며 행동분석학의 창시자이다. 그는 인간의 모든 행동을 연구대상으로 하였으며, 조작과 환경에 의해 행동이 형성·유지·억제되는 과정을 연구하였다.

19

정답 ④

문제해결 대처는 스트레스 사건에 대한 직접적인 반응으로, 문제 상황 자체를 바꾸려는 방략을 구성한다.

20

다음 중 불안정 회피 애착에 대한 설명으로 옳은 것은?

① 엄마와 함께 있는 동안 방을 탐색하고 엄마가 떠났을 때 혼란스러워하지만 다시 돌아왔을 때 따뜻하게 맞아준다.

② 엄마와 떨어지지 않으려하고 엄마가 돌아왔을 때 엄마에게 양가감정을 가진다.

③ 낯선 공간에서 엄마와 있으려고만 하고 방을 탐색하지 않는다.

④ 엄마가 떠났을 때도 안정적이고 엄마가 주의를 끌려고 해도 대게 돌아서서 혼자 노는 행동을 한다.

22

다음 심리학의 원리 중 형태주의 심리학과 관련이 없는 것은?

① 근접성

② 유사성

③ 연속성

④ 개방성

21

다음 중 일차 체감각 기능과 감각 통합, 공간인식 등에 관여하는 뇌부위로 옳은 것은?

① 두정엽

② 측두엽

③ 전두엽

④ 후두엽

23

다음 중 아들러의 이론과 관계없는 내용으로 옳은 것은?

① 열등감의 보상

② 우월성 추구

③ 창조적 자기

④ 신경증 욕구

24

렘수면(REM sleep)에 대한 설명으로 옳지 않은 것은?

① 역설적 수면이라고도 한다.
② 전압이 낮고 빠른 불규칙적인 뇌파들이 나타난다.
③ 몸의 근육들이 다른 수면 단계보다 조금 긴장된 상태이다.
④ 뇌 활동이 상당히 일어나는 상태이다.

25

자기효능감에 대한 설명으로 옳지 않은 것은?

① 자신의 능력에 대한 믿음을 의미하는 것으로, 지속적이고 개인적인 특성으로 볼 수 있다.
② 자아존중감이라고 하기도 한다.
③ 과거성공 경험의 성취감이 영향을 끼친다.
④ 타인의 격려와 인정이 자기효능감을 올려준다.

20 <정답> ④

애착유형

구분	분리 전	분리 후	재회
안정애착	• 적극적 탐색 • 정서적 공유 풍부 • 낯선 사람에게 접근 • 쉽게 울음을 그침	• 타인과는 엄마와는 다른 상호작용 • 불안의 원인은 명백히 엄마의 부재	• 엄마와 상호작용에 적극적, 엄마를 반김 • 울고 있었을 경우 울음을 그침
회피애착	• 이미 엄마로부터 분리 • 접근은 도구적 목적 • 정서적 공유 빈약 • 낯선 사람을 회피하지 않음	• 별다른 반응 없음 • 불안의 원인은 혼자 있다는 사실 • 낯선 사람이 있으면 불안 감소	• 적극적으로 회피 • 엄마를 무시
저항애착	• 탐색을 하지 않음 • 엄마로부터 떨어지지 않으려 함 • 현저한 소극성 • 낯선 사람 회피 • 부적응적	• 심한 분리불안 행동 • 낯선 사람 접근을 허용하지 않음	• 쉽게 안정되지 않음 • 접촉과 회피를 동시에 추구하는 양가적 행동 • 계속해서 울고 떼를 씀
혼돈애착	• 어떤 범주에도 넣기 힘든 유형 • 설명하기 힘든 혼란한 행동 패턴 • 강한 애착행동 직후 격렬한 분노, 회피 • 목표가 불분명한 행동		

21 <정답> ①

② 측두엽: 청각정보가 일차적으로 전달되는 피질 영역
③ 전두엽: 기억력, 사고력 등을 주관하고 다른 연합영역으로부터 들어오는 정보를 조정하고 행동을 조절
④ 후두엽: 시각정보를 분석하고 통합하는 역할 수행

22 <정답> ④

형태주의 원리
• 근접성의 원리: 가까이 있는 것들을 함께 집단화한다.
• 유사성의 원리: 유사한 형태인 것들이 군화하여 하나의 의미 있는 형태를 형성한다.
• 연속성의 원리: 연속되는 자극 정보들을 하나의 형태로 인식한다.

23 <정답> ④

인간의 사회적 관계가 성격형성에 미치는 영향을 강조하며, 인간이 신경증의 원인이 되는 기본적 불안에서 벗어나 안전과 사랑의 욕구에 의해 동기화된다고 주장한 호나이의 신경증적 성격이론과 연관된다.

24 <정답> ③

렘수면 단계에서는 체위근들이 다른 수면 단계보다 더 이완된다.

25 <정답> ②

자기효능감은 개인의 존재가치보다는 능력에 관한 판단과 믿음이라는 점에서 자아존중감과는 구별된다.

핵심이론

CHAPTER 01   심리학 개관

CHAPTER 02   생리심리학

CHAPTER 03   감각과 지각

CHAPTER 04   발달심리학

CHAPTER 05   동기와 정서

CHAPTER 06   학습과 기억

CHAPTER 07   언어와 사고

CHAPTER 08   지능과 심리검사

CHAPTER 09   성격심리학

CHAPTER 10   적응과 이상행동

CHAPTER 11   사회심리학

01 심리학 개관

01 심리학의 개요

1 정의

1. 일반적 정의

(1) 심리학은 '인간이란 무엇인가'라는 기본적인 문제를 과학적으로 연구하는 학문이다. 따라서 인간이 영위하는 모든 것들이 심리학의 연구대상이라고 할 수 있다. 그만큼 심리학이 다루는 영역은 광범위하고 주제 또한 다양하다.

(2) 심리학은 인간의 행동과 심리과정을 과학적으로 연구하는 경험과목으로서 우리 사회 제반의 문제를 해결하고 개개인의 삶의 질을 높이는 데 기여한다. 무엇보다 현대심리학은 인문과학에서부터 예술, 공학, 의학 및 자연과학 분야에 이르기까지 다양한 영역에서 연구·활용되고 있다.

(3) 심리학은 연구분야에 따라 크게 심리학의 기초원리와 이론을 다루는 '기초심리학'과 이러한 원리와 이론의 실제문제를 해결하기 위한 '응용심리학'으로 나뉜다.

> **개념더하기** 심리학의 용어
>
> • 심리학: Psychology란 그리스어 psyche(마음)와 logos(학문)의 합성어로, 즉 '마음의 학문'이라는 의미이다. 단 '마음'이란 시대별·학파별로 접근방식과 입장을 달리하는 다차원적인 개념이다.
> • 마음: 인간의 사적·내적 경험인 사고, 지각, 기억, 감정으로 구성된 의식의 흐름이다.
> • 행동: 인간과 동물에게서 관찰할 수 있는 행위이다.

2. 연구대상에 따른 심리학의 정의

(1) 의식

① 제임스(William James): 심리학은 정신생활에 관한 과학으로서 내적인 경험을 포함한 의식을 연구하는 학문이다.

② 분트(Wundt): 심리학은 자연과학의 주제인 외적인 경험과 구별되는 내적인 경험(감각, 감정, 사고, 욕망)을 연구하여야 한다.

(2) 행동*

① 심리학은 의식이 아닌, 객관적으로 관찰 가능한 행동을 대상으로 하여야 한다.

---

* 행동
• 현대심리학은 일반적으로 행동의 과학으로 정의된다.
• 행동의 의미가 이전보다 확장되어 지각, 사고, 감정과 같은 내적인 작용까지 포함한다.

② 왓슨(Watson): 심리학은 인간과 동물의 행동을 주제로 삼는 자연과학의 일부이다.

③ 스키너(Skinner): 인간행동은 '자극-반응'의 관계로 설명될 수 있다.

(3) 인지: 심리학은 행동을 이해하기 위하여 인간의 정신과정과 기억구조를 과학적으로 분석하는 학문이다.

(4) 행동과 인지: 오늘날의 심리학은 인간의 정신과정과 행동을 연구하는 학문이다.

2 심리학의 역사

1. 심리학의 배경

(1) 철학의 영향

① **고대 그리스:** 심리학의 기원은 고대 그리스로 거슬러 올라간다. 인간의 마음을 영혼이라고 보고 몸과 마음을 하나로 보았으며(심신일원론), 개인적인 직관과 사색을 통해 추론하는 사변적 · 형이상학적 성격이 강했다.

② **중세 신학:** 심리학 연구는 주로 신학자들에 의해 이루어졌다. 토마스 아퀴나스는 아리스토텔레스의 철학을 토대로 인간의 본질, 능력, 정념 등에 대한 심리학적 사상을 전개하였다.

③ **데카르트(Descartes):** 육체와 정신은 서로 다르다는 물심이원론(物心二元論)과 몸과 마음은 따로 떨어지나 인간 유기체 안에서 상호작용을 한다는 학설을 주장하였다.

④ **경험주의:** 영국에서 전개된 경험주의는 사물을 지각하는 것은 감각기관을 통한 경험에 의한 것으로 생득적인 관념은 존재하지 않는다는 입장이다. 과학적 사고의 기반을 이루는 실증주의의 토대가 되었다.

(2) 생리학의 영향

① 19세기에 들어 신체의 생물학적 과정을 연구하는 생리학의 발달로 그 방법론 중 몇몇은 정신능력을 측정하는 데 이용되기 시작했다.

② 생리학적 실험에 따른 정신의 연구는 과학으로서의 현대심리학 성립에 큰 영향을 주었다.

> **개념더하기** 심리학의 확립
>
> • 1879년 독일의 생리학자인 분트가 라이프치히 대학에 심리학을 위한 연구실을 개설하였고, 이것은 독자적인 학문분야로서 심리학의 공식적인 탄생으로 기록되었다. 이를 현대심리학의 시초로 본다.
> • 현대심리학은 '심리학의 아버지'라고 불리는 분트가 라이프치히 대학에 첫 심리학 연구실인 정신물리실험실을 개설한 것을 시초로 구성주의 심리학, 기능주의 심리학, 행동주의 심리학, 형태주의 심리학, 정신분석 심리학, 인지심리학 등으로 발달해 오고 있다.

2. 현대심리학의 전개

(1) 구성주의(Structuralism, 구조주의)

① 분트에 의해 시작된 초기의 심리학을 일컫는다. 분트는 기존의 관념적이고 사변적인 수준에서 인간을 이해하려던 철학에서 과학적인 방법으로 인간을 이해하려고 했다.

② 분트는 화학자들이 물질의 최소단위를 확인하기 위해 원자나 분자를 연구하듯이 인간의 의식도 기본요소와 그 요소들이 결합된 구조를 분석할 수 있다고 보았다. 그는 내성법이라고 불리는 연구방법으로 요소와 그 요소들의 결합으로서의 의식현상을 설명하고자 하여 요소심리학이라고도 한다.

③ **내성법(Self-Observation, 자기성찰법):** 실험이라는 통제된 조건 속에서 자신의 의식경험을 주관적으로 관찰 · 분석하는 방법이다. 즉, 의식의 내용을 스스로 관찰하여 언어로 보고하는 방법이다.

(2) 기능주의(Functionalism)

① 19세기 말~20세기 초 미국을 중심으로 발전한 학파로, 대표적인 학자는 제임스(James)와 듀이 (Dewey)이다.

② 의식을 요소들의 집합이 아닌 하나의 흐름으로 파악한다는 점에서 구성주의와 대립한다.

③ 제임스는 의식의 구조(구조주의)보다는 의식이 어떻게 기능하는지(기능주의)를 연구했다. 이러한 견해는 미국의 실용주의적 정신과 다윈의 진화론의 영향을 받았다. 기능주의는 의식의 목적을 유기체가 환경에 적응하려는 생물학적 욕구를 충족시키는 데 있다고 하는 기능의 관점에서 설명한다.

④ 내성법과 함께 실제의 행동을 관찰해야 한다고 보았다.

(3) 행동주의(Behaviorism)

① 기능주의에서 분리된 것으로, 1910년대 왓슨이 주창하여 이후 미국 심리학의 주류를 이루었다.

② 행동주의 심리학은 자극(S)-반응(R)으로서 관찰할 수 있는 행동이 연구대상이 된다. 연구목적은 행동의 예측과 제어에 있으며, 후천적인 교육과 학습의 힘을 강조했다.

③ 의식이나 무의식에 대해서는 과학적 측정이 불가능하다는 이유로 이를 다루는 정신분석 또는 정신역동을 비판하였으며, 객관적인 관찰이 가능하고 측정할 수 있는 행동만을 다루어야 한다고 주장하였다.

④ 1930년대부터는 고전 행동주의의 행동뿐 아니라 마음의 활동도 객관적으로 연구가 가능한 대상으로 포함시키는 신행동주의(Neo-Behaviorism)*가 일어났다.

⑤ 행동주의 연구 중 유명한 사례로는 파블로프(Pavlov)의 개 실험, 손다이크(Thorndike)의 고양이 실험, 스키너의 쥐 실험 등이 있다.

(4) 형태주의(Gestalt Psychology, 게슈탈트 심리학)**

① 20세기 초 구성주의에 대한 반론으로 독일의 베르트하이머(Wertheimer)***가 주장하였다.

② 베르트하이머는 "전체는 부분의 단순한 합이 아니다."라고 주장하였다. 인식활동은 개별적 요소로 나눌 수 없는 전체성을 가진 하나의 고차원적인 형태로서 다루어져야 한다는 것이다.

③ 의식의 내용을 요소의 조합이 아닌 전체(게슈탈트)로서 인식한다는 것이 기본개념이다.

④ 형태주의의 원리인 지각적 조직화: 점이나 선으로 된 간단한 도형을 사용해서 형태지각의 원리를 확정했다. 즉 사람은 사물이나 현상을 볼 때 기본적으로 떠오르는 어떤 형태를 보는 것이지 일부분을 따로 보지 않는다는 것이다. 이를 여섯 가지 원리로 설명했다.

　㉠ 근접성의 원리: 가까이 있는 것들을 함께 집단화하는 것이다.

　㉡ 유사성의 원리: 유사한 형태인 것들이 집단화하여 하나의 의미 있는 형태를 형성한다. 비슷한 색, 모양, 크기 등으로 집단을 이루는 것이다.

　㉢ 연속성의 원리: 연결하면 직선, 곡선이 함께 속하는 것으로 보이며, 그 선들은 가장 부드러운 경로를 따르는 식으로 지각되는 것이다.

　㉣ 단순성의 원리: 단순한 것으로 보이게 하는 것이다.

---

* 　신행동주의(Neo-Behaviorism)
　　신행동주의의 대표학자로는 톨만(Tolman), 스키너, 헐(Hull) 등이 있다.

** 　형태주의(Gestalt Psychology, 게슈탈트 심리학)
　　부분의 합이 아닌 전체로서의 구조를 독일어로 게슈탈트(형태)라고 하며, 따라서 형태주의는 게슈탈트 심리학이라고도 한다.

*** 　베르트하이머(Wertheimer)
　　베르트하이머가 주창한 형태주의는 그의 동료인 코프카(Koffka)와 퀼러(Köhler)에 의해 널리 알려지게 되었다.

ⓜ 공동운명의 원리: 같은 방향으로 움직이는 것들이 함께 집단화하는 것이다.

ⓗ 친숙성의 원리: 집단이 친숙하거나 의미 있어 보이면 집단화될 가능성이 크다는 것이다.

⑤ 인지심리학 발달에 기초를 세웠다.

(5) 정신분석(Psycho-Analysis)

① 정신분석은 성문제를 겪고 있던 신경증 환자의 치료경험을 바탕으로 프로이트(Freud)에 의해 확립되었다.

② 프로이트는 환자들이 겪고 있던 행동적·정서적 문제의 원인이 환자의 어린 시절에 이루어진 성적 사건들과 관련되어 있고, 인간의 정신(무의식) 속에 기억이 저장되어, 현재의 행동에 영향을 미친다고 보았다.

③ 프로이트는 사람의 의식은 빙산의 일각이며 수면 아래에 더 거대한 무의식이 있다고 보았으며, 무의식에서의 동기와 갈등의 중요성을 강조하였다.

④ 정신의 3요소에는 의식, 전의식, 무의식이 있다.

의식 (Consciousness)	어떤 순간에 우리가 알거나 느낄 수 있는 모든 감각과 경험으로서, 특정 시점에 인식하는 모든 것
전의식 (Preconsciousness)	현재는 의식하지 못하지만 조금만 노력하면 의식으로 가져올 수 있는 정신생활의 일부분
무의식 (Unconsciousness)	정신내용의 대부분에 해당하는 것으로서, 의식적 사고의 행동을 전적으로 통제하는 힘

⑤ 성격의 3요소에는 원초아, 자아, 초자아가 있다.

원초아(Id)	• 쾌락의 원리 • 성격의 기초가 되는 기본욕구와 충동을 대표
자아(Ego)	• 현실의 원리 • 사회규범·규칙·관습과 같은 사회적 현실을 고려하여 행동을 결정
초자아 (Superego)	• 도덕의 원리 • 자아가 현실을 고려하는 데 비해, 초자아는 무엇이 옳고 그른가에 대한 사회적 기준을 통합하는 성격의 요소

⑥ 구강기·항문기·남근기·잠복기·생식기의 심리성적 발달단계를 거치며, 각 단계에서 미해결된 문제를 경험하여 고착화되면 다음 단계에 영향을 끼친다고 보았다.

⑦ 자유연상, 꿈의 분석, 저항, 전이, 해석 등의 상담기법을 사용한다.

(6) 인지심리학(Cognitive Psychology)

① 컴퓨터의 발달에 따라 정보과학의 개념이 심리학에 도입되면서 인지심리학의 분야가 탄생하였다.

② 인지심리학은 정보처리의 관점에서 인간의 인지활동을 연구하는 학문으로, 20세기 후반 이후 현대심리학의 주류가 되었다. 인간이 지식을 획득하는 방법, 획득한 지식을 구조화하여 축적하는 메커니즘을 주된 연구대상으로 한다.

③ 나이서(Neisser)가 인지심리학을 통해 인간을 역동적 정보처리시스템으로 규정하며 인간의 정신적 작동을 계산적 용어로 기술할 수 있다고 주장했다.

④ 지각·이해·기억·사고·학습·추론·문제해결과 같은 고차원적인 인지능력을 연구대상으로 하며, 최근에는 의식이나 감정의 문제도 다루게 되었다.

(7) 인본주의 심리학(Humanistic Psychology)

① 인간의 자유의지와 자기실현에 초점을 두고, 인간을 각자의 실존적인 경험과 주관적인 감정을 통해 세상을 지각하는 자유롭고 능동적인 존재로 규정한다.

② 인간의 신경증적인 행동을 병리학적 측면에서 파악한 정신분석이론과 인간을 관찰 가능한 단순한 행동체계로만 취급한 행동주의이론에 대한 반발에서 비롯되었다.

③ 인간을 결정론적(정신분석학), 기계론적(행동주의) 입장으로 보는 것에 반대하며 인간의 변화가능성과 자유의지를 강조한다.

④ 체험하는 개인이 일차적 관심의 대상이다. 성장과 자기실현은 단지 자아통제나 환경에 대한 적응이 아닌 심리적 건강의 준거가 되며, 궁극적 가치는 인간의 존엄성에 둔다.

⑤ 인간의 병리적 측면보다 건강한 본성에 더 큰 관심을 가지면서, 인간 각자는 자신의 잠재력을 발달·성장시키고, 완성시킬 수 있는 본능적 욕구를 가지고 태어났다고 본다. "우리에게 행동의 선택권이 있다."라고 주창한다.

⑥ 인본주의적 관점에 속하는 성격이론에는 로저스(Rogers)의 인간중심 접근, 실존주의적 접근과 매슬로(Maslow)의 자아실현 접근, 프랭클(V. Frankl)의 의미치료 등이 있다.

> **개념더하기** ▶ 인본주의 심리학
>
> • 인본주의 심리학은 처음부터 특별한 학파로 존재한 것이 아닌 기존의 정신분석이론과 행동주의이론에 대한 제3세력으로 등장한 것이다. 그와 같은 의미에서 인본주의 심리학을 '제3세력의 심리학'으로 부르며, 매슬로를 제3세력을 대표하는 학자로 간주한다.
> • 제1세력은 프로이트의 정신분석(역동), 제2세력은 왓슨의 행동주의이다.

3 현대심리학의 접근방법

1. 생리심리학*적(생물학적) 접근

(1) 생리학적인 방법으로 심리현상을 실증적·객관적으로 연구·해명하는 접근방법이다.

(2) 인간의 신경계, 분비선계, 뇌, 유전 등을 연구한다.

(3) 뇌세포의 활동과 정신과정 간의 연결을 찾아보고자 한다.

(4) 주요 관심사는 호르몬이 행동의 변화에 미치는 영향, 뇌의 각 부위의 기능, 약물효과 등이다.

2. 행동주의적 접근

(1) 내면적인 사고·동기·감정 등은 연구대상으로 하지 않고, 행동과 같이 관찰 가능한 객관적인 요소만을 연구대상으로 삼는 접근방법이다.

(2) **S-R 이론(Stimulus-Response Theory)**: 환경조건의 변화와 같은 외부세계의 자극과 반응의 관계를 이해하는 것을 연구목적으로 하기 때문에 자극-반응 심리학(S-R Psychology)이라고 한다.

(3) 오늘날의 학습심리학, 동물심리학의 분야로 정착하였다.

---

* 생리심리학
생리반응을 통해 인간의 마음과 행동을 연구하는 학문이다.
예 • 공포체험을 하면 가슴이 두근거린다. - 심장박동
  • 스릴 있는 영화를 보면 손에 땀이 난다. - 발한

(4) 대표적인 학자로는 왓슨과 스키너 등이 있다.

3. 정신분석학적 접근

(1) 환자의 마음에 떠오르는 일련의 연상을 해석함으로써 마음의 심층을 분석하는 정신요법이다.

(2) 프로이트는 유아기 시절의 경험들이 억압된 형태로서 무의식*으로 남아 이후의 성격형성과 발달에 영향을 주며, 신경증과 같은 증상으로 나타난다고 보았다.

(3) 대화 · 꿈 · 연상을 통해 무의식의 정보를 끌어내어 의식화함으로써 증상을 해소시킬 수 있다는 가설을 기초로 한다.

(4) 환자들의 연구사례를 일반화시켜 과학적이지 않다는 비판을 받지만, 꿈 · 동기 · 성격 · 심리요법과 같은 다양한 주제들은 심리학은 물론 종교 · 예술의 해석에도 영향을 주었다.

4. 인지적 접근

(1) 인간의 고차원적인 정신활동, 즉 인지과정을 연구의 주된 영역으로 삼는다.

(2) 컴퓨터의 실용화에 따라 정보과학의 개념이 심리학에 도입되면서 인지심리학의 분야가 탄생하였다. 인간의 인지활동을 하나의 정보처리시스템으로 간주한다.

(3) 형태주의와 마찬가지로 부분적으로 적용되는 것이 아닌, 의식 · 감정 · 발달 · 언어 · 학습 · 사고 등 거의 모든 분야에서 포괄적으로 쓰인다.

(4) 피아제의 인지발달이론과 정보처리이론 등이 인지적 접근에 해당한다.

5. 인본주의적(현상학적) 접근

(1) 잠재능력, 자기실현**, 주체성과 같은 인간의 건전하고 적극적인 측면을 강조하는 접근방법이다.

(2) 인본주의 심리학의 창시자 매슬로는 인간은 누구나 자기실현을 목적으로 보다 나은 삶을 위해 살아가는 주체적인 존재로 파악하였다.

(3) 인간의 독자성에 주목하여 타인에 의한 객관적인 관찰과 분석보다는 각 개인의 개성, 창조성, 가치판단, 자기계발을 중시한다.

(4) 개인의 직접적이고 간접적인 경험이 중요한 대상이 되는 상담심리학에 주로 이용된다.

(5) 과학적 탐구를 도외시하고 인간의 긍정적인 측면을 과신한 나머지 어둡고 악한 면을 간과했다는 비판도 있다.

6. 진화론적 접근

(1) 자연선택에 의한 진화라는 다윈의 개념과 현대심리학을 연결하려는 접근방법이다.

(2) 인간의 신체기능이 진화한 것처럼 인간의 지적 능력이나 행동도 자연선택의 과정을 거쳤고, 가장 잘 적응된 개인은 생존하고 번식한 진화의 결과라고 본다.

---

*   무의식
무의식이란 의식의 바깥쪽에 존재하면서 의식적 사고와 행동에 영향을 주는 마음의 영역을 말한다.

**   자기실현
자아를 초월한 고차원적인 목표와 이상을 실현하고자 하는 인간 고유의 지향적 욕구이다.

(3) 선택된 유기체는 열등한 개체보다 더 성공적으로 자손을 생산하기 위해 환경에 적응한다. 결국 인간은 세대를 거치는 동안 특별한 적응방식으로 변화한다는 것이다.

(4) 인간의 뇌가 진화한 환경조건에 대하여 연구한 진화심리학자들은 남녀의 성역할이나 성행동의 이해를 동시대의 사회적 압력의 산물이라기보다는 진화의 산물로 이해한다.

7. 사회문화적 접근

(1) 행동의 원인과 결과를 비교 문화적 관점에서 이해하고자 하는 접근방법이다.

(2) 문화를 인간의 행동에 영향을 미치는 결정적인 요소로 보며, 다른 사회와 사회 사이에 어떤 차이점이 있는지 등을 연구한다.

---

02 심리학의 연구분야

1 기초(이론)심리학

1. 학습심리학

(1) 인간과 동물이 경험을 통해 행동을 변화시키는 과정을 연구하는 분야이다.

(2) 행동은 본능과 같이 생득적인 것과 경험을 통해 체득하는 학습적인 것으로 나뉜다.

(3) 인간과 동물의 행동은 대부분 학습에 의한 것이므로, 학습심리학은 새로운 기술과 지식을 경험하고 익히는 과정을 다룬다.

2. 발달심리학

(1) 인간이 태어나 성장·변화해 가는 과정과 법칙을 연구하는 분야이다.

(2) 개체의 시기에 따라 아동심리학, 청년심리학, 노년심리학으로 나누어 평생의 발달·변화과정을 연구대상으로 한다.

3. 사회심리학

(1) 인간은 사회적 동물이라는 전제하에 인간의 심리와 행동이 사회적 환경의 영향 속에서 어떻게 형성·발달·변화하는지를 연구하는 분야이다.

(2) 인간은 혼자 있을 때와 집단 속의 개인으로서 가지는 심리과정이 다른데, 사회심리학은 이러한 개인과 개인의 상호작용, 사회적 상황에서의 인간의 행동에 대해 연구한다.

(3) 첫 대면에서의 인상형성과정, 설득, 고정관념과 편견, 수락과 거절, 대인관계, 군중행동, 동조행동, 집단의사결정 등이 주제가 된다.

4. 성격심리학

(1) 인간의 성격이 어떻게 형성되고, 어떤 성격이 존재하며, 사람마다 성격은 얼마나 다른지와 같은 개인차를 연구하는 분야이다.

(2) 인간행동의 일반원리를 찾는 다른 분야와는 달리, 개인차의 측정과 배경에 관한 법칙을 탐구한다.

(3) 개인차를 연구하기 위해 성격검사를 비롯한 각종 심리검사를 많이 다룬다.

5. 동물심리학

(1) 인간 이외의 동물을 대상으로 지능·인지·학습 등의 심리과정을 연구하는 분야이다.

(2) 종에 따른 동물 특유의 행동양식은 복잡한 인간행동의 단순한 형태로서 비교·연구되어 비교심리학이라고도 한다.

6. 생리심리학

(1) 인간의 심리와 행동의 생리적, 생물학적 기초를 다루는 분야이다.

(2) 주로 대뇌의 기능과 신경계통, 내분비선을 연구하며, 그것이 어떻게 인간의 심리와 행동에 영향을 미치는지를 연구한다.

7. 지각심리학

(1) 인간의 감각과 지각을 연구하는 분야이다.

(2) 일차적인 감각(오감)과정과 이로부터 유발되는 처리과정과 조직화과정을 다룬다.

(3) 오감 중에 시각과 청각에 관한 연구를 중심대상으로 한다. 이는 인간이 외부로부터 받아들이는 감각정보의 대부분이 시청각에 의존하며 연구과정에서의 통제가 용이하기 때문이다.

8. 인지심리학

(1) 정보처리의 관점에서 인간의 지각·기억·사고 등 인지과정을 연구하는 분야이다.

(2) 지각과정을 통해 들어온 정보가 주의, 기억 등의 처리과정을 통해 어떻게 심리적으로 표상되고 행동으로 표출되는지를 연구한다.

(3) 형태재인, 주의, 작업기억, 장기기억, 개념과 범주화, 언어, 문제해결, 의사결정과 판단 등을 연구대상으로 한다.

2 응용심리학

1. 임상심리학

(1) 정신질환 및 적응상의 문제를 가진 사람들에게 조언이나 권고를 통하여 문제해결을 돕는 것을 목적으로 하는 분야이다.

(2) 스트레스, 등교거부, 학대, 비행, 성적 학대 등 아동과 성인의 각종 정신질환 및 문제행동을 진단하고 치료하는 것을 목적으로 한다.

2. 상담심리학

(1) 개인이 안고 있는 어려움과 고민에 대해 전문적인 지식과 기술을 이용한 상담을 통해 극복과 해결을 돕는 분야이다.

(2) 대상의 정신적 장애를 진단하고 치료하는 임상심리학과는 달리, 상담하는 과정에서 피상담자가 자신의 문제를 주체적으로 극복하도록 유도하는 데 목적이 있다.

PART
2

(3) 상담심리학자는 개인의 정신적 문제 및 직업지도, 학업지도, 결혼상담 등 다양한 범위에서 활약한다.

3. 학교심리학

(1) 교육의 현장에서 학생의 학습지도, 진로 및 직업지도, 학교생활 전반에 대한 상담 및 그에 따른 문제에 대한 연구를 목적으로 하는 분야이다.

(2) 효과적인 교수방법, 학습동기의 유발, 교육평가나 학습평가는 물론 학교교육현장에서 발생하는 정서, 교우, 진로선택문제들을 다룬다.

4. 교육심리학

(1) 교육문제 전반에 심리학의 지식을 활용하여 보다 효과적으로 교육하기 위한 방법을 찾는 분야이다.

(2) 주요 연구영역으로는 학습, 성장과 발달, 인격과 적응, 측정과 평가, 교사와 아동의 관계 등이 있다.

5. 산업 및 조직심리학

(1) 산업현장과 조직에서 발생하는 여러 문제들을 심리학적 원리를 통해 해결하려는 분야이다.

(2) 처음에는 적성검사, 배치, 능률향상, 사고방지 등에 응용되다가 점차 일에 대한 동기부여, 노동의욕, 직장에서의 인간관계와 같은 사회심리적인 면이 중시되고 있다.

6. 범죄심리학

(1) 범죄자의 의도, 생각, 목적, 반응 등 범죄자의 행동, 교정, 예방을 연구하는 분야이다.

(2) 범죄심리학의 주요 적용분야는 범죄자 프로파일링이다. 범죄자의 행동과 범죄현장을 연결해 이들의 특성을 파악하고 용의자의 범위를 좁혀 경찰수사에 도움을 주는 역할을 한다.

7. 광고심리학

(1) 소비자와 광고는 서로 영향을 주고받으며 상호작용하는데, 이때 광고와 소비자 사이에 벌어지는 상호작용의 내용이 무엇인지, 그 속에 숨겨진 소비자의 심리가 무엇인지에 대해서 연구하는 분야이다.

(2) 대부분의 기업과 광고대행사, 리서치 회사들이 소비자의 심리, 소비자 조사기법, 광고효과분석 및 브랜드 전략수립 등 최신이론과 현장의 생생한 정보를 제공받아 활용하고 있다.

8. 기타

그 외에도 스포츠심리학, 교정심리학, 중독심리학, 코칭심리학 등 다양한 응용심리학 분야들이 있다.

1 연구의 목표

1. 기술과 측정

(1) 연구자가 관심을 두고 있는 현상을 설명하기 위해 우선 그 현상을 정확히 기술한다.

(2) 현상을 정확히 기술하기 위해 표적이 되는 대상을 정확히 측정한다.

2. 이해와 예언

(1) 인간행동의 이유를 설명함으로써 이해가 가능하도록 한다.

(2) 이를 위해 변인들의 관계를 예언하고 검증한다.

3. 응용과 통제

(1) 연구자는 자신이 수집한 정보가 일상적인 문제해결에 실용적인 가치가 있을 것으로 기대한다.

(2) 만약 어떤 현상을 이해하게 된다면 그 현상을 보다 잘 통제할 수 있게 된다.

2 연구의 단계

1. 제1단계: 가설설정

(1) 어떤 현상을 과학적으로 연구하기 위해서는 우선 일상적인 생각이나 호기심을 경험적으로 검증 가능한 형태로 변화시켜야 한다.

(2) 가설은 두 가지 혹은 그 이상의 변인들 간의 관계를 검증 가능한 형태로 진술한 것이다.

2. 제2단계: 연구방법과 설계

(1) 가설을 검증하기 위해 적절한 연구방법을 선정하고 실험을 설계해야 한다.

(2) 연구방법에는 실험법, 자연관찰법, 사례연구법, 조사법 등이 있으며, 연구자는 각 연구방법의 장단점을 잘 이해하고 가장 적절한 방법을 선택해야 한다.

3. 제3단계: 자료수집

(1) 선정된 피험자를 대상으로 실험 혹은 조사를 실시한다.

(2) 연구자는 연구하려는 행동을 측정하기 위해 관찰, 면접, 질문지(설문지), 심리검사 등 다양한 자료수집 방법들을 사용한다.

4. 제4단계: 자료분석과 결론

(1) 자료수집절차를 통해 얻은 결과는 수치로 제시되는데, 이는 원자료에 해당한다.

(2) 연구자는 원자료에서 의미 있는 결과를 얻기 위해 이를 요약하고 사전에 계획된 설계에 따라 분석한다.

5. 제5단계: 결과보고

(1) 연구결과는 다른 연구자와 교류하고 일반대중에게 알림으로써 의미를 가진다.

(2) 연구자는 간추린 연구결과를 학회 등에 보고하기 위해 보고서를 작성한다.

(3) 보고된 연구결과는 이후 다른 연구자들의 평가과정을 거쳐 교정 및 보충된다.

3 횡단적 연구와 종단적 연구

1. 횡단적 연구

(1) 일정시점을 기준으로 모든 관련변수에 대한 자료를 수집하는 연구로서, 이때 수집된 자료는 일정시점에서의 한 집단 또는 사례들의 특징을 나타낸다.

(2) 여러 상이한 연령에 속하는 사람들로부터 동시에 어떤 특성에 대한 자료를 얻고 그 결과를 연령 간에 비교하여 발달적 변화과정을 추론하는 방법이다.

(3) 연구대상이 지리적으로 넓게 분포되어 있고 연구대상의 수가 많으며, 많은 변수에 대한 자료를 수집해야 할 필요성이 큰 경우에 유효하다.

(4) 횡단적 연구의 유형으로는 언론기관의 여론조사나 인구·주택 센서스 같은 현황조사, 어떤 변수와 다른 변수와의 관련성을 파악하기 위한 상관적 연구 등이 있다.

2. 종단적 연구

(1) 하나의 연구대상을 일정기간 동안 관찰하여 그 대상의 변화를 파악하는 데 초점을 둔 연구기법이다.

(2) 한 연령집단을 표집하여 동일한 연구대상을 오랜 기간 반복적으로 관찰함으로써 연령에 따른 발달적 변화과정을 관찰하는 방법이다.

(3) 종단적 연구는 둘 이상의 시점에서 동일한 분석단위를 연구하는 것으로서 어떤 연구대상의 동태적 변화·발전과정의 연구에 적합하다.

(4) 종단적 연구의 유형으로는 추세조사, 코호트조사, 패널조사 등이 있다.

개념더하기 횡단적 연구와 종단적 연구의 비교

횡단적 연구	종단적 연구
• 표본조사 • 모집단을 대표할 수 있는 자료 제공 • 측정이 한 번 이루어짐 • 정태적 • 일정 시점의 특정표본이 가지고 있는 특성을 파악 • 조사대상의 특성에 따라 집단을 분류하여 비교·분석하므로 표본의 크기가 클수록 유리	• 현장조사 • 조사마다 새롭게 표집된 표본에 관한 자료 제공 • 측정이 반복적으로 이루어짐 • 동태적 • 일정기간 변화하는 상황에 대한 조사 • 유형에 따라 서로 다른 시점에서 동일대상자를 추적조사하므로 표본의 크기가 작을수록 유리

4 연구의 유형

1. 실험연구(실험법)

(1) 관찰하고자 하는 대상·조건·장면을 인위적으로 설정하고 통제하여 그에 따라 일어나는 변화를 측정하고 결론을 도출하는 방법이다.

(2) 원인과 결과에 관한 가설을 검증하는 강력한 수단이다.

(3) 실험실에서 면밀하게 조건을 통제하고 변인들 사이의 인과관계를 밝힌다.

(4) 조건의 통제가 용이하여 엄밀한 실험이 가능하다는 장점이 있지만, 인공적인 설정에서 얻은 결과를 일반화하기가 쉽지 않다는 단점이 있다.

(5) 독립변인에 조작과 통제를 가했을 때 어떠한 결과(종속변인)를 얻을 수 있는지를 측정하는 것이 기본이다. 두 변인 사이의 인과관계를 설정하는 기법이다.

> **개념더하기** 실험의 3요소
>
> - 독립변인(독립변수): 의도된 결과를 얻기 위해 실험자가 조작·통제하는 값
> - 종속변인(종속변수): 설정된 독립변인의 결과로서 달라지는 의존변인
> - 통제변인: 연구를 수행할 때 탐구하기를 원하지 않아 통제하는 변인

(6) 실험의 방법: 피험자를 독립변인의 조작을 받는 실험집단*과 조작을 받지 않는 통제집단**으로 나누고 실험조작을 하여 각각의 반응을 측정한 다음, 양 집단의 종속변수의 차이를 비교·검토함으로써 독립변수의 효과를 검증한다.

2. 상관법

(1) 통제된 실험법에 의해서 연구가 될 수 없는 경우에 사용하는 연구방법이다.

(2) 상관연구에서는 원인–결과관계가 추론될 수 없다. 따라서 상관은 인과관계의 전제조건이지만 상관관계가 반드시 인과관계는 아니다.

(3) 통제할 수 없는 변인이 다른 변인들과 연관이 있는지를 본다.

(4) 상관법에서는 상관계수***를 사용한다.

---

* 실험집단
실험의 주요 대상이 되고, 피험자들이 처치를 받는 집단

** 통제집단
실험집단의 효과를 비교하기 위한 집단으로 아무런 처치를 받지 않는 집단

*** 상관계수(r)
두 개의 변수가 관련되어 있는 정도의 추정치
- 정적 상관: 두 변인의 값이 함께 증가하거나 함께 감소하는 것이다.
- 부적 상관: 한 변인의 값이 증가하면 다른 변인의 값은 감소하는 것이다.

3. 관찰법

(1) 자연관찰법

① 관찰대상에 의도적인 조작을 하지 않고, 있는 그대로의 모습을 관찰한다.

② 피험자의 자연스러운 행동을 연구할 수 있으며, 특히 특정변인의 조작과 처치가 비윤리적이고 비실제적이어서 실험법의 적용이 어려울 경우에 효과적으로 사용할 수 있다.

③ 특정시간이나 장소에서 우연히 일어나는 것만 관찰할 수 있으며, 한 번 일어난 것을 반복해서 관찰하기 어렵다는 단점이 있다.

(2) 실험관찰법

① 실험자가 상황이 발생하는 장면을 조작하고 통제하는 관찰법이다.

② 예기치 않은 상황이 발생하는 등의 자연관찰법의 단점을 극복하고 보다 정확한 관찰을 하기 위함이다.

4. 조사법(사회조사법)

(1) 현장관찰법: 연구자의 객관성·중립성을 요하는 자연관찰과는 달리, 연구자가 직접 참여관찰하고 체험함으로써 현장 전체를 이해하는 것을 목적으로 한다.

(2) 면접법: 어떤 내용에 대해서 연구자가 수검자와의 대화를 통해 정보를 얻는 방식이다. 연구자가 수검자의 답변에 대해 실시간으로 대응할 수 있기 때문에 보다 심층적인 측정이 가능하다.

(3) 질문지법: 계획적으로 작성된 일련의 문항들에 피험자가 응답하도록 하는 자료수집법이다. 눈으로 관찰할 수 없는 내면을 조사하는 데 널리 쓰인다. 면접법과는 달리, 적은 노력과 시간으로 다수의 대상을 조사·연구할 수 있다. 피험자의 자기보고자료에 의존하므로 피험자가 고의적으로 자신을 속이는 경우 적합하지 못하며, 사회적 바람직성 등의 영향을 받는다.

5. 임상법(사례연구법)

(1) 개인의 성장·발달과정의 구체적인 사례를 임상적으로 연구하는 방법으로 사례연구법(Case Study Method)이라고도 한다.

(2) 많은 표본을 수집하여 제한된 변인을 통계적으로 분석하여 일반적인 경향을 끌어내는 표본연구나 통계적 연구와는 달리, 한 대상을 심층적이고 정밀하게 그려낸다.

(3) 특히 심리적인 문제를 진단하고 치료하는 데 널리 사용되는 방법으로 심리장애의 원인을 밝히는 데 매우 유용하다.

(4) 사례사적 접근 시 연구자의 주관이 개입될 수 있으며, 연구자 자신의 주관적 기대와 이론적 입장에 부합되는 정보들을 선택적으로 취합할 가능성이 있다.

(5) 심층적이고 질적인 정보를 얻을 수 있는 반면, 소수의 사례에서 얻은 결과를 다수의 경우로 일반화하기 어려운 문제점이 있다.

- **요구특성**: 마틴 오른(Martin Orne)에 의해 처음 사용된 용어로, 시험대상자가 실험자의 의도를 추측하고 임의로 해석하여 그에 부합하는 반응을 하고자 하는 현상을 말한다.
- **이중맹검**(Blind Experiment, 맹검, 은폐법): 요구특성으로 인해 실험결과가 왜곡될 수 있기 때문에 이를 방지하기 위해 실험 시 절차를 조작하거나 실험자와 피실험자 모두 실험의 변화를 알 수 없도록 하는 방법이다.

04 심리학에서의 측정과 척도

1 측정

1. 의의 및 특징

(1) 개인과 집단에게 일어나는 심리현상을 일정한 규칙에 따라 조사하여 수치화하는 것이다.

(2) 측정은 추상적·이론적 세계를 경험적 세계와 연결시키는 수단이다. 즉, 이론을 구성하고 있는 개념이나 변수들을 현실세계에서 관찰 가능한 자료와 연결시키는 과정이다.

(3) 예를 들어 아동의 공격성을 검증하기 위해서는 공격성이란 추상적인 개념을 친구를 때린다, 물건을 던진다 등과 같이 경험적으로 관찰이 가능한 구체적인 행동으로 정의한 다음, 일정 기간 동안 그와 같은 행동이 몇 번이나 나타나는지를 숫자로 나타내어 간접적으로 추론할 수 있다.

(4) 측정한 결과가 정확한 자료가 되기 위해서는 타당도*와 신뢰도**를 모두 충족시켜야 한다.

2. 측정의 기능

(1) 일치 및 조화의 기능: 측정은 추상적인 개념과 경험적인 현실세계를 일치·조화시킨다.

(2) 객관화 및 표준화의 기능: 측정은 관찰대상이나 현상에 대한 객관화·표준화를 통해 과학적인 관찰과 표준화된 측정이 가능하도록 함으로써, 주관적·추상적인 판단에서 야기되는 오류를 극복할 수 있도록 한다.

(3) 계량화의 기능: 측정은 관찰대상이나 현상은 물론 어떤 추상적인 개념에 대해서도 다양한 변수들을 통해 일정한 분류와 기술이 가능하도록 함으로써 통계적 분석을 활용할 수 있도록 한다.

(4) 반복 및 의사소통의 기능: 측정은 연구결과의 반복을 통해 결과에 대한 확인 및 반증이 가능하도록 하며, 해당 연구결과를 정확하고 효율적으로 전달할 수 있도록 한다.

---

* 타당도(Validity)
척도가 측정하려는 대상을 얼마나 정확하게 측정하는가의 정도
** 신뢰도(Reliability)
반복되는 측정에서 척도가 얼마나 일관된 결과를 내고 있는가의 정도

3. 측정의 과정

(1) 개념화(Conceptualization)

① 개념의 의미가 분명하지 않을 경우 개념에 대한 관찰이 불가능하므로 개념을 명확하게 하는 것이 측정과정의 첫 단계 작업이다.

② 조사자는 이 단계에서 개념에 대한 정의를 명확히 해야 하고, 개념에 대한 통일된 정의가 존재하지 않을 경우 조사자 자신이 이를 새롭게 정의한다.

(2) 변수와 지표의 구체화(Specification)*

① 하나의 개념이 단일의 카테고리를 의미하거나 복수의 카테고리를 의미하는 경우, 분석의 단위에 따른 상이한 측정을 할 가능성이 있다. 또한 사회과학 분야에서 상당수의 개념들은 직접적인 측정이 불가능하다. 따라서 개념을 변수로 전환시켜야 할 필요성이 있다.

② 예를 들어 교육이 편견을 감소시킨다는 가설의 경우, 먼저 교육은 공식적 교육량과 지식량 등의 변수로 전환하고, 편견은 여성에 대한 경멸적 언행 여부와 특정 부류의 사람들과 상호작용을 회피하는 정도 등의 변수들로 전환한다.

③ 조사자가 개념을 변수로 전환한 후 분석의 단위들에 대한 측정에 어느 정도 접근하게 된다. 그러나 변수의 추상성을 더욱 구체화하기 위해 지표(Indicator)로 재전환해야 한다.

④ 교육과 같은 단순한 개념의 경우 하나의 지표만을 사용해서도 충분히 측정할 수 있다. 그러나 편견이나 성격과 같이 복잡한 개념은 하나의 지표만을 사용해서 측정하는 것이 충분하지 않으므로 두 개 이상의 지표를 사용하는 것이 권장된다.

(3) 조작화(Operationalization)

① 측정과정의 마지막 단계로서 분석의 단위를 카테고리별로 분류하는 과정을 의미한다.

② 조작적 정의는 각 분석의 단위를 변수들의 카테고리로 할당하는 작업 또는 과정이라고 할 수 있다. 하나의 완전한 조작적 정의는 흔히 분석단위를 대상으로 하는 일련의 질문들과 응답카테고리들 그리고 자료수집 및 개별사례들에 대한 카테고리 할당지침 등을 포함한다.

③ 하나의 개념을 측정하기 위한 조작적 정의 또는 지표로서 질문문항은 하나인 경우도 있으나 경우에 따라 둘 이상의 질문문항으로 구성될 수도 있다.

2 척도

1. 의의 및 특징

(1) 척도는 일종의 측정도구로서 일정한 규칙에 따라 측정대상에 적용할 수 있도록 만들어진 일련의 체계화된 기호 또는 숫자를 의미한다.

(2) 연속성은 척도의 중요한 속성으로서, 실제로 측정대상의 속성과 일대일 대응의 관계를 맺으면서 대상의 속성을 양적 표현으로 전환하도록 한다.

(3) 척도에 의한 측정은 특정대상의 속성을 객관화하여 그 본질을 보다 명백하게 파악하며, 측정대상들 간의 일정한 관계 또는 그 대상 간의 비교를 정확하게 할 수 있도록 하기 위한 것이다.

---

* 변수와 지표의 구체화(Specification)
  변수와 지표의 구체화를 개념화 과정에 포함시킴으로써 측정의 과정을 개념화와 조작화의 2단계로 설명하기도 한다.

(4) 척도로 측정대상을 숫자화한다는 것은 어느 정도 비약적인 성격을 갖는 측정상의 추상화 과정을 의미한다.

(5) 예를 들어 아동의 공격성을 측정하기 위한 문항으로 친구를 때린다, 물건을 던진다 등과 같은 각각의 문항들은 공격성을 구성하는 구성요소일 수는 있어도 공격성 자체를 설명하는 것은 아니다. 따라서 구성요소들에 의한 수치를 합한 값이나 중요도에 따라 가중치를 부여한 값 등 일정한 규칙에 근거하여 합산한 값으로 공격성의 수준을 설명할 수 있다. 이와 같이 일관적인 내적 구조를 가지는 일련의 문항들이 척도에 해당한다.

2. 척도의 종류

(1) 명명척도(Nominal Scale, 명목척도)

① 측정대상을 질적인 특성에 따라 구분하는 척도이다.

② 대상에 부여된 숫자는 속성에 따른 분류만을 위한 것일 뿐, 순서 또는 가감의 의미는 갖지 않는다.

예 운동선수의 등번호, 인종, 주민등록번호, 전화번호, 도서분류, 성별, 결혼유무, 종교, 장애유형, 지역, 계절 등

(2) 서열척도(Ordinal Scale)

① 크고 작음, 높고 낮음의 순위관계를 내포하는 척도이다.

② 상하, 대소의 관계성만을 나타낼 뿐 연산은 할 수 없다.

예 성적, 경제적 계급, 스포츠 순위, 사회계층, 선호도, 소득수준, 자격등급, 장애등급, 변화에 대한 평가, 서비스 효율성 평가 등

(3) 등간척도(Interval Scale)

① 서열척도의 특성을 가지면서 수치 사이의 간격이 동일한 차이를 가지는 척도이다.

② 등간척도의 특징은 무(無)를 의미하는 절대영점을 가지지 않으므로 덧셈, 뺄셈의 계산만 가능하다.

예 달력, 지능지수, 섭씨 · 화씨의 온도, IQ, EQ, 학력, 학점, 물가지수, 사회지표 등

(4) 비율척도(Ratio Scale, 비례척도)

① 명명척도, 서열척도, 등간척도의 속성을 모두 가지면서 절대영점을 가진 가장 상위의 척도이다.

② 섭씨온도나 화씨온도가 등간척도의 예에 해당한다면, 분자의 움직임이 없는 상태를 0K로 나타내는 켈빈온도는 비율척도의 예에 해당한다.

③ 덧셈, 나눗셈을 포함한 연산을 통해 측정 · 비교가 가능하므로 가장 많은 정보를 나타낼 수 있다.

④ 길이, 무게, 시간, 밀도 등 물리량의 거의 모든 측정이 비율척도로 이루어진다.

예 연령, 무게, 신장, 수입, 매출액, 출생률, 사망률, 이혼율, 경제성장률, 졸업생 수, 서비스 대기인수, 서비스 수혜기간 등

01 심리학 개관 적중문제

01

다음 중 최초의 심리학 실험실을 설립한 학자는?

① 분트
② 제임스
③ 프로이트
④ 베르트하이머

03

다음 중 인간의 정신을 요소의 집합이 아닌 전체성을 가진 구조로서 파악하는 학파는?

① 구성주의 학파
② 행동주의 학파
③ 형태주의 학파
④ 경험주의 학파

02

다음 중 자신의 의식경험을 관찰하는 내성법을 사용한 심리학의 학파는?

① 기능주의 학파
② 형태주의 학파
③ 행동주의 학파
④ 구성주의 학파

04

다음 중 형태주의 학자에 속하지 않는 사람은?

① 스키너
② 베르트하이머
③ 코프카
④ 퀄러

05

다음 중 구성주의 심리학과 관련이 없는 것은?

① 요소의 집합
② 분트
③ 내성법
④ 의식의 전체성

06

다음 〈보기〉의 내용이 설명하는 학자는?

> **보기**
> • 심리학의 대상을 관찰 가능한 객관적 행동에 두어 야 한다고 언급하였다.
> • 심리학은 인간과 동물의 행동을 주제로 삼는 자연 과학의 일부라고 주장하였다.

① 프로이트
② 왓슨
③ 분트
④ 베르트하이머

01 　정답 ①

1879년 독일의 생리학자인 분트가 라이프치히 대학에 심리학을 위한 연구실을 개설하였고, 이것은 독자적인 학문분야로서 심리학의 공식적인 탄생으로 기록되었다. 이를 현대심리학의 시초로 본다.

02 　정답 ④

구성주의 학파는 구조주의로도 불리며, 분트에 의해 시작된 초기의 심리학을 일컫는다. 분트는 기존의 관념적이고 사변적인 수준에서 인간을 이해하려던 철학에서 과학적인 방법으로 인간을 이해하려고 했다. 내성법은 실험이라는 통제된 조건 속에서 자신의 의식경험을 주관적으로 관찰·분석하는 방법으로, 자기성찰법이라고도 한다.

03 　정답 ③

형태주의 학파는 20세기 초 구성주의에 대한 반론으로 독일의 베르트하이머가 주장하였다. 정신을 요소들의 합으로 보는 구성주의 학파와는 달리 "전체는 부분의 단순한 합이 아니다."라고 주장, 의식의 내용을 요소의 조합이 아닌 전체(게슈탈트)로서 인식한다는 것이 기본개념이다.

04 　정답 ①

① 스키너는 신행동주의 학자이다.

05 　정답 ④

④ 형태주의 심리학에 대한 설명이다. 형태주의는 의식의 내용을 요소의 조합으로 보는 구성주의에 대한 반론이며 전체(게슈탈트)로서 인식한다는 것이 기본개념이다.

06 　정답 ②

〈보기〉는 행동주의에 대한 설명으로, ②의 왓슨은 대표적인 행동주의 학자이다.
① 프로이트는 정신분석 학자이다.
③ 분트는 구성주의 학자이다.
④ 베르트하이머는 형태주의 학자이다.

07

다음 중 의식의 목적은 환경에 적응하려는 생물학적 욕구를 충족시키는 데 있다고 주장한 학파는?

① 행동주의 학파
② 기능주의 학파
③ 생리심리학 학파
④ 정신분석 학파

08

다음 중 정신분석학과 관계있는 것은?

① 인간의 행동은 무의식에 의해 동기화된다.
② 인간의 고차원적인 인지능력을 대상으로 한다.
③ 조건-반응과 밀접한 관련이 있다.
④ 생리반응을 통해 정신을 연구한다.

09

다음 중 실험의 기본요소가 아닌 것은?

① 통제변인
② 종속변인
③ 독립변인
④ 매개변인

10

다음 중 응용심리학의 분야가 아닌 것은?

① 발달심리학
② 임상심리학
③ 범죄심리학
④ 교육심리학

11

다음 중 인간행동의 일반원리가 아닌 개인차를 측정하는 심리학의 한 분야는?

① 발달심리학
② 성격심리학
③ 학습심리학
④ 인지심리학

12

다음 중 행동주의적 접근으로 옳지 않은 것은?

① 외부의 자극과 그에 따른 반응의 관계를 이해하고자 한다.
② 환경적 요인을 중요시한다.
③ 인간의 인지활동을 다룬다.
④ 심리학은 실험, 관찰과 같은 객관적 방법을 사용해야 한다.

13

다음 중 현장관찰법에 대한 설명으로 옳은 것은?

① 교류와 참여와 같은 체험형태의 관찰법이다.
② 조작을 하지 않고 자연 그대로의 상황 속에서 관찰한다.
③ 재현이 어려우며 인과관계가 분명하지 않다.
④ 보다 용이한 관찰을 위하여 상황을 조작하고 통제한다.

07 정답 ②

기능주의 학파의 주장이다. 기능주의 학파는 이러한 주장을 통해 의식의 심리학에서 행동주의 심리학으로 넘어가는 계기를 마련하였다.

08 정답 ①

① 정신분석학의 대표적인 학자인 프로이트는 인간의 무의식 속에 저장된 기억이 현재의 행동에 영향을 미친다고 보았다.
② 인지심리학에 대한 설명이다.
③ 행동주의에 대한 설명이다.
④ 생리심리학에 대한 설명이다.

09 정답 ④

실험의 3요소
• 독립변인: 의도된 결과를 얻기 위해 실험자가 조작·통제하는 값
• 종속변인: 설정된 독립변인의 결과로서 달라지는 의존변인
• 통제변인: 연구를 수행할 때 탐구하기 원하지 않아 통제하는 변인

10 정답 ①

① 발달심리학은 인간의 일반법칙을 연구하는 기초심리학의 한 분야이다.
연구분야에 따른 심리학의 구분
• 기초심리학: 인간의 심리와 행동을 이론적으로 연구
• 응용심리학: 기초심리학적 지식을 인간과 사회현실에 활용

11 정답 ②

② 성격심리학은 인간의 성격(인격)이 어떻게 이루어지고, 어떤 성격이 존재하며, 사람마다 얼마나 다른지와 같은 개인차를 연구하는 분야이다. 대표적으로 인본주의 심리학과 정신분석 심리학이 성격을 연구대상으로 삼고 있다.

12 정답 ③

행동주의 심리학은 관찰할 수 있는 행동을 연구대상으로 삼았으며, 의식이나 무의식에 대해서는 과학적 측정이 불가능하다는 이유로 이를 다루는 정신분석 또는 정신역동을 비판하였다.
③ 인간의 인지활동을 다루는 것은 인지적 접근에 해당한다.

13 정답 ①

① 연구자의 객관성·중립성을 요하는 자연관찰과는 달리, 참여관찰하고 체험함으로써 현장 전체를 이해하는 것을 목적으로 한다.
②·③ 자연관찰법에 대한 설명이다.
④ 실험관찰법에 대한 설명이다.

14

다음 중 임상법에 대한 설명으로 옳은 것은?

① 인위적인 조작 및 통제를 하여 그에 따른 결과를 도출한다.

② 개인의 성장 및 발달과정의 구체적 사례를 연구한다.

③ 피험자와의 언어적 대화를 통해 정보를 얻는다.

④ 계획적으로 작성된 문항에 피험자가 응답하도록 한다.

16

다음 중 남학생을 1, 여학생을 2로 분류하는 척도는?

① 비율척도

② 명명척도

③ 등간척도

④ 서열척도

15

다음 중 크고 작음의 서열만이 존재할 뿐 수치 간의 등식관계는 성립하지 않는 척도는?

① 명명척도

② 등간척도

③ 서열척도

④ 비율척도

17

다음 중 온도나 지능검사의 점수를 측정할 때 사용되는 척도는?

① 서열척도

② 비율척도

③ 등간척도

④ 명목척도

18

다음 중 인간의 주체성, 자기실현 등을 연구하는 인본주의 심리학의 대표학자는?

① 샤흐터
② 제임스
③ 에릭슨
④ 매슬로

19

다음 중 의식의 요소나 구조보다 기능을 중시하여 '의식의 흐름'을 연구한 학자는?

① 스키너
② 분트
③ 베르트하이머
④ 제임스

14 　　　　　　　　　　　정답 ②

② 개인의 성장·발달과정의 구체적인 사례를 임상적으로 연구하는 방법으로 사례연구법이라고도 한다.
① 실험법에 대한 설명이다.
③ 면접법에 대한 설명이다.
④ 질문지법에 대한 설명이다.

15 　　　　　　　　　　　정답 ③

③ 크고 작음, 높고 낮음의 순위관계를 내포하는 척도로써 상하, 대소의 관계성만을 나타낼 뿐 연산은 할 수 없다.
① 명명척도는 자료를 질적으로 구분하는 분류이다.
② 등간척도는 수치의 간격차이가 동일하며 비율의 의미를 갖지 않는다.
④ 비율척도는 절대영점을 가지며 수치 간의 비교 및 평가가 가능하다.

16 　　　　　　　　　　　정답 ②

② 명명척도는 측정대상의 질적 특성에 따라 분류하는 것으로, 대상에 부여된 숫자는 속성에 따른 분류일 뿐이다.

17 　　　　　　　　　　　정답 ③

측정의 네 가지 수준에 따른 적용 예
• 명명척도: 운동선수의 등번호, 인종, 주민등록번호, 전화번호, 도서분류, 성별, 결혼유무, 종교, 장애유형, 지역, 계절 등
• 서열척도: 성적, 경제적 계급, 스포츠 순위, 사회계층, 선호도, 소득수준, 자격등급, 장애등급, 변화에 대한 평가, 서비스 효율성 평가 등
• 등간척도: 달력, 지능지수, 섭씨·화씨의 온도, IQ, EQ, 학력, 학점, 물가지수, 사회지표 등
• 비율척도: 연령, 무게, 신장, 수입, 매출액, 출생률, 사망률, 이혼율, 경제성장률, 졸업생 수, 서비스 대기인수, 서비스 수혜기간 등

18 　　　　　　　　　　　정답 ④

매슬로는 인간욕구의 단계별 계층을 주장한 학자로 유명하며, 종래의 심리학이 다루지 않은 자기실현, 윤리, 가치 등을 다루는 인본주의 심리학을 창시하였다.

19 　　　　　　　　　　　정답 ④

④ 대표적인 기능주의 심리학자인 제임스는 의식을 요소들의 집합이 아닌 하나의 흐름으로 파악했다. 기능주의는 실용주의와 진화론 등에 영향을 받았고 의식의 구조보다는 기능에 관심을 가졌다.
① 스키너는 행동주의의 대표학자이다.
② 분트는 구성주의의 대표학자이다.
③ 베르트하이머는 형태주의의 대표학자이다.

PART
2

02 생리심리학

01 신경계

1 뉴런

1. 개념

(1) 뉴런이라 불리는 신경세포는 신경계를 구성하는 기본단위로써 뇌 안의 정보처리와 정보전달의 역할을 수행한다.

(2) 신경세포체는 세포의 생명유지와 감각수용기나 다른 뉴런들로부터 입력되는 정보들을 통합하고, 그러한 정보들을 처리하거나 전달하는 데 필요한 화학물질을 생산한다.

2. 뉴런의 구조

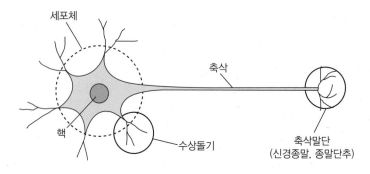

[뉴런의 구조]

(1) **수상돌기(Dendrite)**: 다른 뉴런으로부터 정보를 수용하여 이를 세포체에 전달한다.

(2) **세포체(Cell Body, Soma)**: 뉴런의 본체에 해당하며 정보처리과제를 통합하고 세포활동을 유지하는 기능을 한다. 유기체의 유전정보를 담고 있는 핵이 위치한다.

(3) **축삭(Axon)*** : 신경세포의 한 줄기로 된 긴 섬유로, 그 말단부위는 여러 갈래의 신경종말로 나뉘어 다른 뉴런과 함께 근육이나 내분비선에 정보를 전달하는 역할을 한다. 우리 몸을 구성하고 있는 모든 세포들 중에서 뉴런만이 가지고 있는 구조이다.

(4) **수초(Myelin Sheath)**: 뉴런의 축색을 둘러싼 일종의 절연물질로서 백색의 지방질로 구성되어 있으며, 뉴런의 에너지 효율성을 증대시키고 축색에서의 신경충동의 전파를 빠르게 한다.

---

* 축삭(Axon)
축삭은 신경세포에서 뻗어 나온 긴 돌기로, 축색이라고도 한다.

(5) 축삭말단(Terminal Button, 신경종말, 종말단추): 다른 뉴런에게 정보가 전달되는 곳으로 신경전달물질인 소낭이 존재하는 곳이다.

뉴런의 구조	역할
수상돌기	다른 뉴런으로부터 정보수용하여 이를 세포체에 전달
세포체	뉴런의 본체에 해당하며 정보처리 과제를 통합, 세포활동의 유지기능
축삭	다른 뉴런과 함께 근육이나 내분비선에 정보전달
수초	축삭에 대한 절연역할 및 정보전달 속도증가(수초화*)
축삭말단	다른 뉴런으로 정보전달

> **개념더하기** ▶ 다발성 경화증
>
> 축삭에서 수초가 손상되면 신경계의 정보전달에 이상을 일으킨다. 이로 인해 운동장애, 감각장애, 인지기능장애 등이 발생한다.

3. 정보전달의 전기화학적 작용

(1) 뉴런 내 혹은 뉴런 간의 정보소통은 두 간계, 전도와 전달로 진행된다. 첫 번째 단계는 뉴런 내에서 수상돌기를 통해 자극(정보)이 들어오면 이것이 전기적 신호가 되어 세포체를 지나 축삭으로 전도된다. 두 번째 단계는 축삭으로 전달된 전기신호가 축삭의 말단(신경종말)에 있는 시냅스를 건너 또 다른 뉴런의 수상돌기로 전기적 신호가 전달되는 것이다.

(2) 축삭의 말단과 후속 뉴런의 수상돌기 사이에는 시냅스 간극이라는 미세한 틈이 있다. 이곳에서 전기적 신호는 신경전달물질이라는 화학적 형태로 수상돌기에 이르러 다시 전기적 신호를 연결시킨다.

(3) 이 두 과정을 뉴런의 전기화학적 작용이라고 한다.

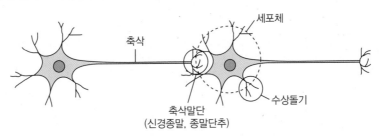

*
수초화
축삭돌기의 표면이 일종의 절연물질(수초)로 덮이는 과정을 수초화라고 하는데, 수초화된 축삭돌기는 절연역할을 하고, 정보전달의 속도를 증가시킨다.

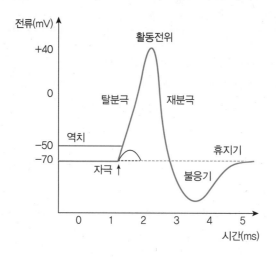

(1) **막전위**: 뉴런의 세포막을 사이에 두고 세포 안팎에 형성되는 전위차를 말한다.

(2) **정지(휴지)전위**: 자극을 받지 않은 상태의 뉴런에서 세포막 안과 밖에 나타나는 전위 차이로 약 −70mV 이다. 안정막전위(안정전위)라고도 한다.

   ① 세포막 밖의 전위는 +, 안의 전위는 −로 분극되어 있다.

   ② 세포외액의 주요 이온은 나트륨이온(Na^+)이다.

   ③ 세포내액의 주요 이온은 칼륨이온(K^+)이다.

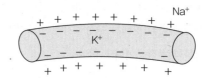

(3) **분극**: 휴지전위가 나타날 때 뉴런의 세포막 안쪽은 음(−)전하, 바깥쪽은 양(+)전하를 띠고 있는 상태를 말한다.

(4) **탈분극**

   ① 뉴런이 역치 이상의 자극을 받으면 나트륨채널이 열리며 Na^+가 세포 안으로 유입된다.

   ② 막전위가 변화하며 전위차가 축소하는 탈분극이 일어난다.

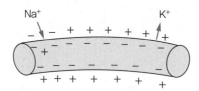

(5) 활동전위의 발생: 충분한 자극을 받으면 탈분극이 진행되면서 +, -가 역전되며 활동전위가 발생한다.

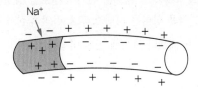

(6) 활동전위의 전도: 처음 자극을 받은 부위의 탈분극이 인접한 부위의 막의 투과성을 변화시킨다.

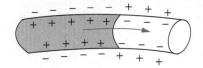

(7) 재분극: K^+가 세포 밖으로 유출되면서 정지전위상태로 돌아간다.

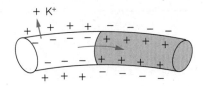

> **개념더하기** ▶ 뉴런의 활동전위
>
> • 활동전위: 축삭을 따라 시냅스로 전도되는 전기적 신호를 말한다.
> • 신경전달물질: 시냅스를 건너 인접한 뉴런의 수상돌기에 정보를 전달하는 화학물질이다.
> • 수상돌기 → 시냅스: 활동전위(전기)
> • 시냅스 → 수상돌기: 신경전달물질(화학)
> • 실무율의 법칙: 활동전위의 크기는 자극이 일단 그 역치를 넘고 나면 자극의 크기(강도)가 증가해도 영향을 받지 않는다.

2 시냅스

1. 개념

(1) 뉴런과 뉴런의 연결부위(접합부)를 말한다. 신호를 주는 뉴런과 신호를 받는 뉴런은 시냅스라는 미세한 틈(시냅스 간극)을 두고 정보를 주고받는다.

(2) 신호를 주는 뉴런을 시냅스 전 뉴런이라고 부르며, 신호를 받는 부분을 시냅스 후 뉴런이라고 부른다.

2. 시냅스의 구조

(1) **시냅스 전 뉴런**: 시냅스를 통하여 정보를 전달하는 신경세포이다.
  ① **축삭말단**: 축삭 끝에서 혹처럼 나온 구조이다.
  ② **시냅스 소포**: 축삭말단 안에 있는 작은 주머니로 신경전달물질을 담고 있다.
  ③ **시냅스 전 막**: 시냅스 소포와 만나 신경전달물질을 시냅스 후 막에 전달한다.

(2) 시냅스 후 뉴런: 시냅스 전 뉴런으로부터 정보를 수용하는 신경세포이다.

　① **수용기**: 신경전달물질을 수용하고 새로운 전기적 신호를 생성하는 세포막의 일부분이다.

　② **시냅스 후 막**: 시냅스 간극을 향하는 시냅스 후 뉴런의 형질막 부분이다.

(3) 시냅스 간극: 시냅스의 전후 세포막 사이에 있는 미세한 틈을 의미한다.

3. 시냅스의 전달과정

(1) 시냅스에서의 정보전달방식은 화학적 전달에 의해 이루어진다.

(2) 축삭을 따라 축삭말단에 이른 활동전위는 시냅스 소포 속에 담긴 신경전달물질이 시냅스에 분비되도록 자극한다.

(3) 분비된 신경전달물질은 시냅스 후 뉴런의 수상돌기에 있는 수용기와 접촉하여 새로운 활동전위가 생성되고 축삭을 타고 다른 뉴런에 전달되는 과정을 반복한다.

3 신경전달물질의 종류와 기능

종류		기능	기능장애
아세틸콜린(ACh)		• 척수의 가장 일반적인 신경전달물질 • 근육 활성화 • 주의, 학습, 수면, 꿈과 기억 등의 통제에도 관여	알츠하이머 치매는 아세틸콜린의 부족과 관련 있음
아미노산	글루타민산	• 가장 흔한 신경전달물질로 뇌의 시냅스 중 90% 이상에서 나온다. • 학습과 기억에 관여하는 주요 흥분성 전달물질	과도할 경우 과흥분을 일으키며, 편두통, 발작 유발
	감마아미노낙산 (GABA)	• 뇌의 대표적 억제성 신경전달물질 • 수면촉진 및 경련완화	부족할 경우 불안과 불면증 등 유발
모노아민	도파민(DA)	• 집중력과 쾌감, 도취감 등에 관여하는 물질. • 공격성 · 창조성 · 운동기능 등 조절기능	조현병은 도파민 과잉, 파킨슨병은 도파민 부족과 관련
	노르에피네프린 (노르아드레날린)	• 흥분성 신경전달물질 • 의욕, 집중, 기억, 적극성 등에 관여	부족할 경우 우울증 유발
세로토닌		• 침착성과 안정감을 주는 신경전달물질 • 쾌감이나 각성을 조절 및 행동 억제	부족할 경우 우울증과 불안증 유발
펩타이드	엔도르핀	• 내인성 모르핀(Endogenous Morphine)의 약칭 • 통증완화 및 기분을 안정시키는 뇌 안의 생성물질 • 러너스 하이(Runner's High)와 같이 격렬한 운동 후 느낄 수 있는 희열과 관련	

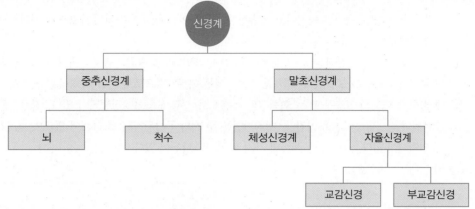

1 중추신경계

1. 개념

(1) 뇌와 척수로 이루어진 중추신경계는 정보를 기억·판단하여 음성·운동·반사 등의 명령을 내린다.

(2) 뇌

① 동물의 신경계에 있어 신경세포가 모여 신경활동의 중추를 이루는 기관이다.

② 크게 대뇌, 간뇌, 중뇌, 소뇌, 연수, 뇌교, 망상체로 이루어진다.

(3) 척수

① 중추신경과 말초신경 사이에서 정보전달을 중계하거나 반사기능을 한다.

② 척수반사: 척수 자체가 중추가 되어 일어나는 가장 단순한 반사를 말한다. 무릎 반사, 아킬레스건 반사, 발한 등이 이에 해당한다.

③ 반사궁(반사의 신경경로): 수용기에서 받아들인 자극은 전기신호로 바뀌어 구심로를 지나 반사중추로 보내진다. 반사중추에서 생성된 전기신호는 원심로를 지나 실행기(근육, 분비샘 등)로 전달되어 반응이 일어난다.

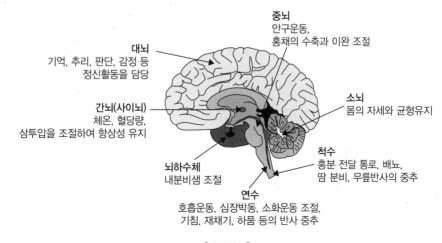

[뇌의 구조]

2. 뇌의 구조와 기능

(1) 전뇌: 복잡한 감각, 정서, 인지, 운동기능을 통제한다.

① 대뇌(종뇌)

㉠ 지각 · 사고 · 기억 등 고차원적이고 복잡한 정신활동이 이루어지는 뇌의 대표적인 기관으로 좌반구와 우반구로 나뉜다.

㉡ 뇌의 표면은 많은 주름과 골로 이루어져 있으며, 패인 곳을 구(溝), 볼록하게 솟은 곳을 회(回)라고 부른다. 이 중 그 모습이 뚜렷한 중심구는 뇌를 해부학적으로 구분할 때 중요한 곳이다.

㉢ 대뇌피질: 대뇌의 표층을 덮는 회백질의 부분으로 신경세포들이 집중되어 있다. 감각 · 운동 및 고차원의 정신활동이 이루어진다. 대뇌피질은 두 개의 독립된 반구로 나뉘어 있으며, 뇌량*에 의해 연결되어 있다. 각각의 반구는 네 가지 뇌엽으로 나뉘어 있다.

㉣ 뇌엽(대뇌의 영역들)

전두엽	• 운동, 기억과 판단, 추상적 사고 등 전문화된 영역 • 상황을 즉각적으로 판단, 상황에 맞는 행동을 계획, 부적절한 행동을 억제하는 등 전반적 행동관리 역할
측두엽	• 청각, 언어, 기억과 관련이 있는 영역 • 내측두엽 부분은 해마와 함께 기억형성에 중요한 역할
두정엽	• 촉각에 관한 정보를 처리하는 기능을 가진 영역 • 일차 체감각 기능과 감각통합, 공간인식 등에 관여하는 영역
후두엽	시각정보를 처리하는 영역

㉤ 대뇌 변연계: 대뇌반구 아래에 위치하며 해마, 편도체, 대상회 등의 부위를 포함한다. 섭식 · 본능 · 욕구 등 동물로서 생존에 필요한 기능을 하면서 노여움, 슬픔, 공포 등의 정동(情動)**과 밀접한 관련이 있다.

해마	학습과 기억에 관여, 입력된 정보를 취사선택
편도체	정동반응(좋고 싫음, 공포, 불쾌감 등)과 감정적 기억에 관여
대상회	주의, 운동, 감정, 자율신경반응 담당

② 간뇌(사이뇌): 대뇌반구와 중뇌 사이에서 자율신경의 중추를 담당한다.

㉠ 시상: 감각기관으로부터 전달되는 정보를 중계하여 대뇌피질로 전달하는 역할을 한다.

㉡ 시상하부: 혈압, 혈류, 체온, 체액, 소화, 배설, 대사, 성기능, 면역, 수면 등 자율신경 기능과 내분비 기능을 제어하는 생명유지의 중추적인 역할을 한다.

㉢ 뇌하수체: 시상하부의 신호를 받아 호르몬을 생성 · 분비하는 내분비선으로, 다른 내분비선을 자극하는 호르몬을 분비하여 체내의 여러 활동을 통제한다.

---

* 뇌량
   좌우 대뇌반구를 연결하는 신경섬유의 다발(교련섬유)로 좌우 반구들이 정보를 교환하게 한다.
** 정동
   화내고 분노하게 하는 부분으로 정서와 밀접한 관계가 있다.
   정동장애: 기분이 너무 들뜨는 증상인 조증과 너무 우울해지는 증상인 우울증이나 두 가지 모두 번갈아 나타나는 조울증을 말한다.

(2) 중뇌

① 중뇌의 구조

ⓐ 간뇌의 뒤, 소뇌와 뇌교의 상부에 위치한다.

ⓑ 중뇌개와 대뇌각으로 나뉘며 그 사이에는 중뇌수도가 지난다.

ⓒ 중뇌개에는 사구체라 불리는 돌기가 위아래에 각각 한 쌍씩 있다. 위의 한 쌍(상구체)은 시각, 아래의 한 쌍(하구체)은 청각정보를 처리한다.

② 상구체

ⓐ 시각과 관련이 있어 시개라고도 불린다.

ⓑ 빛의 자극에 동공을 수축시키는 대광반사와 수정체의 두께를 조절하는 조절반사 등의 역할을 한다.

③ 하구체

청각반사에 관여하여 소리가 나는 위치 등을 판별하는 데 중요한 역할을 한다.

(3) 후뇌

① 연수(= 숨뇌)

ⓐ 뇌와 척수를 연결하는 중계지점으로 신체의 모든 감각정보와 대뇌의 명령전달이 지나는 곳이다.

ⓑ 심장박동, 순환, 호흡을 제어하는 등 생명유지에 있어 중요한 자율신경의 중추가 있다.

② 소뇌

ⓐ 평형 기능, 수의운동의 조절 등 신체의 세밀하고 다양한 운동기능을 담당한다.

ⓑ 소뇌가 손상을 입으면 몸의 평형감각에 이상이 생겨 제대로 걷거나 뛸 수 없게 된다.

③ 뇌교

ⓐ 뇌간의 일부로 소뇌와 대뇌, 척수가 서로 연락을 주고받을 수 있도록 다리 역할을 하는 곳이다.

ⓑ 중추신경과 말초신경의 신경섬유 경로이자 중계소의 역할을 한다.

ⓒ 연수보다 부피가 크고 대부분 단백질로 되어 있다.

④ 망상체

ⓐ 복잡한 수상돌기와 축삭을 가진 뉴런들이 산만하게 상호연결되어 망을 이루고 있으며 뇌간의 중심부를 차지한다.

ⓑ 흥분이나 각성상태를 조절하는 데 중요한 역할을 한다.

중추신경계	뇌	전뇌	대뇌 (종뇌)		기저핵	걷기와 같은 느리고 순차적인 운동통제에 관여	
					대뇌변연계	• 동기부여, 감정, 학습과 기억에 관련된 구조 • 편도체, 해마, 유두체 등이 있음	
				대뇌피질	전두엽	기억력 · 사고력 등을 통합하고 조직화	브로카 실어증(좌반구 전두엽 후방)
					두정엽	촉각, 압각, 통증 등 신체 각 부분의 체감각 처리	
					측두엽	• 청각정보의 처리 • 감정, 사실적 기억, 시각적 기억 정보처리	베르니케 실어증 (좌반구 측두엽 청각피질 근처)
					후두엽	시각정보의 처리	실인증
			간뇌 (사이뇌)		시상	후각을 제외한 감각정보를 중계 및 통합	
					시상하부	• 자율신경계와 내분비계 통제 • 다양한 정서자극에 대한 신체반응 조절	
		중뇌		중뇌개		상구체	시각의 반사작용
						하구체	청각의 반사작용
				대뇌각		• 한 쌍의 팽창된 신경섬유 • 상행성과 하행성 흥분을 전달하는 기능	
		후뇌		소뇌		신체균형, 자세유지, 운동정교화	
				뇌교 (교뇌, 교)		• 대뇌의 정보를 소뇌에 중계 • 수면과 각성을 조절하는 핵이 있음	
				연수		• 뇌의 가장 아래쪽 부분에 있는 것으로 척수와 연결 • 체감각정보를 시상으로 중계하는 핵들이 존재 • 연수 망상체: 골격근의 근 긴장도 조절, 심장박동과 호흡통제 등 생명유지에 필수적인 기능 담당	
	척수					중추신경과 말초신경 사이에서 정보전달의 중계 · 반사 기능	

3. 뇌의 편재화와 이원청취기법

(1) 뇌의 편재화(Lateralization)

① 인간의 여러 기능이 뇌 속에서 각기 다른 부위에 위치하고 있음을 의미한다. 즉, 인간의 두 가지 의식양식이 인간의 좌우반구 속에 각기 다르게 위치하고 있다는 주장이다.

② 좌우반구는 여러 정보에 대해 기능적 비대칭성(Functional Asymmetry)을 보인다. 여기서 비대칭성은 특정인지과제(언어, 도형, 감정 등)를 처리하는데 좌우반구의 기여정도가 서로 다르다는 것을 의미한다. 즉 이것은 특정정보를 처리할 때 어느 한쪽 반구가 다른 쪽 반구에 비해 그 정보를 보다 효율적으로 처리한다는 것이다.

③ 좌우반구가 어떻게 기능분화를 가지게 되었는가에 대해서는 여러 가지 설명이 있으나, 인간이 일상에서 경험하는 수많은 정보를 보다 효과적으로 처리하기 위해 획득된 것으로 보는 견해가 지배적이다.

(2) 이원청취기법(Dichotic Listening Technique)

① 뇌의 편재화 효과를 탐색하는 대표적인 방법이다. 이 기법은 신체의 청각체계를 이용한 것으로서, 양쪽 귀에 언어적 음성이나 비언어적 음향의 다양한 청각자극을 제시하여 피검자에게 보고하도록 함으로써 반응정도에 따라 뇌의 편재화된 기능을 파악하는 것이다. 즉, 오른쪽 귀가 언어적 자극에, 왼쪽 귀가 비언어적 자극에 민감하다면, 신체의 우측을 조정하는 좌반구가 언어적 기능에서, 신체의 좌측을 조정하는 우반구가 비언어적 기능에서 우세함을 나타낸다.

② 일반적으로 좌반구는 언어적·분석적·순차적인 정보, 즉 표현언어, 음운적 부호화, 단락이해, 철자 명명, 의도적 운동, 산수문제 등을 우세하게 처리하는 것으로 알려져 있다. 반면, 우반구는 비언어적·공간적·통합적·병렬적인 정보, 즉 공간지각, 얼굴지각, 색채, 음계, 정서적 자극 등을 우세하게 처리하는 것으로 알려져 있다.

4. 뇌의 기능분화

(1) 좌뇌와 우뇌

① 좌뇌: 언어능력, 개념, 읽기·쓰기, 계산, 음성·소리의 인식, 논리적인 사고를 담당한다.

② 우뇌: 이미지, 도형, 음악, 시각정보의 종합적인 파악, 공간지각, 직관적 사고를 담당한다.

③ 좌우반구는 따로 활동하는 것이 아니라 뇌량을 통해 정보교환을 하여 종합적인 사고를 한다.

구분	발달	손상 시 장애
좌뇌	• 언어 뇌 • 언어구사능력이 뛰어남 • 분석적·논리적·합리적 능력	읽기, 쓰기, 말하기, 수학적 추리 및 이해 등에 결함
우뇌	• 이미지 뇌 • 직관적·감각적 능력 • 우뇌의 패턴 인식력: 기억을 이미지화하여 머릿속에 파일형태로 저장하고 필요할 때마다 꺼내 쓰는 능력	비언어적 과제수행에 결함

(2) 분리 뇌

① 사고와 수술에 의해 대뇌의 좌우반구를 연결하는 뇌량이 절단되어 두 개의 대뇌반구가 서로 정보를 주고받지 못하는 상태를 말한다.

② 분리 뇌 환자의 시야를 좌우로 나누어 왼쪽 시야에 무언가를 보여줬을 때 그것을 인지하면서도 언어로 설명하지 못했는데, 이는 왼쪽 시야를 담당하는 우뇌에만 정보가 전달되고 그 정보가 언어능력을 맡는 좌뇌로 전달되지 못하기 때문이다. 분리 뇌 사례는 대뇌반구의 전문화에 대한 결정적인 증거를 제공하였다.

5. 손상된 뇌

(1) 브로카(Broca) 실어증

① 브로카 영역: 좌반구 전두엽의 후방에 위치한 브로카 영역은 운동성 언어와 관련이 있다.

② 브로카 영역에 손상을 입으면 매끄러운 발화와 문장구성에 장애를 초래한다. 청각적인 이해능력은 발화능력에 비해 양호하다.

(2) 베르니케(Wernike) 실어증

① 베르니케 영역: 좌반구 측두엽 청각피질 근처에 위치하여 타인의 말을 이해하는 기능을 한다.

② 브로카 실어증 환자와는 달리, 유창하게 발화할 수 있지만 상황과 질문에 맞지 않는 의미 없는 말을 하거나 다른 사람의 말을 잘 이해하지 못한다.

(3) 전도성 실어증

① 이해하고 표현하는 데 지장은 없지만, 들은 말을 반복하지 못하는 장애를 말한다.

② 베르니케 영역과 브로카 영역을 연결하는 궁상속(弓狀束)의 손상에 원인이 있다.

> **개념더하기** 연합피질영역 손상과 관련한 장애
>
> 대뇌피질의 4분의 3은 감각과 운동에 관여하지 않는다. 이 부분을 연합영역이라고 부르는데, 종양이나 사고 등으로 인해 이 연합피질영역이 손상될 경우 다음과 같은 장애가 나타날 수 있다.
> - 실어증: 언어중추의 손상으로 인해 말하기 · 듣기 · 쓰기 · 읽기의 언어능력에 장애가 생기는 증상을 말한다.
> - 실행증: 전두엽 운동연합피질 손상으로 운동기능은 유지되지만 운동조정에 심한 장애가 나타난다.
> - 실인증: 후두엽의 시각연합피질손상으로 시각기능은 유지되나 시각을 통한 인식에 심한 장애가 나타난다.

2 말초신경계

1. 개념

(1) 말초신경은 흥분전도의 방향에 따라 구심성 신경과 원심성 신경으로 나뉜다.

① 구심성 신경: 감각기관으로부터 중추신경계로 흥분을 전달하는 감각지배 신경이다.

② 원심성 신경: 중추신경계에서 골격근으로 흥분을 전달하는 운동지배 신경이다. 원심성 신경은 다시 체성신경계와 자율신경계로 나뉜다.

(2) 뇌신경

① 척수를 거치지 않고 뇌에서 직접 말초신경으로 분비하는 신경이다.

② 후신경 · 시신경 · 동안신경 · 내이신경 · 안면신경 등 12쌍이 있다.

(3) 척수신경은 척수에서 대뇌로 연결되는 31쌍의 신경이다.

2. 체성신경계

(1) 뇌로부터 유래된 신호를 골격근으로 전달하며 한 개의 뉴런으로 구성된다.

(2) 통증이나 온도를 뇌에 전달하는 지각신경(감각신경)과 수의적(자신의 의지로 움직일 수 있는) 운동신경이 있다.

(3) 체성신경은 대뇌의 지배를 받기 때문에 인간의 의지대로 움직이는 반응과 관련된 기능을 한다.

3. 자율신경계

(1) 개체의 의식과는 상관없이 소화·호흡·대사와 같은 생명활동을 조절하는 신경으로 혈관·내장·분비샘이 이에 해당한다.

(2) 자율신경계는 교감신경계와 부교감신경계로 나뉜다.

① **교감신경계**: 동공의 확대, 심장박동의 빨라짐, 혈관의 수축에 따른 혈압의 증가에 관련된 기능을 한다.

② **부교감신경계**: 동공의 수축, 맥박의 느려짐, 혈압의 하강 등 신체를 편안하고 안정된 상태로 유지시킨다.

③ 교감신경과 부교감신경이 정반대의 활동을 함으로써 우리 몸의 균형을 유지한다.

> **개념더하기**
>
> **신경계의 구분**
> - 신경계는 일반적으로 중추신경계와 말초신경계로 나뉜다.
> - 말초신경계는 몸의 지각과 운동을 제어하는 체성신경계와 내장·혈관 등과 같이 자율기능을 제어하는 자율신경계로 나뉜다.
>
> | 중추신경계 | 뇌 | |
> |---|---|---|
> | | 척수 | |
> | 말초신경계 | 체성신경계 | 운동신경 |
> | | | 감각신경 |
> | | 자율신경계 | 교감신경 |
> | | | 부교감신경 |
>
> **교감신경과 부교감신경의 기능**
> - 교감신경: 활동·긴장·스트레스 상태
> - 부교감신경: 휴식·회복·수면·긴장완화 상태
>
> | 구분 | 교감신경 활성 시 | 부교감신경 활성 시 |
> |---|---|---|
> | 동공 | 확대 | 축소 |
> | 눈물샘 | 눈물이 나오지 않음 | 눈물이 나옴 |
> | 침샘 | 양이 적음 | 양이 많음 |
> | 심장 | 맥박이 빨라짐 | 맥박이 느려짐 |
> | 소화 | 소화액 분비 억제 | 소화액 분비 촉진 |
> | 백혈구 수 | 증가 | 감소 |
> | 호흡 | 촉진 | 억제 |
> | 혈압 | 상승 | 하강 |
> | 방광 | 이완 | 수축 |
> | 성 충동 | 억제 | 촉진 |

1 뇌하수체

1. 뇌하수체 전엽

(1) **성장 호르몬**: 단백질을 합성하고 세포와 조직의 성장을 촉진시키는 기능을 한다. 키가 자라는 데 관여하는 호르몬이다.

(2) **갑상선(샘)자극 호르몬**: 갑상선 호르몬의 생성과 분비를 촉진한다.

(3) **부신피질자극 호르몬**: 부신피질에서 부신피질 호르몬(특히 당질 코르티코이드, 부신 안드로겐)의 생성과 분비를 촉진시킨다.

(4) **황체형성 호르몬**: 여성에서는 난소의 성숙한 여포에 작용하여 배란을 일으키게 한 후 황체화시키며, 황체호르몬(프로게스테론)의 분비를 촉진한다. 남성에서는 정소의 세포를 자극하여 남성호르몬(안드로겐)의 분비를 촉진하기 때문에 2차 성징이 발달한다.

(5) **난포자극 호르몬**: 난소에서 나오는 난포 호르몬의 생성과 분비를 촉진하고, 정소에서 정자성장을 자극하는 기능을 한다.

(6) **프로락틴**: 여성유방의 발달과 모유생성을 촉진시키는 기능을 한다.

> **개념더하기** ▷ 내분비선
>
> 체내에 호르몬을 분비하는 선이다. 분비물을 운반하는 별도의 도관을 가지지 않고 혈액이나 림프관에 분비되는 분비샘이다. 내분비선은 갑상선, 부갑상선, 부신, 췌장, 신장, 난소, 정소 등이 있으며 이들에게서 방출되는 물질을 호르몬이라 한다.

2. 뇌하수체 후엽

(1) **옥시토신**: 자궁을 수축시키는 기능이 있어 분만 때 중요한 역할을 하며 젖의 분비를 촉진한다.

(2) **항이뇨 호르몬**: 이뇨를 억제하는 기능을 가지며 혈관을 수축시켜 혈압을 올리는 효과가 있다. 바소프레신이라고도 한다.

2 갑상선(샘)과 부갑상선(샘)

1. 갑상선(샘)

(1) **티록신(T4)**: 물질대사를 활발하게 하고 성장을 촉진하는 호르몬이다.

(2) **트리요오드타이로닌(T3)**: 티록신과 기능은 비슷하다. 혈장 내에서 단백질과 결합하지 않은 상태여서 즉시 작용이 가능하다.

(3) **칼시토닌**: 혈액 속의 칼슘 농도를 떨어뜨리는 역할을 한다.

2. 부갑상선(샘)

파라토르몬으로 알려진 부갑상선 호르몬은 혈액 속의 칼슘 농도를 올리는 작용을 한다. 혈액 속의 칼슘이 부족하면 칼슘 경직(전신 또는 손발의 근육경련)의 원인이 된다.

3 부신

1. 부신피질

(1) 전해질 코르티코이드

① 알도스테론은 대표적인 전해질 코르티코이드로 주로 신체의 수분과 전해질 대사에 관여하고 혈압의 조절에도 작용한다.

② 체액이 부족하면 신장에서 레닌을 만들어 분비함으로써 신장의 염분을 재흡수하는 역할을 한다.

(2) 당질 코르티코이드(코르티솔)

① 스테로이드 호르몬의 한 종류이며, 당 신생 작용을 한다.

② 지방이나 단백질을 당으로 바꿔 혈당치를 상승시킨다.

③ 항염증 작용을 한다.

④ 혈액 속의 림프구, 호산구를 감소시키는 작용을 한다.

(3) 부신안드로겐

① 성 호르몬으로 부신피질에서 남녀 모두에게 분비되지만 양이 미약하여 생리작용은 거의 없다.

② 여성에게는 음모, 겨드랑이 털이 자라게 하고, 일부는 남성 호르몬인 테스토스테론으로 전환되어 안드로겐을 활상시킨다.

2. 부신수질

(1) 에피네프린(아드레날린)과 노르에피네프린(노르아드레날린)이 분비된다.

(2) 자율신경 중 교감신경과 같은 기능을 한다.

4 췌장

1. 글루카곤

(1) 혈당을 상승시키는 작용을 한다.

(2) 지방세포에 작용하여 지방분해를 촉진한다.

2. 인슐린

(1) 혈당을 감소시키는 작용을 한다.

(2) 혈액 중의 포도당을 세포 안으로 유입하여 에너지원으로 이용하고, 남은 것은 조직세포 내에 저장하는 작용을 통해 이루어진다.

(3) 인슐린의 분비나 작용이 부족하여 고혈당이나 여러 대사 합병증을 나타내는 증상을 당뇨병이라고 한다.

3. 소마토스타틴

(1) 성장 호르몬, 갑상선자극 호르몬, 인슐린과 글루카곤의 분비를 억제한다.

(2) 부교감신경 말단에서 아세틸콜린의 분비를 억제함으로써 위장관 활동을 감소시켜 음식물의 소화와 영양소의 흡수를 억제하는 것으로 알려져 있다.

5 난소

1. 난포 호르몬(에스트로겐)

(1) 여성의 성기와 유방을 발달시키며 체형을 여성답게 만든다.

(2) 자궁내막을 두껍게 하는 등 월경주기와 관련된 기능을 한다.

2. 황체 호르몬(프로게스테론)

(1) 난소에서 배란이 일어나면 황체를 만드는데, 이 황체에서 분비되는 호르몬이다.

(2) 수정란이 착상할 수 있도록 하며, 배란을 억제하여 임신상태를 유지시킨다.

6 정소

1. 정소에서 분비되는 남성 호르몬은 테스토스테론이다.

2. 남성의 성기발달과 남성다운 체형을 만든다.

개념더하기 내분비선 호르몬의 종류와 기능

구분	종류	기능
뇌하수체 전엽	성장 호르몬	키가 자라는 데 관여하는 호르몬
	갑상선(샘)자극 호르몬	갑상선 호르몬의 생성과 분비 촉진
	부신피질자극 호르몬	부신피질에서 부신피질 호르몬 분비 자극
	황체형성 호르몬	정소에서 테스토스테론 분비, 난소에서 배란을 일으키고, 프로게스테론, 에스트로겐 분비 촉진
	난포자극 호르몬	난소에서 난포 호르몬의 생성과 분비 촉진, 정소에서 정자 성장 자극
	프로락틴	유방의 발달과 모유 생성 촉진
뇌하수체 중엽	멜라닌자극 호르몬	피부를 검게 하는 작용
뇌하수체 후엽	옥시토신	젖의 분비촉진 및 분만 중 자궁수축 기능
	항이뇨 호르몬	혈관수축, 혈압상승 작용 및 이뇨억제 기능
갑상선(샘)	티록신(T4)	물질대사, 성장촉진 호르몬
	트리요오드타이로닌(T3)	
	칼시토닌	혈액 속 칼슘 농도 감소
부갑상선(샘)	부갑상선 호르몬	혈액 속 칼슘 농도 증가
부신피질	전해질 코르티코이드 (알도스테론)	체내의 전해질과 수분을 조절
	당질 코르티코이드 (코르티솔)	스테로이드 호르몬의 한 종류, 당 신생 작용
	부신안드로겐	성 호르몬
부신수질	에피네프린(아드레날린)	교감신경과 같은 기능
	노르에피네프린 (노르아드레날린)	

	글루카곤	혈당상승 작용
췌장	인슐린	혈당감소 작용
	소마토스타틴	글루카곤과 인슐린의 분비억제, 소화 · 흡수억제
난소	난포 호르몬(에스트로겐)	유방과 2차 성징, 자궁내막 발달 촉진
	황체 호르몬(프로게스테론)	수정란 착상, 배란억제, 임신상태 유지
정소	테스토스테론	남성 생식기 발달 및 2차 성징 발육

01

다음 중 정보를 전달받는 신경세포(뉴런)의 부분은?

① 수상돌기
② 세포체
③ 축삭
④ 시냅스

02

다음 중 뉴런에 대한 설명으로 옳지 않은 것은?

① 수상돌기는 다른 신경세포로 전기신호를 내보내는 역할을 한다.
② 세포체는 핵을 포함한 부분이며 뉴런의 본체이다.
③ 뉴런은 다른 뉴런과 정보를 주고받는 특수한 세포이다.
④ 축삭은 정보를 다른 뉴런 혹은 내분비선으로 전달한다.

03

다음 중 뉴런의 정보소통에 대한 설명으로 옳은 것은?

① 활동전위는 시냅스를 건너 다른 뉴런의 수용기로 전달된다.
② 정지전위(안정전위)란 뉴런의 세포막 안팎의 전위차를 나타낸다.
③ 뉴런들 사이에서 정보전달은 전기적 신호에 의해 이루어진다.
④ 전도란 축삭을 따라 시냅스로 이동하는 화학적 신호이다.

04

다음 중 시냅스의 정보전달과정으로 옳은 것은?

① 신경세포들은 시냅스를 사이에 두고 서로 밀착되어 있다.
② 시냅스의 전달방식은 전기적 전달이다.
③ 전기신호는 시냅스에 이르러 화학물질로 바뀐다.
④ 시냅스를 건너 다른 신경세포와 결합한 신경전달물질은 그대로 정보를 전달한다.

05

다음 중 정신을 안정시키는 작용을 하는 신경전달물질은?

① 엔도르핀
② 도파민
③ 노르아드레날린
④ 세라토닌

06

다음 중 신경계에 대한 설명으로 옳지 않은 것은?

① 자율신경계는 내장을 제어한다.
② 체성신경계는 골격근을 제어한다.
③ 체성신경계는 비수의적인 운동을 관장한다.
④ 혈압을 상승시키는 것은 자율신경계의 기능이다.

01 정답 ①

① 수상돌기가 다른 신경세포로부터 신호를 받아 시냅스 전위를 일으킨다.

02 정답 ①

① 수상돌기는 다른 신경세포로부터 전기신호를 수용하는 역할을 한다.

03 정답 ②

② 뉴런의 세포막을 사이에 두고 세포 안팎에 형성되는 전위차를 막전위라고 한다. 이때 자극을 받지 않은 상태를 정지(휴지)전위라고 하며, 이때 뉴런의 세포막 안쪽은 음전하, 바깥쪽은 양전하를 띠고 있는 상태를 분극이라고 한다.
① 시냅스를 건너 다른 뉴런의 수용기로 전달되도록 하는 것은 신경전달물질이다.
③ 뉴런들 사이의 정보전달은 신경전달물질을 통한 화학적 신호에 의해 이루어진다.
④ 전기적 신호에 대한 설명이다.

04 정답 ③

시냅스의 정보전달과정
• 시냅스에서의 정보전달방식은 화학적 발달에 의해 이루어진다.
• 축삭을 따라 (축삭말단)종말단추에 이른 활동전위는 시냅스 소포 속에 담긴 신경전달물질이 시냅스에 분비되도록 자극한다.
• 분비된 신경전달물질은 시냅스 후 뉴런의 수상돌기에 있는 수용기와 접촉하여 새로운 활동전위가 생성되고 축삭을 타고 다른 뉴런에 전달되는 과정을 반복한다.

05 정답 ④

④ 세라토닌은 도파민과 노르아드레날린을 제어하여 마음의 평정을 유지시키는 기능을 한다.
① 엔도르핀은 통증을 완화시키고 기분을 안정시킨다.
② 도파민은 집중력과 쾌감, 도취감, 의욕 등을 높이고 공격성·창조성·운동기능 등에 관여한다.
③ 노르아드레날린은 신경을 흥분시키는 작용을 한다.

06 정답 ③

②·③ 체성신경은 통증이나 온도를 뇌에 전달하는 지각신경(감각신경)과 수의적(자신의 의지로 움직일 수 있는) 운동신경으로 나뉜다.
①·④ 자율신경은 자신의 의지로 움직일 수 없는 심장, 혈관, 내장에 분포한 신경이다.

07

다음 중 부교감신경계가 작용하는 상황으로 옳은 것은?

① 수면
② 업무
③ 추위, 더위
④ 스트레스

08

다음 중 중추신경계에 대한 설명으로 옳지 않은 것은?

① 감각기관으로부터 들어온 자극을 느끼거나 명령을 보낸다.
② 뇌와 척수로 이루어져 있다.
③ 척수는 뇌와 말초신경을 중계하는 역할을 한다.
④ 척수반사는 뇌의 명령으로 일어난다.

09

다음 중 뇌의 부위와 그 기능의 연결이 옳은 것은?

① 변연계 – 시상과 시상하부로 이루어진다.
② 연수 – 호흡과 순환기(심장)를 제어한다.
③ 간뇌(사이뇌) – 정동행동이나 성행동, 섭식 등 본능적인 기능을 한다.
④ 중뇌 – 운동기능을 조절한다.

10

다음 중 신체의 항상성을 유지하는 기능을 가진 뇌의 부위는?

① 시상하부
② 변연계
③ 대뇌피질
④ 뇌하수체

11

다음 중 시상하부의 기능에 해당하지 않는 것은?

① 체온조절
② 성기능
③ 섭식(식욕)
④ 성장 호르몬 분비

12

다음 중 보고, 듣고, 만지는 감각이나 언어, 기억, 사고와 같은 고도의 기능을 하는 뇌는?

① 연수
② 소뇌
③ 대뇌
④ 변연계

07 정답 ①

우리 몸이 업무활동을 하거나 추위·더위, 스트레스 등으로 긴장이나 피로에 노출되어 있으면 교감신경계가, 수면과 같은 휴식을 취함으로써 긴장이 완화되면 부교감신경계가 활성화된다.

08 정답 ④

④ 척수반사는 뇌를 거치지 않고 척수가 중추가 되어 일어나는 반응으로써 가장 단순한 반사를 말한다. 무릎 반사나 아킬레스건 반사, 뜨거운 것을 만졌을 때 재빨리 놓는 반응 등을 예로 들 수 있다.

09 정답 ②

② 연수는 뇌와 척수를 연결하는 중계지점으로 심장박동, 순환, 호흡을 제어하는 등 생명유지에 있어 중요한 기능을 한다.
① 변연계는 정동행동이나 성행동, 섭식 등 본능적인 기능을 한다.
③ 간뇌는 시상과 시상하부로 구성되어 있다.
④ 중뇌는 안구의 운동과 청각에 관여한다.

10 정답 ①

항상성(Homeostasis)은 생명체의 체내 여러 기관이 외부환경(기온·습도 등)의 변화에 따라 체내 환경(체온·혈류량 등)을 일정 범위로 유지시키는 상태 및 기능이다. 자율신경과 내분비선이 그 주체가 된다.
① 항상성 조절중추는 간뇌의 시상하부이다.

11 정답 ④

시상하부는 체온, 체액균형, 혈압 및 심박수, 수면주기, 성욕, 배고픔, 갈증과 같은 생명유지에 중요한 항상성의 중추를 이룬다.
④ 호르몬의 생산과 분비는 뇌하수체의 기능이다.

12 정답 ③

대뇌는 뇌의 대부분을 차지하며 감각, 언어, 기억 및 고도의 정신기능을 하는 부위이다. 기능별로 전두엽, 두정엽, 후두엽, 측두엽으로 나뉜다.

PART
2

13

공포를 느끼지 못하게 된다면 다음 중 어느 부분이 손상되었기 때문인가?

① 소뇌
② 편도체
③ 시상하부
④ 해마

14

다음 중 대뇌피질 각 영역의 기능에 관한 설명으로 옳은 것은?

① 측두엽: 망막에서 들어오는 시각정보를 받아 분석하며, 이 영역이 손상되면 안구가 정상적인 기능을 하더라도 시력을 상실하게 된다.
② 후두엽: 언어를 인식하는 데 중추적인 역할을 하며, 정서적 경험이나 기억에 중요한 역할을 담당한다.
③ 전두엽: 현재의 상황을 판단하고, 상황에 적절한 행동을 계획한다. 또한 부적절한 행동을 억제하는 등 전반적으로 행동을 관리하는 역할을 한다.
④ 두정엽: 대뇌피질의 다른 영역으로부터 모든 감각과 운동에 관한 정보를 받아 정보들을 종합한다.

15

언어를 이해하는 능력이 저하되었다면 다음 중 뇌의 어느 부분이 손상을 입은 것인가?

① 두정엽
② 후두엽
③ 전두엽
④ 측두엽

16

어느 환자가 왼쪽 눈으로 본 것의 이름을 말하지 못한다면 이는 다음 중 뇌의 어느 부분에 손상을 입은 것인가?

① 시상
② 뇌량
③ 대뇌피질
④ 소뇌

17

다음 중 좌뇌의 역할에 해당하지 않는 것은?

① 언어
② 논리적 사고
③ 사람의 얼굴 알아보기
④ 기호

18

다음 중 좌뇌와 우뇌의 기능적 속성에 관한 설명으로 옳지 않은 것은?

① 좌뇌와 우뇌 간에는 정보의 전이가 가능하다.
② 좌뇌보다 우뇌가 언어정보를 처리하는데 더 유리하다.
③ 우뇌 손상이 있을 경우 주의나 지각이 어려워진다.
④ 뇌량(Corpus Callosum)의 절단은 양반구의 정보전이를 막을 수 있다.

19

다음 중 듣고 이해하는 능력은 양호하나 발화하는데 어려움이 있는 장애는?

① 브로카 실어증
② 전도성 실어증
③ 전실어증
④ 베르니케 실어증

13 정답 ②

공포조절, 공포학습, 공포기억형성에 중요한 역할을 하는 편도체가 손상되면 공포를 느끼지 못하여 위험한 상황을 회피하지 못하게 된다.

14 정답 ③

① 측두엽은 언어, 청각, 정서적 경험, 기억 등을 담당한다.
② 후두엽은 망막에서 들어오는 시각정보를 분석·통합하는 역할을 담당한다. 이 부분이 손상을 입을 경우 눈으로 본 것이 무엇인지 판단할 수 없게 된다.
④ 두정엽은 공간지각 및 운동지각, 신체의 위치판단 등을 담당한다.

15 정답 ④

측두엽은 귀로부터 감각정보를 받아들여 이것을 의미 있는 단위인 말소리와 단어로 처리한다. 왼쪽 측두엽은 단어의 의미를 파악하는 등 언어와 관련된 역할을 한다. 따라서 왼쪽 측두엽이 손상되면 단어를 잘 말하지 못하거나 단어의 정확한 의미를 잘 알지 못하게 된다. 오른쪽 측두엽은 얼굴을 알아보는 기능을 담당한다.

16 정답 ②

좌우 각각의 시각정보는 교차되어 각각의 대뇌반구에 전해지며, 다시 좌뇌와 우뇌는 뇌량을 통해 정보를 주고받음으로써 종합적인 판단을 한다. 따라서 뇌량이 손상을 입으면 각각의 정보는 각 반구 안에서만 머무르게 되어 '분리 뇌' 현상이 일어난다.

17 정답 ③

좌뇌는 언어, 수학, 논리에서 우세하고, 우뇌는 공간이해능력, 이미지, 시각정보 등 감각적인 면에서 우세하다.

18 정답 ②

좌뇌와 우뇌의 속성
• 좌뇌: 언어, 수리, 논리, 사고력, 우측 신체발달, 이성과 논리, 상식과 관련된 기능을 한다.
• 우뇌: 직관과 감성적인 능력, 직관 사고력, 좌측 신체발달, 도형인식, 공간지각력, 창의성, 예능과 관련된 기능을 한다.

19 정답 ①

① 청해 양호, 유창하지 못한 발화, 복창 장애, 운동성 실어증
② 유창한 발화, 눈에 띄는 복창 장애, 양호한 청해
③ 청해, 발화, 복창 등의 모든 기능에 장애를 보임
④ 유창한 발화, 복창 장애, 청해능력 장애, 감각성 실어증

03 감각과 지각

01 감각

1 감각의 개념과 측정

1. 개념

(1) 외부의 물리적 자극에 의해 인간의 의식에 변화가 생기는 것을 의미한다.

(2) 감각기관에는 물체를 볼 수 있는 시각기관인 눈, 소리를 듣는 청각기관인 귀, 냄새를 맡는 후각기관인 코, 맛을 보는 미각기관인 혀, 접촉을 인지하여 물체를 구별하는 촉각기관인 피부가 있다.

2. 감각의 측정

(1) 정신물리학

① 절대역: 외부로부터의 물리·화학적 자극을 느낄 수 있으려면 일정량 이상의 자극이 필요한데, 이는 감각을 일으키는 최소한의 자극강도를 말한다.

② 차이역: 강도가 서로 다른 두 자극의 차이를 느낄 수 있는 최소한의 자극강도이다. 식별최소차(Just Noticeable Difference, JND)라고도 하며, 기준이 되는 감각자극으로부터 차이를 식별할 수 있는 최소한의 차이를 말한다.

③ 역하자극: 역(閾, Threshold)이란 경계라는 의미로서, 자극을 감지하는 것과 감지하지 못하는 것을 나눈다. 역하자극은 경계에 자극을 감지할 수 있는 최소치인 절대역에 미치지 못하는 자극을 의미한다. 이러한 역하자극이 무의식에 작용하여 사람들이 인지하지 못한 상태에서 특정행동을 유발하게 할 수 있다는 연구결과도 존재한다.

(2) 베버(Weber)의 법칙

① 자극의 변화는 기준이 되는 처음 자극의 강도에 따라 감지의 여부가 달라질 수 있다는 법칙이다. 따라서 감각기가 변화된 자극을 감지하기 위해서는 기준자극의 강도에 비례하여 변화의 강도도 커져야 한다.

② 기준자극의 강도를 R, 변화된 자극을 ΔR이라 하면, R의 크기와 무관하게 차이역의 값은 일정하다.

$$\Delta R \, / \, R = K \, (\text{일정})$$

③ 50의 자극이 55가 되었을 때 증가했다고 감지했다면, 자극이 100일 때는 110이 되어야 증가했음을 느낄 수 있다.

(3) 페히너(Fechner)의 법칙

① 감각의 강도(S)는 자극의 강도(I)의 로그값에 비례한다는 법칙이다.

② 베버의 법칙을 확대하여 페히너가 제안한 가설이다.

$$S\,(\text{감각의 강도})=K\,(\text{상수})\,\log I\,(\text{자극의 강도})$$

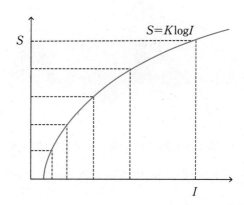

개념더하기 감각순응

- 일정한 크기의 자극을 지속적으로 받으면 감각기의 역치값이 증가하여 더 큰 자극을 주기 전에는 자극을 느끼지 못하기 때문에 발생하는 현상이다.
- 처음 수영장 물에 들어갈 땐 춥지만, 잠시 후 물이 차갑지 않게 느껴지지 않거나 고약한 냄새를 처음에는 잘 느끼지만 일정 시간이 지나면 잘 못 느끼는 것이 감각의 순응현상이다.

2 시각

1. 눈의 구조

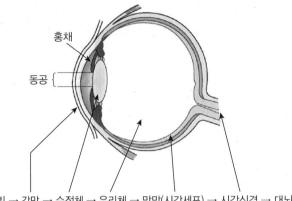

빛 → 각막 → 수정체 → 유리체 → 망막(시각세포) → 시각신경 → 대뇌

(1) **각막**: 눈의 앞부분을 덮는 투명한 막이다. 눈에 빛을 받아들이는 역할과 수정체와 더불어 빛을 굴절시켜 초점을 맞추는 기능을 한다.

(2) **홍채**: 여닫는 움직임으로 동공을 통해 들어오는 빛의 양을 조절한다.

(3) **동공**: 빛이 들어오는 곳으로 홍채의 작용에 의해 크기가 변하면서 빛이 조절된다.

(4) **수정체**: 외부로부터의 빛을 굴절시켜 상을 맺히게 하는 렌즈에 해당하는 기관이다.

(5) **망막**: 외부로부터 빛을 받아 상을 맺는 부분이다. 망막에 분포한 시세포와 시신경을 통해 자극이 전달되어 색과 명암 등을 식별한다.

(6) **시신경**: 전기신호를 망막에서 대뇌로 전달한다.

2. 색의 지각과정

(1) **색각(색 시각)**: 빛의 파장을 느껴 색채를 식별하는 감각이다. 빛이 물체에 닿아 파장의 일부가 흡수되고 반사된 파장이 눈을 통해 뇌에 전달되어 색을 인식하는 것이다.

(2) **가시광선**: 망막에 있는 시세포인 추상체가 780(빨강)~380(보라)nm(나노미터)의 빛에 자극을 받음으로써 색을 인지한다. 색의 인지를 가능하게 하는 파동을 가진 빛을 가시광선이라고 한다.

(3) **추상체와 간상체**
  ① 추상체는 세 종류로 나뉘어 각각 빨간 파장, 파란 파장, 초록 파장에 반응한다.
  ② 간상체는 색의 명암에 반응한다.
  ③ 추상체와 간상체를 통해 들어온 빛의 자극은 쌍극세포, 수평세포, 아마크린 세포에 의해 처리되며, 시신경을 통해 신경절 세포에서 뇌로 전달된다.
  ④ 밝은 곳에서의 움직임, 색각, 시력 등과 관계있는 추상체는 중심와에 밀집되어 있는 반면, 어두운 곳에서 주로 작동하며 명암을 식별하는 간상체는 망막 주변부에 분포되어 있다.

3. 생리적 현상

(1) 명순응: 눈이 밝음에 적응하는 현상으로 눈부심이 점차 사라지다가 15분이 지나면 완전히 적응한다.

(2) 암순응: 눈이 어두운 곳에 적응하여 점차 주위의 사물이 보이는 현상으로 암순응이 진행될수록 추상체에서 간상체로 기능이 옮겨간다.

(3) 색의 항상성

① 색채의 항상성: 조명광 등 환경조건이 달라져도 주관적인 색의 지각으로는 물체색의 변화를 감지하지 못한다.

② 명도의 항상성: 조명광 등 환경조건이 달라져도 물체에 대한 주관적인 밝기는 변하지 않는다.

(4) 대비 현상

① 색상대비: 서로 다른 색을 동시에 볼 때 두 색이 서로의 영향으로 색상 차가 나는 현상이다.

② 명도대비: 명도가 다른 두 색을 동시에 볼 때 동일한 색의 명도가 다르게 보이는 현상이다.

③ 채도대비: 채도가 다른 두 색이 서로 영향을 주어 채도가 다르게 보이는 현상이다.

4. 색의 혼합

(1) 가산적 혼합: 둘 이상의 색이 혼합되어 또 다른 색이 되는 현상으로, 혼합된 색은 밝기가 높아져 가산적 혼합이라 불린다. 빛의 삼원색인 빨강 · 초록 · 파랑이 섞이면 백색이 된다.

(2) 감산적 혼합: 둘 이상의 색이 혼합되면 보다 어두운 색이 나오는 현상이다. 잉크, 물감 등이 해당된다.

5. 색 지각설

(1) 영-헬름홀츠(Young-Helmholtz)의 삼원색 이론

① 삼원색의 가산적 혼합으로 모든 색을 만들 수 있다는 이론이다.

② 인간의 시각에는 빨강 · 녹색 · 파랑(RGB)을 인지하는 세 개의 추상체와 시신경 섬유가 있어, 이 세포들의 혼합이 뇌에 전달되어 색을 지각한다는 설이다.

③ 이 원리는 컬러 인쇄, 사진, TV 등에 응용된다.

(2) 헤링(Hering)의 반대색 이론

① 독일의 생리학자 헤링은 색의 기본 감각으로 빨강-초록, 흰색-검은색, 파랑-노랑의 세 개의 대립적인 쌍을 가정하였다.

② 대립적인 쌍의 합성과 분해를 통해 색을 인식한다는 이론으로, 삼원색 이론에서 설명하지 않는 잔상 효과에 근거를 두고 있다.

(3) 제임슨-허비츠(Jameson-Hurvich)의 신경배선모형(색채배선모형)

① 삼원색 이론과 반대색 이론을 조합한 이론이다.

② 망막수준까지는 삼원색 이론과 같이 빨강, 녹색, 파랑을 인지하는 추상체와 시신경 섬유가 기능하고, 시상하부부터는 빨강-초록, 흰색-검은색, 파랑-노랑의 대립적인 세 쌍의 색채를 탐지하는 세포를 가정한다.

3 청각

1. 귀의 구조

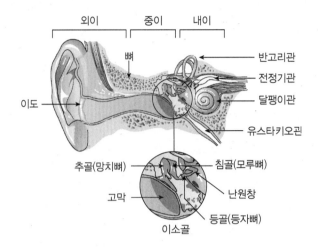

(1) 외이
① 귓바퀴: 주로 피부와 연골로 이루어져 있고 소리를 모으는 역할을 한다.

② 외이도: 귓바퀴에서 고막으로 이어지는 통로로 소리를 증폭시킨다.

(2) 중이
① 고막: 외이와 중이의 경계에 있는 얇은 막으로 음파를 받아 내이와 이소골에 전달한다.

② 이소골(귓속뼈, 청소골): 추골·침골·등골로 연결되어 고막으로 진동한 소리를 받아 내이로 전달한다.

③ 유스타키오관(귀 인두관): 중이와 외이의 압력을 같게 조절한다.

(3) 내이
① 평형기관과 청각기관으로 이루어진 귀의 가장 안쪽 부분이다.

② 달팽이관(청각세포): 소리의 진동을 달팽이 신경으로 전달한다. 내부는 림프액으로 차 있다.

③ 반고리관: 평형감각(회전가속도)을 담당하는 기관이다.

④ 전정기관(청신경): 달팽이관과 반고리관 사이에 위치하며, 운동감각이나 균형감각을 담당하는 평형기관이다.

2. 소리의 감지

(1) **음파**: 물체의 진동으로 주로 공기 중의 압력차에 의해 발생하는 파동이다. 흔히 인간의 청각기관이 소리로써 인식하는 범위를 말하는 경우가 많다.

(2) **음의 3요소**
① 음의 크기(음압)

ㄱ 음의 강약은 진폭의 크기로 나타내며 그 단위는 데시벨(dB)이다.

ㄴ 인간이 들을 수 있는 최소의 음은 20μPa이며, 85dB 이상의 소리에 장시간 노출되면 이명이나 난청에 걸릴 수 있다. 130dB 이상은 인간이 견딜 수 있는 음역을 초과한다.

② 음의 고저

ㄱ 음의 고저는 1초 동안의 진동횟수에 따르며 진동이 많을수록 높은 음이 된다.

ⓒ 1초 동안 진동하는 횟수의 단위는 헤르츠(Hz)로 나타내며, 인간의 가청 주파수는 20Hz~20,000Hz 정도이다.

　　③ **음색**: 여러 가지 음의 혼합 속에서 청자가 느끼는 소리의 질 또는 경험을 말한다.

　(3) 청각의 경로: 음파 → 외이 → 고막의 진동 → 이소골 → 내이(달팽이관) → 달팽이관의 림프액 진동 → 기저막 → 유모세포 자극(전기신호로 변환) → 달팽이 신경 → 대뇌

> **개념더하기**　음의 고저지각이론
>
> - 파동론: 베케시의 주장으로, 진동수에 따라 고저를 지각하는 부위가 다르다는 이론이다.
> - 연사설: 베버의 주장으로, 음파의 진동수에 비례하여 신경흥분의 빈도수가 달라진다는 이론이다.

4 촉각 · 후각 · 미각

1. 촉각

(1) 물체와 접촉했을 때 일어나는 피부감각으로 자극의 강도가 세거나 지속적일 경우 압각이라고 한다.

(2) 피부감각 수용기의 종류와 기능

　　① **메르켈 촉반**: 저강도의 촉각과 속도를 감지하고, 지속적인 접촉, 두 점 분별 또는 촉각의 위치를 알아낸다. 손가락 끝 피부표층에 존재한다.

　　② **파치니 소체**: 피하조직 깊은 곳에 위치하며, 모든 압력변화와 진동을 감지한다.

　　③ **마이스너 소체**: 피부에 널리 분포하며 특히 집중된 부분은 작은 자극에도 민감하다. 손과 발바닥, 생식기의 표면 등에 있다.

　　④ **루피니 소체**: 압력에 대한 반응이 무디며 지속적인 피부의 변형과 온도를 감지한다.

2. 후각

(1) 공기 중에 있는 화학물질의 분자에 의해 비강 내의 후세포가 자극을 받아 일어나는 감각이다.

(2) 냄새의 지각

　　① 인간이 냄새를 지각하는 후각 수용기는 비강 윗부분의 점막에 위치한 후각상피에 있다.

　　② 냄새물질이 후각 수용기에 결합하면 활동전위로 바뀌어 뇌로 정보를 보낸다.

　　③ 미각과 함께 화학감각으로 분류된다. 풍미를 감지하여 식욕을 돋우거나, 음식물의 부패나 가스누출 등 위험을 탐지한다.

　　④ 접촉감각인 미각에 비해 일반적으로 역치가 낮다.

3. 미각

(1) 음식물 속의 가용성 물질이 타액에 녹아 혀의 점막에 있는 미뢰의 미각신경을 화학적으로 자극함으로써 일어난다.

(2) 미각은 단맛, 쓴맛, 신맛, 짠맛의 네 가지를 기본 맛으로 한다.

(3) 냄새, 온도, 질감 등이 맛과 작용하면서 매운맛, 감칠맛, 떫은맛, 금속 맛, 알칼리 맛, 아린 맛이라는 보조적인 맛이 나타난다.

(4) 맛의 역치: 일반적으로 쓴맛의 역치가 가장 낮고 단맛의 역치가 높다.

1 지각의 개념

1. 개념

(1) 지각은 감각기관을 통해 주변환경 속의 대상이나 사건을 파악하는 과정이다.

(2) 대상이나 사건을 감지하고 이해하고 그 정체를 파악하여 이름을 부여하며, 그에 적절한 반응을 준비하는 전반적인 과정으로 볼 수 있다.

2. 전경-배경 관계

(1) 인간은 시각의 대상인 전경과 나머지 배경이라는 두 영역으로 시각정보를 인식한다.

(2) 전경과 배경이라는 개념의 창시자는 덴마크의 심리학자 루빈으로 형태주의 심리학에서 중요한 개념이다.

(3) 전경과 배경의 개념은 다른 지각경험에도 나타나는데, 특히 시각에서 두드러진다.

> **개념더하기** 전경-배경의 성질
>
> • 전경은 모양을 가지지만 배경은 그렇지 않다.
> • 전경과 배경의 경계는 전경의 윤곽이 되며 배경은 윤곽을 가지지 않는다.
> • 전경이 앞에 있는 것처럼 인식되고 배경은 뒤에 있는 것처럼 보인다.

2 지각과정 및 원리

1. 지각의 일반적인 원리

(1) **제1단계**: 감각과정

① 물리적 에너지를 뇌에서 인식할 수 있는 신경부호로 변환한다.

② 대뇌피질세포는 망막을 통한 자극의 입력으로부터 기초적인 속성이나 특징을 추출한다.

(2) **제2단계**: 지각의 조직화

① 대상에 대한 내적 표상이 형성되며, 외부자극에 대한 지각경험이 생성된다.

② 예를 들어 시각을 통한 지각과정에서 대상의 크기, 모양, 거리, 움직임, 방위 등에 관한 그럴 듯한 추정치를 생성하게 되는데, 추정치는 지각자의 과거지식과 현재 감각기관을 통해 수용된 현재의 증거, 그리고 자극과 함께 제시된 맥락이 모두 고려된 것이다.

(3) **제3단계**: 정체파악과 재인

① 정체파악(Identification)은 지각경험에 의미를 부여하는 과정으로, 동그란 대상을 사과나 야구공으로 본다거나, 사람의 형체를 남성이나 여성으로 봄으로써 정체를 명확히 파악하는 것이다. 이때 지각자는 '그 대상은 무엇인가'와 같은 정체에 관한 질문을 하게 된다.

② 재인(Recognition)은 정체파악에 이어서 대상의 속성과 그에 대한 적절한 반응 등을 알아내는 과정이다. 그 대상에 대한 기억, 가치, 신념, 태도 등 고차원적인 인지과정을 필요로 한다. 이때 지각자는 '그 대상의 기능은 무엇인가'와 같은 질문을 하게 된다.

2. 지각의 조직화를 위한 집단화의 원리

(1) 어떤 대상에 대한 감각자료를 의미 있는 형태로 구성하기 위해서는 우선 윤곽을 형성하고 전경과 배경을 분리해야 한다. 지각의 조직화는 이와 같은 기초적인 과정을 거쳐 자극정보들을 집단화된 형태로서 지각하게 되는데, 이것이 곧 지각의 조직화(Perceptual Organization)이다.

(2) 지각의 조직화는 다음의 집단화(Grouping) 원리를 토대로 한다.

근접성의 원리	‖ ‖ ‖	서로 가까이 있는 자극정보들을 함께 묶어서 지각한다. 그림과 같은 4개의 직선들을 각각 구분된 선이 아닌 두 줄로 된 선으로 본다.
유사성의 원리	▲ ■ ● ▲ ■ ● ▲ ■ ●	자극정보들은 유사한 것들끼리 묶어서 지각한다. 서로 다른 형태로 구성된 3가지 도안에서 각각 삼각형, 사각형, 원으로 이루어진 수직선을 본다.
완결성(폐쇄성)의 원리	⌐ ¬ L _	어떤 공백이나 결손이 있는 부분은 이를 보완하여 완결된 형태로 지각한다. 자연스럽게 공백을 연결하는 과정에서 완전한 형태의 사각형을 본다.
연결성의 원리	●-● ●-● ●-● ●-●	동일한 것이 서로 연결되어 있는 경우에 이를 하나의 단위로 지각한다. 점과 선의 연결이 하나의 단위로 집단화됨으로써 다른 단위와 구별된다.

3 현 세계의 지각

1. 지각 항상성

(1) 개념: 거리와 방향, 조명의 강도 등 근접자극이 변화하더라도 대상의 크기, 모양, 밝기, 색 등을 변하지 않는 일정한 것으로 인식하는 것이다.

(2) 항상성의 종류

① 크기의 항상성: 물체가 가까이 있든 멀리 있든 같은 크기의 물체로 인식한다.

② 모양의 항상성: 사물을 보는 위치가 달라도 같은 모양의 사물로 인식한다.

③ 밝기의 항상성: 백지는 밝은 곳에서든 어두운 곳에서든 하얀 것으로 인식한다.

④ 색의 항상성: 주변의 광원이나 조명의 강도 등 조건이 달라져도 같은 색으로 인식한다.

⑤ 위치의 항상성: 관찰자의 움직임으로 대상의 망막상이 함께 움직여도 같은 위치에 있는 것으로 인식한다.

2. 착시

(1) 개념: 대상의 모양·크기·방향·색 등이 어느 요인에 의해 실제와는 다르게 지각되는 현상이다.

(2) 착시 현상

① **기하학적 착시:** 크기(길이·면적), 각도, 곡선 등 평면도형의 기하학적인 관계가 객관적 관계와 다르게 보이는 현상이다.

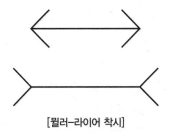

[뮐러-라이어 착시]

② **다의도형 착시:** 같은 도형이 두 가지 이상의 형태로 보이는 현상으로 '루빈의 잔'과 '네커의 정육면체'가 대표적 예시이다.

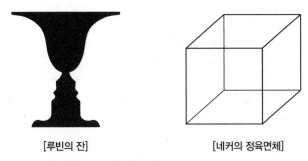

[루빈의 잔]   [네커의 정육면체]

③ **역리도형 착시:** '펜로즈의 삼각형'과 같이 이차원의 평면에 나타나는 부분적 특성은 해석 가능하지만, 전체적인 3차원의 형태로 지각했을 때 불가능해 보이는 도형이다.

[펜로즈의 삼각형]

④ **대비 착시**: 대상의 크기나 모양, 색채의 대비로 일어나는 착시현상으로, 같은 크기의 대상이라도 더 큰 것이 인접했을 때와 작은 것이 인접했을 때의 크기가 달라 보이는 현상 등이 이에 속한다.

4 3차원 지각

1. 개념

(1) 감각기관에서 주는 2차원적인 원초적 자료들을 조직·통합·인식하여 3차원의 대상으로 지각하는 것이다.

(2) 한 눈으로 이용 가능한 단안단서와 양 눈으로 이용 가능한 양안단서가 있다.

(3) 여러 단서들을 이용하여 깊이와 거리를 지각한다.

2. 단안단서

(1) 깊이지각의 단서 중에서 한 눈으로도 이용 가능한 단서를 의미한다.

(2) 단서

상대적 크기	가까운 것은 크고, 멀리 있는 것은 작게 보이는 현상
선형조망	평행하는 선들이 멀리 있는 수렴점으로 보이는 현상
중첩	한 물체가 다른 물체를 부분적으로 가릴 때, 가리는 물체를 가려지는 물체보다 가까운 것으로 보는 현상
결의 밀도	결의 간격이 넓을수록 가까운 것으로, 조밀할수록 먼 것으로 보는 현상
상대적 높이	관찰자에게 가까운 물체는 시야의 낮은 곳에, 멀리 있는 물체는 시야의 높은 곳에 있다고 보는 현상
상대적 운동	이동할 경우에 고정되어 있는 물체도 상대적인 움직임이 있는 것으로 보는 현상
상대적 명확성	윤곽이 뚜렷한 물체보다 흐릿한 물체를 더 멀리 있는 것으로 보는 현상

3. 양안단서

(1) 깊이지각 중에서 양쪽 눈으로 이용 가능한 단서를 의미한다.

(2) 양안시차: 왼쪽과 오른쪽 눈이 물체를 볼 때 눈 사이의 거리만큼 서로 다른 시야를 갖는 현상이다. 이러한 시야의 차이가 융합되면서 대상을 입체적으로 볼 수 있다.

(3) 폭주각: 양안으로 어떤 대상물을 주시할 때 양안의 시선이 주시점과 이루는 각이다. 대상이 가까이 있을 때 커지고 멀어지면 작아진다.

(4) 시선수렴: 대상이 가까워질수록 두 눈이 가운데로 몰릴 때 발생하는 신경근육의 신호에 대한 정보로서, 이 정보를 통해 거리를 파악한다.

5 운동지각

1. 실제운동

(1) 대상이 물리적으로 움직일 때 생기는 현상을 말한다.

(2) 운동의 지각이 성립하려면 운동에 따른 이동거리가 적당하여야 하며 너무 빠르거나 느려서는 안 된다.

2. 가현운동

(1) 대상의 실질적인 이동이 없음에도 불구하고 마치 움직이는 것으로 지각되는 현상을 말한다.

(2) 스트로보스코픽운동, 파이현상: 1초에 29프레임을 사용하는 영화필름은 운동지각을 일으킨다. 이는 운동이 필름에 있는 것이 아님에도 인간의 뇌가 운동을 구성하는 것이다. 스트로보스코픽운동의 간단한 예로 파이현상을 들 수 있다. 이는 근접한 두 개의 전구를 연속적으로 켰다가 끄는 경우 마치 불빛이 이동하는 것으로 지각되는 것이다.

(3) β(베타)운동: 두 개의 광점 A와 B가 시간간격을 두고 점멸하면 하나의 광점이 A → B로 움직인 것처럼 보이는 현상이다.

(4) 유인운동 또는 유도운동: 운동단서가 시각적으로만 주어지는 경우 운동의 자극정보를 잘못 조직화하여 실제 움직이는 물체는 정지해 있는 것처럼, 정지해 있는 물체는 움직이는 것처럼 지각되는 현상이다. 특히 두 개의 서로 다른 물체가 상대적인 움직임을 보이는 경우, 작은 물체가 움직이는 것처럼 지각된다. 예를 들어, 차창 밖을 보고 있을 때 옆의 차가 후진을 하면 마치 자신이 탄 차가 앞으로 움직이는 것처럼 느낀다거나, 구름 사이의 달을 볼 때 실제 구름이 움직이는 것임에도 불구하고 달이 구름 속을 떠다니는 것처럼 보인다.

(5) 자동운동: 고정된 광점이 마치 움직이는 것으로 지각되는 현상이다. 예를 들어, 암실에서 고정된 작은 불빛을 보여주는 경우, 그 불빛이 정지되어 있음에도 불구하고 마치 움직이는 것처럼 지각된다. 이는 불빛이 현 위치에 고정되어 있다는 사실을 입증할 만한 아무런 참조준거가 없기 때문에 나타난다. 밤에 등댓불을 깜박거리게 하는 것은 이와 같은 자동운동의 착시현상을 방지하기 위한 것이다.

(6) 운동잔상: 일정 방향으로 움직이는 물체를 한동안 본 후 다른 물체를 봤을 때, 그것이 앞서 본 것과 반대방향으로 움직이는 것처럼 보이는 현상이다.

6 형태재인

1. 의의 및 특징

(1) 인간은 인지과정을 통해 대상을 바라보고 시각적 정보를 받아들여 이를 어떠한 방식으로든 내부적으로 다시 재현(Represent)해야 하는데, 이를 표상(Representation)이라고 한다. 이와 같은 표상들은 이미 우리 내부에 저장되어 있는 시각적 대상물들에 대한 기억이나 기존의 표상들과 대조하는 과정을 거쳐야 한다.

(2) 형태재인은 과거의 경험을 토대로 현재 주어진 자극의 형태에서 의미를 끌어내는 과정을 말한다. 즉, 외부의 표상들을 내부에 저장되어 있는 기존의 표상 또는 기억과 대조하는 과정이다.

(3) 형태재인에 관한 이론들은 장기기억에 사물에 대한 정보와 관련된 표상들이 있다고 가정한다. 이들 표상은 순간적으로 망막에 맺힌 시각자극형태의 복제라기보다는 그 사물의 불변하는 모양특성들을 지닌 대표적인 모양정보로 구성되어 있다고 본다. 그에 따라 재인과정 중 망막에 맺힌 영상이 장기기억에 있

는 것과 같은 형식으로 변환되고, 그 변환된 입력정보가 기존의 기억표상들과 비교되어 그 중 가장 유사한 기억표상이 선택된다는 것이다.

(4) 형태재인에 관한 이론들은 하나의 사물이 갖게 될 표상의 개수, 단일표상에 대응될 사물들의 유형, 표상의 형식 등을 가정함에 있어서 서로 다른 양상을 보인다.

2. 관련 이론

(1) 판형이론(Template Theory) 또는 형판맞추기(Template Matching)모형

① 사람이 어떤 물체를 보고 인지할 수 있는 것은 그와 똑같은 물체의 형태가 머릿속에 저장되어 있기 때문이라고 주장한다. 즉, 입력되는 자극정보와 정확하게 일치하는 기억정보가 장기기억 속에 존재하여 형태재인이 이루어진다는 것이다.

② 형태재인은 망막에 맺힌 영상과 기억 속에 저장되어 있는 판형 또는 형판과 비교되고, 그 과정에서 입력된 영상과 동일한 판형이 발견될 때 그 판형에 해당되는 대상으로 인식하게 된다.

③ 판형이론은 수많은 물체의 형태들이 기억용량의 상당한 부분을 차지하고 있어야 한다는 것이므로 사실상 비현실적이다. 또한 엄청난 수의 판형을 저장할 수 있다고 해도 입력되는 영상과 비교하기 위해 소요되는 시간이 오래 걸릴 수밖에 없다.

④ 판형이론은 형태재인과정을 적절히 설명하지는 못하지만, 입력되는 영상의 종류가 적고, 그 영상의 변형이 제한적인 실용분야에서 효율적으로 적용될 수 있다.

(2) (세부) 특징분석이론 또는 측면분석모형(Feature Analysis Theory)

① 형태의 특징적인 요소들이 정보처리과정을 통해 분석·저장되어 있다가, 이들 특징에 기초하여 몇 가지 요소들이 조합됨으로써 특정 물체를 인식하게 된다고 주장한다. 예를 들어, 어떤 물체를 보았을 때 세 개의 변, 세 개의 각, 닫힌 구조 등의 특징적인 요소들이 동시에 충족되는 경우 삼각형이 인지된다는 것이다.

② 하나의 물체가 전체적인 하나의 단위로 인식되는 판형이론과 달리, 특징분석이론은 물체의 세부특징이나 형태소에 근거하여 그 물체를 인식하고 해석한다. 즉, 물체가 가지고 있는 단순기하학적 세부 특징들에 대한 분석이 먼저 일어나고, 분석된 세부 특징들 간의 관계가 파악된 후 형태재인이 이루어진다는 것이다.

③ 특징분석이론은 세부 특징을 사용함으로써 판형이론에서만큼 많은 수의 판형을 필요로 하지 않으며, 형태의 가장 중요한 세부 특징들의 관계를 명시할 수 있다.

④ 다만, 실제세계에 존재하는 다양하고 복잡한 대상들의 재인과정 모두를 잘 설명하지 못하며, 각기 다른 대상들에서 그 세부 특징들 간의 공간적 배열 또한 매우 복잡하게 구성되어 있다.

(3) 원형대조이론 또는 원형모형(Prototype Matching Theory)

① 판형이론과 같이 세상에 존재하는 모든 물체의 형태들을 머릿속에 저장하는 것이 아닌 각 물체의 필수적인 요소들을 간추린 기억목록에서 대표가 되는 것만을 기억하고 있다고 주장한다. 예를 들어, 빨간 사과, 초록 사과, 둥그런 사과, 찌그러진 사과 등 다양한 형태의 사과들에 대해 대표적인 사과의 형태가 인지된다.

② 대상의 정확한 전체 형태의 저장을 전제로 하는 판형이론과 달리, 원형대조이론은 그 대상의 이상적 형태, 즉 그 대상의 원형이 저장되어 있으므로 입력된 영상이 그 원형과 대조되어 형태재인이 이루어진다는 것이다.

③ 원형대조이론은 판형이론과 달리 입력된 영상이 원형과 대조될 때 그 둘이 정확히 일치할 필요가 없으며, 그에 따라 각 대상에 대한 적은 수의 표상만 저장하고도 형태재인이 가능하므로 효율적이다.

④ 다만, 원형이 구체적으로 어떻게 형성되는지, 학습과정에서 왜곡된 자극들을 통해 어떻게 특정 유형의 원형이 만들어지는지에 대한 체계적인 연구가 요구된다.

03 주의

1 주의와 선택적 주의

1. 주의

(1) 외부환경이나 심적 활동의 여러 정보 중에서 특정정보에 선택적으로 반응하거나 집중하도록 하는 의식작용이다.

(2) 생리학에서의 주의는 뇌가 많은 정보들 속에서 인지할 만한 정보를 선택하는 기능을 가리킨다.

2. 선택적 주의

(1) 주의의 3요소

① 정보의 선택

㉠ 감각기관에는 필요 이상으로 많은 정보가 들어오므로 취사선택할 필요가 있다.

㉡ 정보의 선택: 과제를 수행하는 데 있어 필요한 정보를 선택하여 처리한다.

㉢ 정보의 배제: 정신적 용량이 제한되어 있기 때문에 불필요한 정보는 걸러낸다.

② 주의의 범위

㉠ 사람이 한 번에 지각할 수 있는 정보의 양을 뜻한다.

㉡ 순간적으로 수많은 시각정보들(점·도형·문자 등)을 제시한 직후 인식한 내용을 말하게 하여 그 양을 측정한다.

㉢ 주의의 범위가 좁을수록 정보분석이 세밀해진다. 주의의 범위는 스트레스 및 각성수준의 영향을 받는다.

③ 지속적인 주의능력(Vigilance): 주의력을 지속시키는 경계상태를 장시간 지속시키는 능력으로 각성수준의 영향을 받는다.

> **개념더하기** 주의 결정요인
>
> • 주의를 결정하는 내부요인: 동기, 준비, 흥미 등
> • 주의를 결정하는 외부요인: 움직임, 반복, 대조, 신기함, 강도, 크기 등

2 주의 효과

1. 양분청취법

(1) 둘 이상의 서로 다른 메시지 자극을 수검자에게 동시에 들려준다.

(2) 어느 한쪽의 메시지만을 듣고 따라하게 함으로써 수검자의 주의를 한쪽에 집중시킨다.

(3) 결과: 주의를 기울이지 않은 쪽의 물리적 변화(목소리의 변화 등)는 인지하지만, 의미는 인지하지 못한다.

2. 칵테일파티 효과

(1) 음성의 선택적 청취를 이르는 말로 선택적 주의의 대표적인 예이다.

(2) 칵테일파티와 같이 여러 사람들의 음성이 오가는 중에도 자신의 관심사나 자신에 대한 언급 등을 선택해 들을 수 있다.

(3) 많은 사람들이 모인 곳에서 한 화자에 집중할 때 주위의 대화를 선택적으로 걸러내는 능력을 가리킨다.

3. 스트룹 효과

(1) 파란색 잉크로 적힌 '빨강'이라는 문자를 가지고 파란색을 말해야 할 때가 색명만을 명명할 때보다 반응이 느려지는 현상이다.

(2) 의미가 서로 다른 자극 쌍이 동시에 제시될 때 어느 한쪽만의 반응을 요구할 경우 개념 사이의 갈등이 발생한다.

감각과 지각 적중문제

01

다음 중 정신물리학에 해당하지 않는 것은?

① 베버와 페히너
② 식별최소차
③ 역치
④ S-R 이론

02

다음 중 페히너의 법칙에 해당하는 것은?

① K=DR/R
② E=KI a
③ dB=10logI/I 0
④ S=KlogI

03

다음 중 헬름홀츠가 제시한 삼원색에 해당하지 않는 색은 어느 것인가?

① 빨강
② 노랑
③ 초록
④ 파랑

04

다음 중 눈의 구조에서 눈에 맺힌 상을 신경흥분(전기신호)으로 바꾸는 기능을 가진 부위는?

① 수정체
② 망막
③ 각막
④ 홍채

05

다음 중 시각구조에 대한 설명으로 옳지 않은 것은?

① 추상체는 명암을, 간상체는 색을 감지한다.
② 수정체는 초점을 조절하는 렌즈의 기능을 한다.
③ 망막은 카메라의 필름과 같은 역할을 하며 추상체와 간상체를 가진다.
④ 대뇌의 시각영역은 후두엽에 위치한다.

06

다음 중 야간에 하늘에 떠있는 별을 바라볼 때, 바라보는 별보다 주변의 별들이 더 밝게 잘 보이는 이유에 대한 설명으로 적절한 것은?

① 중심와에 간상체가 집중되어 있기 때문이다.
② 중심와에 간상체가 적기 때문이다.
③ 바라보는 별빛의 자극에 둔감해지기 때문이다.
④ 중심와에 추상체가 적기 때문이다.

01
정답 ④

④ S-R 이론은 학습은 어떤 자극(Stimulus)에 대한 어떤 반응(Response)의 결합이라는 개념으로 행동주의에서 다룬다.

02
정답 ④

④ 감각의 강도는 자극 강도의 로그값에 비례한다는 페히너의 법칙을 나타내는 것은 S=KlogI이다.
① 'K=DR/R'는 베버의 법칙이다.

03
정답 ②

헬름홀츠가 제창한 삼원색 이론의 삼색은 빨강(R), 초록(G), 파랑(B)이다.

04
정답 ②

① 빛을 굴절시켜 망막에 상을 맺히게 하는 렌즈의 역할을 한다.
③ 홍채와 동공을 보호하는 눈 앞쪽의 투명한 막이다.
④ 동공을 개폐하여 들어오는 빛의 양을 조절한다.

05
정답 ①

① 추상체는 빨강 · 초록 · 파랑 3원색을 구별하며, 간상체는 명암을 식별하는 역할을 한다.

06
정답 ②

밝은 곳에서의 움직임, 색각, 시력 등과 관계있는 추상체는 중심와에 밀집되어 있는 반면, 어두운 곳에서 주로 작동하며 명암을 식별하는 간상체는 망막 주변부에 분포되어 있다.

PART 2

07

다음 중 삼원색 이론에 대한 설명으로 옳지 않은 것은?

① 영-헬름홀츠가 주장하였다.
② 기본색의 가산적 혼합으로 모든 색을 만들 수 있다.
③ 사진, TV 등에 응용된다.
④ 대립적인 쌍의 합성과 분해를 통해 색을 인식한다는 이론이다.

08

다음 중 귀의 구조 중 소리의 진동을 신경으로 전달하는 기관은?

① 전정기관
② 외이도
③ 달팽이관
④ 반고리관

09

다음 중 인간의 가청 주파수는?

① 20Hz~2만Hz
② 30Hz~3만Hz
③ 10Hz~2만Hz
④ 40Hz~4만Hz

10

다음 중 미각의 기본 맛에 포함되지 않는 것은?

① 단맛
② 신맛
③ 매운맛
④ 짠맛

11

다음 중 음식의 맛을 즐기는 데 필요한 감각이 아닌 것은?

① 시각
② 후각
③ 미각
④ 촉각

12

집단화의 원리 중 닫혀 있지 않은 도형이 완전한 도형으로 보이는 원리는?

① 근접성의 원리
② 폐쇄성의 원리
③ 연결성의 원리
④ 유사성의 원리

07 정답 ④

삼원색 이론은 모든 색의 감각은 빨강(R), 초록(G), 파랑(B)을 각각 수용하는 시세포의 조합으로 나타낼 수 있다는 이론이다. ④ 독일의 생리학자 헤링의 반대색 이론에 대한 설명이다. 헤링은 색의 기본 감각으로 빨강-초록, 흰색-검은색, 파랑-노랑의 세 개의 대립적인 쌍을 가정하였다. 대립적인 쌍의 합성과 분해를 통해 색을 인식한다는 이론으로, 삼원색 이론에서 설명하지 않는 잔상효과에 근거를 두고 있다.

08 정답 ③

내이는 달팽이관, 반고리관, 전정기관으로 이루어져 있으며, 이 중 청각과 관계있는 것은 달팽이관으로 소리의 진동을 달팽이 신경으로 전달한다. 반고리관과 전정기관은 평형을 담당하는 기관이다.

09 정답 ①

헤르츠(Hz)란 1초간 반복되는 진폭의 수이며, 진동이 많을수록 높은 음이 된다. 인간의 귀가 들을 수 있는 주파수는 대략 20Hz ~2만Hz의 영역이다.

10 정답 ③

단맛, 신맛, 짠맛, 쓴맛의 네 가지 기본 맛의 복합적인 작용으로 모든 맛을 느낄 수 있다. 매운맛은 통각, 떫은맛은 압각에 해당한다.

11 정답 ④

색(시각), 냄새(후각), 맛(미각)의 각 감각기를 통해 식욕을 느끼고 대뇌에서 맛을 지각한다.

12 정답 ②

② 닫혀 있지 않은 불완전한 도형을 우리가 가진 기존 이미지나 경험에 비추어 완전한 것으로 완성시켜 인지하는 것을 폐쇄성(완결성)의 원리(Laws of Closure)라고 한다.
① 근접성의 원리: 서로 가까이 있는 자극정보들을 함께 묶어서 지각한다.
③ 연결성의 원리: 동일한 것이 서로 연결되어 있는 경우에 이를 하나의 단위로 지각한다.
④ 유사성의 원리: 자극정보들은 유사한 것들끼리 묶어서 지각한다.

PART 2

13

다음 중 흘러가는 구름 사이에 달이 보일 때 마치 달이 움직이는 것처럼 보이는 현상은?

① 유인운동
② 베타운동
③ 자동운동
④ 운동잔상

14

다음 중 달리는 열차에서 레일을 보다 보면 정지했을 때도 레일이 움직이는 것처럼 보이는 현상은?

① 파이현상
② 베타운동
③ 자동운동
④ 운동잔상

15

다음 중 둘 이상의 서로 다른 자극을 동시에 주며 어느 한쪽에만 주의를 집중시키는 효과는?

① 양분청취법
② 시연
③ 형태재인
④ 칵테일파티 효과

16

다음 중 전경-배경 관계에 대한 설명으로 옳은 것은?

① 전경과 배경 모두 모양을 가질 수 있다.
② 배경은 윤곽을 가지나 전경은 그렇지 않다.
③ 전경은 앞으로 나와 보이고 배경은 뒤로 물러나 보인다.
④ 배경은 전경에 비해 돌출되어 보인다.

17

다음 중 오른쪽 눈과 왼쪽 눈에 맺힌 상의 차이를 뇌가 융합함으로써 입체적인 상으로 보이게 하는 깊이지각의 단서는?

① 양안시차
② 결 기울기
③ 선형조망
④ 상대적 크기

13

정답 ①

유인 운동	주위의 움직임에 이끌려 실제 움직이지 않는 대상이 움직이는 것처럼 느껴지는 운동현상
β(베타) 운동	두 개의 광점 A와 B가 시간간격을 두고 점멸하면 하나의 광점이 A → B로 움직이는 것처럼 보이는 현상
자동 운동	어두운 곳에서 정지된 광점을 응시하면 실제 움직임이 없음에도 그 광점이 불규칙적으로 움직이는 것처럼 느껴지는 현상
운동 잔상	일정방향으로 움직이는 물체를 한동안 본 후 다른 물체를 봤을 때, 그것이 앞서 본 것과 반대방향으로 움직이는 것처럼 보이는 현상

14

정답 ④

운동잔상은 일정한 방향으로 움직이는 대상을 한동안 보다가 그것이 정지했을 때도 직전에 움직이던 방향의 역방향으로 움직이는 것처럼 보이는 현상이다.

15

정답 ①

① 양분청취법: 둘 이상의 자극 메시지를 피험자에게 들려주면서 한쪽의 정보만을 복창하게 하여 주의를 한쪽에만 집중시키는 것이다. 그 결과, 주의를 기울이지 않은 쪽의 물리적 변화(목소리의 변화)는 인지해도 의미의 변화는 알아채지 못하게 된다.

16

정답 ③

① 전경은 모양을 갖지만 배경은 그렇지 않다.
② 전경은 윤곽을 갖지만 배경은 그렇지 않다.
④ 전경은 배경에 비해 돌출되어 보인다.

17

정답 ①

① 양안단서란 양쪽 눈을 사용했을 때 깊이를 지각할 수 있는 단서로, 양안시차는 각자 다른 시야를 가진 양쪽 눈이 융합함으로써 입체적인 시각이 되는 것이다.

PART
2

18

다음 중 평행하는 선들이 멀리 한 점의 소실점을 향해 뻗어있는 것처럼 보이는 현상은?

① 결의 밀도
② 선형조망
③ 중첩
④ 상대적 크기

19

다음 중 선택적 주의에 대한 설명으로 옳지 않은 것은?

① 여러 형태를 발견할 수 있지만 한 번에 하나의 형태만 인식할 수 있는 현상이다.
② 청각에도 존재한다.
③ 대상에 선택적 주의가 일어나면 일반적으로 대상의 정보처리에 대한 속도가 늦어진다.
④ 정보의 처리과정에서 일부 자극을 선택하고 나머지를 무시하는 과정이다.

18 　　정답 ②

② 선형조망이란 평행하는 선이 멀어져 수렴점으로 보임으로써 깊이를 지각하는 것을 말한다.

단안단서

상대적 크기	가까운 것은 크고, 멀리 있는 것은 작게 보이는 현상
중첩	한 물체가 다른 물체를 부분적으로 가릴 때, 가리는 물체를 가려지는 물체보다 가까운 것으로 보는 현상
결의 밀도	결의 간격이 넓을수록 가까운 것으로, 조밀할수록 먼 것으로 보는 현상

19 　　정답 ③

선택적 주의를 통해 일부 자극만을 선택하여 정보가 처리되므로 대상의 정보에 대한 처리속도가 빨라진다. 하지만 이는 인간의 의식이 선택적 정보선택으로 제한됨을 의미한다. 따라서 사고현장의 목격자 진술이나 범죄피해자의 증언 등은 인간의 기억이 완전하지 않을 수도 있다는 것을 보여준다.

CHAPTER 04 발달심리학

01 발달

1 발달의 개요

1. 개념 및 특징

(1) 출생에서 사망에 이르기까지 전 생애에 걸쳐 계속적으로 일어나는 변화의 과정이다.

(2) 지적 · 정서적 · 사회적 · 신체적 측면 등 전인적인 측면에서 변화한다.

(3) 분화와 통합의 과정이며, 유전과 환경의 상호작용에서 이루어진다.

(4) 인간발달에 의한 변화는 양적 · 질적 변화, 상승적 · 하강적 변화로 나타난다.

(5) 발달은 이전 경험의 누적에 따른 산물이다.

(6) 삶의 중요한 사건이나 경험이 발달상의 큰 변화를 가져올 수 있다.

(7) 한 개인의 발달은 역사 · 문화적 맥락의 영향을 받는다.

(8) 인간은 근본적으로 미완성의 존재로서 풍부한 가소성(Plasticity)을 가지고 있다.

(9) 전체적인 발달과정은 어떤 특징의 양적 증대와 기능적 발달의 긍정적인 변화와 양적 감소와 기능적 쇠퇴의 부정적 변화가 함께 포함된다.

(10) 발달의 각 영역은 서로 영향을 주고받는 복합적인 관계에 있다.

> **개념더하기** 가소성(Plasticity)
>
> • 변화에 대한 역량, 즉 긍정적인 또는 부정적인 삶의 경험에 반응하여 변화할 수 있는 능력을 말한다.
> • 환경이 정상화되면 위축된 발달이 정상적으로 회복될 수 있는 역량을 말한다.
> • 전 생애 중에서 유아기와 아동기는 많은 발달적 가소성을 갖는 시기라고 할 수 있으며, 인간의 가소성은 전 생애를 통하여 열려 있다.

2. 발달의 원리

(1) 일정한 순서와 방향성: 일정한 순서와 방향성을 가지며, 상부에서 하부로, 중심에서 말초로, 전체운동에서 특수운동으로, 미분화운동에서 분화운동으로 진행된다.

(2) 연속성: 발달은 전 생애를 통해 지속되며 연속적으로 진행되지만, 발달의 속도는 일정하지 않다.

(3) 유전과 환경의 상호작용: 유전적 요인과 환경적 요인의 상호작용을 통해 이루어지며, 성숙과 학습에 의존한다.

(4) 개인차의 존재: 발달에는 개인차가 존재하며, 발달의 속도나 진행정도가 동일하지 않다.

(5) 분화와 통합의 과정: 발달은 점진적으로 분화해가고, 전체로 통합되어가는 과정이다. 신체, 인지, 성격 등 각 측면의 발달은 밀접한 상호작용으로 발달하면서 통합된다.

(6) 점성원리: 성장하는 모든 것은 기초 안에 따라 부분적으로 발달하며, 특정 단계의 발달은 이전 단계에서 성취한 발달과업에 기초하여 이루어진다.

(7) 결정적 시기의 존재: 신체 및 심리가 발달하는 가장 용이한 시기가 있으며, 이 시기를 놓치면 발달과업 획득의 효율성이 떨어진다.

> **개념더하기** 발달심리학의 용어 설명
>
> - **발달(Development)**: 출생에서부터 사망에 이르기까지 전 생애에 걸쳐 계속적으로 일어나는 변화의 과정으로서, 신체적·지적·정서적·사회적 측면 등 전인적인 측면에서 변화하는 것이다.
> - **성장(Growth)**: 신체 크기의 증대, 근력의 증가 등과 같은 양적인 확대를 의미한다. 특히 신체적 부분에 국한된 변화를 설명할 때 주로 사용된다.
> - **성숙(Maturation)**: 경험이나 훈련에 관계없이 인간의 내적 또는 유전적 기제의 작용에 의해 체계적이고 규칙적으로 진행되는 신체 및 심리의 변화를 의미한다.
> - **학습(Learning)**: 후천적 변화의 과정으로서 특수한 경험이나 훈련 또는 연습과 같은 외부자극이나 조건, 즉 환경에 의해 개인이 내적으로 변하는 것을 의미한다.

3. 발달의 특징

(1) 적기성: 어떤 발달과업을 성취하는 데에는 결정적인 시기가 있다.

(2) 기초성: 인간발달의 과업은 대부분 초기에 이루어지므로, 초기의 발달상 지체가 후일의 발달에 지대한 영향을 미친다.

(3) 불가역성: 어떤 특정한 시기에 발달이 잘못되는 경우, 추후 그것을 교정·보충하는 데 한계가 있다.

(4) 누적성: 발달상의 결손은 누적이 되어 회복을 더욱 어렵게 한다.

(5) 상호관련성: 아동발달의 여러 측면들은 서로 밀접하게 연관되어 있다.

4. 발달연구의 접근방법

(1) 종단적 연구

① 종단적 발달연구는 둘 이상의 시점에서 동일한 분석단위를 장기간에 걸쳐 추적하여 연구한다.

② 특징

㉠ 개인의 연령에 따른 연속적인 변화 양상을 파악하려는 경우에 사용한다.

㉡ 비용이 많이 들고 시간 소모가 많다.

㉢ 오랜 시간에 걸쳐 연구되므로 수검자의 탈락이 발생할 수 있다.

㉣ 개인이나 특정집단에서 얻은 자료를 일반화하는 데 한계가 있다.

(2) 횡단적 연구

① 횡단적 발달연구는 어느 한 시점에서 다수의 분석단위에 대한 자료를 수집하는 연구로 어떤 현상의 단면을 분석한다.

② 특징

㉠ 연령이 다른 개인 간의 발달적 차이를 단기간에 비교하려는 경우에 사용한다.

㉡ 자료수집이 비교적 짧은 기간에 이루어지며, 간단하고 비용이 절감된다.

ⓒ 어떤 현상의 진행과정에서 일어나는 변화에 대한 측정이 불가능하고, 개인이 어떻게 변화하는지 알 수 없으며, 성장과 발달에 있어서 증가나 감소가 명확하지 않다.

(3) 시기차이법

① 시기차이법은 대상연령을 일정하게 고정시킨 상태에서 시대적 변화에 따른 개인의 변화를 파악하기 위해 사용한다.

② 예를 들어, 한국전쟁 당시의 10대 청소년과 오늘날의 10대 청소년은 신체적으로 커다란 차이를 보이지 않더라도 사고 및 가치관은 사뭇 다르다.

2 발달심리학의 주요 쟁점

인간발달에 있어서 유전과 환경, 성숙과 학습, 연속성과 불연속성, 초기 경험과 후기 경험, 결정적 시기의 유무는 모두 발달에 중요한 영향을 미친다고 할 수 있다.

1. 유전론 vs 환경론*

(1) 유전적 요인

① 인간의 성장과 발달이 유전적으로 이미 결정되어 있다는 신념을 기초로 개인이 나타내는 특성들은 그들의 부모에게서 물려받은 것이므로, 개인들이 나타내는 개인차는 유전자의 차이에 의해 발생한다고 본다.

② 게젤(Gesell)의 성숙이론

ⓐ 성숙이론이란 유전적 요인으로 규정된 생물학적 순서에 따라 인간발달이 결정된다고 보는 이론이다.

ⓑ 게젤은 개인의 발달속도와 시기의 차이는 있지만, 발달의 순서는 모든 사람에게 동일하기 때문에 새로운 행동이나 능력이 언제 나타날 것인지는 미리 결정된다고 보았다.

ⓒ 신체적·정신적인 성숙이 이루어지기 전에 이루어지는 학습행위는 무의미하며, 학습을 개시하기 위한 준비단계까지 지켜볼 것을 주장하였다.

(2) 환경적 요인

① 개인차의 원인을 양육환경이나 개인의 경험에서 비롯된다고 본다.

② 왓슨의 행동주의 심리학

ⓐ 게젤과는 반대로 후천적인 환경요인이 성격·지성·능력 등을 결정한다는 환경결정론을 주장하였다.

ⓑ 왓슨은 갓난아이를 자신에게 맡긴다면, 환경조건을 조정하여 원하는 특정 능력과 기능을 가진 인간으로 키울 수 있다고 할 만큼 환경요인에 따른 발달을 중시하였다.

ⓒ 성격·능력에 대한 유전요인의 영향을 경시하고, 현시점에서의 환경·자극의 조건 부여에 치우쳤다는 비판을 받는다.

---

* 유전론 vs 환경론
- 유전론: 인간발달은 환경보다 유전인자의 영향을 더 많이 받는다고 주장한다.
- 환경론: 인간발달은 유전인자보다 환경의 영향을 더 많이 받는다고 주장한다.
→ 다른 가정에 입양된 일란성 쌍둥이 발달의 차이는 환경의 영향을 보여준다.

(3) 상호결정론

① 최근에는 유전 혹은 환경의 이분법적 시각에서 탈피하여, 두 요인이 서로 영향을 주고받으면서 발달이 이루어진다고 본다.

② 인간의 성격형성·정신발달·능력향상은 유전요인과 환경요인 중 어느 한쪽만으로 결정될 만큼 단순하지 않기 때문에 두 가지 요인이 상호적으로 영향을 주고받는다는 의견이 유력하다.

2. 연속성 vs 불연속성

(1) 프로이트(Freud)와 피아제(Piaget) 등의 초기 발달심리학자들은 인간발달의 본질을 이해할 때 질적인 측면을 강조하였다. 이에 따라 발달에는 일련의 단계가 있고, 인간발달은 각 단계로의 순차적인 변화를 통해 불연속적으로 이루어진다고 주장하였다.

(2) 행동주의자와 같이 기계론적 관점을 지닌 학자들은 발달을 양적인 변화로 규정하고, 인간의 발달을 과거경험에 새로운 지식 혹은 기술의 습득으로 야기되는 연속적인 과정으로 이해하고 있다.

(3) 연속성과 불연속성의 쟁점은 양적·질적 변화*의 문제와 관련된다.

(4) 불연속성 이론의 주요 학자로는 프로이트, 피아제, 콜버그, 에릭슨 등의 초기 발달심리학자가 있으며, 연속성 이론의 주요 학자로는 행동주의와 같이 기계론적 관점을 지닌 왓슨, 파블로프, 스키너 등이 있다.

3. 성숙 vs 학습

(1) 성숙은 발달적 변화들이 유전적 요인으로 인해 통제되는 생물학적 과정으로서, 연습이나 훈련이 아니라 종의 특성으로 본다.

(2) 학습은 발달적 변화들이 학습이나 훈련에 의해 변하는 것으로서, 그 결과는 개별적이고 특수하다.

4. 안정성 vs 불안정성

(1) 안정성: 발달의 특정측면은 시간이 경과해도 일관적이고 예측이 가능하다.

(2) 불안정성: 발달은 환경에 반응하여 변화한다.

(3) 안정성과 불안정성의 쟁점은 집단 내 개인의 상대적 위치변동과 관련된다.

5. 결정적 시기

(1) 동물을 대상으로 한 실험과 인간을 대상으로 한 연구를 토대로, 1960년대에는 영아의 사회성 발달에 결정적 시기가 존재한다고 보았다.

(2) 1960년대 이후 여러 연구에 의해 결정적 시기가 존재한다는 가설에 대한 반론이 제기되었고, 특정한 시기에 형성된 특정한 특성들이 이후에 충분히 변화될 수 있다고 보았다.

(3) 최근에는 한 번 형성되면 변화가 불가능하다는 의미를 내포하는 '결정적 시기'라는 용어보다는, 일단 형성되면 지속성이 강한 특성이 쉽게 형성되는 시기라는 의미를 갖는 '민감기'라는 용어를 사용하고 있다.

(4) 언어발달의 결정적 시기는 특정 시기(기회의 창)를 놓치면 언어습득이 불가능한 것으로, 19세기 초 프랑스 아베롱에서 12세 소년의 발견으로 설명되었다.

---

* 양적·질적 변화
- 양적 변화: 아동이 해가 갈수록 신체적으로 더 성장하고, 세상에 대한 지식을 더 많이 획득한다.
- 질적 변화: 어렸을 때와 기본적으로 다르게 변화하는 것으로, 올챙이에서 개구리의 변형이 그 예이다.

18세기 말 프랑스 남부에 위치한 한 작은 마을 아베롱(Aveyron)의 산 속에서 혼자 살고 있던 12세가량의 소년이 발견되었다. 그는 말을 전혀 하지도 알아듣지도 못했다. 사람들이 서로의 생각을 전달하기 위해 언어를 사용한다는 이해조차 없었다. 오랜 훈련으로 인해 그는 혼자서 옷을 입고 세수를 하고 머리를 빗는 등 많이 문명화되었으나, 끝내 말은 배우지 못했다.

6. 수동적 존재 vs 능동적 존재

(1) 아동은 환경을 다루고 선택하며 결정하는 능동적 존재인지, 일방적으로 환경에 지배받는 수동적 존재인지에 대한 쟁점이다.

(2) 아동은 환경에 따라 많은 부분 영향을 받지만, 환경을 조성하는 데에도 능동적인 역할과 책임이 따른다.

7. 초기 경험 vs 후기 경험

(1) **초기 경험 강조**: 유아기 때 애정 어린 보살핌을 받지 못하면 이후의 발달이 최적의 상태에 이르지 못한다는 것을 강조하였다.

(2) **후기 경험 강조**: 발달은 끊임없이 이루어지므로, 초기뿐만 아니라 후기 경험 또한 매우 중요함을 강조하였다.

(3) 초기 경험을 강조하는 학자에 비해, 후기 경험을 강조하는 학자들은 발달의 변화가능성을 더 크게 평가한다.

02 발달에 대한 전 생애적 접근

1 신체기관의 발달

1. 태아기

(1) **임신 1개월**: 심장과 소화기관이 발달한다.

(2) **임신 2개월**: 태아가 인간의 형태를 갖추기 시작한다.

(3) **임신 3개월**: 팔, 다리, 손, 발의 형태를 형성한다.

(4) **임신 중기(4~6개월)**: 손가락, 발가락, 피부, 지문, 모발이 형성된다.

(5) **임신 말기(7~9개월)**: 태아가 모체에서 분리되어도 생존이 가능하다.

2. 영아기(출생~18개월 또는 2세)

(1) 인간의 일생에서 신체적 성장*이 가장 빠른 속도로 이루어지는 시기이다.

(2) 제1의 성장 급등기에 해당한다.

---

* 신체적 성장
  신체의 중심부에서 말초 부분으로, 머리에서 신체하부로 발달한다.

3. 유아기(18개월 또는 2~4세)

(1) 발달이 영아기처럼 급속도로 이루어지지는 않으나 꾸준한 성장을 보인다.

(2) 뇌와 신경계의 성숙으로 새로운 운동기술과 인지능력이 발달한다.

(3) 발달이 머리 부분에서 점차 신체의 하부로 확산된다.

4. 전기 아동기(학령 전기, 4~6세)

(1) 신체의 양적 성장은 상대적으로 감소하나 지속적으로 이루어진다.

(2) 5세 무렵에 신장은 출생기의 약 두 배가 되며, 6세 무렵에는 뇌의 무게가 성인의 90~95%에 달한다.

(3) 유치가 빠지고, 머리 크기는 성인과 비슷해지며, 신경계의 전달능력이 향상된다.

5. 후기 아동기(학령기, 6~12세)

(1) 이전처럼 급속하지는 않지만 비교적 완만하고 꾸준한 신체발달이 이루어진다.

(2) 10세 이전에는 남아가 여아보다 키와 몸무게에서 우세하지만, 11~12세 무렵에는 여아의 발육이 남아보다 우세해진다.

(3) 성장기 아동의 10~20%가 근육이 땅기는 성장통을 경험한다.

6. 청소년기(12~19세)

(1) 급격한 신장의 증가와 함께 뼈와 근육의 성장이 이루어지는 제2의 성장 급등기를 보인다.

(2) 사춘기를 경험하면서 2차 성징과 함께 생식기관의 성숙이 뚜렷이 나타난다.

(3) 여성이 남성보다 키와 몸무게가 우세하던 아동기와는 달리 이 시기부터는 남성이 여성보다 우세해진다.

(4) 남자는 어깨가 넓어지고 근육이 발달하여 남성다운 체형이 만들어지며, 여자는 골반이 넓어지고 피하지방이 축적되어 여성스러운 체형으로 변모한다.

(5) 머리 크기가 전신에서 차지하는 비중이 작아지고 얼굴모양은 길쭉한 형으로 변화하며, 코와 입이 넓어지고 전체적인 윤곽이 달라진다.

7. 청년기(19~29세)

(1) 부모로부터 독립하는 것에 대한 갈망과 분리에 대한 불안이라는 양가감정을 갖기도 한다.

(2) 신체적 황금기로서 신체적 성숙이 거의 완성되며, 근육은 25~30세 사이에 최대로 발달하고 이후 점차 쇠퇴한다.

(3) 청년기의 어느 시점에 이르러 인지발달이 더 이상 이루어지지 않는다고 주장하는 학자들도 있고, 그 이후에도 인지발달이 지속적으로 이루어진다고 주장하는 학자들도 있다.

(4) 직업을 통해 경제적으로 자립하고, 자신의 인생을 개척해 나가면서 자아실현을 하는 시기이다.

(5) 결혼을 하고 자녀를 낳아 부모가 되면서 인생에 정착하는 시기이다

(6) 성역할에 대한 정체감이 확고해짐으로써 성적 사회화가 이루어진다.

8. 성인기(중년기, 30~65세)

(1) 성인 초기, 성인 중기, 성인 후기로 구분한다.

(2) 아직 양호한 건강과 에너지를 가지고 있으나, 신체적 능력과 건강은 감퇴하기 시작한다.

(3) 시력 저하, 청각 신경세포의 둔화 등 감각기관의 능력이 감소한다.

(4) 나이가 들수록 남성과 여성 간 성역할 정체성의 차이가 감소하는 경향이 있다.

(5) 인지능력이 감소한다는 견해와 인지능력은 감소하지 않으며 오히려 특정 측면의 인지능력은 강화된다는 견해가 있다.

(6) 개성화(Individuation)를 통해 자아의 에너지를 외적 · 물질적인 차원에서 내적 · 정신적인 차원으로 전환한다.

(7) 에릭슨(Erikson)은 전 생애 발달 중 마지막 제8단계에서 자아통합감 대 절망감의 갈등을 성공적으로 해결한 결과로 지혜가 얻어진다고 보았다.

9. 노년기(65세 이후)

(1) 자아통합의 시기로서, 사회관계망의 축소로 인해 사회적 역할변화를 경험한다.

(2) 신체적으로 건강하면서 자립활동이 가능한 노년 전기(65~74세)와 신체적 기능의 약화로 인해 일상생활을 타인에게 전적으로 의존할 수밖에 없는 노년 후기(75세 이후)로 구분한다.

(3) 노인의 지적능력의 감퇴는 다양한 측면에서 일어나며, 단기기억이 장기기억보다 더욱 심하게 감퇴한다. 특히 일화기억이 노화로 인해 가장 많이 쇠퇴한다.

(4) 유동성 지능(학습능력에 관계되는 요인)은 점차 감소하고, 결정성 지능(의식과 행위에 관계되는 지능)은 증가 또는 유지된다.

2 운동발달

1. 운동기능의 발달

(1) 운동발달: 손 뻗기 · 쥐기, 앉기, 걷기와 같은 수의운동(스스로의 의지를 수반하는 운동)을 수행하는 능력이 나타나는 것이다.

(2) 반사(Reflex): 특정자극에 대해 일어나는 특정운동 반응양식이다. 예를 들면, 신생아에게는 뺨에 닿는 모든 물체를 입에 가져가는 먹이 찾기 반사(Rooting Reflex)와 입에 들어오는 모든 물체를 빠는 빨기 반사(Sucking Reflex)의 경향이 있다.

(3) 유아기가 되면 신생아 시기의 반사운동은 점차 사라지고 수의운동이 출현 · 발달한다.

2. 운동발달의 원리

(1) 머리에서 아래로(두미법칙): 운동기술이 머리에서 발까지 순서대로 나타나는 경향이다. 영아의 신체통제력은 처음에 머리를 가누고 팔과 몸통 그리고 다리로 이어진다.

(2) 중추에서 말초로(중심말단법칙): 운동기술이 몸의 중심에서 말단으로 진행되는 경향이다. 손가락을 움직이기에 앞서 팔을 먼저 통제하는 것이 그 예이다.

(3) 전체운동에서 특수운동으로: 분화되지 않은 운동에서 점차 분화되고 섬세한 운동으로 발달한다.

(4) 연속성: 발달은 전 생애를 통해 연속적으로 지속되지만 그 속도는 일정하지 않다.

(5) 개인차: 아이들의 발달속도는 개인에 따라 모두 다르다.

> **개념더하기** 운동발달
>
> 운동발달은 일정한 순서와 방향성을 가지며, 분화와 통합이라는 과정을 거친다.
> • 분화: 몸 전체를 움직이다가 차츰 필요한 부분만 움직인다.
> • 통합: 여러 부분의 행동이 합쳐지는 것으로 손과 눈의 동작이 일치(협응)한다.

03 주요 발달영역과 이론

1 지각발달

1. 시각*

(1) 갓 태어난 아기는 시각능력이 미숙하여 두 눈을 움직여 대상에 초점을 고정시키지 못하는 경향이 있다.

(2) 따라서 생후 3개월 전의 영아는 사시인 경우가 많다.

2. 얼굴지각

(1) 생후 8주 무렵: 얼굴의 윤곽에 초점을 고정시킨다.

(2) 9~12주 무렵: 얼굴 내부를 보기 시작하며, 친숙한 사람과 낯선 사람을 구별한다.

(3) 3~4개월: 얼굴표정에 민감하다.

(4) 5~7개월: 낯선 사람과 친숙한 사람의 얼굴을 확실히 구별한다.

3. 깊이지각

(1) 깁슨(Gibson)과 워크(Walk)는 유아의 깊이지각 능력을 알아보기 위해 시각벼랑이라는 실험 장치를 고안하였다.

(2) 시각벼랑 실험

① 생후 6~12개월의 유아들을 대상으로 한 실험 결과, 대부분의 아이들이 절벽처럼 보이는 장치 앞에서 멈추어 울음을 터뜨리는 등 공포반응을 보였다.

② 또 다른 실험에서 생후 3개월의 아이는 시각벼랑 앞에서 심장박동이 빨라지는 등 생리학적인 변화를 보였다.

③ 이 실험의 결과 생후 3개월부터 깊이지각이 가능하며, 6개월부터는 깊이지각과 공포의 정서가 함께 작동하는 것을 알 수 있었다.

---

* 시각
  인간의 감각 중 가장 늦게 발달하지만 가장 많은 연구가 진행된 감각으로, 약 임신 27주부터 눈을 뜰 수 있고 33주째부터 형체를 구분할 수 있게 된다.

4. 형태지각

(1) 영아는 색이나 밝기보다 형태에 더 집중한다.

(2) 단순한 형태보다 적당히 복잡한 도형을 더 주시한다.

(3) 직선보다는 곡선을 더 주시한다.

(4) 움직이는 물체에 주시한다.

2 기억발달

1. 재인(Recognition)

(1) 이전에 경험한 것과 같은 것을 경험했을 때 그것을 앞서 경험한 것과 같은 것으로 확인하는 것이다.

(2) 영아기 초기부터 나타나는 초보적인 기억능력이다.

(3) 현재 지각하는 것이 친숙한 것인지 아닌지를 기억해내는 것이다.

(4) 유아기 때 두드러지게 발달하여 4세가 되면 매우 정확해진다.

2. 기억책략

(1) 기억을 높이는 방법이다. 반복연습, 조직화, 정보의 정교화를 통하여 기억을 장기화할 수 있다.

(2) **반복연습-시연(Rehearsal)**: 기억해야 할 대상이나 정보를 여러 번 보거나 말로 되풀이하는 것이다.

(3) **조직화-군집화(Chunking)**: 서로 관련이 있거나 유사한 것끼리 묶어서 기억하려는 경향으로, 단기기억의 용량도 늘어가고 보다 많은 정보를 기억할 수 있다.

(4) **정보의 정교화-작업기억(Working Memory)**: 새로 습득한 정보에 이미 기억된 정보를 떠올려 결부시키는 역동적인 의식행위이다.

개념더하기	기억의 구분
감각기억	시각이나 청각 등의 감각기관으로 들어온 정보를 순간적으로 저장하는 기억
단기기억 (작업기억)	우리가 현재 의식 중에서 능동적으로 정보를 처리하는 활동 중인 기억으로서, 감각기억에 들어온 환경에 관한 정보 중 일부만이 이 단계로 전환
장기기억	감각기억과 단기기억의 과정을 거쳐 장기적으로 저장되는 기억

3 언어발달

1. 촘스키의 이론(생득설)

(1) 누구나 태어날 때부터 언어습득능력을 가지고 있다는 학설이다. 모국어 습득이 짧은 기간(3~4세)에 이루어지며 따로 노력이 필요하지 않다.

(2) 인간은 선천적으로 뇌 속에 언어획득장치(LAD; Language Acquisition Device)를 가지고 태어난다.

(3) 언어는 환경적 요인보다 생물학적 요인에 더 영향을 받아 발달한다.

2. 스키너의 이론(환경 · 학습 요인)

(1) 언어는 조작적 조건화를 통해 관찰할 수 있는 과학적인 행위로서 자극 − 반응 − 강화에 따른 학습과 습득이 이루어진다.

(2) 예를 들어, 아이가 주위 사람들의 말을 듣고 모방을 하며, 그것이 정확했을 때 주변인들로부터 강화를 받게 되어 언어가 습득된다는 이론이다.

(3) 그러나 부모는 아이의 말에서 내용에 반응을 하는 것이지 문법의 옳고 그름을 따지는 것은 아니므로 언어발달을 강화이론으로만 설명하기는 어렵다.

(4) 아이들은 모방뿐 아니라 스스로 문법적인 문장을 생성하는 창조적 능력을 가졌으며 이것이 반드시 학습에 의한 것만은 아니다.

3. 인지이론

(1) 피아제는 언어를 인지발달에 따라 나타나는 상징적 표상으로 보았다.

(2) 영아의 자기중심적인 언어사용은 그의 사고력이 다른 사람의 입장에서 생각하고 추론할 만큼 성숙하지 않았기 때문이다.

> **개념더하기** 의사소통의 발달단계
>
> • 1단계: 자기중심적인 언어로 의사소통의 기능은 없다.
> – 반복: 상대에게 의사를 전달하는 기능 없이 어떤 단어나 음절을 되풀이하는 것
> – 독백: 상대의 존재 여부와 관계없이 자신의 언어를 혼자 말하는 것
> – 집단적 독백: 여러 사람들과 말을 하지만 각자 자신의 이야기만 하며 상대의 반응을 기대하지 않는 발화
> • 2, 3단계: 질문과 대답, 정보교환 등 다른 사람에게 의사를 전달하거나 상호 간의 공통된 주제를 위해 뜻을 종합하는 언어유형이다.

4 인지발달

1. 피아제(Piaget)의 인지발달론

(1) **특징**

① 피아제는 인간이 주관적인 존재로서 나름대로 의미를 부여하는 주관적인 현실만이 존재한다고 주장하였다.

② 각 개인의 정서 · 행동 · 사고는 개인이 현실세계를 구성하는 방식에 따라 다르다.

③ 인간은 변화하고 성장하는 존재로서 인간의 의지 또한 환경과 상호작용하면서 변화하고 발달한다.

④ 인간은 '인지적 적응', '인지적 조직화', '인지적 평형화'의 기본적 성향을 통해 학습하며, 인지적 성장을 이룬다.

⑤ 인지발달단계의 순서는 변하지 않는다.

(2) **주요 개념**

① 도식(Schema)

㉠ 사물이나 사건에 대한 반응으로 나타나는 기본적인 인지구조 또는 그것에 대한 전체적인 윤곽이나 지각의 틀을 말한다.

㉡ 인간의 마음속에서 어떤 개념이나 대상의 중요한 측면 또는 특징을 인식하고 표현하는 능력이다.

ⓒ 정신적인 발달과 함께 변화하며, 아동은 주위환경과의 상호작용을 통해 그 폭을 넓혀나갈 수 있다.

ⓔ 출생 당시 빨기, 잡기 등의 단순한 반사운동에서 시작하여 이후 그 수가 많아져서 복잡한 조직망을 형성하게 된다.

② 적응(Adaptation)

ⓐ 자신의 주위환경의 조건을 조정하는 능력이며, 주위환경과 조화를 이루고 생존하기 위해 변화하는 과정을 말한다.

ⓑ 인간은 자신의 인지발달 수준에 따라 개념을 생각하고 이를 조직화하면서 환경에 적응해간다.

ⓒ 적응의 과정

동화	• 새로운 지각물이나 자극이 되는 사건을 기존도식이나 행동양식에 맞춰가는 인지적 과정 • 인지구조의 양적 변화 예 유아가 날아다니는 물체는 새라는 도식을 가지고 있는 경우, 다른 날아다니는 물체에 대해서도 새라고 부른다.
조절	• 기존도식이 새로운 대상을 동화하는 데 적합하지 않은 경우 새로운 대상에 맞도록 기존의 도식을 변경하여 인지하는 과정 • 인지구조의 질적 변화 예 날아다니는 물체지만 깃털도 없고 날개를 펄럭이지도 않는 물체를 새가 아닌 비행기라고 배우게 되면, 유아는 새와 비행기를 구분할 수 있게 된다.
평형상태	• 동화와 조절의 결과로 조직화된 유기체의 각 구조들이 균형을 이루는 상태 • 모든 도식은 평형상태를 지향하며, 새로운 경험의 유입으로 인해 발생하는 인지적 불평형상태를 해소하여 사고와 환경 간의 조화로운 관계를 모색 예 날아다니는 물체는 새라는 도식을 가진 유아는 그 모습이 너무도 다른 비행기를 보면서 불평형 상태에 놓이게 된다. 그러나 이후 새와 비행기가 다르다는 사실을 배우고 그것들을 서로 구분할 수 있게 되면서 평형상태를 회복한다.

③ 조직화(Organization)

ⓐ 인간은 관찰한 것이나 정보들을 재구성함으로써 도식들의 논리적인 결합을 추구한다.

ⓑ 서로 다른 감각의 입력정보들을 연결하거나 심리적 측면에서 상호관련시킴으로써 떠오르는 생각들을 이치에 맞도록 종합하는 것이다.

④ 보존(Conservation)

ⓐ 질량은 양적 차원에서는 동일하지만 모양의 차원에서는 변할 수 있다.

ⓑ 보존개념은 사물의 수량이나 면적에 무엇이 추가되거나 제거되지 않는 한 그 형태가 변하더라도 수량이나 면적은 동일하다는 것이다.

ⓒ 보존개념의 적용원리(보존개념 획득의 전제요소)

동일성(Identity)의 원리	사물의 외양이 변화했다고 해도 그 사물에서 아무것도 더하거나 빼지 않았다면 본래의 양은 동일하다는 원리 예 동일한 양의 물을 모양이 서로 다른 두 개의 컵, 즉 길쭉한 컵과 넓적한 컵에 각각 붓는 경우, 물의 양이 차이를 보이는 것 같지만 실제로는 동일한 양이다.
보상성 (Compensation)의 원리	변형에 의한 양의 손실은 다른 차원, 즉 높이, 길이, 면적을 통해 보상된다는 원리 예 넓적한 컵의 물의 양은 길쭉한 컵의 물의 양보다 낮은 높이를 보이는 대신 넓은 면적을 보인다.
역조작(Inversion)의 원리	변화의 과정을 반대로 거슬러 올라가는 경우 본래의 상태로 되돌아갈 수 있다는 원리 예 앞서 서로 다른 모양의 컵에 부은 물을 본래의 동일한 모양의 컵에 담는 경우 동일한 상태로 되돌아갈 수 있다.

⑤ 자아중심성(Egocentrism)
  ㉠ 유아가 사물을 자신의 입장에서만 보고 다른 사람의 관점을 고려하지 못하는 것이다.
  ㉡ 유아기 초기에는 자신과 주변의 대상들을 구분하지 못하는 반면, 청소년기에는 자신의 관념과 다른 사람의 관념을 구분하지 못한다.

(3) 피아제의 인지발달 4단계

구분	연령	특징
감각 운동기	0~2세	• 자극을 감각적으로 경험하며, 자극반응이 신체운동으로 나타남 • 과거 · 미래가 없는 현재 세계만을 인식하며, 초기에 자신과 외부대상을 구분하지 못하다가 점차적으로 외부대상과 사건에 대해 관심을 보임 • 대상영속성을 이해하기 시작
전조작기	2~7세	• 직관적인 수준의 사고를 보이며, 논리적이지 못함 • 감각운동기에 형성되기 시작한 대상영속성을 생후 18~24개월 이후 완전히 획득 • 보존개념을 어렴풋이 이해 • 전조작기 사고를 나타내는 대표적인 예로서 상징놀이, 물활론, 자아중심성을 들 수 있음 • 아동은 상징을 사용하여 보이지 않는 대상을 표현하며, 언어를 사용하여 사물이나 사건을 내재화할 수 있는 능력을 가짐 • 전조작기의 논리적 사고를 방해하는 요인으로 자아중심성 또는 자기중심성, 집중성 또는 중심화, 비가역성 등이 있음
구체적 조작기	7~12세	• 기본적 논리체계를 획득함으로써 구체적 사물을 중심으로 한 이론적 · 논리적 사고는 가능하나 여전히 지각의 한계를 벗어나지 못함으로써 가설 · 연역적 사고에 이르지는 못함 • 자아중심성 · 집중성 극복 • 가역적인 사고 가능 • 보존개념 획득 • 분류화 · 서열화 가능
형식적 조작기	12세 이상	• 가설 · 연역적 사고, 추상적 사고, 체계적 사고, 논리적 조작에 필요한 문제해결능력 발달 • 사회적 규범과 가치관을 이해하며, 예술작품에 내재된 상징적 의미 파악 가능

개념더하기 ▶ 심리학 용어 설명

- 대상영속성: 눈앞에 보이던 사물이 갑자기 사라져도 그 사물의 존재가 소멸되지 않는다는 것을 인식할 수 있는 능력
- 집중성: 어떤 대상이나 상황의 한 부분에만 집중한 채 다른 부분을 무시하는 경향
- 비가역성: 한 방향으로만 생각하는 경향
- 분류화: 대상을 일정한 특징에 따라 다양한 범주들로 구분하는 것
- 서열화: 대상의 특정 속성을 기준으로 순서를 부여하는 것

(4) 감각운동기(0~2세)의 발달과정

구분	연령	특징
반사활동	0~1개월	• 빨기, 쥐기 등의 반사행동을 통해 외부세계에 대처 • 반사가 효율적으로 이루어지지만, 행동과 욕구를 분별하지 못함
1차 순환반응	1~4개월	• 자기신체에 대해 관심을 보이며, 영아의 여러 신체부분들이 서로 협응 • 유쾌한 자극에 대해 의도적인 행동을 서서히 나타내 보이며, 선천적인 반응을 다른 대상에 적용시켜 새로운 반응을 획득
2차 순환반응	4~10개월	• 외부대상이나 사건에 관심을 보이며, 외부에서 발견한 흥미로운 사건을 반복 • 선천적인 반사를 넘어 학습을 통해 획득한 반응의 양상을 보이며, 이전에 획득한 반응을 의도적으로 새로운 상황에 적용
2차 도식협응	10~12개월	• 주위환경에 관심, 대상영속성 발달 시작 • 이전 단계에서 획득한 도식이 새로운 상황을 통해 확대되며, 더욱 의도적인 통제와 조정이 이루어짐
3차 순환반응	12~18개월	• 실험적 사고에 열중하며, 서로 다른 행동이 다른 결과로 나타나는 것을 관찰 • 흥미로운 것을 발견하기 위해 행동을 반복하며, 인과적 상황에 대한 실험 및 시행착오적인 행동을 보임
정신적 표상 (사고의 시작)	18~24개월	• 어떤 사물이나 사건이 자신의 눈앞에 없더라도 이를 정신적으로 그려내기 시작 • 시행착오적 행동에서 벗어나, 행동하기 전에 상황에 대해 사고

(5) 피아제의 도덕성 발달단계

단계	연령	특징
[1단계] 전 도덕성	2~4세	• 도덕적 인식이 전혀 없는 단계 • 규칙이나 질서를 의식하지 않거나 무관심
[2단계] 타율적 도덕성	5~7세	• 외적 준거와 행위의 결과에 의해 판단하는 단계 • 성인을 전지전능한 사람으로 여기며, 그들이 정한 규칙에 일방적으로 복종 • 행위의 의도보다 결과를 중시 예 어머니 몰래 콜라를 먹으려다 컵을 1개 깬 아이보다 실수로 컵을 10개 깬 아이가 더 나쁘다고 생각함 • 도덕적 실재론 또는 도덕적 절대주의
[3단계] 자율적 도덕성	8세 이후	• 행위의 결과와 의도를 함께 고려하는 단계 • 규칙이 상호합의에 의해 이루어진 것으로서 변경이 가능하다는 사실을 인식 • 행위의 결과보다 의도의 옳고 그름에 따라 판단 예 어머니 몰래 콜라를 먹으려다가 컵을 1개 깬 아이가 우연히 컵을 10개 깬 아이보다 더 나쁘다고 생각 • 규칙위반이 반드시 처벌을 의미하지는 않음 • 도덕적 상대론 또는 도덕적 상대주의

2. 비고츠키(Vygotsky)의 사회문화적 인지이론

(1) 개념 및 특징

① 피아제의 인지발달이론에 사회문화적인 접근을 시도함으로써 새로운 인지발달이론을 전개하였다.

② 개인의 인지적 · 심리적 발달을 사회문화현상 및 사람들과의 상호작용에 의한 것으로 간주하였다.

③ 학습은 아동 스스로 학습하려는 노력과 함께 부모나 교사 또는 좀 더 능력이 있는 또래와의 상호작용을 통해서 이루어진다고 주장하였다.

④ 비고츠키는 언어를 '사회적 언어'와 '사적 언어'로 나누었다. 사회적 언어는 의사소통을 가능하게 하는 것으로, 사회적 지식과 사고체계, 태도 등을 내면화하는 것이다. 사적 언어는 아동의 혼잣말 등을 말하는데, 비고츠키는 사적 언어가 아동의 문제해결력을 돕고 행동을 조절할 수 있게 해준다고 보았다.

(2) 주요 개념

① **언어발달**: 언어는 인지과정 자체의 일부분이자 아동의 사회적 지식교환에 의한 인지발달을 가능하게 하는 중요한 도구이다.

② **근접발달영역(ZPD; Zone of Proximal Development)**: 사회적 상호작용의 영역으로서, 아동 스스로 해결할 수 있는 문제에 의해 결정되는 실제적 발달수준과 다른 동료학습자 또는 성인의 지원에 의해 문제해결이 가능한 잠재적 발달수준 간의 차이를 의미한다. 즉, 혼자서 성취하기는 어렵지만 유능한 타인의 도움으로 성취 가능한 것의 범위를 말한다.

③ **비계설정(발판화, Scaffolding)**: 근접발달영역과 밀접한 관계가 있는 개념으로서, 아동이 혼자서 잘할 수 있을 때까지 성인이나 또래가 지원해주는 것을 말한다. 즉, 비계설정은 근접발달영역 내에서 개인정신 간의 국면이 개인정신 내의 국면으로 전환되는 것을 말한다.

④ **상호주관성(Intersubjectivity)**: 과제수행 시 서로 다르게 이해하고 있던 두 사람이 공유된 이해에 도달하는 과정을 말한다.

⑤ **모방**: 아동에게 모방의 대상은 교사나 더 높은 수준의 동료학생이며, 처음에는 이들을 모방하다가 아동에게 내면화되었을 때 잠재적 발달수준이 실제적 발달수준이 된다.

⑥ **가장놀이**: 놀이를 통한 추상적 사고의 형성이라고 볼 수 있다.

⑦ **유도된 참여**: 아동이 성인의 활동을 관찰하고 참여함으로써 아동 자신의 인지와 사고방식을 형성하는 것을 말한다.

⑧ **협동학습(Cooperative Learning)**: 서로 다른 또래와의 집단구성을 통해 근접발달영역 내에서 서로를 이끌어 문제를 해결하는 학습방법을 말한다.

5 콜버그(Kohlberg)의 도덕성 발달

1. 개념 및 특징

(1) 콜버그는 인간의 도덕성 추론능력의 발달이 인지적 발달과 연관되며, 발달의 순서는 모든 사람과 모든 문화에 동일하게 나타난다고 보았다.

(2) 피아제의 도덕성 발달에 관한 이론을 청소년기와 성인기까지 확장하였다.

(3) 인지발달 수준 및 도덕적 판단능력에 따라 도덕적 발달수준을 3가지 수준의 총 6단계로 구분하였다.

2. 도덕성 발달단계

전인습적 수준 (4~10세)	• 1단계: 타율적 도덕성의 단계로서 처벌과 복종을 지향 • 2단계: 개인적 · 도구적 도덕성의 단계로서 상대적 쾌락주의에 의한 욕구충족을 지향
인습적 수준 (10~13세)	• 3단계: 대인관계적 도덕성의 단계로서 개인 상호간의 조화를 중시하고 착한 소년 · 소녀를 지향 • 4단계: 법과 질서 · 사회체계적 도덕성으로서 사회질서에 대한 존중을 지향
후인습적 수준 (13세 이상)	• 5단계: 민주적 · 사회계약 도덕성의 단계로서 민주적 절차로 수용된 법을 존중하는 한편, 상호합의에 의한 변경가능성을 인식 • 6단계: 보편윤리적 도덕성의 단계로서 개인의 양심과 보편적인 윤리원칙에 따라 옳고 그름을 인식

6 프로이트(Freud)의 심리성격발달

1. 지형학적 모델 – 정신의 3요소

의식 (Consciousness)	• 어떤 순간에 우리가 알거나 느낄 수 있는 모든 감각과 경험 • 특정 시점에 인식하는 모든 것
전의식 (Preconsciousness)	• 의식과 무의식의 교량 역할 • 당장 의식하지는 못하지만 주의를 집중하는 경우 의식으로 가져올 수 있는 정신작용의 부분
무의식 (Unconsciousness)	• 의식적 사고의 행동을 전적으로 통제하는 힘 • 스스로가 전혀 의식하지 못하는 정신작용의 부분

2. 구조적 모형 – 성격의 3요소

원초아(Id)	• 출생 시 타고나는 성격의 가장 원초적인 부분 • 본능적 충동과 쾌락의 원리에 의해 지배되므로, 충동적이고 비합리적이며 자애적으로 나타남
자아(Ego)	• 출생 후 발달하기 시작 • 성격의 조직적이고 합리적이며 현실지향적인 체계
초자아 (Superego)	• 무엇이 옳고 그른지를 판단하는 데 관여하는 성격의 일부분 • 도덕성 및 죄책감과 연관

3. 심리적 성격발달단계

구강기(0~1세)	• 리비도*가 입, 혀, 입술 등 구강에 집중 • 전기에는 빨기·삼키기에서 쾌락 경험 • 후기에는 젖떼기에 대한 불만으로 어머니에 대한 양가감정 경험 • 고착되는 경우 손가락 빨기, 손톱 깨물기, 과음, 과식이 나타남
항문기(1~3세)	• 배변항문자극으로 쾌감을 경험 • 배변훈련을 통한 사회화 기대에 직면 • 고착되는 경우 결벽증, 인색함 등이 나타남
남근기(3~6세)	• 리비도가 성기에 집중 • 오이디푸스 콤플렉스**, 엘렉트라 콤플렉스*** 경험 • 부모와의 동일시, 역할습득을 통해 양심과 자아상 발달 • 초자아 형성
잠복기(6~12세)	• 성적욕구가 억압되어 충동이 잠재되어 있는 시기 • 리비도의 대상이 동성친구로 향하고 동일시의 대상으로 삼음 • 지적 활동, 운동, 우정 등에 에너지 집중
생식기(12세 이후)	• 잠복된 성적 에너지가 되살아남 • 이성친구에게 관심을 가짐 • 사춘기 경험, 2차 성징 발생

---

* 리비도(Libido)
 성본능·성충동의 본능적인 성적 에너지. 개인의 사고 및 행동에 지대한 영향을 미침
** 오이디푸스 콤플렉스
 남자아이가 어머니를 성적으로 사랑하게 되면서 경험하는 딜레마
*** 엘렉트라 콤플렉스
 여자아이가 아버지와 성적으로 사랑에 빠지고, 그로 인해 어머니에게 적개심을 품는 딜레마

4. 프로이트 정신분석이론의 주요 특징

(1) 정신적 결정론(심리결정론): 인간의 정신활동이 과거의 경험(대략 5세 이전의 경험)에 의해 결정된다.

(2) 무의식의 강조: 인간의 행동은 의식적 과정이라기보다는 인식할 수 없는 무의식에 의해 동기가 유발된다.

(3) 리비도의 강조: 본능적인 성적 에너지가 행동과 사고의 동기가 된다.

(4) 성격발달의 5단계: 구강기 → 항문기 → 남근기 → 잠복기 → 생식기

7 에릭슨(Erikson)의 심리사회발달

1. 개념 및 특징

(1) 인간의 전 생애에 걸친 발달과 변화를 강조하였다.

(2) 인간을 합리적인 존재이자 창조적인 존재로 보았다.

(3) 인간의 행동이 자아에 의해 동기화되고, 개인의 심리적 요인과 사회문화적 영향의 상호작용에 의해 성격이 형성된다고 보았다.

(4) 기존의 정신분석적 방법과 달리, 인간에 대하여 정상적인 측면에서 접근하였다.

(5) 창조성과 자아정체감의 확립을 강조하였다.

(6) 문화적 · 역사적 요인과 성격구조의 관련성을 중시하였다.

2. 주요 개념

(1) 자아(Ego): 인간이 신체적 · 심리적 · 사회적 발달과정에서 외부환경에 적응하는 과정을 통해 형성되며, 성격의 자율적 구조로서 원초아(Id)로부터 분화된 것이 아닌 그 자체로 형성된 것이다.

(2) 자아정체감(Ego Identity): 동일성 · 일관성을 유지하려는 어떤 개인의 능력과 타인이 그에게서 발견하는 동일성 · 일관성이 일치할 때 생기는 것이다. 주체성, 독립성, 과거로부터의 연속성, 주관적 · 실존적 의식과 감각의 총체로, '이것이 나 자신이다'라는 실감을 뜻한다.

(3) 점성원리: 인간은 발달을 위한 기본적인 요소들을 가지고 있으며, 시간이 경과함에 따라 그 요소들이 결합 또는 재결합하여 새로운 구조를 형성하게 된다는 것으로 건강한 성격은 각 요소가 다른 요소와 체계적으로 연결됨으로써 연속적으로 발달하게 된다.

(4) 위기: 인간의 발달단계마다 사회는 개인에게 어떠한 심리적 요구를 하는데 이를 위기라 한다. 각 심리단계에서 개인은 위기에서 야기되는 스트레스와 갈등에 적응하려고 노력하며, 이러한 위기를 성공적으로 해결하지 못하는 경우 자아정체감의 혼란이 야기된다.

3. 에릭슨의 인간발달단계

시기	위기	능력	주요 병리	프로이트 발달단계
유아기 (출생~18개월)	신뢰감 대 불신감	희망	위축	구강기
	• 양육의 질이 결정적이며, 특히 일관성이 중요 • 생의 의욕과 긍정적 세계관을 기르는 데 기초			
초기 아동기 (18개월~3세)	자율성 대 수치심 · 회의	의지력	강박	항문기
	• 독립심과 존중감을 기르는 데 기초			
학령 전기 (3~5세)	주도성 대 죄의식	목적의식	억제	남근기
	• 아동은 언어능력 및 운동기술의 발달로 외부세계와 교류하고 사회적 놀이에 참여하면서 목적의식 · 목표설정과 더불어 목표에 도달하고자 노력하는 주도성이 생김 • 사회화를 위한 기초적 양심이 형성되며, 때로 극단적인 양상으로 나타나 과도한 처벌에 의한 자신감 상실 또는 죄의식을 불러오기도 함			
학령기 (5~12세)	근면성 대 열등감	능력감	무력	잠복기
	• 아동은 가정에서 학교로 사회적 관계를 확장함으로써 부모의 도움 없이 다른 사람과 경쟁하는 입장 • 아동은 사회화로의 결정적인 도전에 임할 때 주위 또래집단이나 교사 등의 주위환경을 지지기반으로 사회의 생산적 성원이 되기 위해 한걸음 나아감			
청소년기 (12~20세)	정체감 대 정체감 혼란	성실성	부인	생식기
	• 청소년은 다양한 역할 속에서 방황과 혼란을 경험하며, 이는 심리사회적 유예기간이라는 특수한 상황에 의해 용인됨 • 심리사회적 유예기간 동안 청소년은 자신의 역할과 능력을 시험할 수 있으며, 사회적 · 직업적 탐색을 통해 정체감을 형성			
초기 성인기 (20~24세)	친밀감 대 고립감	사랑	배척	
	• 청소년기에 자아정체감이 확립되면 자신의 정체성을 타인의 정체성과 연결 · 조화시키려고 노력함으로써 사회적 친밀감을 형성 • 성인 초기에는 자아정체감에 의한 성적 · 사회적 관계형성이 이루어지며, 이를 통해 개인의 폭넓은 인간관계가 형성			
성인기 (24세~65세)	생산성 대 침체	배려	거절	
	• 가정과 사회에서 중요한 역할을 수행하는 시기, 다음 세대를 양육하는 과업에서 부하직원이나 동료들과의 긴밀한 관계유지의 필요성을 경험 • 자기중심적인 사고에서 벗어나 다른 사람을 보호하거나 스스로 양보하는 미덕을 보이기도 함			
노년기 (65세 이후)	자아통합 대 절망	지혜	경멸	
	자신이 더 이상 사회가 필요로 하는 사람이 아님을 인식함으로써, 죽음을 앞둔 채 지나온 생을 반성			

4. 프로이트와 에릭슨 이론의 비교

프로이트	에릭슨
• 무의식과 성적 충동이 인간행동의 기초 • 인간의 행동은 개인의 심리적 요인에 의해 결정 • 인간이 무의식에 의해 지배된다는 수동적 인간관 • 자아는 원초아에서 분화되며, 원초아의 욕구충족을 조정 • 아동의 초기 경험(만 5세 이전)이 성격을 결정하므로 특히 부모의 영향이 강조됨 • 발달에 있어서 환경의 중요성을 강조하지 않음 • 구강기에서 생식기에 이르기까지 5단계 성격발달	• 의식과 사회적 충동이 인간행동의 기초 • 인간의 행동은 개인의 심리적 요인과 사회문화적 영향의 상호작용에 의해 형성 • 인간의 창조성과 잠재력을 강조하는 능동적 인간관 • 자아는 그 자체로 형성되어 독립적으로 기능 • 성격은 자아통제력과 사회적 지지에 의해 형성되며, 전 생애에 걸쳐 발달 • 사회적 환경이 개인의 발달에 지속적으로 영향을 미침 • 유아기에서 노년기에 이르기까지 8단계 성격발달

8 아들러(Adler)의 개인심리

1. 개념 및 특징

(1) 무의식이 아닌, 의식을 성격의 중심으로 보았다.

(2) 인간을 전체적 · 통합적으로 보고, 창조적이고 책임감 있는 존재로 보았다.

(3) 인간은 성적 동기보다 사회적 동기에 의해 동기화된다고 보았으며, 목적적 · 목표 지향적으로 행동한다고 보았다.

(4) 열등감과 보상이 개인의 발달에 동기가 된다.

(5) 사회적 관심은 한 개인의 심리적 건강을 측정하는 유용한 척도이다.

(6) 인간은 미래에 대한 기대로서 가상의 목표를 가진다.

(7) 개인의 행동과 습관에서 타인 및 세상에 대한 태도 등 삶에 전반적으로 적용되고 상호작용하는 생활양식이 나타난다.

2. 주요 개념

(1) **열등감과 보상**: 열등감은 개인이 잘 적응하지 못하거나 해결할 수 없는 문제에 직면했을 때 나타나는 무능력감에서 생긴다. 이러한 열등감은 동기유발의 근거로 작용하며, 연습이나 훈련을 통한 보상에의 노력으로 이어진다.

(2) **우월을 향한 노력**: 인간의 궁극적인 목적은 우월하게 되는 것이다. 우월은 모든 인간이 가지는 기본적인 동기로서 선천적이며, 열등감을 보상하려는 욕구에서 나온다.

(3) **사회적 관심**: 개인이 이상적인 공동사회를 목표로 달성하려는 성향을 말하는 것으로서, 개인의 목표를 사회적 목표로 전환하는 것이다.

(4) 생활양식: 인생목표, 자아개념, 성격, 문제에 대처하는 방법, 행동, 습관의 독특한 형태 등 삶에 전반적으로 적용되고 상호작용하는 통합된 양식을 의미한다.

지배형	사회적 관심은 거의 없으면서 활동수준이 높아 공격적이고 주장적인 유형
획득형	기생적인 방법으로 외부세계와 관계를 맺으며, 타인에게 의존하여 욕구를 충족하는 유형
회피형	참여하려는 사회적 관심도 적고 활동수준도 낮은 유형
사회적으로 유용한 유형	사회적 관심이 커서 자신과 타인의 욕구를 동시에 충족시키며, 인생과업을 완수하기 위해 다른 사람과 협력하는 유형

(5) 창조적 자아: 자아의 창조적인 힘이 인생목표와 목표추구 방법을 결정하고, 사회적 관심을 발달시킨다.

(6) 가상적 목표: 개인이 추구하는 궁극적 목적은 현실에서 검증되지 않은 가상의 목표로서, 이는 미래에 실재하는 어떤 것이 아닌, 현재의 행동에 영향을 미치는 미래에 대한 기대로서의 이상을 의미한다.

(7) 가족형상: 가족성원 간의 관계와 정서적 유대, 가족의 크기 및 성적 구성, 출생순위 등은 개인의 성격형성에 지대한 영향을 미친다.

첫째아이 (맏이)	'폐위된 왕'에 비유. 권위를 행사하고 규칙과 법을 중시하는 경향
둘째아이 (중간아이)	항상 자신이 맏이보다 뛰어나다는 것을 증명하려는 경쟁심을 보임
막내아이	과잉보호의 대상. 독립심이 부족하며, 열등감을 경험하기도 함
외동아이 (독자)	응석받이. 자기중심적이고 의존적임. 자신의 중요성에 대해 과장된 견해를 갖음

9 융(Jung)의 분석심리

1. 개념 및 특징

(1) 인격을 '의식'과 '무의식'으로 구분하고, 무의식을 다시 '개인무의식'과 '집단무의식'으로 구분하였다.

(2) 전체적인 성격을 정신(Psyche)으로 보았으며, 성격의 발달을 자기실현의 과정으로 보았다.

(3) 인간이 태어날 때 본질적으로 양성을 가지고 태어났다는 양성론적 입장을 취하였다.

(4) 중년기의 성격발달을 중요하게 다루었으며, 중년기를 전환점으로 자아가 자기에 통합되면서 성격발달이 이루어진다고 보았다.

2. 주요 개념

(1) 개인무의식: 프로이트가 말한 전의식에 해당되는 영역으로서, 자아와 인접된 영역에서 자아에 의해 인정되지 않은 경험이 저장되는 곳이다. 이와 같은 개인무의식의 내용은 의식으로 변화될 수 있으며, 개인무의식과 자아 사이에는 빈번한 상호교류가 일어난다.

(2) 집단무의식: 모든 인류에게 공통적으로 존재하는 것으로서, 개인적 경험과는 상관없이 조상 또는 종족 전체의 경험 및 생각과 관계가 있는 원시적 공포, 사고, 성향 등을 포함하는 무의식을 말한다.

(3) 원형: 집단무의식을 구성하는 것이며, 시간·공간·문화나 인종의 차이에 관계없이 보편적으로 존재하는 인류의 가장 원초적인 행동유형이다.

(4) 자기(Self): 의식과 무의식을 포함한 전체 정신의 중심으로서, 태어날 때부터 존재하는 핵심원형이다. 자아(Ego)가 의식의 중심으로서 의식의 영역만을 볼 수 있는 반면, 자기(Self)는 의식과 무의식의 주인으로서 전체를 통합할 수 있다.

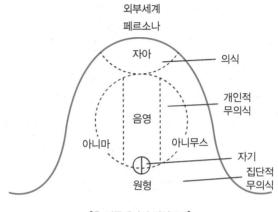

[융 이론에서의 정신구조]

> **개념더하기** 심리학 용어 설명
>
> • 아니마: 무의식 속에 존재하는 남성의 여성적인 측면
> • 아니무스: 무의식 속에 존재하는 여성의 남성적인 측면
> • 음영(그림자): 동물적 본성을 포함하고, 스스로 인식하기 싫은 자신의 부정적인 측면
> • 페르소나: 자아의 가면으로 개인이 외부로 표출하는 이미지 혹은 가면

3. 융의 발달단계와 발달과업

발달단계	연령	발달과업
아동기	출생~사춘기	• 유아기는 본능이 지배하는 시기 • 자아가 아직 형성되지 않은 시기로서 심리적 문제는 없음 • 초년의 생존을 위한 활동에 리비도의 영향을 중시 • 5세 이전 성적 리비도가 나타나 청년기에 최고조
청년 및 성인 초기	사춘기~40세 전	• 사춘기 시기는 문제와 갈등, 적응의 시기 • 생 전반기의 외적·신체적 팽창의 시기로서 자아발달이 이루어짐 • 외부세계에 대처하는 역량이 발휘되는 시기 • 남성과 여성의 각 성적 측면이 발달하고, 외향적인 사람이 더 순조롭게 이 시기를 보냄
중년기	40세 이후	• 융이 가장 중요하다고 강조한 시기 • 자신의 내면에 초점을 맞추는 성격발달의 정점 시기 • 정서적 위기를 수반하는 발달적 위기를 겪으면서 추구하던 목표를 잃고 절망과 비참함을 느낄 수 있음 • 자아를 외적·물질적 차원에서 내적·정신적 차원으로 전환 • 성격원형의 본질적 변화를 초래(페르소나, 그림자, 아니마, 아니무스의 변화)
노년기	중년기 이후	• 명상과 회고가 많아지고, 내면적 이미지가 큰 비중을 차지 • 생의 본질을 이해하려 함 • 내세에 대한 이미지가 없다면 건전한 방식으로 죽음을 맞기 어려움

10 행동주의

1. 개념 및 특징

(1) 인간행동은 내적 충동보다 외적 자극에 의해 동기화된다.

(2) 인간행동은 결과에 따른 보상 혹은 처벌에 의해 유지된다.

(3) 인간행동은 법칙적으로 결정되고, 예측이 가능하며, 통제될 수 있다.

(4) 인간행동은 환경의 자극에 의해 동기화된다.

(5) 인간의 행동은 학습될 수도, 학습에 의해 수정될 수도 있다.

(6) 인간은 학습을 통해 다양한 지식과 경험을 습득하며, 태도와 가치관을 형성한다.

(7) 아동발달에서 생물학적 요인보다 환경적 요인을 더 강조한다.

(8) 행동주의 이론에서는 자극과 반응 간의 관계를 강조한다.

(9) 자아나 인지기능, 내면적인 동기로는 인간의 행동을 설명할 수 없다.

(10) 개인의 행동발달 유형은 개인의 유전적 배경 및 환경적 조건에 따라 다르게 나타난다.

(11) 강화된 행동은 자극일반화와 자극변별을 가능하도록 한다.

(12) 조작적 조건형성이론에서는 강화와 처벌의 역할을 강조한다.

2. 의의

(1) 당시 지배적이었던 정신분석에 반대하는 관점을 제시하며 성격이론의 확대에 기여했다.

(2) 인간의 인지, 감각, 의지 등 주관적 또는 관념적 특성을 나타내는 것들을 과학적인 연구대상에서 제외시키고자 하였다.

(3) 초기연구에서는 직접적으로 관찰이 가능한 인간의 행동에 연구의 초점을 맞추었다.

3. 파블로프의 고전적 조건형성

(1) 파블로프(Pavlov)에 의해 처음 연구된 것으로서, 개에게 종소리를 들려준 후 먹이를 주자 이후 종소리만 들려주어도 개가 침을 흘리는 실험과정에서 비롯되었다.

(2) 어떠한 조건자극이 조건반응을 유도하는 힘을 가지게 된 후 다른 제2의 자극과 연결되는 경우, 제2의 자극에 대한 무조건자극으로써 새로운 조건반응을 야기할 수 있다. 이를 '2차적 조건형성'이라고 한다.

(3) 학습은 체계적 · 과학적 방법에 의해 외부로부터 유도될 수 있으며, 그 결과는 예측가능하다.

(4) **주요 개념**

자극일반화	조건자극에 대한 조건반응으로서 유사한 다른 자극에도 반응을 일으키는 것
자극변별	조건화가 완전해짐으로써 다른 유사한 자극에 대해 반응을 일으키지 않는 것

4. 스키너의 조작적 조건형성

(1) 스키너(Skinner)가 고전적 조건형성을 확장한 것으로서, 자신이 고안한 '스키너 상자(Skinner Box)'에서의 쥐 실험을 통해 구체화하였다.

(2) 인간이 환경의 자극에 능동적으로 반응하여 나타내는 행동인 조작적 행동을 설명한다.

(3) 자극에 대한 인간의 수동적·반응적 행동에 몰두하는 파블로프의 고전적 조건형성과 달리, 행동이 발생한 이후의 결과에 관심을 가진다.

(4) 어떤 행동의 결과에 대해 보상이 이루어지는 경우 그 행동이 재현되기 쉬우며, 반대의 경우 행동의 재현이 어렵다는 점을 강조한다. 즉, 강화와 처벌의 역할을 강조한다.

11 반두라(Bandura)의 사회학습이론

1. 개념 및 특징

(1) 인간의 행동이 외부자극에 의해 통제된다는 행동주의 이론을 반박하여 인간의 인지능력에 관심을 가졌다.

(2) 직접경험에 의한 학습보다는 모델링을 통한 관찰학습과 모방학습을 강조한다.

(3) 학습은 모델의 행동을 모방하거나 대리적 조건형성을 통해 이루어진다.

(4) 관찰과 모방에 의한 사회학습을 통해 문제행동을 교정할 수 있음을 보여주었다.

2. 주요 개념

자기강화	자신이 통제할 수 있는 보상을 자기 스스로에게 주어서 자신의 행동을 유지하거나 변화시키는 과정
자기효율성	내적 표준과 자기강화에 의해 형성되는 것으로서, 어떤 행동을 성공적으로 수행할 수 있다는 신념
자기조절	수행 과정, 판단 과정, 자기반응 과정을 통해 자신의 행동을 스스로 평가하고 감독하는 것

3. 관찰학습의 과정

주의집중 과정	모델에 주의를 집중하는 과정으로서, 모델의 행동에 주의하고 중요한 측면들을 확인하며, 뚜렷한 특징들을 변별
보존 과정(기억 과정)	모방한 행동을 상징적 형태로 기억 속에 담음. 즉, 반응패턴을 상징적 형태로 기억 속에 표상
운동재생 과정	모델을 모방하기 위해 심상 및 언어로 기호화된 표상을 외형적인 행동으로 전환
동기화 과정 (자기강화 과정)	강화는 학습한 행동을 수행할 가능성을 높이며, 행동은 실제로 주어지는 강화에 의해서만 결정되는 것이 아닌, 예상된 강화에 의해서도 결정됨

12 브론펜브레너(Bronfenbrenner)의 생태체계이론

1. 개념 및 특징

(1) 인간과 다른 환경체계 간의 교류를 설명하고 분석하기 위해 사용되는 체계이론이다.

(2) 인간과 환경 간의 복잡한 상호보완성을 설명하는 데 역점을 둔다.

(3) 사회체계이론이 다방면의 포괄적인 시각을 갖는 반면, 생태체계이론은 가족체계를 강조하는 경향이 있다.

(4) 인간발달단계에 대해 거시적인 접근을 한다.

(5) 생태체계이론은 환경 속의 인간이라는 기본관점을 전제로 한다.

2. 생태체계이론의 5가지 체계

미시체계	• 개인과 아주 가까운 주변 관계와의 상호작용 • 각 개인이 그 체계 안에 있는 다른 사람에게 영향을 주고, 또 다른 사람으로부터 영향을 받는 발달의 진정한 역동적 맥락 예 부모와 자녀 간의 관계
중간체계	• 가정, 학교, 또래집단과 같은 두 가지 이상의 미시체계들 간의 연결이나 상호관계 • 미시체계 간의 강하고 지원적인 연결에 의해 발달이 이루어지며, 비지원적인 연결은 문제를 초래 예 가정과 학교와의 관계
외부체계	아동과 청소년들이 그 맥락의 부분을 이루고 있지는 않지만, 아동과 청소년의 발달에 영향을 줄 수 있는 환경적 요소들로 구성 예 부모의 직장과 사회적 관계망
거시체계	• 개인이 속한 사회의 이념이나 제도, 즉 정치, 경제, 문화 등의 광범위한 사회적 맥락을 의미하며, 하위 체계에 지지기반과 가치준거를 제공 • 청소년이 추구해야 하는 목표가 무엇인지를 규정하는 전체를 둘러싸고 있는 광범위한 이데올로기 예 청소년기 부모의 양육관, 사회구성원의 청소년관
시간체계	시간의 차원으로 일생 동안 일어나는 인간의 변화와 사회·역사적 환경의 변화를 포함 예 부모의 죽음

13 매슬로(Maslow)의 욕구이론

1. 기본 전제

(1) 각 개인은 통합된 전체로 간주되어야 한다.

(2) 인간의 본성은 본질적으로 선하며, 인간의 악하고 파괴적인 요소는 나쁜 환경에서 비롯된 것이다.

(3) 창조성이 인간의 잠재적 본성이다.

2. 인간욕구의 위계 5단계

[1단계] 생리적 욕구	• 의식주, 종족보존 등 최하위 단계의 욕구 • 인간의 본능적 욕구이자 필수적 욕구
[2단계] 안전 또는 안정에 대한 욕구	• 신체적·정신적 위험에 의한 불안과 공포에서 벗어나고자 하는 욕구 • 추위·질병·위험 등으로부터 자신의 건강과 안전을 지키고자 하는 욕구
[3단계] 애정과 소속에 대한 욕구	• 가정을 이루거나 친구를 사귀는 등 어떤 조직이나 단체에 소속되어 애정을 주고받고자 하는 욕구 • 사회적 욕구로서 사회 구성원으로서의 역할수행에 전제조건이 되는 욕구
[4단계] 자기존중 또는 존경의 욕구	• 소속 단체의 구성원으로서 명예나 권력을 누리려는 욕구 • 타인으로부터 자신의 행동이나 인격이 승인을 얻음으로써 자신감, 명성, 힘, 주위에 대한 통제력 및 영향력을 느끼고자 하는 욕구
[5단계] 자아실현의 욕구	• 자신의 재능과 잠재력을 충분히 발휘하여 자기가 이룰 수 있는 모든 것을 성취하려는 최고 수준의 욕구 • 사회적·경제적 지위와 상관없이 자신이 소망한 분야에서 최대의 만족감과 행복감을 느끼고자 하는 욕구

14 로저스(Rodgers)의 현상학 이론

1. 개념 및 특징

(1) 인간에게는 주관적 현실세계만이 존재한다.

(2) 모든 인간행동은 개인이 세계를 지각하고 해석한 결과이다.

(3) 인간은 스스로 자신의 삶의 의미를 능동적으로 창조하며, 주관적 자유를 실천해나간다.

(4) 인간은 유목적적 존재로서, 인간의 자기실현경향, 즉 미래지향성은 인간행동의 가장 기본적인 동기이다.

2. 주요 개념

(1) **현상학적 장(Phenomenal Field)**: 경험적 세계 또는 주관적 경험으로 불리는 개념으로서, 특정 순간에 개인이 지각하고 경험하는 모든 것을 의미한다.

(2) **자아**: 현재 자신이 어떤 존재인가에 대한 개념으로 자기 자신에 대한 자아상이다. 현재 자신에 대한 인식인 현실자아(Real Self)와 앞으로 되기를 원하는 이상적 자아(Ideal Self)로 구분된다.

(3) **자아실현경향**: 인간은 자아실현의 욕구를 가지며, 자아실현의 과정을 통해 삶의 의미를 찾고 주관적인 자유를 실천함으로써 점진적으로 완성된다.

(4) **가치조건**: 개인은 스스로 자기를 찾고자 노력하는 대신, 부모나 사회에 의해 설정된 기준(조건)에 자신을 맞추려고 함으로써 자아실현에 실패할 수 있다.

> **개념더하기**　로저스가 제시한 '완전히 기능하는 사람(Fully Functioning Person)'의 특징
>
> - 창조적으로 살아간다.
> - 개방적으로 체험한다.
> - 삶에 충실하다.
> - '자신'이라는 유기체에 대해 신뢰한다.
> - 자신의 느낌과 반응에 따라 충실하고 자유롭게 산다.
> - 자신의 선택에 따른 실존적인 삶을 추구한다.

15 로렌츠(Lorenz)의 각인이론

1. 개념 및 특징

(1) 로렌츠는 다윈의 진화론적 관점과 동물행동학적 방법을 토대로 동물의 행동을 연구한 현대 행동학의 창시자이다. 그는 모든 종(種)의 개체발달이 진화과정에 내재된 생물학적 역사와 함께 환경적 조건에 의해 영향을 받는다고 보았다.

(2) 로렌츠는 어미 청둥오리의 알들을 둘로 구분하여, 한쪽은 어미 청둥오리에게 부화하도록 하고, 다른 한쪽은 로렌츠 자신이 부화하였다. 그러자 로렌츠에 의해 부화된 청둥오리 새끼들이 마치 로렌츠를 자신의 어미인 양 따라다니는 행동을 보였다. 로렌츠는 이와 같은 실험을 통해 '각인(Imprinting)*'의 개념을 제시하였다.

---

*　각인(Imprinting)
　　결정적 시기(Critical Period)에 특정 자극이나 환경에 민감하게 반응하여 강한 학습이 일어나는 것이다.

(3) 각인은 새끼가 생후 초기의 특정한 시기에 어떤 대상과 소통을 하게 되는 경우 이후 그 대상에 대해 애착을 가지게 되는 것을 말한다. 이때 각인은 생후 초기의 제한된 기간 내에 발생하며, 그 대상은 보통의 경우 어미에 해당한다.

(4) 로렌츠는 각인을 통해 아동발달에 있어서 '결정적 시기'의 주요 개념을 도출하였다. 여기서 '결정적 시기'란 아동이 적응적인 행동을 획득하기 위해 생물학적으로 준비되어 있는 특정의 시기를 말하는 것으로서 이 시기에 각인이 이루어지지 않는 경우, 이후 그와 같은 행동을 습득하기 매우 어렵다는 것이다.

(5) 아동은 제한된 시간 내에 특정한 적응행동을 습득하도록 생물학적으로 준비되어 있으며, 이를 위해 적절하고 자극적인 환경이 지원되어야 한다.

2. 각인이론의 공헌점과 비판점

공헌점	• 진화론적 관점과 동물행동학적 방법 등을 인간행동의 연구에 접목시킴으로써 새로운 접근방식을 제시 • 아동연구에 대한 관찰법의 적용에 영향 • '각인'과 '결정적 시기'의 개념 제시 • 성장의 신호에 대한 적절한 반응의 필요성을 주지시킴 • 애착이 형성되는 결정적 시기의 관계형성이 인간발달에 있어서 매우 중요한 요소임을 인식시킴 • 보울비(Bowlby) 등 아동발달을 연구한 학자들에게 영향
비판점	• 고전적 발달이론에 비해 아직 객관적·체계적인 검증과 비판이 축적되지 못한 상태 • '결정적 시기'의 개념을 지나치게 강조 • 인간발달에 있어서 학습과 경험의 역할 및 기능을 도외시함

16 성숙이론

1. 홀(Hall)의 아동 및 청소년 연구

(1) 홀의 아동연구

① 스탠리 홀은 20세기 초 가장 영향력 있는 심리학자로서 아동연구운동의 창시자이기도 하다.

② 아동행동에 대한 주관적인 내성법적 방법에서 탈피하여, 과학적이고 객관적인 관찰법, 질문지법, 일화기록법* 등을 통해 아동행동을 연구하였다.

③ 프뢰벨(Frobel)의 교육사상에서 나타나는 신비주의를 비판하며, 아동의 신체운동과 건강을 중시하였다.

④ 다윈의 진화론에 영향을 받아 인간발달이 예정된 순서에 따라 진행된다고 보았다.

⑤ 아동발달이 유전적인 특성과 연관되며, 아동교육이 아동중심적인 관점에서 그와 같은 발달적 특성에 반응해야 하는 것으로 보았다.

(2) 홀의 청소년 연구

① 홀은 청소년기에 대한 실질적이고 과학적인 연구를 통해 '청소년심리학의 아버지'로 불린다.

② 1904년 『청소년기(Adolescence)』라는 책을 출간함으로써, 청소년기를 인생의 특별한 시기로 제시하였다.

---

* 일화기록법
영유아의 행동과 언어뿐만 아니라 중요한 사건과 다른 사람들의 반응 등을 관찰하여 상세하게 기록하는 방법이다.

③ 다윈, 헤겔, 루소, 라마르크에게서 영향을 받았으며, 루소와 마찬가지로 인간발달을 유아기, 아동기, 전 청소년기, 청소년기 등으로 구분하였다.

④ 사춘기에서 22~25세까지를 청소년기로 간주하였으며, 이 시기가 인간의 진화과정에서 과도기적 단계에 해당한다고 보았다.

⑤ 홀은 청소년이 아동도 성인도 아닌 위치에서 정체성 혼란을 겪으며, 갈등과 혼돈의 중심에서 극단적인 정서를 체험한다는 의미에서, 이 시기를 '질풍노도의 시기'로 묘사하였다.

⑥ 청소년기를 새로운 탄생의 시기로 보았으며, 이 과정을 거쳐 보다 높은 수준의 인간특성이 새롭게 나타난다고 주장하였다.

2. 게젤(Gesell)의 성숙이론

(1) 개념 및 특징

① 게젤은 루소(Rousseau)의 자연주의 이론을 토대로 아동의 내재적 능력의 자연적 계발을 강조하였다.

② 인간의 내적인 힘으로서 성숙이 성장의 모든 면을 좌우하며, 성장을 통해 형태화 과정행위가 체계화된다.

③ 아동은 타고난 유전적 요인에 의해 성장과 발달이 이루어지며, 발달속도의 개인차는 유전적 기제의 차이에서 비롯된다.

④ 인간의 신체적 성숙은 물론 행동 또한 계획된 방식으로 발달이 이루어지므로, 이와 같은 발달과정을 어느 정도 예측할 수 있다.

⑤ 환경적 요인은 성장과정을 지지하거나 수정할 뿐 근본적인 발달의 진전을 유발하지는 못한다. 또한 환경적 요인은 개인의 행동발달과 밀접하게 연관되어 있으나, 그 작용은 매우 개별적 · 제한적이다.

⑥ 부모나 교사는 아동의 성숙수준에 부합하는 과제를 제시하여 아동 스스로 내적 계획에 따라 발달할 수 있도록 충분한 시간을 부여해야 한다.

⑦ 부모나 교사가 아동의 발달에 대해 지나친 기대를 가진 나머지 아동의 성숙수준을 넘어서는 성취를 요구하는 것은 오히려 아동의 발달에 부적절하며, 아동의 부적응 행동을 야기한다.

⑧ 개인의 자질과 성장유형은 그 아동이 속한 문화와 관련이 있으며, 바람직한 문화는 아동의 독특한 개성을 맞춰줄 수 있는 문화이다.

(2) 발달의 원리

① **자기규제의 원리**: 아동은 자기규제를 통해 자신의 수준과 능력에 맞게 성장을 조절해 나간다.

② **상호적 교류의 원리**: 발달상 서로 대칭되는 양측은 점차적으로 효과적인 체제화를 이루어 나간다.

③ **기능적 비대칭의 원리**: 발달은 구조상 대칭적이더라도 기능상 약간 불균형을 이루어서, 어느 한쪽이 우세한 경우 오히려 더욱 기능적이다.

④ **개별적 성숙의 원리**: 성숙은 내적 요인에 의해 통제되는 과정으로서, 외적 요인의 영향을 거의 받지 않는다.

⑤ **발달방향의 원리**: 특정한 순서대로 진행되도록 성숙에 의해 지속적으로 지시받는다.

17 애착이론

1. 애착의 개념 및 특징

(1) 인간은 본능적으로 대상을 추구하며 애착을 형성해 나가는 존재이다.

(2) 생후 7, 8개월 전후로 형성되고 결정적 시기는 출생부터 2세까지이다. 생의 초기에 형성된 애착이 전 기간에 영향을 미친다.

(3) 애착은 주양육자와 아동 간의 강한 정서적 유대로 애착의 질에는 개인차가 존재한다.

(4) 영아가 지니고 있는 귀여운 모습은 애착을 이끌어내는 한 요인이 된다.

(5) 낯선 이에 대한 불안과 분리불안은 주양육자에 대한 인지적 표상이 형성되었음을 말해준다.

(6) 양육자와 분리될 때 아동이 보이는 반응은 양육방식의 문화적 차이로 인해 달라질 수 있다.

(7) 애착형성 과정에서 발달시킨 내적 작동모델(Internal Working Model)*은 이후의 인간관계에 영향을 미친다.

2. 영유아기의 애착

(1) 애착은 지적호기심과 학업성취도 등의 인지발달에 영향을 준다.

(2) 영아기에 형성된 애착유형은 성장 후에도 지속되는 경향이 있다.

(3) 불안정애착은 정서발달에 부정적인 영향을 준다.

(4) 아버지 애착은 아버지와 아동 간 맺게 되는 정서적 유대로서, 아버지의 민감하고 반응적인 양육은 안정 애착 발달에 기여한다.

(5) 아버지는 주로 신체적 놀이를 통해 자녀와 애착관계를 형성하며, 아버지와의 안정애착은 자녀의 정서 적 안정 및 사회적 유능성에 긍정적 영향을 준다.

(6) 낯가림과 분리불안을 통해 영아가 주 양육자와 애착을 형성했음을 알 수 있다.

(7) 안정애착을 보이는 영아의 양육자는 자녀의 신호와 욕구에 민감하고 일관되게 반응하는 특성을 보인다.

3. 보울비(Bowlby)의 애착이론

(1) 애착을 인간에게서 나타나는 종 특유의 행동으로 간주하여, 유아가 자신의 어머니에게 애착을 형성하 는 과정을 이론적으로 제시하였다.

(2) 어린 시절 어머니와의 애착관계 형성이 아동의 정서적인 문제를 비롯하여 아동발달에 영향을 미친다는 점을 강조하였다.

(3) 사회적 관계의 질에 결정적인 영향을 미치는 민감한 시기를 '최적의 시기'로 보았다.

---

*   내적 작동모델(Internal Working Model)
    애착이론의 창시자인 보울비(Bowlby)가 제안한 개념으로 주 양육자와 형성한 애착유형에 따라 자신과 타인에 대한 긍정적 혹은 부정적인 태도를 형 성하는 것을 말한다.

(4) 애착형성의 단계

애착 전 단계 (출생~6주)	애착 대상과 낯선 대상을 구분하지 않음
애착형성단계 (6주~6개월 내지 8개월)	낯익은 사람과 낯선 사람을 구분하기 시작하나 분리불안은 나타나지 않음
애착단계 (6개월 내지 8개월~18개월)	애착대상에 대해 강한 집착을 보이며, 대상영속성 개념이 완전히 획득되지 않아 심한 분리불안을 나타냄
상호관계 형성단계 (18~24개월)	애착대상이 다시 돌아온다는 사실을 알게 되며, 분리불안이 감소함

4. 에인즈워스(Ainsworth)의 낯선 상황실험

(1) 낯선 상황실험의 방법

① 유아는 어머니와 함께 장난감이 있는 실험실에 들어간다.

② 유아가 장난감을 가지고 노는 동안 어머니가 가까이에 앉아 있어야 한다.

③ 낯선 사람이 들어와 어머니와 이야기를 나눈다.

④ 어머니가 홀로 밖으로 나간다. 어머니가 없는 사이에 낯선 사람이 유아와 상호작용을 하며, 이때 유아가 불안반응을 보이는 경우 진정시킨다.

⑤ 어머니가 돌아와서 유아를 반긴다. 이때 필요한 경우 유아를 진정시킨다.

(2) 실험에 의한 애착유형

① 안정애착

　㉠ 낯선 곳에 혼자 있거나 낯선 사람과 함께 있으면 때때로 불안을 보인다.

　㉡ 어머니가 잠시 떠나는 것에 대해 크게 격리불안*을 보이지 않는다. 영아의 약 65%가 이에 해당한다.

　㉢ 어머니가 돌아오면 반갑게 맞고 신체접촉과 눈 맞춤으로 안도감을 느낀 후, 다시 놀이를 시작한다.

② 불안정애착

회피애착	• 대략 15~20% 정도의 유아에게서 나타나며, 유아는 어머니에게 별다른 반응을 보이지 않으며, 어머니가 밖으로 나가더라도 울지 않음 • 유아는 정서적 신호나 요구에 무감각하여, 낯선 사람과 단둘이 있을 때나 어머니와 함께 있을 때에도 비슷한 반응을 보임
저항애착	• 어머니의 부재에 대해 불안을 느낌 • 어머니가 돌아오면 접촉추구와 함께 분노나 저항을 보이면서도 곁에 머무르려고 하는 양가적 행동을 보이며, 잘 놀지 않고 달래지지 않음 • 어머니가 있을 때조차 낯선 사람을 경계
혼란애착	• 불안정하면서도 회피와 저항의 어느 쪽에도 분류되지 않음 • 일관성이 없고 혼란스러운 양상을 보임 • 때때로 접촉욕구가 강하면서도 어머니의 무시나 구박에 대해 공포를 보이기도 함 • 어머니의 일관성 없는 양육태도, 우울증 혹은 학대에서 비롯되기도 함

---

*　격리불안
영아가 애착대상인 어머니에게서 떨어질 때 나타나는 불안반응

18 진로발달이론

1. 긴즈버그(Ginzberg)의 진로발달이론

(1) 개념 및 특징

① 직업선택은 하나의 발달과정으로서, 단일결정이 아니라 장기간에 걸쳐 이루어지는 결정이다.

② 직업선택과정은 바람과 가능성 간의 타협으로 보았다.

(2) 직업선택의 3단계

환상기	직업선택의 문제에서 자신의 능력이나 가능성, 현실여건 등을 고려하지 않고 욕구를 중시
잠정기	흥미단계(11~12세) → 능력단계(13~14세) → 가치단계(15~16세) → 전환단계(17~18세)
현실기	탐색단계 → 구체화 단계 → 특수화 단계

2. 수퍼(Super)의 진로발달이론

(1) 개념 및 특징

① 긴즈버그의 진로발달이론을 비판하고 보완하면서 발전한 이론이다.

② 직업정체감의 확립은 일생을 통해 나타난다.

③ 자신의 흥미, 욕구, 능력 등을 포함하는 자아상과 정체감에 일치하는 직업을 선택하게 된다.

④ 전 생애 동안 사회적 관계에서의 다양한 생애역할을 통해 자아개념이 발달한다.

(2) 진로발달단계

1단계	성장기 (0~14세)	자아개념과 역량, 태도, 흥미, 욕구 등이 발달하는 시기
2단계	탐색기 (15~24세)	진로가 완전히 결정되지는 않았지만, 선택을 좁히며 직업을 탐색하는 시기
3단계	확립기 (25~44세)	자신에게 맞는 직업을 찾아 종사하며, 생활터전을 잡아가는 안정화의 시기
4단계	유지기 (45~64세)	비교적 안정된 기반 위에서 자신의 직업적 위치와 상황을 지속적으로 조정하여 더 향상 시키고자 하는 시기
5단계	쇠퇴기 (65세 이상)	대부분 은퇴하고 직업 외에 자신이 만족할 수 있는 새로운 역할을 찾는 시기

(3) 진로발달과업

구체화 (결정화)	14~17세	자원, 우연성, 흥미, 가치에 대한 인식과 선호하는 직업에 관한 계획을 통해 일반적인 직업목표를 형식화하는 인지적 단계의 과업
특수화	18~21세	• 시험적인 직업선호에서 특정한 직업선호로 바뀌는 시기의 과업 • 자세한 자료와 진로선택의 다양성을 뚜렷하게 인식하여 진로계획을 구체화
실행화	21~24세	직업선호를 위한 훈련을 완성하고 고용에 참가하는 시기의 과업
안정화	24~35세	직업에서 실제 일을 수행하고 재능을 활용함으로써 진로선택이 적절한 것임을 보여주고, 자신의 위치를 확립하는 단계의 과업
공고화	35세 이상	승진을 하고 지위를 획득하면서 자신이 선택한 직업을 공고화

19 레빈슨(Levinson)의 인생 사계절론

1. 개념 및 특징

(1) 레빈슨은 성인의 인생구조 형성과정이 연령의 증가에 따라 일정한 '계열(Sequence)'을 형성한다고 보았다.

(2) 출생에서 죽음에 이르는 과정으로서 '인생주기(Life Cycle)' 또는 '인생구조(Life Structure)'는 마치 자연의 사계절과 같은 진행과정을 나타내는데, 이는 사계절의 질적인 특징이 인간발달의 양상과 유사하기 때문이다.

(3) 레빈슨의 발달이론에서 성인은 연령에 따라 안정과 변화의 계속적인 과정을 거쳐 발달하게 되며, 이러한 과정단계는 남녀나 문화에 상관없이 적용 가능하다.

2. 레빈슨의 인생구조

(1) 인생구조는 크게 '성인 이전 시기 또는 전 성인기(0~22세)', '성인 초기 또는 성인 전기(17~45세)', '성인 중기(40~65세)', '성인 후기(60세 이후)'의 사계절 또는 4개의 시대로 구분된다.

(2) 각 시대는 대략 5년 정도 지속되는 몇 개의 시기들의 계열로 이루어진다.

(3) 각 시기들의 계열은 안정과 변화의 순환원리에 의해 진행되며, 그 과정에서 혼돈과 갈등의 변화요인에 의한 '전환기'와 함께 새로운 삶의 구조를 형성하는 '안정기'가 서로 교차되어 나타난다.

(4) 특히 '성인 중기'는 생물학적 능력이 감소하지만 사회적 책임은 더욱 커지고, 지혜나 판단력이 절정을 이루며, 정력적으로 일에 몰두하는 시기이다.

3. 레빈슨(Levinson)의 인생주기 모형

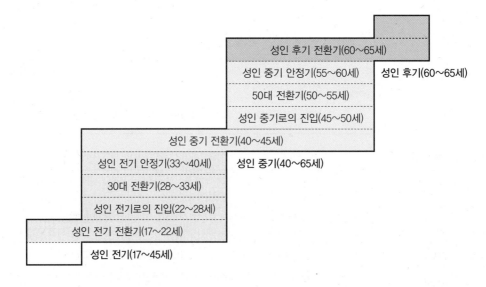

(1) 성인발달단계

초기 성인변화단계 (17~22세)	• 성인으로 변화하기 위한 단계 • 성역할과 자아정체성 형성 • 다양한 가능성을 탐색하고 시험적으로 수행
초기 성인세계단계 (22~28세)	• 성인의 생활양식을 형성하는 시기 • 새로운 도전의 시기로서 자신의 창조력과 잠재력을 표출하나, 상당수가 심각한 위기를 경험하기도 함
30세 변화단계 (28~33세)	• 초기의 생활양식을 재평가 및 수정하는 기회를 가지며, 다음의 인생구조를 계획하는 단계 • 현실적 삶으로 가는 과도기로서, 인생구조에서의 문제점을 인식
정착단계 (33~40세)	• 초기 성인단계가 완성되고 안정되는 시기 • 자신의 직업적 경력에서 정점에 도달하고자 역주하나, 한창의 시기에 마치 사다리에서 떨어지는 듯한 느낌을 경험하기도 함
중년변화단계 (40~45세)	• 중년기로 접어드는 또 하나의 새로운 이동 시기 • 과거를 돌이켜보며 환멸과 무력감을 경험하기도 하지만, 때로는 이와 같은 우울의 상태가 새로운 목적과 활력의 전조가 되기도 함
중기 성인단계 (45~50세)	• 새로운 시대에 적합한 생활양식을 형성하는 시기 • 인생을 전환할 수 있는 여러 가능성과 변화된 전망, 새로운 가치에의 인식을 통해 창조적이고 활력적인 시도를 펼치기도 함
50세 변화단계 (50~55세)	• 처음의 계획을 수정 및 향상시키는 단계 • 불안과 방향상실감을 경험하나, 지나친 일에의 몰두로 미처 깨닫지 못한 채 넘어가기도 함
중년기 마감단계 (55~60세)	• 중년기가 완성되는 단계 • 성공적인 절정인생구조를 형성한 경우 만족에 이르나 '생산성 대 침체감'의 위기를 경험하기도 함
말기 성인변화단계 (60~65세)	• 중기와 말기 사이를 연결하는 단계 • 발달주기에서 중요한 전환점에 해당하며, 쇠퇴감과 장래에 대한 두려움을 경험
말기 성인단계 (65세 이상)	• 인생의 마지막 단계로서 다시 한 번 새로운 시대에 적합한 생활양식을 형성하는 시기 • 노화에 따른 압박과 갈등에도 불구하고 자아통합과 조화를 통해 내면적인 평화를 추구

(2) 성인발달단계의 특징

① 성인은 연령에 따라 안정과 변화의 계속적인 과정을 거쳐 발달하게 된다.

② 변화단계는 현재의 인생목표를 재평가하고 새로운 변화가능성을 탐색하는 시기이며, 각 변화단계의 말년에 앞으로의 미래에 대한 중요한 결정을 내리게 된다.

③ 구조형성의 시기는 인생의 목표를 설정하고 그 속에서 더 나은 삶을 만들기 위해 노력하는 시기이다.

④ 이와 같이 성인발달단계는 구조형성과 변화가 계속적으로 반복되어 나타난다.

01

다음 중 수정에서 죽음에 이르기까지 평생의 질적 · 양적 변화의 과정을 일컫는 말은?

① 발달
② 성숙
③ 학습
④ 성취

02

다음 중 발달심리학에 대한 설명으로 옳지 않은 것은?

① 프로이트의 정신분석이론에서 시작되었다.
② 문제에 대한 적절한 통제 및 개입을 목표로 한다.
③ 변화를 일으키는 기제가 무엇인지 기술한다.
④ 아동, 청년, 장년, 노년에 걸친 평생의 성장 · 변화를 모두 포함한다.

03

다음 〈보기〉의 내용과 관계있는 발달의 원리는?

> **보기**
> 아기들은 몸을 뒤집거나 팔을 휘두르다가 손을 쥐어 물건을 잡기 시작하고, 나중에는 엄지와 집게손가락으로 작은 물건을 집을 수 있게 된다.

① 발달은 연속적이고 점진적인 과정이다.
② 발달에는 개별성 혹은 개인차가 있다.
③ 발달에는 일정한 순서와 방향성이 있다.
④ 발달은 통합되어 상호관련성을 가진다.

04

다음 중 운동발달의 원리에 대한 설명으로 옳지 않은 것은?

① 발달에는 개인차가 있다.
② 단순한 것에서 복잡한 것으로 발달한다.
③ 상부에서 하부로 발달한다.
④ 말초에서 중심으로 발달한다.

05

다음 중 아동기에 해당하는 시기는?

① 0~1세(18개월)
② 1(18개월)~6세
③ 6~12세
④ 12~18세

06

다음 중 인간의 감각 중 가장 늦게 발달하지만 가장 많은 연구가 진행된 감각은 무엇인가?

① 촉각　　　　　② 미각
③ 청각　　　　　④ 시각

07

다음 중 프로이트의 성격발달단계를 순서대로 나열한 것은?

① 잠복기 → 항문기 → 구강기 → 남근기 → 생식기
② 잠복기 → 구강기 → 항문기 → 남근기 → 생식기
③ 구강기 → 항문기 → 잠복기 → 남근기 → 생식기
④ 구강기 → 항문기 → 남근기 → 잠복기 → 생식기

01 　정답 ①

① 이전의 발달은 태어나 성인이 될 때까지의 '상승의 과정'을 의미하는 것이었으나, 현대 발달심리학은 성인 이후 중년기·노년기까지의 평생의 과정을 발달로 보고 있다.
② 성숙: 체계적이고 규칙적으로 진행되는 신체 및 심리의 변화를 의미한다. 경험이나 훈련에 관계없이 인간의 내적 또는 유전적 기제의 작용에 의해 나타난다.
③ 학습: 후천적 변화의 과정으로서 특수한 경험이나 훈련 또는 연습과 같은 외부자극이나 조건, 즉 환경에 의해 개인이 내적으로 변하는 것을 의미한다.

02 　정답 ①

① 발달심리학은 19세기 진화론의 영향에서 비롯되었다. 진화론을 통해 인간 이전의 존재에 관심을 가지게 되면서 동물의 형태적 변화뿐 아니라 지능, 심리 등의 변화와 발달에 대한 다각적인 연구가 진행되었다.

03 　정답 ③

③ 일정한 순서와 방향성: 발달은 일정한 순서와 방향성을 가지며, 상부에서 하부로, 중심에서 말초로, 전체운동에서 특수운동으로, 미분화운동에서 분화운동으로 진행된다.

04 　정답 ④

운동발달의 원리
• 상부 → 하부: 아기들은 먼저 머리를 가누고, 앉고, 마지막으로 일어서는 단계를 보인다.
• 중심 → 말초: 몸통에서 어깨, 팔, 손가락의 방향으로 발달한다.
• 단순 → 복잡: 단순한 동작에서 복잡하고 세밀한 동작으로 발달한다.

05 　정답 ③

영아기(0~2세), 유아기(2~4세), 전기 아동기(4~6세), 아동기(6세~12세), 청소년기(12~19세)로 구분한다. 아동기(학령기)는 6~12세의 초등학생들이 해당하며, 이성에 대한 관심(성적 욕구)이 억제된 채 사춘기까지 나타나지 않으므로 정신분석에서는 잠재기(잠복기)라고 한다.

06 　정답 ④

④ 약 임신 27주부터 눈을 뜰 수 있고, 33주째부터 형체를 구분할 수 있게 된다. 시각은 오감 중 가장 마지막에 발달하지만, 다른 감각에 비해 발달속도가 빠르고 감각영역에서 많은 비중을 차지한다.

07 　정답 ④

④ 프로이트는 성격발달단계를 '구강기(0~세) → 항문기(1~3세) → 남근기(3~6세) → 잠복기(6~12세) → 생식기(12세 이후)'로 정리하였다.

08

다음 중 프로이트의 성격발달단계 중 남근기에 대한 설명으로 옳은 것은?

① 어머니에 대한 최초의 양가감정을 경험한다.
② 거세불안을 경험한다.
③ 6~12세에 해당한다.
④ 또래의 이성친구에게 관심을 가진다.

11

다음 중 에릭슨의 인간발달단계에서 단계별 심리사회적 특징의 연결이 옳은 것은?

① 초기 성인기 – 자아정체감 대 정체감 혼란
② 성인기 – 친밀감 대 고립감
③ 초기 아동기 – 주도성 대 죄의식
④ 학령기 – 근면성 대 열등감

09

다음 중 프로이트가 제시한 성격구조 중 원초아(Id)의 특징은?

① 욕구지연의 원리
② 현실의 원리
③ 쾌락의 원리
④ 양심의 원리

12

다음 중 에릭슨의 인간발달단계에서 초기 성인기에 겪는 심리사회적 위기는?

① 생산성 대 침체감
② 신뢰감 대 불신감
③ 자아 통합 대 절망
④ 친밀감 대 고립감

10

다음 중 심리사회적 측면에서 갈등과 위기를 통해 성격의 발달단계를 구분한 학자는?

① 에릭슨
② 길포드
③ 피아제
④ 콜버그

13

다음 중 프로이트의 심리적 성격발달단계와 에릭슨의 심리사회적 인간발달단계를 바르게 연결한 것은?

① 항문기 – 자율성 대 수치심 · 회의
② 남근기 – 근면성 대 열등감
③ 잠복기 – 친밀성 대 고립
④ 구강기 – 주도성 대 죄의식

14

다음 중 피아제의 인지발달단계 중 보존개념을 획득하는 시기는?

① 형식적 조작기
② 전조작기
③ 구체적 조작기
④ 감각운동기

08　　정답 ②

① 구강기에 대한 설명이다.
③ 잠복기(잠재기) 단계이다.
④ 생식기에 대한 설명이다.

09　　정답 ③

정신분석이론에서 성격의 3요소
• 원초아(Id): 쾌락의 원리에 따르며, 성격의 기초가 되는 기본 욕구와 충동을 대표한다.
• 자아(Ego): 현실의 원리에 따르며, 성격의 의사결정 요소로서 원초아와 현실을 중재한다.
• 초자아(Superego): 도덕의 원리에 따르며, 사회의 가치와 관습, 양심과 자아이상의 한 측면으로 이루어져 있다.

10　　정답 ①

① 에릭슨은 전 생애적 발달을 심리사회적 측면에서 갈등과 위기를 극복한다고 보고 그 단계를 8가지로 구분하였다.

11　　정답 ④

① 초기 성인기 – 친밀감 대 고립감
② 성인기 – 생산성 대 침체
③ 초기 아동기 – 자율성 대 수치심 · 회의

12　　정답 ④

초기 성인기는 대략 취업, 연애, 결혼을 하는 시기로 볼 수 있다. 이 시기에 겪는 위기는 친밀성과 고립이다.

13　　정답 ①

① 항문기 – 자율성 대 수치심 · 회의: 독립심과 존중감을 기르는 데 기초가 된다.
② 남근기 – 주도성 대 죄의식: 사회화를 위한 기초적 양심이 형성되며, 때로 극단적인 양상으로 나타나 과도한 처벌에 의한 자신감 상실 또는 죄의식을 불러오기도 한다.
③ 잠복기 – 근면성 대 열등감: 아동은 가정에서 학교로 사회적 관계를 확장함으로써 부모의 도움 없이 다른 사람과 경쟁하는 입장이 된다.
④ 구강기 – 신뢰감 대 불신감: 부모의 보살핌의 질이 결정적이며, 특히 일관성이 중요하다.

14　　정답 ③

피아제의 인지발달단계 – 구체적 조작기(7~12세)
• 구체적 사물을 중심으로 한 논리적 사고가 발달한다.
• 자아중심성 및 비가역성을 극복한다.
• 유목화, 서열화, 보존개념을 획득한다.

15

다음 〈보기〉의 괄호 안에 들어갈 말을 차례대로 나열한 것은?

> **보기**
>
> 새로운 지각물이나 자극이 되는 사건을 자신이 이미 가지고 있는 도식이나 행동양식에 맞춰가는 인지적 과정이 (　　)이고, 기존 도식이 새로운 대상을 동화하는 데 적합하지 않을 경우 새로운 대상에 맞도록 기존의 도식을 변경하여 인지하는 과정이 (　　)이다.

① 변화, 수용
② 동화, 조절
③ 조절, 동화
④ 수용, 변화

16

다음 〈보기〉에서 학령 전기(4~6세) 아동의 발달특성에 해당하는 것을 모두 고른 것은?

> **보기**
>
> ㄱ. 유치가 빠지고, 머리 크기는 성인만 해진다.
> ㄴ. 프로이트의 잠복기에 해당한다.
> ㄷ. 중심화 및 비가역적 사고를 한다.
> ㄹ. 자신을 돌봐주는 사람과 애착을 형성한다.

① ㄱ, ㄷ
② ㄱ, ㄴ, ㄷ
③ ㄱ, ㄴ, ㄷ, ㄹ
④ ㄴ, ㄹ

17

다음 중 피아제의 인지발달단계에 대한 설명으로 옳지 않은 것은?

① 감각운동기: 자신과 외부 대상을 구분하지 못한다.
② 구체적 조작기: 구체적 사물을 중심으로 한 이론적·논리적 사고가 발달한다.
③ 형식적 조작기: 추상적인 사고가 발달한다.
④ 전조작기: 자아중심과 비가역성을 극복한다.

18

피아제의 인지발달단계 중 구체적 조작기의 특징으로 옳은 것은?

① 현재의 세계만을 인식한다.
② 가설-명제적 사고가 가능하다.
③ 상징놀이를 한다.
④ 자아중심성에서 벗어나 타인의 시점을 이해할 수 있게 된다.

19

다음 중 콜버그의 도덕성 발달단계에서 주위 사람들을 기쁘게 하거나 이들로부터 인정받는 것을 선한 행위로 인식하는 수준은?

① 후인습적 수준
② 인습적 수준
③ 전인습적 수준
④ 보존 수준

20

콜버그의 도덕성 발달단계 중 가장 낮은 단계에 있는 것은?

① 물리적 · 신체적인 벌과 복종에 의한 도덕성
② 대인관계의 조화를 위한 도덕성
③ 보편적 도덕원리 지향의 도덕성
④ 법과 질서를 준수하는 도덕성

15 ▶정답◀ ②

피아제의 인지발달
• 동화: 환경자극을 자신이 지니고 있는 개인의 행동이나 체계 속으로 흡수, 통합하려는 기제
• 조절: 개인을 환경자극에 맞춰 수정하여 결과적으로 유기체가 가지고 있는 특성을 환경에 적응하도록 하는 기제

16 ▶정답◀ ①

ㄱ. 신체적 발달 특성에 해당한다.
ㄷ. 피아제 인지발달이론의 전조작기(2~7세) 특성이다.
ㄴ. 학령 전기(4~6세)는 프로이트의 남근기에 해당한다.
ㄹ. 유아기의 발달 특성이다.

17 ▶정답◀ ④

④ 구체적 조작기에 대한 설명이다.

18 ▶정답◀ ④

① 감각운동기에 대한 설명이다.
② 형식적 조작기에 대한 설명이다.
③ 전조작기에 대한 설명이다.

19 ▶정답◀ ②

콜버그의 도덕성 발달단계 – 인습적 수준(10~13세)
• 대인관계적 도덕성(제3단계): 사회적 순응 및 역할 수행
• 법 · 질서 · 사회체계적 도덕성(제4단계): 사회규범 및 질서의 존중

20 ▶정답◀ ①

① 1단계 – 타율적 도덕성에 해당한다.
② 3단계 – 대인관계적 도덕성에 해당한다.
③ 6단계 – 보편 윤리적 도덕성에 해당한다.
④ 4단계 – 법 · 질서 · 사회체계적 도덕성에 해당한다.

05 동기와 정서

01 동기

1 동기의 의미와 기능

1. 의미

(1) 동기란 인간의 행동을 일으키는 근원적인 힘으로 정의할 수 있다.

(2) 동기의 내용을 보다 구체화하면, 동기란 어떤 행동을 발생시키고, 그 행동을 유지시키며, 그 행동의 방향을 정해주는 요인이다.

(3) 인간의 행동을 활성화시키고 행동의 방향을 정해주는 심리적 요인으로서, 인간의 행동을 특정한 목표로 이끄는 내적인 힘을 의미한다.

> **개념더하기** 동기와 관련된 개념
>
> • 욕구: 개인을 목표로 향해 움직이도록 만드는 일종의 내적 결핍 상태
> • 추동: 욕구발생의 결과로 생기는 관찰 가능한 행동의 변화
> • 동기화 · 동기유발: 상태(욕구, 추동, 동기)가 행동으로 나타나는 과정

2. 동기유발의 기능

(1) **활성적 기능**: 동기는 행동을 유발시키고 지속시켜 주며, 유발시킨 행동을 성공적으로 추진하는 힘을 준다.

(2) **지향적 기능**: 행동은 환경 속에 있는 대상을 향해 전개되는 경우가 많다. 행동의 방향을 어느 쪽으로 결정짓는지는 동기에 따라 달라진다.

(3) **조절적 기능**: 선택된 목표행동에 도달하기 위해서는 필요에 따라 다양한 동작이 선택되고 이를 수행하는 과정을 겪는다. 이는 다양한 분절동작을 선택하고 수행하는 과정의 동기이다.

(4) **강화적 기능**: 행동의 수행이 유기체에 어떠한 효과를 미치는가에 따라 그 행동이 일어날 확률이 증가하기도 하고 감소하기도 한다.

2 동기의 유형

1. 생리적 동기

(1) 항상성의 유지

① 호메오스타시스(Homeostasis, 항상성): 유기체는 신체내부의 상태를 일정하게 조절하여 최적화하려는 성질을 가진다.

② 추동(생리적 동기): 유기체의 생존에 필요한 생리적 동기를 추동이라고 하며 목마름, 배고픔, 수면, 호흡, 배설, 성욕, 온도유지 등이 이에 속한다. 배고픔, 목마름과 같은 생리적 결핍상태가 강해지면 자극이 되어 추동이 일어나 유기체는 이에 반응·행동하게 된다.

(2) 생리적 동기의 종류

① 배고픔

　㉠ 식욕: 필요한 영양을 섭취함으로써 개체를 유지하는 생득적·일차적인 욕구이다.

　㉡ 식욕의 제어

공복중추	위장의 수축 또는 에너지 소비에 따른 혈당수치의 저하는 외측 시상하부에 위치한 공복중추를 자극하여 식욕을 돋움
만복중추	섭식행위를 하면 위가 팽창하고 혈당수치가 올라가 복내측 시상하부에 있는 만복중추를 자극하여 식욕을 낮춤

　㉢ 공복이 아닐 때에도 냄새와 겉모양, 맛, 소리 등 오감을 자극하는 요인과 특정 음식에 대한 기억이 뇌를 자극하여 식욕이 생기기도 한다.

② 성(性)

　㉠ 남성과 여성에게는 테스토스테론과 에스트로겐이 생산되는데, 남성은 전자, 여성은 후자를 더 많이 생산한다.

　㉡ 테스토스테론과 에스트로겐은 각기 시상하부의 특정 부위에 작용하여 남성과 여성의 성욕을 증가시킨다. 여성보다 많은 테스토스테론을 생산하는 남성은 여성보다 강한 성 추동을 가진다.

　㉢ 성 추동과 성적 지향은 생득적·일차적 욕구 이외에도 경험이나 학습, 사회적 규범의 영향을 받는다.

③ 수면: 수면욕은 식욕, 성욕과 더불어 3대 욕구로 일컬어질 만큼 인간의 가장 기초적인 동기에 속한다. 며칠 동안 수면을 이루지 못할 경우 뇌의 고차원적인 기능에 장애를 초래하여 망상이나 환각이 나타날 수 있으며, 체중감소와 면역력 저하 등의 이상이 발생한다.

④ 체온조절: 체온조절의 중추는 시상하부 및 시상 전 영역에 있으며, 체온은 땀과 말초혈관의 수축과 확장에 의해 조절된다.

2. 심리적 동기

(1) 외재적 동기

① 동기의 근원이 외부에 있고, 보상, 사회적 압력, 벌 등과 같은 외부의 통제로부터 유발되는 동기를 말한다.

② 행동통제를 목적으로 하는 외적 보상은 외재적 동기를 강화한다.

(2) 내재적 동기

① 내면에서 자발적으로 발생하는 동기이다.

② 내재적 동기의 구성요소

  ㉠ 지적 호기심: 지식의 획득을 추구하는 경향

  ㉡ 유능감: 환경과 능동적으로 상호작용할 수 있는 유기체(인간)의 능력

  ㉢ 자기결정감: 어느 행동이 타자에 의해서가 아닌 자기 자신의 결정에 의한 것이라고 인지하는 것

③ 레퍼와 호델(Lepper & Hodell)의 내재적 동기의 원칙

  ㉠ 도전: 난이도를 중간 수준에서 지속적으로 높아지도록 설정하면, 도전적 목표의 달성으로 학습자는 자신이 점점 유능해지고 있다는 정보를 얻게 된다. 이는 효능감과 결과에 대한 지각된 통제를 높일 수 있다.

  ㉡ 호기심: 현재의 지식 또는 믿음과 일치하지 않거나 놀라워 보이거나 모순되어 보이는 정보나 생각을 제시할 수 있는 활동을 제공한다.

  ㉢ 통제: 활동에 선택권을 주고 규칙과 절차를 확립하는 데 일정한 역할을 부여하면 통제의 지각을 형성할 수 있다.

  ㉣ 상상: 학습자에게 시뮬레이션이나 게임을 통해 가상세계에 참여하게 하는 방법으로, 주의를 집중시키고 인지적 노력을 증가시킨다.

(3) 외재적 동기와 내재적 동기의 비교

외재적 동기는 동기의 대상이 외부의 보상에 있는 반면, 내재적 동기는 내면의 가치관에 있다.

개념더하기 심리적 동기

동기	성향	교육관	관련 요인	관련 욕구	학습의 이유	예
외재적 동기	수동적	강제 · 관리 (당근과 채찍)	경쟁, 상벌	의존, 승인	외부로부터 부여	입학시험
내재적 동기	자율적	원조 · 지지 (자기교육)	과제 자체	호기심, 탐구 욕구	스스로 부여	학문 탐구, 퍼즐

(4) 성취동기

① 자신이 가진 역량을 최대한으로 발휘하여 어려움을 극복하고 높은 목표를 실현하고자 하는 동기이다.

② 성공에 따른 보상보다도 스스로 그것을 해내겠다는 데 의미를 두고 노력한다.

개념더하기 맥클레랜드(McClelland)의 성취동기가 높은 사람의 특징

- 자신의 발전에 관심을 두며 무엇이든 스스로 해내려 한다.
- 자신의 성취가능성을 긍정적으로 믿는다.
- 적절한 목표를 설정하며, 극히 어렵거나 성공확률이 낮은 목표는 피하려는 경향이 있다.
- 과제수행에 있어 자신의 노력이 어떠한 결과로 나타났는지 알고자 한다.
- 행동을 타인이나 환경의 탓으로 돌리지 않고 스스로 책임지려 한다.
- 뛰어난 능력을 가진 사람에게 접근하려는 경향이 있다.

(5) 성공회피 동기

① 주위로부터의 기대, 지위유지, 시기와 질투 등 성공에 따른 부담과 스트레스를 회피하려는 동기이다.

② 호너(Horner)는 성공에 대한 공포가 여성에게서 두드러지게 나타난다고 하였다. 이는 성공의 달성과 성 역할의 불일치, 남성사회에서의 성공에 대한 여성 특유의 양면가치 등에서 기인한다고 보았다.

(6) 친화동기

① 타인과 우호적인 관계를 성립시키고 그것을 유지하고자 하는 동기이다.

② 친화동기가 강한 사람의 특징

    ㉠ 전화와 서신교환 등 소통을 자주 한다.

    ㉡ 타인의 평가를 받는 상황에서 불안해한다.

    ㉢ 우호적인 상황에서 타인과 시선을 자주 맞춘다.

    ㉣ 업무 파트너로서 유능한 사람보다 자신과 마음이 맞는 사람을 선택하는 경향이 있다.

3 동기이론

1. 헐(Hull)의 추동감소이론(신행동주의)

(1) S-O-R 모형을 통해 자극(Stimulation)과 반응(Response) 사이에 직접 관찰할 수 없는 유기체(Organism)라는 매개변인을 가정한다.

(2) 매개변인은 자극과 반응을 매개하고 중재하는 유기체 내의 관찰 불가능한 특성이나 상태를 말한다.

(3) 추동(Drive)*은 매개변인 중 하나로서, 우리 몸에 생리적 결핍이 생길 때, 생체의 기관으로 하여금 그 결핍의 상태를 감소시키도록 촉구하는 각성된 심적 상태를 말한다. 예를 들어 배가 고픈(추동) 아이에게 숙제를 하면 밥(강화물)을 준다는 제안은 아이가 숙제를 더 빠른 시간 안에 완료할 수 있게 한다.

(4) 추동감소**이론의 동기화 과정

> 욕구(식욕/수면욕) → 추동(배고픔/졸림) → 추동감소행동(식사/수면)

(5) 강화물의 종류

1차적 강화물	생리적, 선천적 욕구를 만족시키는 자극물 예 음식, 공기, 물, 과자 등
2차적 강화물	본래는 중성자극이었으나, 1차적 강화물과 연합하여 학습되거나 조건화된 강화물 예 칭찬, 돈, 상장, 칭찬 스티커, 피드백 등

---

* 추동(Drive)
  생리적 최적 상태에서 벗어난 내적 상태로서 배고픔이나 목마름과 같은 상태를 말한다.

** 추동감소
  한 유기체가 항상성을 유지하기 위해 물이나 음식을 섭취하여 배고픔과 목마름이라는 추동을 경감·해소하는 행위이다.

2. 최적각성수준이론

(1) 각성이란 인간이 적절한 활동을 유지하기 위해 적정수준의 흥분감과 긴장을 유지하는 것을 말한다.

(2) 너무 낮거나 높지 않은 적당한 자극상태를 유지하기 위해 인간은 지루함 또는 과도한 자극을 피하는 행동을 한다. 즉, 최적각성수준이란 인간이 행복감을 느끼는 정신적 자극의 단계를 이른다.

(3) 이러한 각성수준은 과제수행과 연관이 깊은데, 적절한 각성수준에서의 과제수행이 제일 좋고, 너무 높거나 낮을 때는 과제수행이 저하된다. 이것을 '역전된 U함수' 혹은 '여키스-도슨(Yerkes-Dodson) 법칙'이라고 한다. 또한 과제의 수준이 높을 때는 각성의 수준이 낮아야 효율적이고, 과제의 수준이 낮을 때는 각성의 수준이 높아야 효율이 증대된다.

3. 매슬로(Maslow)의 욕구이론

(1) 매슬로는 행동의 동기가 되는 욕구를 다섯 단계로 나누어, 인간은 하위의 욕구가 충족되면 상위의 욕구를 이루고자 한다고 주장하였다.

(2) 1~4단계의 하위 네 단계는 부족한 것을 추구하는 욕구라 하여 결핍욕구, 가장 상위의 자아실현의 욕구는 성장욕구라고 부르며, 이것은 완전히 달성될 수 없는 욕구로 그 동기는 끊임없이 재생산된다.

(3) 매슬로의 욕구 5단계 모형

(4) 결핍욕구(결손욕구)와 성장욕구(메타욕구)

구분	결핍욕구	성장욕구
특성	• 우선적으로 만족되어야 하는 욕구 • 긴장을 해소하고 평형을 복구하려는 욕구 • 타인지향적이고 의존적임	• 잠재력을 실현하려는 욕구 • 결코 만족되지 않는 욕구이며, 지속되길 기대함 • 자율적이고 자기지시적이어서 스스로를 도울 수 있음
종류	생리적 욕구, 안전의 욕구, 소속감과 애정의 욕구, 자기존중 욕구	인지적 욕구, 심미적 욕구, 자아실현의 욕구

(5) 인간욕구의 특성

① 하위욕구가 더 강하고 우선적이다.

② 상위욕구는 전 생애발달과정에서 후반에 점차 나타난다.

③ 상위욕구의 만족은 지연될 수 있다.

④ 하위욕구는 생존에 필요하고, 상위욕구는 성장에 필요하다.

⑤ 욕구를 충족시키기 위한 행동은 선천적인 것이 아니라 학습에 의한 것이며, 사람마다 차이가 있다.

⑥ 제1형태의 욕구로서 결핍성 욕구는 생존적인 경향이 강한 욕구인 반면, 제2형태의 욕구로서 성장욕구는 잠재능력, 기능, 재능을 발휘하려는 경향이 강한 욕구이다.

⑦ 욕구위계는 일반성을 가지나 절대적인 것은 아니다.

4. 귀인이론

(1) 개념 및 특징

① 와이너(Weiner)가 체계화한 인지주의적 학습이론으로서, 인간행동의 원인이 개인의 특성 및 환경이 아닌 자신이 어떻게 생각하는지에 따라 달라진다는 관점에서 출발하였다.

② 성공이나 실패에 대해 자신의 행동에 대한 원인을 귀속시키는 경향성에 대한 이론이다.

③ 귀인은 학습결과의 원인에 대한 학습자의 믿음을 말한다.

(2) 기본가정

① 사람들은 자신의 성공 또는 실패의 원인을 알고자 하는 특성이 있다.

② 사람들은 성공 또는 실패를 자신의 과업수행 중에 있었던 특정한 어떤 일의 탓으로 돌린다.

③ 행운 또는 불운, 과업의 난이도, 호의적 또는 적대적 인간관계, 자신이 어려워하는 일, 자신의 능력 정도 등이 주요 요소가 된다.

④ 와이너는 원인에 대한 주요 요소들을 분석하여 사람들이 실패나 성공의 원인으로 가장 많이 귀인하는 능력, 노력, 운, 과제난이도를 4가지 요소로 설정하였다.

⑤ 귀인은 원인의 소재, 안정성, 통제가능성이라는 3가지 차원의 모형을 기준으로 분류된다.

(3) 귀인의 4가지 요소

능력	"난 원래 머리가 좋으니까 100점 맞은 거야! 이 결과는 당연한 거야!"
노력	"수업시간에 열심히 필기하고, 꾸준히 예습과 복습을 했더니 점수가 잘 나왔네."
운	"다 찍었는데 운이 좋아서 100점을 맞았네."
과제난이도	"이번에는 선생님이 문제를 쉽게 내서 점수가 잘 나왔네!"

(4) 귀인의 3가지 차원

① 원인의 소재: 어떤 일의 성공이나 실패에 대한 책임을 내적인 요인에 두어야 하는지, 외적인 요인에 두어야 하는지에 대한 것이다.

② 안정성: 어떤 일의 원인이 시간의 경과나 특정한 과제에 따라 변화하는지의 여부에 따라 안정과 불안정으로 분류된다.

③ 통제가능성: 그 원인이 학습자의 의지에 의해 통제될 수 있느냐의 여부에 따라 통제가능과 통제불가능으로 분류된다.

(5) 귀인과 각 차원과의 관계

구분	내부		외부	
	안정	불안정	안정	불안정
통제가능	평소의 노력	특수한 노력	타인의 지속적인 도움이나 방해 예 친구의 도움	타인의 특수한 도움이나 방해 예 외부인의 방해
통제불가능	능력	기분	과목특성 혹은 과제난이도	운(행운, 불운)

(6) 귀인에 영향을 미치는 요인: 다른 사람과의 비교 정도, 일관성, 성공·실패의 경험, 성별차이, 연령차이, 개인적 성향, 사회적·문화적 원인, 교사의 태도, 행동의 독특성 등

5. ARCS 이론

(1) 개념 및 특징

① 켈러(Keller)는 학습환경에서 학습자들의 동기를 유발하고, 유발된 동기를 계속 유지시키기 위한 전략을 ARCS 이론으로 발전시켰다.

② ARCS 이론은 수년에 걸친 경험적 연구의 결과로 수정·보완되어 왔으며, 여러 가지 다른 수업상황에 적용하면서 구체화되었다.

③ 켈러의 ARCS 이론은 3가지 결과변인인 효과성, 효율성, 매력성 중에서 특히 '매력성'과 관련하여 학습자의 동기를 유발시키는 전략을 제공한다.

(2) 학습동기를 유발하고 유지시키는 변인

주의 (Attention)	• 동기의 요소인 동시에 학습의 선행조건 • 동기적 관심은 주의를 획득하고 유지하는 것임
관련성 (Relevance)	• 가르칠 내용의 방식에서 나오는 것 • 내용 자체로부터 나오는 것이 아닌 학습자들이 현재 부딪히고 있는 문제들을 적절히 활용하는 것에서 나옴
자신감 (Confidence)	학습에서는 적정 수준의 도전감을 주면서 노력에 따라 성공할 수 있다는 자신감을 심어주는 것이 중요
만족감 (Satisfaction)	학습자로 하여금 자신의 수행에 대해 적절한 보상을 하도록 함

(3) 의의

① 인간의 동기를 결정지을 수 있는 여러 가지 다양한 변인들과 그에 관련된 구체적 개념을 통합한 4가지 개념적 범주(주의, 관련성, 자신감, 만족감)를 포함한다.

② 교수·학습상황에서 동기를 유발하고 유지하기 위한 구체적이고 처방적인 전략들을 제시한다.

③ 교수설계모형들과 병행하여 활용될 수 있는 동기설계의 체계적 과정을 소개한다.

(4) ARCS 이론의 장·단점

장점	• 동기와 관련된 연구들을 종합하도록 도움 • 관련성, 자신감, 만족감이라는 구체적인 변인 제공 • 동기설계를 위한 구체적 전략들을 하나의 체계적인 이론 속에서 제고함으로써 통합적 가치를 가짐
단점	• 인간의 학습동기를 유발·유지시키기 위한 동기전략은 동기에 영향을 미치는 조건들의 복합성으로 인해 구체적·처방적 전략으로 제시되기가 어려움 • 켈러가 두 번의 현장연구를 통해 밝혀낸 ARCS 이론은 그것이 학습자 개인의 특성문제를 해결해주는 것이 아님에도 불구하고, 많은 교수들이 ARCS 이론을 그 문제에 적용하고자 함

6. 에클스와 윅필드(J. Eccles & A. Wigfield)의 기대가치이론

(1) 개념 및 특징

① 인간은 자신이 성공할 것이라는 기대에 그 성공에 대해 개인이 부여하는 가치를 곱한 값만큼 동기화 된다고 보았다.

② 낮은 성취감을 가진 학생들은 반복되는 실패가 성공에 대한 기대감을 너무 낮게 만들어서 동기 또한 낮아진다는 것이다.

③ 성공에 대해 높은 기대를 가진 학생은 낮은 기대를 가진 학생보다 더 많은 것을 성취하므로, 성공에 대한 기대는 중요한 의미를 갖는다.

④ 기대요인은 미래의 성공에 대한 개인적 신념을 말한다.

⑤ 가치요인은 과제흥미, 유용성, 비용 등을 포함한다.

⑥ 학업성취 행동은 기대와 가치라는 두 개의 요인으로 예측될 수 있다.

⑦ 정서적 경험은 목표와 자기도식을 매개로 개인의 기대에 영향을 미친다.

(2) 과제가치에 영향을 주는 요소

내재가치	과제를 수행할 때 경험하는 흥미
획득가치	과제를 잘하는 것에 대한 중요성
효용가치	미래목표의 측면에서 개인이 과제에 가지는 유용성(효용가치가 높다고 인식하면 동기가 높아짐)
비용	과제에 참여함으로써 올 수 있다고 인식되는 부정적인 면
정서적 경험	과제에 대한 개인의 정서적 경험은 과제가치에 영향을 줌

7. 자기가치(Self-Worth)이론

(1) 코빙튼(Covington)이 소개한 개념으로, 사람은 누구나 자기를 가치 있는 존재로 인식하려는 욕구가 있어서 자기 자신이 유능하다는 것을 자신과 다른 이들에게 증명해보임으로써 자기가치를 보호하려 한 다는 이론이다.

(2) 자기가치를 보호하기 위해, 실패의 원인을 자기 자신이 아닌 외적 요인에서 찾는다. 즉 실패하면 자기 가치가 손상되므로 다양한 자기보호전략을 사용한다.

① 불가능한 목표설정 등 자기손상(Self-Handicapping) 전략을 사용하여, 실패 시 자기의 능력부족 이 아닌 과제난이도로 귀인한다. 숙달목표의 지향성보다 수행목표의 지향성이 높은 학생들은 자기 손상 전략을 사용하는 경우가 많다.

② 공부를 하지 않는 등 자기장애 전략을 사용하여, 실패 시 자기능력 부족이 아니라 노력을 했으면 성 공했을 것이라고 합리화한다.

③ 실패하지 않기 위해 확실히 성공할 수 있는 쉬운 과제를 선택하거나 부정행위를 한다.

④ 실패 가능성 있는 것을 일부러 피하는 회피전략을 따른다.

8. 자기효능감 이론

(1) 반두라가 소개한 개념으로 자신에게 주어진 행동에 대하여 성공할 수 있다는 강한 신념을 말한다.

(2) 어떤 주어진 영역에서 자기효능감이 낮으면 그 과제를 회피하거나 쉽게 포기하고, 어떤 영역에서 자기효능감이 높으면 목표를 세워 적극적으로 수행한다.

(3) 자기효능감은 자기능력에 대한 스스로의 판단을 나타내며, 자기효능감의 수준은 과제 영역에 따라 다를 수 있다.

(4) 과거에 받은 상이나 벌의 경험이 인지적 요소(기대, 기억, 해석)에 의해 해석되어 영향을 미친다고 보았다.

(5) 자기효능감은 성취목표와 지속성에 영향을 미치면서 목표수립을 통해서도 동기에 영향을 미친다.

9. 자기결정성 이론

(1) 자기결정성 이론은 인간이 자율적이고자 하는 욕구가 있다고 보는 이론으로 자기결정(Self-Determination)이란 어떻게 반응할 것인가를 스스로 결정하는 과정을 말한다.

(2) 자기결정성 이론에 따르면, 스스로 선택을 하고 결정을 하는 것은 내재적 동기를 증가시킨다.

(3) 인지적 평가이론(CET; Cognitive Evaluation Theory)과 유기적 통합이론(OIT; Organismic Integration Theory)으로 구성되어 있다.

인지적 평가이론	• 내재적으로 동기화된 행동에 외재적 보상을 주는 경우에 내재적 동기가 감소된다고 보는 이론 • 내재적인 동기에 주요 관심을 두고 내재적 동기를 촉진하거나 저해하는 환경에 연구의 초점을 맞춤 • 학습자가 알맞은 사회·환경적 조건에 처했을 때 내재적인 동기가 촉발되고, 유능성, 자율성, 관계성의 기본적인 욕구가 만족될 때 내재적인 동기가 증진
유기적 통합이론	• 외적인 이유 때문에 어떤 행동을 해야 하는 상황에서 개인의 태도는 전혀 동기가 없는 무동기에서부터 수동적 복종, 적극적 개입까지 다양하게 나타난다고 보는 이론 • 외재적 동기의 내면화에 초점을 맞춤

(4) 라이언과 데시(Ryan & Deci)는 인간의 행동을 자율성의 정도에 따라 완전히 타율적인(외재적으로 동기화된) 행동에서 완전히 자기결정된(내재적으로 동기화된) 행동에 이르는 연속선상에서 개념화하였다.

구분	비자기결정적				자기결정적
동기	무동기	외재적 동기			내재적 동기
조절양식	무조절	외적 조절 (External Regulation)	내사된 조절 (Introjected Regulation)	확인된 조절 (Identified Regulation)	통합된 조절 (Intergrated Regulation)	내재적 조절 (Intrinsic Regulation)
인지된 인과 소재	없음	외적	다소 외적	다소 내적	내적	내적
관련조절 과정	무의도, 무가치, 무능력, 통제의 결여	외적인 보상 및 처벌	자기조절, 내적인 보상 및 처벌	개인적 중요성, 가치의식	일치성과 자각, 자기와의 통합	흥미, 즐거움, 내재적 만족감

10. 기대이론

(1) 인간이 어떠한 심리적 과정을 통해 동기가 부여되며, 그에 따른 행동의 선택과 지속성의 구조를 이론화한 것이다.

(2) 사회심리학자 브룸(Vroom)은 동기부여의 요인으로 기대와 유의성을 설명하였다.

① 기대: 어떤 행위를 했을 때 그것이 자신에게 보상으로 이어질 것이라는 믿음이다.

② 유의성: 특정 결과에 대한 주관적인 가치 또는 매력의 정도이다.

(3) 인간이 어떤 행동을 하는 데 있어 그 대상이 진정한 가치가 있으며, 그것을 실천함으로써 보다 나은 결과를 기대할 수 있다는 믿음이 들었을 때 비로소 동기부여가 된다.

11. 대립과정이론

(1) 인간은 한 쌍의 대립되는 감정을 가지며, 정상상태에서 벗어나 어느 한쪽의 감정으로 치우치면 반대되는 감정으로 균형이 기울어지는 대립과정(Opponent Process)이 일어난다는 이론이다.

(2) 공포의 경험은 그것이 반복될수록 대립과정에 의해 상쇄되어 공포는 경감되고 약간의 긴장감과 행복감이 남게 된다는 것이다.

02 정서

1 정서의 의미와 분류

1. 개념 및 특징

(1) 어떤 상황에 처했을 때 일어나는 감정 또는 그러한 감정을 일으키는 분위기를 말한다.

(2) 정서에는 생리적, 상황적, 인지적 요소가 상호작용한다.

(3) 정서는 적응행동의 진전에 대한 정보를 알려주는 기능을 한다. 과제수행을 만족스럽게 성취했을 경우 기쁨을 느끼고, 실패했을 경우 좌절감을 느끼는 경우가 그 예이다.

(4) 기쁨, 슬픔, 분노, 불안과 같은 일과성(一過性)의 강렬한 감정상태 또는 감정체험을 뜻한다. 도피 또는 공격 등 특정행동의 동기가 된다.

2. 정서의 생리적 기초

(1) 모든 정서는 자율신경계와 연관성이 있다.

(2) 각 자율신경계는 신체 각 기관의 활동을 조절하는 기능을 함으로써 결핍된 사항을 해소시켜 주고, 몸의 변화에 대비시키는 역할을 한다.

(3) 대뇌변연계와 시상하부는 정서에 중요한 역할을 한다.

3. 정서의 분류

(1) **1차 정서**: 애정, 공포, 혐오, 경이, 노여움, 소극적 자아감정 등

(2) **파생정서**: 자신감, 희망, 불안, 절망, 낙심 등

4. 정서의 표현

(1) 언어행동: 사람은 자신의 감정상태를 언어로 표현할 수 있다.

(2) 비언어행동

① 얼굴표정이나 몸동작 등 언어 이외의 행동을 통해 정서를 표현할 수 있다.

② 비언어적 정서표현은 문화적 혹은 개인차가 있을 수 있지만, 기본정서에 대한 얼굴표정은 전 세계적으로 공통적이다.

2 정서에 관한 이론

1. 제임스-랑게(James-Lange) 이론

(1) 환경에 대한 신체반응이 정서체험의 원인이 된다는 주장이다. 같은 주장을 한 제임스와 랑게의 이름을 합쳐 James-Lange 이론이라고 한다.

(2) 심장박동이나 혈압과 같은 자율신경계의 변화가 대뇌에 정보로서 전달되어 정서경험이 일어난다는 것이다. 신경생리학적 변화가 정서를 촉발한다는 의미에서 말초기원설이라고도 한다.

(3) 외부자극 → 생리적 변화 → 정서체험, 즉 '슬퍼서 우는 것이 아니라 우니까 슬픈 것이다'라는 말로 대표된다.

2. 캐논-바드(Cannon-Bard) 이론

(1) 자극이 자율신경계의 활동과 정서경험을 동시에 일으킨다는 주장으로, 신체변화를 인지하고 정서적 경험이 이루어진다는 'James-Lange 이론'을 비판하였다.

(2) 감각기관의 자극으로 일어난 흥분에 시상이 반응하면서 이를 대뇌피질에 전달하여 정서경험을 일으키고, 동시에 말초신경에 생리적 변화를 일으킨다. 정서에 있어 중추신경계의 역할을 중시함으로써 중추기원설이라고 한다.

3. 샤흐터-싱어(Schachter-Singer) 이론

(1) 외부자극이 신체의 생리적 변화와 정서의 경험을 일으킨다는 점에서는 이전의 이론과 공통된다. 나아가 샤흐터는 정서란 생리적 반응과 원인의 인지작용 사이의 상호작용임을 주장하였다.

(2) 화를 낼 때의 심장박동수의 증가와 발한은 좋아하는 사람에게 고백할 때의 긴장감과 생리적 반응이 같다.

(3) 같은 생리적 반응이라도 상황과 환경에 따라 인지가 달라질 수 있다는 점에서, 정서란 생리적 반응의 지각 자체가 아닌 그 원인을 설명하기 위한 인지해석임을 강조하였다.

(4) 인지평가이론 또는 2요인이론이라고도 한다.

4. 플루칙(Plutchick) 이론

(1) 정서의 식별이나 분류는 대체로 임의적인 것으로, 슬픔, 혐오, 분노, 기대, 기쁨, 신뢰, 공포, 놀라움의 8가지를 인간의 기본적 정서로 꼽았다.

(2) 기본정서들이 서로 섞여 새로운 정서를 만들어낸다고 주장했는데 가령, '기쁨＋신뢰＝사랑, 공포＋놀라움＝경외'와 같은 식이다.

특정한 얼굴표정이 그 표정과 관련된 정서를 유발시킨다는 가설
예 웃는 표정은 그 자체만으로도 기분을 좋게 만든다.

03 동기와 정서의 손상

1 학습된 무력감

1. 개념

(1) 오랫동안 회피가 불가능한 혐오자극에 반복적으로 노출되면 그러한 자극으로부터 벗어나려는 자발적인 노력을 하지 않게 된다는 이론이다.

(2) 1967년 미국의 심리학자 셀리그먼(Seligman)이 제창하였다.

2. 셀리그먼(Seligman)의 실험

(1) 개를 저항할 수 없는 상황에 놓고 반복적으로 전기충격을 가한 후 다음에는 회피 가능한 상황에서 같은 실험을 하였다. 그러자 그 개는 회피할 시도조차 하지 않고 전류를 맞고 있었는데, 이는 앞서 이루어진 실험에서 자신의 힘으로는 회피할 수 없다는 무력감을 학습했기 때문이다.

(2) 인간에게도 적용되어 스스로 통제할 수 없는 경험이 어차피 무엇을 해도 안 된다는 무력감을 형성하여 이후의 성공에 대한 기대감과 의욕을 저하시킨다고 설명하였다.

3. 문제 및 증상

(1) **인지적 장애**: 주위가 산만해지거나 건망증 등이 심해진다.

(2) **동기의 저하**: 행동을 하는 데 추진력이 결여되고, 어려움이 닥치면 쉽게 포기한다.

(3) **정서장애**: 매사에 비관적이고 부정적이며 곧잘 화를 낸다.

2 학습된 무력감의 수정*

1. 내재성

(1) 원인이 자신의 내부 혹은 외부에 있는지에 대한 기준이 된다.

(2) 내적 귀속은 열등감, 자기평가의 저하로 이어진다.

2. 안정성

(1) 원인이 오랜 시간에 걸쳐온 안정적인 것인지, 시간에 따라 변화하는 것인지에 대한 조건이다.

(2) 원인이 안정적이라고 인식하면 무력감이 만성이 될 수 있다.

---

* 학습된 무력감의 수정
기존의 학습된 무력감에 통제할 수 없는 상황을 어떻게 해석할지에 관한 인지과정이 추가된 것이다. 회피 불가능한 상황을 원인귀속의 관점에서 파악하는 이론이다.

3. 일반성

(1) 원인이 일반적인 것인지, 해당 문제에 한정된 것인지에 대한 인식이다.

(2) 일반적이라고 생각할수록 무기력·의욕저하에 빠지기 쉽다.

05 동기와 정서 적중문제

01

다음 중 행동을 일으키고 목표를 달성하고자 그 행동에 방향을 부여하는 것을 무엇이라고 하는가?

① 인지
② 동기
③ 욕구
④ 성격

02

다음 중 매슬로의 욕구 5단계 중 가장 원초적인 욕구의 단계는?

① 자아실현의 욕구
② 애정과 소속감에 대한 욕구
③ 안전에 대한 욕구
④ 생리적 욕구

✏ 정답 및 해설

01 정답 ②

② 동기란 자발적으로 행동하는 데 있어 의욕을 일으키는 요인을 말한다. 동기에 영향을 주는 요인의 예로는 목표의 매력, 성취감, 과제내용의 매력 등을 들 수 있다.

02 정답 ④

매슬로의 욕구 5단계

1단계	생리적 욕구	결핍욕구
2단계	안전에 대한 욕구	
3단계	애정과 소속감에 대한 욕구	
4단계	존경의 욕구	
5단계	자아실현의 욕구	성장(메타)욕구

03

다음 중 매슬로의 욕구 5단계 중 자신의 잠재력을 발휘하고 타인의 의견에 대해 독립적으로 행동하려는 단계는?

① 자아실현의 욕구
② 애정과 소속감에 대한 욕구
③ 안전에 대한 욕구
④ 생리적 욕구

05

다음 중 심리적 동기의 요소에 해당되지 않는 것은?

① 작업
② 호기심
③ 성취
④ 수면

04

다음 중 귀인이론과 관련된 설명으로 옳지 않은 것은?

① 기본적 귀인오류는 외부귀인을 하려는 경향을 말한다.
② 내부귀인 했을 때 실패하면 수치감이 증폭된다.
③ 사람들은 성공 시 내부귀인하고 실패 시 외부귀인하는 경향이 있다.
④ 과제난이도는 통제 불가능한 외적 요인이다.

06

다음 중 목마름, 배고픔, 온도유지 등을 해결하여 신체의 항상성을 유지하는 동기의 유형은 어느 것인가?

① 성취 동기
② 사회적 동기
③ 심리적 동기
④ 생리적 동기

07

다음 중 물을 마시거나 음식을 섭취함으로써 갈증과 배고픔이라는 상태를 경감 또는 해소시키는 행위를 일컫는 이론은?

① 기대이론
② 최적각성이론
③ 대립과정이론
④ 추동감소이론

08

다음 중 내재적 동기를 나타내는 것으로 거리가 먼 것은?

① 충실감
② 삶의 보람
③ 금전적 보상
④ 성취감

03 정답 ①

① 자아실현의 욕구는 자신의 능력을 한껏 끌어낸 창조적 활동, 목표달성, 자기성장을 목표로 하는 매슬로의 욕구 5단계 중 가장 상위의 성장욕구이다.

04 정답 ①

① 기본적 귀인오류는 관찰자가 타인의 행동을 설명할 때 외부 요인을 무시하고 타인의 내적·기질적인 요소, 즉 내부요인을 과대평가하여 귀인하려는 경향을 말한다.

05 정답 ④

• 심리적 동기: 생리적 기반에 의존하기보다는 학습에 의해서 형성되는 동기로, 지적 호기심, 자극추구, 역능감과 성취동기, 통제동기, 작업동기 등이 있다.
• 생리적 동기: 배고픔, 성, 수면, 체온조절과 같이 생존에 필요한 것이다.

06 정답 ④

④ 생리적 동기란 생명을 유지하고 종을 보존하기 위한 생득적인 동기로, 수면·배설·섭식 등이 이에 해당한다.

07 정답 ④

추동(Drive)이란 생리적 최적상태를 벗어난 고갈상태를 일컫는 말로, 이를 해소하기 위해서는 추동이 원하는 자극을 주어야 한다. 목마르면 물을, 배고프면 음식이라는 자극을 주어 추동을 감소시킬 수 있다.
④ 추동감소이론: 인간은 추동이란 긴장상태를 감소시키기 위해 행동을 한다는 원리이다.

08 정답 ③

내재적 동기란 과제 자체에 대한 자기결정과 호기심에 따른 것인 반면, 외재적 동기는 상벌과 같은 외부적 요인에 의해 동기가 부여되는 것을 말한다. 빈번한 보상이 주어지면 과제 자체의 즐거움에 눈뜨기보다 보상을 받기 위해 노력하게 된다.

PART
2

09

다음 중 내재적 동기를 구성하는 요소가 아닌 것은?

① 항상성
② 지적 호기심
③ 유능감
④ 자기결정감

11

다음 중 내재적 동기와 외재적 동기를 나타내는 예가 바르게 짝 지어진 것은?

① 외재적 동기 – 흥미, 호기심, 즐거움
② 외재적 동기 – 보상
③ 내재적 동기 – 사회적 압력
④ 내재적 동기 – 처벌의 회피

10

다음 중 기대이론에 대한 예로서 거리가 먼 것은?

① 영어를 무척 좋아하며 영어로 대화하는 것이 즐겁다.
② 영어공부를 열심히 하면 영어시험에서 좋은 점수를 받을 수 있다.
③ 영어시험에서 만점을 받으면 부모님이 원하는 물건을 사주실 것이다.
④ 내가 얻을 수 있는 보상은 영어공부를 열심히 할 가치가 있는 것이다.

12

다음 〈보기〉 중 외재적 동기에 해당하는 내용을 모두 고른 것은?

보기
ㄱ. 부모님에게 칭찬을 받고 싶다.
ㄴ. 훌륭한 사람이 되고 싶다.
ㄷ. 그것을 하고 있으면 무척 즐겁다.
ㄹ. 더욱 새로운 것을 알고 싶다.
ㅁ. 선생님에게 꾸중을 듣기 싫다.

① ㄱ, ㅁ
② ㄱ, ㄴ, ㄷ, ㄹ, ㅁ
③ ㄴ, ㅁ
④ ㄷ, ㄹ

13

다음 중 '성취동기가 높은 사람'에 대한 설명으로 옳지 않은 것은?

① 자신이 노력한 결과에 대하여 알고 싶어 한다.
② 동료를 선택할 때 친밀감보다도 능력을 우선시한다.
③ 자신의 성취가능성을 긍정적으로 믿는다.
④ 달성하기 어려운 높은 목표를 설정한다.

---

09 정답 ①

내재적 동기는 외부의 보수에 의존하지 않으며 과제 자체를 수행하는 데서 오는 만족감을 추구한다. 내재적 동기의 원천은 지적 호기심, 유능감, 자기결정감에서 기인한다.
② 지적 호기심: 지식의 획득을 추구하는 경향
③ 유능감: 환경과 능동적으로 상호작용할 수 있는 유기체(인간)의 능력
④ 자기결정감: 어느 행동이 타자에 의해서가 아닌 자기 자신의 결정에 의한 것이라고 인지하는 것

10 정답 ①

① 내재적 동기에 대한 예이다. 기대이론에 따르면, 어떤 행위를 했을 때 그것이 보다 나은 결과(보상)를 기대할 수 있다는 믿음이 들었을 때 동기부여가 된다.

11 정답 ②

• 내재적 동기: 흥미, 호기심, 탐구욕, 과제 자체의 성취감 등
• 외재적 동기: 사회적 압력, 처벌의 회피, 보상에 대한 기대 등

12 정답 ①

• ㄱ · ㅁ: 외재적 동기의 특징인 보상에 대한 기대와 처벌회피에 대한 내용이다.
• ㄴ · ㄷ · ㄹ: 과제 자체에 대한 흥미와 내적인 탐구욕 등은 내재적 동기에 대한 내용이다.

13 정답 ④

④ 성취동기는 지나치게 달성이 어려운 목표나 쉬운 목표를 피해 어느 정도 노력하면 결과를 낼 수 있는 적정한 수준의 목표를 지향한다.

PART
2

14

다음 〈보기〉의 특징을 보이는 사람이 가지는 동기는 무엇인가?

> **보기**
> • 전화와 서신을 통한 소통이 활발하다.
> • 함께 일할 파트너를 선택하는 데 있어 친밀도를 중시한다.
> • 불안을 느낄수록 누군가와 함께 있고 싶어 한다.

① 외재적 동기
② 성취동기
③ 생리적 동기
④ 친화동기

16

다음 중 제임스-랑게 이론에 대한 설명으로 거리가 먼 것은?

① 자동차가 빠르게 내 앞을 지나간 순간 식은땀이 나고 뒤이어 무서움을 느꼈다.
② 말초신경계의 생리적 반응이 자각적인 정서경험보다 먼저 일어난다.
③ 정서는 '외부자극 → 감정체험 → 생리적 변화'의 순서로 형성된다.
④ 환경의 자극에 대한 신체적 반응이 정서경험을 일으키는 원인이 된다.

15

다음 중 '슬퍼서 우는 것이 아니라 우니까 슬픈 것이다.'라는 말로 대표되는 심리학의 학설은?

① 2요인설
② 제임스-랑게 이론
③ 추동감소이론
④ 캐논-바드 이론

17

다음 중 정서경험과 생리학적 변화가 동시에 일어난다고 주장한 학자는?

① 제임스와 랑게
② 셀리그먼
③ 샤흐터
④ 캐논과 바드

18

다음 중 인간의 정서는 생리적 반응을 개인이 어떻게 인지하고 해석하느냐에 따른 것이라고 주장한 학자는?

① 매슬로
② 캐논과 바드
③ 샤흐터
④ 제임스와 랑게

19

다음 중 개를 이용한 실험으로 학습된 무력감을 발견한 학자는?

① 제임스
② 셀리그먼
③ 왓슨
④ 캐논

14 정답 ④

친화동기가 강한 사람은 늘 다른 이와의 소통을 중시하며, 누군가와 함께 성취하는 기쁨을 추구한다.

친화동기가 강한 사람의 특징
• 전화와 서신교환 등 소통을 자주 한다.
• 타인의 평가를 받는 상황에서 불안해한다.
• 우호적인 상황에서 타인과 시선을 자주 맞춘다.
• 업무 파트너로서 유능한 사람보다 자신과 마음이 맞는 사람을 선택하는 경향이 있다.

15 정답 ②

② '슬퍼서 우는 것이 아니라 우니까 슬픈 것이다'는 생리학적 반응이 심리적 정서경험보다 먼저 일어난다는 제임스-랑게 이론의 학설을 나타내는 말이다.

16 정답 ③

③ 제임스-랑게 이론에 있어서의 정서의 형성과정은 '외부자극 → 생리적 변화 → 감정체험'의 순서가 된다.

17 정답 ④

생리적 변화가 정서경험보다 앞선다는 제임스-랑게 이론에 대한 비판으로 등장한 것이 캐논-바드의 이론이다. 캐논과 바드는 정서경험은 뇌의 시상이 외부대상에 대한 정보처리를 하면서 이루어지며, 동시에 말초신경계의 생리적 변화가 발생한다고 주장하였다.

18 정답 ③

③ 정서의 2요인설: 샤흐터는 인간에게 생리적 변화의 원인을 추측하려는 무의식적인 과정이 있다고 보고, 긴장·발한·혈압상승·심박수 증가 등의 생리학적 지표를 어떻게 인지하고 해석하느냐에 따라 정서가 발생한다고 주장하였다.

19 정답 ②

셀리그먼은 개를 이용한 실험을 통해 오랫동안 전류를 피할 수 없는 환경에 노출된 개가 환경이 바뀌어도 자발적인 회피노력을 포기하는 결과를 두고 학습된 무력감을 발견하였다.

20

다음 정서에 관한 이론들 중 옳지 않은 것은?

① 비언어적 표현들은 문화에 따라 차이가 있지만 기본정서의 얼굴표정은 공통적이다.

② 캐논-바드는 정서경험과 생리적 반응이 동시에 일어난다고 주장하였다.

③ 샤흐터-싱어는 신체흥분과 그 흥분에 대한 인지적 해석으로 인해 정서가 발생된다고 주장하였다.

④ 정서가 얼굴표정에 영향을 미치지만, 표정 자체가 정서에는 영향을 주지 못한다는 주장이 안면피드백 가설의 핵심이다.

20

정답 ④

④ 안면피드백 가설은 얼굴표정이 정서에 영향을 미친다는 이론이다.

CHAPTER 06 학습과 기억

01 학습

1 학습의 정의

1. 학습의 일반적 정의

(1) 학습은 경험이나 연습의 결과로 발생하는 비교적 영속적·지속적인 행동의 변화이다.

(2) 후천적 변화의 과정으로 특수한 경험이나 훈련 또는 연습과 같은 외부자극이나 조건, 즉 환경에 의해 개인이 내적으로 변하는 것이다.

(3) 학습은 주로 훈련과 연습의 결과로서 개인의 내적인 변화를 의미하는 반면, 발달은 주로 유전적 요인에 의한 변화로서 개인 외적인 변화를 의미한다.

(4) 학습은 학습자들이 정해진 학습목표를 성취하기 위해 계획적으로 제공된 학습의 조건과 상호작용하는 과정이다. 상호작용이란 제공된 학습의 상황에서 보고, 듣고, 느끼고, 말하는 등의 활동을 모두 포함한다.

2. 학습에 대한 학자들의 정의

(1) **파블로프(Pavlov)와 손다이크(Thorndike)**: "학습은 자극과 반응의 결합이다."

(2) **쾰러(Köhler)와 코프카(Koffka)**: "학습은 통찰에 의한 관계의 발견이다."

(3) **스키너(Skinner)**: "학습은 강화에 의한 조건화의 과정이다."

2 학습과 연합

1. 학습과 성숙의 관계

(1) **학습(Learning)과 성숙(Maturation)의 차이**
① 학습: 경험·훈련에 따른 인간 행동의 변화(환경을 통한 경험과 후천적 요인에 따른 변화)
② 성숙: 연령의 증가에 따른 인간 행동의 변화(유전과 선천적 요인에 따른 발현과 변화)

(2) 대부분 행동이 학습을 통해서 획득되므로, 행동변화방식과 변화기본원리를 이해해야 한다.

(3) 변화가 많고 다양한 환경에 적응하기 위해서는 두 가지 적응기제가 필요하다.
① 유전적으로 이어받은 종 특유의 행동양식
② 학습된 행동양식

2. 학습이론

(1) 학습이론이란 학습이 일어나는 과정을 설명하는 이론이다.

(2) 학습은 특정한 단계에서 이루어지는 것이 아니라 경험과 훈련에 의해서 점진적으로 다양하게 형성된다.

(3) 학습이론의 종류

행동주의 학습이론	학습을 자극(Stimulus)과 반응(Response) 간의 연합으로 봄
인지주의 학습이론	인간 내부의 인지적 요인을 강조
신경생리학적 학습이론	인간의 대뇌활동을 탐색

3. 학습과 연합

(1) 연합의 정의

① 어떤 상황에서 경험하였던 자극 또는 사건 간의 관계성에 대해서 무언가를 학습한 것을 말한다.

② 함께 일어나는 사건들 사이에 연합이 형성되어 학습된 관계성이 생기고 뉴런 간의 연결이 강화된다.

(2) 연합의 법칙

근접성	• 두 자극이 시간적으로 근접하여 제시될 때 조건형성이 잘 이루어진다. • 조건자극과 무조건자극 사이의 시간적 관계가 중요하다. • 조건자극을 무조건자극보다 시간적으로 먼저 제시할 때 가장 효과적으로 조건형성이 이루어진다. • 조건자극과 무조건자극 간의 제시 간격이 너무 길거나 짧으면 조건형성은 어려워지는데 가장 적당한 시간적 간격은 약 0.5초 이내여야 하고, 5초 이상 지연되면 조건형성이 이루어지지 않는다.
빈도	• 연합 횟수가 많을수록 학습된 반응이 증가한다. • 훈련시행의 수가 많을수록 학습된 반응이 증가한다.
강도	• 무조건자극 다음에 제시되는 조건자극(예 종소리 또는 불빛)의 강도는 쉽게 지각될 수 있는 정도로 충분히 강력하게 제공되어야 한다. • 조건자극의 강도가 너무 강하면 오히려 조건형성을 방해한다.
수반성	• 조건자극 제시 후에 얼마나 일관성 있게 무조건자극이 뒤따르는지 여부가 조건형성을 좌우한다. • 종소리를 들려주고 항상 먹이를 줄 경우와 종소리를 들려주고 가끔씩 먹이를 안줄 경우, 종소리를 들려주고 항상 먹이를 줄 경우가 학습이 더 잘된다.
준비성	• 가르시아는 '맛 혐오 학습' 실험을 통해 연합의 요소는 근접, 강도, 빈도에 의해 이루어진다는 행동주의의 연합의 보편성에 의문을 제기했다. • 보편성이 있었다면 단물은 쇼크와도 연합이 되고, 불빛과 시끄러운 소리는 배탈과도 연합이 되었어야 했다. 이러한 현상은 추후 잘 준비된 것들은 연합이 잘 되지만, 준비되지 않은 것들은 연합이 잘 안 된다는 의미의 '준비성'이라 이름 붙였다. • 준비성이란 동물 사이에서 그 종이 살고 있는 환경에 따라 특정 자극 사이의 관계를 더 잘 학습하게 만드는 생물학적 소인을 가지고 있다는 것이다.

1 고전적 조건형성

1. 개요

(1) **조건형성**: 점차 새로운 반응을 습득시켜 나가는 과정으로, 실험자가 원하는 목표행동과 비슷해지는 반응의 강화로 이루어진다.

(2) **고전적 조건형성**: 조건자극에 의해 무조건자극과 조건자극을 짝지어 반복적으로 제시하면 조건자극만으로도 조건반응이 유발될 수 있으며 이 학습과정을 고전적 조건형성이라고 한다.

2. 파블로프(Pavlov)식 조건형성

(1) 파블로프는 연합을 실험적으로 입증한 최초의 과학자로, 개의 타액 분비작용에 관한 실험으로 노벨상(1904)을 수상했다.

(2) **파블로프의 실험**: 개가 먹이를 보는 것만으로도 타액을 분비한다는 사실을 발견하고 개에게 신호학습을 시키는 실험을 했다.

1단계	• 개의 입에 음식을 넣어 주면 타액 분비, 종소리를 들려주면 타액 분비되지 않음 • 소리가 나는 쪽으로 머리를 돌림 • 정위반사(Orienting Reflex): 종소리만 들릴 때 개는 침 대신 귀를 쫑긋 세우고 소리가 들려오는 쪽으로 머리를 돌리는 행동 • 무조건자극 → 무조건반응
2단계	• 종소리를 들려준 직후 개의 입에 음식물을 넣어주고, 시간 간격을 짧게 하여 종소리와 음식물을 함께 제시하는 과정을 여러 번 반복 • 조건자극 → 조건반응
3단계	• 음식물 없이 종소리만 제시 → 개가 타액 분비함 • 정신반사(Psychic Reflex): 종소리만으로 타액 분비 유발 • 조건자극 → 무조건반응

> **개념더하기** 고전적 조건화

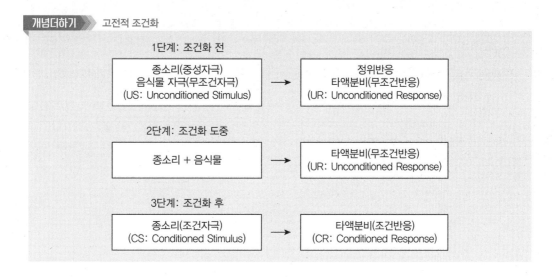

PART 2

3. 자극과 반응

무조건자극(US)	• 무조건 반응을 일으키는 자극 • 조건형성(학습) 이전에 본능적으로 타액 분비 반응을 일으키는 자극
무조건반응(UR)	• 유기체가 생득적으로 가지는 반응 • 개는 먹이를 먹으면 자연적으로 타액 분비 반응
중성자극(NS)	• 무조건반응을 일으키지 않는 자극 • 학습 전 종소리
조건자극(CS)	• 파블로프 조건형성에서 중성자극(종소리)을 준 직후 무조건자극(먹이를 줌)을 반복 • 종소리는 타액 분비를 유발하지 않는 중성자극이었으나 먹이와 연합됨으로써 먹이를 예고하는 신호로 작용
조건반응(CR)	• 조건자극(종소리)에 의해 새로이 형성된 반응(타액 분비) • 조건반사: 조건자극에 대해 조건반응이 일어나는 것

4. 고전적 조건형성 관련 용어

소거	• 자극을 계속 주지 않을 때 반응의 강도가 감소 • 먹이 없이 종소리만 반복해서 제시되면 침을 흘리던 반응은 점점 줄어듦 • 학습되었던 조건반응이 약화되거나 사라지는 현상(무강화가 원인)
자발적 회복	• 소거된 조건반응이 일정 휴식시간이 지난 후 다시 조건자극을 제시하면 예전처럼 조건반응을 보이게 되는 현상 • 추가적인 소거가 일어난 다음에 실험동물을 잠시 동안 다른 거처로 옮겼다가 다시 실험장에 데려왔을 때 추가 훈련이 없이도 다시 학습된 행동을 함
자극일반화 (유사점)	• 조건형성이 되었을 때의 조건 자극과 비슷한 자극에도 조건반응이 일어남 • 특정 자극에 대한 반응을 학습한 유기체가 원래의 자극과 유사한 자극에 대해서도 비슷한 방식으로 반응하는 것 • 새로운 자극이 원래의 자극과 유사할수록 일반화의 가능성도 높아짐
자극변별 (차이점)	• 유사한 두 자극의 차이를 식별하여 각각의 자극에 대하여 서로 다르게 반응하도록 학습하는 것 • 유사한 자극에 대해서 처음에는 자극일반화를 보이나, 원래의 자극은 유지시키고 유사한 자극을 소거시키면 두 자극을 변별함 • 조건형성 과정에서 조건자극에만 먹이를 주고 그 외의 자극에는 먹이를 주지 않을 때, 조건자극과 다른 자극을 변별할 수 있게 됨
고차적 조건형성	1차 조건자극(종소리)에 대해서 조건반응(타액분비)을 보이는 개에게 새로운 2차 조건자극(빛)을 1차 조건자극과 함께 반복해서 제시하면, 개는 1차 조건자극(종소리)을 제시하지 않고 2차 조건자극(빛)만 제시하더라도 2차 조건반응(타액분비)을 학습하게 되는 현상
흥분의 법칙	조건형성이 되기 전의 중성자극인 종소리와 무조건자극인 먹이를 연결시킴으로써 조건반응을 유발하는 것
외부억제의 법칙	새로운 외부자극은 잘 확인된 조건반응의 양을 줄이거나 잘 소거된 조건반응의 양을 늘리는 데 크게 작용

2 고전적 조건형성의 기본원리

1. 시간의 원리(근접의 원리)

(1) 조건형성의 과정에서 조건자극(CS)은 무조건자극(UCS)보다 시간적으로 동시에 또는 약간 앞서서 주어져야 한다.

(2) 조건형성 방법은 동시 조건형성, 지연 조건형성, 흔적 조건형성, 역행 조건형성 등이 있다.

(3) 조건반응을 일으키는 데 가장 효과적인 방법은 지연 조건형성이며, 가장 이상적인 시간 간격은 0.5초로 알려져 있다.

2. 강도의 원리

(1) 자극 강도는 처음에 제시되는 조건자극보다 나중에 제시되는 무조건자극이 더 커야 한다.

(2) 무조건자극의 강도가 강할수록 조건형성이 용이하게 이루어진다.

3. 일관성의 원리

(1) 질이 다른 여러 가지 자극을 주는 것보다 일관된 자극을 주는 것이 바람직하다.

(2) 동일한 조건자극을 일관성 있게 강화할수록 조건형성이 용이하게 이루어진다.

4. 계속성의 원리

(1) 반복연습은 학습에 필수적이다.

(2) 자극과 반응 간의 관계를 반복하여 횟수를 거듭할수록 조건형성이 용이하게 이루어진다.

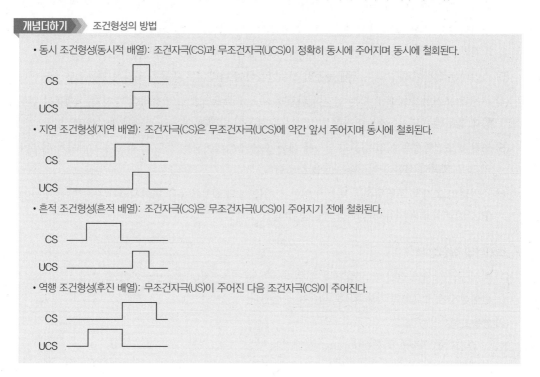

> **개념더하기** 조건형성의 방법
>
> • 동시 조건형성(동시적 배열): 조건자극(CS)과 무조건자극(UCS)이 정확히 동시에 주어지며 동시에 철회된다.
>
> CS
> UCS
>
> • 지연 조건형성(지연 배열): 조건자극(CS)은 무조건자극(UCS)에 약간 앞서 주어지며 동시에 철회된다.
>
> CS
> UCS
>
> • 흔적 조건형성(흔적 배열): 조건자극(CS)은 무조건자극(UCS)이 주어지기 전에 철회된다.
>
> CS
> UCS
>
> • 역행 조건형성(후진 배열): 무조건자극(US)이 주어진 다음 조건자극(CS)이 주어진다.
>
> CS
> UCS

3 고전적 조건형성의 사례

1. 부정적 정서의 형성

(1) 고전적 조건형성은 공포와 불안과 같은 정서반응을 형성하는 데 중요한 영향을 미친다.

(2) 덩치가 크고 사납게 생긴 개를 보고 놀란 경험이 있는 어린아이는 강력하고 일반화된 개 공포증을 학습함으로써 이후 어떤 개에게도 접근하기를 두려워하게 된다.

2. 긍정적 정서의 형성

(1) 광고업자들은 어떤 상품을 긍정적 정서를 불러일으키는 무조건자극(UCS)과 교묘하게 짝지음으로써 상품이 좋은 감정을 불러일으키는 조건자극(CS)이 되기를 희망한다.

(2) 광고업자들은 상품을 매력적인 인물(유명 연예인, 운동선수, 저명인사 등)이나 즐거움을 주는 배경(아름다운 경치, 음악 등)과 연합시켜 보여준다.

03 조작적 조건형성

1 스키너(Skinner)의 조작적 조건형성

1. 개요

(1) 조작적[도구적] 조건형성은 스키너(Skinner)가 고전적 조건형성을 확장한 것으로, 자신이 고안한 스키너 상자의 쥐 실험을 통해 구체화하였다.

(2) 스키너상자는 내부의 지렛대를 누르면 먹이가 나오는 장치로, 먹이는 무조건자극, 먹이를 먹는 것은 무조건반응, 지렛대는 조건자극, 지렛대를 누르는 행위는 조건반응에 해당한다.

(3) 스키너는 인간이 환경의 자극에 능동적으로 반응하여 나타내는 행동을 조작적 행동으로 설명한다.

(4) 고전적 조건형성(파블로프)은 인간이 환경적 자극에 수동적으로 반응하여 형성되는 행동인 반응적 행동에 몰두한 반면, 조작적 조건형성(스키너)은 행동이 발생한 이후의 결과에 관심을 가진다.

(5) 조작적 조건형성은 어떤 행동의 결과에 대해 보상이 이루어지는 경우 그 행동이 재현되기 쉬우며, 반대의 경우 행동의 재현이 어렵다는 점을 강조한다.

(6) 스키너의 조작적 조건형성은 보상에 의한 강화를 통해 반응행동을 변화시키려는 방법이므로 강화이론(Reinforcement Theory)이라고도 불린다.

2. 스키너의 실험상자

(1) 먹이공급 장치가 달린 작은 상자 속에 쥐가 누를 수 있는 지렛대나 비둘기가 쫄 수 있는 원판을 부착한 실험장치를 제작하여 자동적으로 먹이를 공급한다.

(2) **행동조형**

① 스키너는 실험에 조형(Shaping)의 개념을 이용

② **조형(Shaping)**: 연속적 접근법을 사용하여 연구자가 원하는 새로운 반응을 만들어내는 절차

(3) 스키너실험에서의 조형 절차

① 일어서기를 강화

② 지렛대가 있는 곳을 향하여 일어서는 행동만 강화

③ 지렛대 가까이에서 일어서기를 할 때만 강화물 제공

④ 앞발이 지렛대에 접촉하였을 때 강화물 제공

⑤ 지렛대를 누르면 강화물(먹이)이 음식접시에 자동적으로 떨어짐

(4) 행동연쇄화

① 보다 복잡한 행동을 만들어내기 위해서 사용한 기법

② 동물들이 반응연쇄에서 다음 반응을 수행할 기회를 부여하여 각 반응을 강화시킴

(5) 실험 절차

> 쥐를 맨 위층에 올려두고 먹이를 둠 → 두 번째 중간층에 쥐를 두고 맨 위층으로 올라가는 사다리를 설치 → 이 과정에서 위층으로 올라가는 것을 학습 → 중간층에서 위층으로 사다리를 타고 올라가는 학습 후 사다리를 제거 → 줄을 당겨야 위층으로 올라가는 것을 학습 → 마지막 단계에는 쥐를 맨 아래층에 두고 학습한 행동들을 적용시켜 맨 위층까지 올라간 후 1차강화물인 먹이는 마지막 반응 후에만 제공
> ※ 연쇄의 나머지 반응들은 그 다음 반응을 수행할 기회를 부여받는 것으로 강화된다.

2 조작적 조건화의 기본원리

1. 강화(Reinforcement)의 원리

(1) 강화자극(보상)이 따르는 반응은 반복되는 경향이 있으며, 조작적반응이 일어나는 비율을 증가시킨다.

(2) 행동은 그 행동의 결과에 의해 지배를 받게 되어 유기체가 한 행동이 만족한 결과를 가져올 때 더욱 강한 행동의 반복을 가져온다.

2. 소거(Extinction)의 원리

(1) 소거는 일정한 반응 뒤에 강화가 주어지지 않는 경우 해당 반응이 사라지는 현상을 말한다.

(2) 하급자가 공손하게 인사를 해도 윗사람이 인사를 받아주지 않고 무시해 버린다면 인사하는 빈도는 줄어들게 되고, 마침내 인사행동은 사라지게 된다.

3. 조형(Shaping)의 원리

(1) 조형은 실험자 또는 치료자가 원하는 범위 안에서의 반응들만을 강화하고, 원하지 않는 방향의 행동에 대해 강화 받지 못하도록 하여 결국 원하는 방향의 행동을 하도록 하는 것이다.

(2) 조형은 스키너의 이론에서 중요한 기법인 행동수정의 근거가 되는 개념으로서 특히 강화에 의한 학습을 강조한다.

4. 자발적 회복(Spontaneous Recovery)의 원리

(1) 일단 습득된 행동은 만족스러운 결과가 주어지지 않는다고 하여 즉시 소거되지는 않는다.

(2) 자발적 회복은 한번 습득된 행동에 대해 보상이 주어지지 않더라도 동일한 상황에 직면하는 경우 소거된 반응이 다시 나타나는 현상을 말한다.

5. 변별(Discrimination)의 원리

(1) 변별은 보다 정교하게 학습이 이루어지는 것으로서, 유사한 자극에서 나타나는 조그마한 차이에 따라 다른 반응을 보이는 것이다.

(2) 어려서 어른에게 인사하는 법과 친구에게 인사하는 법을 구별하여 학습하게 되는 것은 친구들과 인사하는 방식으로 어른에게 인사했을 때 그 결과가 달랐기 때문에 변별 학습한 것이다.

3 조작적 조건형성과 고전적 조건형성

1. 조작적 조건형성의 주요 개념

소거	강화물을 계속 주지 않을 때 반응의 강도가 감소하는 것
토큰경제	바람직한 행동들에 대한 체계적인 목록을 정해 놓은 후, 그러한 행동이 이루어질 때 그에 상응하는 보상(토큰)을 하는 것
타임아웃	특정 행동의 발생을 억제하기 위해 이전의 강화를 철회하는 일종의 벌
체계적 둔감법	혐오스런 느낌이나 불안한 자극에 대한 위계목록을 작성하고 낮은 수준의 자극에서 높은 수준의 자극으로 상상을 유도함으로써 혐오나 불안에서 서서히 벗어나도록 하는 것
학습된 무력감	강제적이고 불가피한 불쾌자극에 반복적으로 노출되어 문제를 해결하기 위한 어떠한 노력도 소용없다는 부정적 인식이 자리 잡는 것

2. 고전적 조건형성과 조작적 조건형성의 비교

구분	고전적 조건형성	조작적 조건형성
자극-반응계열	자극이 반응의 앞에 온다.	반응이 효과나 보상 앞에 온다.
자극의 역할	반응은 추출된다.	반응은 방출된다.
자극의 자명성	특수반응은 특수자극을 대치한다.	자극의 대치는 일어나지 않는다.
조건형성 과정	한 자극이 다른 자극을 대치한다.	자극의 대치는 일어나지 않는다.
결과	정서적 · 부수적 행동이 학습된다.	목적지향적 · 의도적 행동이 학습된다.

4 조건형성에서 생물학적 영향

1. 맛 혐오학습(가르시아 효과)

(1) 음식을 먹은 뒤 구토 등의 부정적 경험을 하면 그 음식을 다시 먹지 않는 현상이다.

(2) 미국의 심리학자 존 가르시아(John Garcia)의 쥐를 대상으로 한 실험에서 유래하였다.

(3) 실험 내용

① 쥐에게 사카린이 든 물을 먹게 한 뒤 시간이 좀 지났을 때 감마선을 쬐어 구토를 유발했다.

② 감마선에 노출된 쥐는 구역질을 했으며 이후로는 사카린이 든 물을 마시지 않았다.

③ 특히 쥐들은 한 번의 경험으로도 사카린이 든 물을 기피하게 되었다.

④ 실험 과정에서 맛(사카린) 이외에도 소리와 시각 자극이 주어졌으나 쥐들은 맛 이외의 다른 요인에는 반응하지 않았다.

⑤ 가르시아 효과는 매우 강력하여 단 한 번의 경험으로도 음식을 혐오할 수 있다. 그 기억은 장기간 유지되며 평생 해당 음식을 먹지 않을 수도 있다.

2. 향본능 표류

(1) 동물이 조작적 반응을 획득한 후에도 시간이 지나면 학습된 행동이 본능적 행동을 향해 표류해 가는 것이다.

(2) 너구리 실험 – 저금통에 동전 넣기 훈련

① 너구리에게 떨어진 동전을 주워 저금통에 넣게 하고 박수를 받도록 훈련시킨다.

② 너구리는 떨어진 동전을 보다가 껍질을 깨끗이 탁탁 쳐서 양손으로 비비기 시작한다.

③ 너구리가 동전을 먹이인 '가재'로 인식해서 본능적으로 먹이를 먹을 때하는 행동을 취한 것이다.

④ 결국 본능에 의해 학습이 와해된 경우이다.

개념더하기 손다이크의 시행착오학습 – 고양이 실험

- 실험 방법: 문제상자 안에 고양이를 넣고 고양이가 지렛대를 밟으면 밖으로 나와 먹이를 먹을 수 있게 한다. 고양이가 움직이다 우연히 지렛대를 밟고 나오기까지의 시간을 측정한다.
- 손다이크의 시행착오학습은 여러 반응을 임의적으로 하다가 어느 하나가 문제를 해결하면 그 반응이 여러 시행에 걸쳐서 점진적으로 습득된다는 원리이다. 손다이크는 이러한 학습의 원리를 다음과 같이 3가지로 정리하였다.

효과성의 법칙 (만족, 불만족의 법칙)	• 행동 뒤에 만족스러운 보상이 있어야 학습한다. • 미로의 끝에 먹이(보상)가 있어야 쥐가 미로로 들어가 학습하려고 한다.
준비성의 법칙	• 학습자가 학습할 준비가 되어 있어야 한다. • 나중에는 먹이(보상)를 주어도 쥐가 미로에 들어가려고 하지 않는다. • 이 경우 쥐는 다시 배고파지는 것이 학습자가 학습의 준비를 하는 것이다.
연습의 법칙	• 일정한 목적을 가지고 작업을 반복해야 학습이 된다. • 보상에 의해서 미로를 계속 반복적으로 탈출하다보니 나중에는 빠른 길을 학습하고 그 길로만 간다.

1 강화와 처벌

1. 강화이론

(1) 어떤 행동의 결과에 대해 보상이 이루어지는 경우 그 행동이 재현되기 쉬우며, 반대의 경우 행동의 재현이 어렵다는 점을 강조한다.

(2) 보상에 의한 강화를 통해 반응행동을 변화시키려는 방법이므로 강화이론(Reinforcement Theory)이라고 불린다.

2. 강화와 처벌

(1) 강화

① 정적강화(Positive Reinforcement): 무엇인가를 제공(예 음식, 물)해서 원하는 행동을 증가시키는 것

② 부적강화(Negative Reinforcement): 무엇인가를 제거(예 전기충격)해서 행동을 증가시키는 것

(2) 처벌

① 정적처벌(Positive Punishment): 무엇인가를 제공(예 전기충격)해서 행동을 감소시키는 것

② 부적처벌(Negative Punishment): 무엇인가를 제거(예 음식, 물)해서 행동을 감소시키는 것

3. 강화(보상과 처벌)의 제시 및 철회에 따른 조작적 조건형성의 유형

구분	자극 제시(정적)	자극 제거(부적)
강화를 이용하여 행동을 증가	• 정적강화: 운동을 몇 차례하고 좋아진 느낌 • 결과: 운동을 더 자주 하게 됨	• 부적강화: 안전띠를 매면 '삑' 소리가 사라짐 • 결과: 안전띠를 계속 이용하게 됨
처벌을 이용하여 행동을 감소	• 정적처벌: 교수전용 주차장에 차를 세우고 딱지를 떼임 • 결과: 교수전용 주차장에 주차하지 않게 됨	• 부적처벌: 말대꾸를 했더니 어머니가 1주일간 게임을 하지 못하게 함 • 결과: 어머니에게 말대꾸를 하지 않게 됨

4. 강화물

(1) 강화물이란 구체적인 강화의 형태로서 보상(예 칭찬, 선물, 돈 등)과 처벌(예 꾸중, 체벌 등)로 구분된다.

(2) **1차강화물**: 생리학적인 요구를 만족시키는 것과 본래적 강화자극(예 음식, 공기 등)

(3) **2차강화물**: 1차강화물과의 연합을 통해 강화력을 획득한 자극으로, 조건강화물로 불리기도 함(예 칭찬, 권위 등)

2 강화계획

1. 계속적 강화와 간헐적 강화

(1) 강화계획의 정의: 강화를 제시하는 실험자의 방식과 계획

(2) 계속적 강화(Continuous Reinforcement): 정확한 반응이 나타날 때마다 강화를 주는 것으로, 학습 초기 단계에서 매우 효과적이지만 보상이 사라지는 즉시 행동도 사라진다.

(3) 간헐적 강화(Partial Reinforcement): 요구되는 반응 중 일부에만 강화물을 주는 것으로, 계속적 강화계획에 비해 상대적으로 학습된 행동을 유지하는 데 효과적이다.

(4) 이상적인 강화계획은 처음에는 계속적 강화를 주고, 나중에는 간헐적 강화를 제공하는 것이다.

2. 강화계획(간헐적 강화)에 따른 조작적 조건형성의 종류

(1) 시간 간격을 기준으로 고정간격계획, 변동간격계획, 고정비율계획, 변동비율계획 등으로 구분된다.

고정간격계획 (Fixed-Interval Schedule)	• 요구되는 행동의 발생빈도에 상관없이 일정한 시간 간격에 따라 강화를 부여한다. • 지속성이 거의 없으며 강화 시간이 다가오면서 반응률이 증가하는 반면 강화 직후 급격히 떨어진다. 예 주급, 월급, 일당, 정기적 시험 등
변동간격계획 (Variable-Interval Schedule)	• 일정한 시간 간격을 두지 않은 채 평균적으로 확인할 수 있는 시간 간격이 지난 후에 강화를 부여한다. • 느리고 완만한 반응률을 보이며 강화 후에도 거의 쉬지 않는다. 예 1시간에 3차례 강화를 부여할 경우, 25분/45분/60분으로 나누어 강화를 부여
고정비율계획 (Fixed-Ratio Schedule)	• 행동중심적 강화방법으로, 일정한 횟수의 바람직한 반응이 나타난 다음에 강화를 부여한다. • 빠른 반응률을 보이지만 지속성이 약하다. 예 옷 공장에서 옷 100벌을 만들 때마다 1인당 100만원의 성과급을 지급
변동비율계획 (Variable-Ratio Schedule)	• 반응행동에 변동적인 비율을 적용하여 불규칙한 횟수의 바람직한 행동이 나타난 후 강화를 부여한다. • 반응률이 높게 유지되며 지속성도 높다. 예 카지노의 슬롯머신, 복권 등

(2) 반응률이 높은 강화계획 순서는 변동비율계획(VR) > 고정비율계획(FR) > 변동간격계획(VI) > 고정간격계획(FI) 순이다.

(3) 강화계획 중 가장 높은 반응률을 보이면서 습득된 행동이 높은 비율로 오래 유지되는 것은 변동비율계획이다.

3. 강화의 원칙

(1) 바람직한 행동변화를 이끌어낼 수 있을 만큼 적절히 부여해야 한다.

(2) 일관성 있게 이루어져야 한다.

(3) 사람마다 강화자극의 영향력이 다르므로 적절한 강화자극을 선정해야 한다.

(4) 강화는 즉시 이루어져야 하며, 지난 행동에 대한 강화는 그 효과를 기대할 수 없다.

(5) 바람직한 목표행동과 직접적으로 연관된 것에 부여해야 한다.

(6) 강화계획은 체계적 · 점증적인 단계들로 이루어져야 한다.

4. 처벌의 원칙

(1) 바람직하지 못한 행동을 중단시킬 수 있을 만큼 최소화해야 한다.

(2) 일관성 있게 이루어져야 한다.

(3) 짧고 간결하게 해야 한다.

(4) 처벌은 즉시 이루어져야 하며, 지난 행동에 대한 처벌은 삼가야 한다.

(5) 처벌의 부작용에 대해 고려해야 한다.

(6) 반복적인 처벌에도 불구하고 효과가 없는 경우 다른 방법을 강구해야 한다.

5. 프리맥의 원리(Premack's Principle)

(1) 높은 빈도의 행동(선호하는 활동)은 낮은 빈도의 행동(덜 선호하는 활동)에 대해 효과적인 강화인자가 될 수 있다.

> **예** 아이가 숙제하는 것(덜 선호하는 활동)보다 TV 보는 것(선호하는 활동)을 좋아하는 경우, 부모는 아이에게 우선 숙제를 마쳐야만 TV를 볼 수 있다고 말함으로써 아이로 하여금 숙제하도록 유도할 수 있다.

(2) 강화물의 효과성은 사람에 따라 다르다. 아이가 TV 보는 것보다 숙제하는 것을 좋아한다면 강화물의 효과성은 역전될 것이다. 즉, 어떠한 자극 또는 사건에 대한 강화의 효과성 여부를 결정하기 위해서는 우선 개인에 따른 행동의 위계를 설정할 필요가 있다.

(3) 프리맥의 원리가 효과적이기 위해서는 낮은 빈도의 행동(덜 선호하는 활동)이 먼저 일어나야 한다.

6. 미신적 행동(Superstitious Behavior)

(1) 우발적인 강화로 인해 일어나는 행동 강도의 증가를 의미한다.

(2) 스키너(Skinner)는 비둘기를 스키너 상자에 넣고 비둘기의 행동과 무관하게 일정한 시간 간격으로 먹이를 주었다. 그러면 먹이가 제공되는 시간에 우연하게 비둘기가 하고 있었던 행동이 강화되는 결과를 보였다. 즉, 비둘기는 먹이가 제공되기 직전에 자기 나름대로 바닥을 긁거나 제자리를 빙빙 돌거나 부리로 상자 내부를 쪼는 행동을 하였는데, 그 우연한 일로 인하여 반응과 보상 사이에 아무런 인과관계가 없음에도 불구하고 보상을 얻기 위해 그와 같은 행위를 반복한 것이다.

> **개념더하기** 행동수정의 순서
>
> | [1단계] 목표 행동의 정의 | 두 명 이상의 관찰자에 의해 관찰되고 기록될 수 있는 행동 |
> |---|---|
> | [2단계] 행동의 기초선 측정 | 목표 행동의 빈도, 지속 시간을 측정 |
> | [3단계] 강화 및 처벌 | 적응행동 강화, 부적응행동 약화 |
> | [4단계] 결과 검증 | 강화 및 처벌의 반전을 통해 검증 |
> | [5단계] 행동 일반화 | 추수강화나 부분강화 등을 통해 습득된 행동 고정 |

1 인지학습이론

1. 개요

(1) **인지의 정의**: 정보를 습득하고 조직화하는 과정, 즉 주변 세상을 알고 이해하는 방법이다.

(2) 우리는 강화 또는 처벌이 수반되지 않아도 정보를 습득, 저장, 조직화할 수 있다.

(3) 관찰 또는 인지를 통한 학습을 수용할 때 인간과 동물의 더 광범위한 학습현상을 다룰 수 있고, 특히 인간의 행동을 더 깊이 이해할 수 있다.

2. 인지주의 학습이론

(1) 인간 내부에서 일어나는 인지적 과정, 즉 사물을 인식하고 해석하고 기억하는 방법 등을 강조해 왔다.

(2) 1950년부터 관심을 받기 시작했고 학습에 대한 인지주의적 관점은 분트에게서 시작되었다.

(3) 학습에 대한 초점을 인간 내부의 정신과정에 두는 이론으로, 학습은 학습자 스스로 완성해가는 것이라고 주장했다.

2 통찰학습

1. 개요

(1) 독일의 형태주의 심리학자 쾰러(Wolfgang Köhler)가 제창했으며, 통찰력에 의하여 요소들을 재구성하고 유의미한 관계로 파악함으로써 문제 해결에 이르는 학습방법이다.

(2) 학습을 반응의 변화가 아닌 지식의 변화로 보았다.

(3) 목적, 통찰력, 이해 같은 정신적 과정을 강조한다.

(4) 성공적 수행은 단순한 과거의 경험이 아닌 현재 상황 속의 관계를 이해하는 것과 밀접한 연관성이 있다.

(5) 통찰은 문제 상황에서 갑작스럽게 문제해결이 이루어지는 현상을 깨닫는 것이다.

2. 쾰러(Köhler)의 침팬지 실험

(1) 쾰러는 학습이 자극반응의 조건형성이나 시행착오의 반복에 의해서가 아닌 전체적 구조에 대한 사태파악, 즉 통찰(Insight)에 의해 이루어진다고 주장하였다.

(2) 쾰러는 침팬지를 대상으로 통찰학습이 이루어지는 과정을 실험하였다.
　① 우리 속에는 굶주린 침팬지가 갇혀 있고, 손이 닿지 않는 천장에 바나나가 매달려 있다. 주위에는 나무상자와 막대기가 놓여 있다.
　② 침팬지는 바나나를 따기 위해 손을 뻗치고 발돋움을 하나 결국 실패하고 만다.
　③ 몇 차례 시도가 실패하자, 침팬지는 우리 속의 전체 상황을 살핀 후 잠시 머뭇거리다가, 상자를 옮겨놓고 그 위에 올라가서 바나나를 딸 수 있었다.
　④ 침팬지는 더 높은 곳에 매달린 바나나도 나무상자들을 여러 개 포개어 쌓아놓고 그 위에 올라간다거나 막대기를 사용함으로써 손에 넣을 수 있었다.

⑤ 침팬지는 우리 밖의 철망 너머에 있는 바나나를 얻기 위해 손을 뻗었으나 실패하게 되고, 다음으로 막대기를 이용하여 바나나가 있는 곳으로 내밀었으나 막대기가 짧아 성공에 이르지 못했다.

⑥ 그러자 두 개의 막대기를 서로 조립하여 바나나를 철망 쪽으로 끌어온 후 마침내 손에 넣을 수 있었다.

⑦ 침팬지는 앞선 두 번의 통찰이 성공에 이르지 못하자 또 다시 통찰력을 발휘하여 문제해결 방법을 모색한 후 마침내 성공을 거두게 된 것이다.

⑧ 침팬지는 서로 관련이 없는 바나나와 상자, 막대기라는 목적과 수단의 전체적 구조 속에서 상황을 재구성할 수 있었다.

(3) 쾰러는 침팬지들의 이와 같은 문제해결 행동이 과거에 전혀 학습한 적이 없는 새로운 관계를 급작스럽게 파악한 것으로 설명하였다. 즉, 침팬지는 자극-반응연합을 형성한 것이 아니라 문제상황 전체에 대한 통찰을 획득한 것이다.

3. 통찰의 의미

(1) 학습과정 속에는 인지의 분화와 통합, 문제 상태의 인지와 재구조화가 진행되면서 동시에 심리적 이해력이 드러나는데, 이러한 심리적 과정을 쾰러는 '통찰'이라고 하였다.

(2) 통찰이란 상황을 구성하는 요소 간(수단과 목적)의 관계 파악을 의미하는 것이다.

(3) 통찰은 흔히 갑자기 영감처럼 일어나기 때문에 '아하'라는 감탄의 경험을 동반하므로, 'A-ha 현상'이라고도 한다.

4. 통찰학습의 결과

(1) **인지구조의 재체계화**: 학습은 단순한 과거 경험의 집합이 아니고, 경험적 사실을 재구성하는 인지구조 변환의 과정, 즉 통찰에 의한 문제해결의 과정이다.

(2) 통찰은 문제해결에 열쇠가 되는 중요한 부분들이 배열되어서 그들 간의 관계가 지각되면 쉽게 이루어진다.

(3) 통찰에 의한 문제해결은 상당 기간 유지되고 또한 쉽게 반복될 수 있다. 통찰의 법칙은 갑작스러운 해결이다.

(4) 통찰실험의 학습은 수단과 목적의 인지적 관계이므로, 어떤 도구가 다른 도구로 대치될 수 있다.

3 잠재학습

1. 개요

(1) 이미 학습은 되어 있지만 보상이 주어질 때까지 행동에 나타나지 않고 잠재해 있는 것을 말한다. 즉, 유기체가 학습한 것을 발휘할 이유가 주어지기 전까지 학습은 잠재해 있다는 이론이다.

(2) 톨만(Tolman)은 모든 행동은 목적을 지향한다고 가정하는 목적적 행동주의를 표방하였다. 즉, 행동이 어떤 목적을 지향하여 단순한 자극-반응의 연합보다는 목적과 관련된 인지의 지배를 받는 것으로 보았다.

(3) 스키너와 달리 톨만은 강화가 학습에 영향을 주는 것이 아니라 학습한 것의 수행에 영향을 준다고 보았다.

2. 톨만(Tolman)의 쥐 실험

(1) 톨만은 미로학습을 하는 세 집단의 쥐 실험을 통해 학습의 인지적 요인을 강조하였다.

   ① 기존의 미로를 이용한 쥐 실험들은 쥐가 먹이 보상에 의해 잘못된 방향으로 회전하는 오류가 감소되는 결과를 토대로 쥐가 먹이에 의해 강화되는 학습을 했다고 주장했다.

   ② 그러나 톨만은 다른 해석을 할 수 있는 증거를 제시했다.

(2) 톨만은 세 집단의 쥐들을 매일 한 번씩 12일에 걸쳐 미로에 넣어 놓았다.

   ① A 집단의 쥐들에게는 실험을 할 때마다 목표상자에 먹이를 넣어 주었다.

     → A 집단의 쥐들은 점진적인 학습에 의해 실험이 종료될 무렵 1~2회 정도의 오류를 범했다.

   ② B 집단의 쥐들에게는 목표상자에 단 한 번도 먹이를 넣어주지 않았다.

     → B 집단의 쥐들은 실험이 종료될 무렵까지 지속적인 오류를 보였다.

   ③ C 집단의 쥐들에게는 처음 10일 동안은 먹이 없이, 이후 11일째 되는 날 처음으로 먹이를 넣어주었다.

     → C 집단의 쥐들은 처음 10일 동안은 많은 오류를 보였으나, 11일째 먹이가 제공된 이후 12일째에 거의 오류를 보이지 않았다.

(3) 톨만은 C 집단의 쥐들에게서 나타난 결과를 토대로 단 한 번의 강화가 쥐들의 미로학습에 영향을 미친 것이 아니라, 이미 강화를 받기 전에 학습하고 있었다고 주장했다. 톨만은 이를 잠재학습(Latent Learning)이라고 했다.

(4) 톨만은 쥐의 수행이 첫 번째 강화시행 직후 변화되었음을 토대로 쥐가 이미 미로의 공간배열에 대한 정신적 표상, 즉 인지도(Cognitive Map)*를 발달시킨 것으로 보았다. 톨만은 이와 같은 인지도가 어떠한 반응이나 강화 없이 자연적으로 발달된다고 주장했다.

(5) 톨만의 쥐 실험은 인간이 아무런 보상을 받지 않고도 잠재학습을 통해 정신적인 지도를 발달시킨다는 사실을 입증한 것이다.

3. 톨만의 기호형태설(Sign-gestalt Theory)

(1) 톨만의 목적적 행동주의(Purposive Behaviorism)는 교수 및 학습이론에 대한 인지주의적 접근방법 중 하나로, 기호형태설이라고도 한다.

(2) 행동주의 학습이론의 자극-반응 연합의 한계를 극복하고자 했다.

(3) 학습은 환경에 대한 인지지도를 신경조직 속에 형성시키는 것이다.

(4) 학습은 자극과 자극 사이에 형성된 결속이므로, S-S(Sign-Signification)이론이라고 한다.

(5) 학습하는 행동은 목적 지향적이며, 학습에 있어서 개인차(학습에 있어서 유전적 요인, 연령, 훈련, 내분비선의 개인차가 행동의 예측과 이해에 주요한 요인임)를 인정하였다.

(6) 학습의 형태에는 보수기대, 장소학습, 기대학습이 있다.

(7) 학습은 어떤 동작을 배우는 것이 아니라 어떤 반응이 어떤 목표를 달성하게 하느냐 하는 목적과 수단의 관계, 즉 기호를 배우는 것이다.

(8) 톨만은 문제의 인지가 학습에 있어서 가장 필요한 조건이라고 생각하였다. 그는 학습의 목표를 의미체

---

*   인지도(Cognitive Map)
     • 인지: 인간이 감각기관을 통해 느끼는 것과 그것을 토대로 한 추론과정
     • 인지도: 머릿속에서 느끼는 인지를 이해하고 해석하기 위해 도식화한 것

라 하고 그것을 달성하는 수단이 되는 대상을 기호라고 부른다. 또한 이 양자 간의 수단, 목적 관계를 기호-형태라고 칭했다.

4 사회인지학습

1. 개요

(1) 사회학습이론은 인간의 행동이나 성격의 결정요인으로서 사회적인 요소를 강조한다.

(2) 반두라는 인간의 행동이 외부자극에 의해 통제된다는 기존의 행동주의이론에 반발하여 인간의 인지능력에 관심을 가졌다.

(3) 사회학습이란 인간은 어떤 모델의 행동을 관찰·모방함으로써 학습하게 된다는 것으로, 여기서 학습은 주위 사람과 사건들에 주의 집중함으로써 정보를 획득하는 것을 말한다.

(4) 관찰자는 관찰대상이 보상이나 벌을 받는 것을 관찰함으로써 간접적인 강화를 받는데, 이때의 간접적 강화를 가리켜 대리적 강화라고 한다.

(5) 반두라는 인간의 행동을 불러일으키는 요인으로서 환경적 자극을 제시하며, 이러한 환경적 자극의 변화를 통해 인간의 행동이 변화할 수 있다고 본다.

(6) 강화는 인간의 행동을 절대적으로 통제하지는 못하며, 강화의 효과 또한 행동과 그 결과에 대한 인간의 의식에 의해 좌우된다.

(7) 인간은 자신의 인지적 능력을 활용하여 창조적으로 사고함으로써 합리적으로 행동을 계획할 수 있다.

2. 반두라의 사회학습이론

(1) 주요 개념

모델링(Modeling)	• 다른 사람의 행동을 보고 들으며 그 행동을 따라하는 것으로서 관찰학습을 의미한다. • 관찰자의 모델링 행동은 보상이나 처벌 등으로 나타나는 결과에 의해 영향을 받는다. • 모델링의 효과는 다음 몇 가지 조건에 의해 상이하게 나타난다. 　- 아동은 위대하다고 생각하는 사람의 행동을 더 잘 모방한다. 　- 아동은 이성인 모델보다는 동성인 모델의 행동을 더 잘 모방한다. 　- 아동은 연령이나 지위 등에서 자신과 비슷한 모델을 더 잘 모방한다. 　- 아동은 돈이나 명성 등에서 높은 사회경제적 지위를 가진 모델을 더 잘 모방한다. 　- 아동은 여러 모델이 수행하는 행동을 더 잘 모방한다. 　- 아동은 상을 받은 모델을 모방하는 반면, 벌을 받은 모델을 모방하지는 않는다.
자기조절 (Self-Regulation)	• 수행 과정, 판단 과정, 자기반응 과정으로 이루어진다. • 자신의 행동을 스스로 평가·감독하는 것을 말하며, 자기평가적 반응과 연관된다. • 인간행동은 외부환경으로부터의 보상이나 처벌은 물론 스스로 정한 내적 표준에 의해 조절된다. • 자기조절의 핵심은 자기보상 또는 자기칭찬에 있다.
자기강화 (Self-Reinforcement)	• 자신이 통제할 수 있는 보상을 자기 스스로에게 주어서 자신의 행동을 유지하거나 변화시키는 과정을 말한다. • 수행이나 성취의 기준에 따른 기대치의 달성 또는 미달 정도에 따라 자신에 대한 보상여부가 결정된다.
자기효율성[자기효능감] (Self-Efficacy)	• 내적표준과 자기강화에 의해 형성되며, 어떤 행동을 성공적으로 수행할 수 있다는 신념이다. • 자기효율성은 총체적 자기개념을 지칭하기보다는 특정 상황이나 과제에 대처하는 지각된 능력과 연관된다. • 상황에 적합한 행동의 선택, 시간과 노력의 투입 정도 등을 결정하는 근거가 되기도 한다.

(2) 자기효율성(자기효능감)에 영향을 미치는 요인

① 성취경험 또는 수행성취
  - ㉠ 실제적인 성취경험, 즉 성공의 경험은 자기효율성의 가장 강력한 요인이다.
  - ㉡ 비교적 작은 일부터 점차 큰 일로 단계적으로 성공을 경험할 때 자기효율성은 상승한다. 반면, 처음부터 너무 큰 목표를 세우는 경우 그로 인한 실패경험이 불안을 유발하여 다른 일들도 도전하지 못하게 만들 수 있다.

② 대리경험
  - ㉠ 관찰학습을 통해 타인의 수행 정보를 수집하는 것도 자기효율성에 영향을 미친다.
  - ㉡ 타인의 성공 목격은 개인의 능력을 평가하는 근거가 되고 자신감을 부여해 자기효율성을 증가시킨다.

③ 언어적 설득
  - ㉠ 다른 사람의 칭찬, 격려, 지지 또는 확신을 주는 말이 자기효율성에 영향을 미친다.
  - ㉡ 격려나 수행에 대한 구체적인 피드백을 통해 새로운 전략이나 성공을 위한 노력을 이끌어 낼 수 있다.

④ 정서적 각성(정서적 안정)
  - ㉠ 자기효율성은 주어진 상황에서 느끼는 정서적 각성 정도와 질에 크게 영향 받는다.
  - ㉡ 자기효율성이 높으면 부정적인 감정도 도전과 성공을 향한 열의로 전환될 수 있다.

(3) 관찰학습과정

주의집중단계	• 학습이 일어나기 위한 첫 단계 • 학습자가 모델의 행동에 관심을 가지고 주의집중을 가지게 하는 단계 • 모델과 학습자가 유사성이 있거나 사회적으로 유능하거나 높은 위치에 있을 시 더 집중하는 경향 예 수영강습 시 유능한 코치가 보여주는 수영동작 시범에 집중하는 경우
파지단계	주의집중을 통해 얻은 모델의 행동이 정신적으로 언어화되거나 시각적으로 표현되어 학습자의 기억에 전이되는 단계 예 수영코치의 수영동작의 순서를 차례대로 말로 되뇌거나 시각적 영상으로 생각해 내는 경우
재생단계	기억된 모델의 행동을 학습자가 능숙하게 재생하는 단계 예 수영코치가 보여준 자유형 동작을 기억하여 연습해 보며 그것을 수영코치와 비교하여 수정하여 모델 행동을 성공적으로 재생
동기화단계	• 모델의 행동을 재생한 것에 대해 강화를 기대하며 동기를 갖게 되는 단계 • 모델의 행동을 기억하고 능숙히 수행할 수 있다 해도 그 행동이 바람직한 결과를 가져오지 않는다면 행동유지가 되지 않음 예 수영을 꾸준히 하여 더욱 건강해져 기대만큼 체중조절이 되어 주위 사람으로부터 긍정적인 피드백을 받으면 계속 이 사람은 수영을 할 것임

(4) 관찰학습을 통해 습득되는 대표적 행동 유형

공격성	• 사회화 과정에서 아동들은 공격적인 모델을 관찰하고 그 모델이 언제 강화를 받는가를 주시하며, 이에 따라 모델의 행동을 모방 • 대중매체에서 접하는 폭력이나 범죄 장면에서 나오는 공격적 행동을 학습하게 되며, 다만 그러한 행동을 할 수 있는 환경이 조성될 때까지 억제하고 있는 것
성역할	사회화 과정에서 아동들은 자신의 성에 적합한 행동방식을 학습하며 아동들은 관찰을 통해 두 가지 성과 관계되는 행동을 모두 학습한다. 그러나 대개 그들 자신의 성에 적합한 행동만을 선택하여 수행
친사회적 행동	친사회적 행동은 그러한 행동을 하는 적절한 모델에 대한 관찰을 통해 쉽게 영향 받음

- 반두라는 '보보인형(풍선형 오뚜기 인형)'으로 실험했다.
- 실험 방법
  - 3~6세 아이들을 한 방에 한 명씩 분리시킨다.
  - 아이들에게 어른들이 보보인형을 때려눕히며 노는 영상을 보여준다.
  - 아이들을 보보인형과 많은 장난감이 있는 방에 두고, 아이들이 보보인형에게 행하는 행동을 관찰한다.
  - 어른들이 보보인형을 때려눕히는 영상에는 3가지 결과가 주어졌다.

보상	하나는 인형을 때려눕히면, 어른들에게 사탕을 준다. → 보상을 받은 어른을 보았을 때, 아이들을 더욱더 공격적인 성향으로 보보인형을 공격했다.
벌	다른 하나는 인형을 때릴 때마다 혼이 난다. → 벌을 받은 어른을 보았을 때, 아이들은 보보인형을 때려눕히기를 꺼려했다.
중립적 상황	아무 보상 또는 벌이 주어지지 않았다. → 중립적 상황을 본 아이들의 공격성은 보상 그룹과 벌 그룹의 중간정도였다.

- 실험 결과: 유전자 또는 부모의 성향보다는 아이들이 어떤 상황에 처해지냐에 따라 그들의 성향이 바뀔 가능성이 높다.
- 관찰적 배움(Observational Learning): 아이들은 다른 사람이 보상받는 것을 관찰함으로써 어떻게 행동할지 배울 수 있다.

---

06 기억

1 기억 과정

1. 개념 및 특징

(1) **기억과정**: 정보를 받아들이고 저장하는 과정뿐 아니라 기존 정보나 지식을 문제해결에 잘 사용할 수 있도록 조직화하거나 재구성하는 정신 과정

(2) **기억의 중요성**: 기억이 없다면 다른 사람을 알아보거나 생활에 필요한 기술을 사용할 수도 없게 될 것이다. 내가 누구인지라는 자기 인식조차 없을 것이다.

(3) **망각의 중요성**: 일상생활 속에서 엄청난 양의 무의미한 정보들로 인한 기억의 과부하나 주의분산을 막아준다.

2. 정보처리적 관점에 의한 기억의 3단계 과정

단계	내용
[1단계] 입력 또는 부호화	• 어떤 자극이 장기기억 저장소에 불활성상태로 저장되려면 부호화과정이 필요하다. • 자극정보를 선택하여 기억에 저장할 수 있는 형태로 변환하는 것이다.
[2단계] 저장 또는 응고화	• 감각시스템을 통해 들어온 정보는 단기기억으로 저장된다. • 단기기억으로 저장된 정보 중 일부는 장기기억 저장소에 보관되어 일정기간 동안 유지된다. • 장기기억으로 응고되지 못한 정보는 잊어버리게 된다.
[3단계] 인출	• 응고된 장기기억이 다시 단기기억으로 옮겨져 과제수행에 사용된다. • 저장된 정보를 활용하기 위해 적극적으로 탐색·접근하는 과정이다.

3. 기억의 4단계 과정

[1단계] 기명(Memorizing)	• 자극으로 주어진 자료를 지각하거나 정보를 받아들이는 것이다. • 사물의 인상이나 경험의 내용이 머릿속에 각인(Imprinting)되는 과정에 해당한다.
[2단계] 파지(Retention)	• 기명된 내용을 일정기간 동안 기억흔적으로 간직하는 것이다. • 각인된 인상이 보존되는 과정으로서, 기명된 내용은 무한정으로 파지되는 것이 아닌 시간이 흐름에 따라 감소된다.
[3단계] 재생(Reproduction)	• 보존된 인상이 의식의 수준에 이르는 것이다. • 파지되어 있는 내용을 아무런 절차 없이 순수하게 생각해 내는 과정에 해당한다.
[4단계] 재인(Recognition)	• 과거에 경험했던 것과 유사한 상황에 이르렀을 때 인상이 떠오르는 것이다. • 파지되어 있는 내용을 아무런 절차 없이 상황의 도움에 의해 생각해내는 것으로서, 기명된 내용과 재생한 내용의 일치성을 인식하는 과정에 해당한다.

2 기억의 단계 I

1. 제1단계 감각기억(Sensory Memory) 또는 감각등록기(Sensory Register)

(1) 시각, 청각, 후각, 미각, 촉각 등 다양한 감각에 대한 기억을 포함하는 것으로서, 감각시스템으로부터 들어온 정보를 순간적으로 저장하는 기억이다.

(2) 감각기억은 자극을 아주 정확하게 저장하지만, 매우 짧은 시간 동안 저장한다. 즉, 정보가 더 깊은 수준으로 처리될 때까지 보통 1~2초 동안 비교적 원상태의 처리되지 않은 형태로 부호화되어 저장된다.

(3) 감각기억에 관한 대부분의 정보는 시각과 청각에 의한 것으로서, 특히 시각적인 감각기억을 영상기억 또는 영사기억(Iconic Memory)이라 하고, 청각적인 감각기억을 잔향기억 또는 반향기억(Echoic Memory)이라고 한다.

(4) 영상기억이나 잔향기억은 주의를 기울이지 않으면 순식간에 사라지지만, 그 정보는 지극히 풍부하고 뚜렷한 기억으로 제시된다. 잔향기억이 영상기억에 비해 다소 오래 지속된다는 실험결과가 있다.

(5) 감각기억은 그 수용량에 제한이 없지만 대부분의 정보가 다음 단계인 단기기억으로 넘어가기 전에 사라지며, 새로운 정보가 유입되면서 손실된다.

2. 제2단계 단기기억(Short-Term Memory, STM) 또는 작업기억(Working Memory)

(1) 능동적으로 정보를 처리하는 활동 중 기억으로서, 감각기억으로부터 들어온 정보를 처리하는 동안 이를 유지하는 일시적인 기억저장소이다.

(2) 감각기억의 경우 매우 짧은 시간 동안만 지속되므로 거의 의식적으로 경험하기 어려운 반면, 단기기억은 분명히 의식적이라고 할 수 있다. 특정장면이나 소리에 주의를 기울일 때 주의기제는 전달된 메시지를 거의 즉각적이고 자동적으로 감각기억에서 단기기억으로 전환하므로, 이와 같이 감각기억에서 단기기억으로 넘어가는 데 주의가 결정적인 역할을 한다.

(3) 단기기억 속의 정보는 소리특성에 의한 청각적 부호화와 시각특성에 의한 시각적 부호화를 통해 저장되며, 일부는 의미적 부호화도 가능하다.

(4) 감각 시스템으로부터 들어온 정보를 선택적으로 처리하며, 처리할 수 있는 정보의 수는 성인의 경우 최대 5~9개이고, 대략 10~20초(혹은 20~30초) 정도 정보를 저장할 수 있다.

(5) 단기기억 속의 정보는 시간경과에 의해 소멸될 수도, 새로운 정보의 계속적인 유입에 의해 대치되어 망각될 수도 있다.

(6) 단기기억에 저장된 정보 중 일부는 장기기억으로 전이되는데, 보통 시연 또는 암송(Rehearsal)의 과정에 의해 이루어진다. 다만, 장기기억으로의 전이가능성은 시연의 양보다는 시연의 방식이 더욱 중요하다. 특히 정보를 단순하게 반복하는 유지시연 또는 유지암송(Maintenance Rehearsal)보다는 기억해야 할 정보의 항목에 조직과 의미를 부여하는 능동적 과정으로서 정교화시연 또는 정교화암송(Elaborative Rehearsal)이 정보를 장기기억으로 전이시키는 데 효과적이다.

(7) 최근에는 단기기억의 활용적 측면을 강조하는 용어인 작업기억(Working Memory)의 명칭을 흔히 사용하고 있다.

3. 제3단계 장기기억(Long-Term Memory, LTM)

(1) 장기기억은 정보를 무제한적 · 영구적으로 저장할 수 있는 곳이다.

(2) 주로 의미로 부호화되어, 현재 사용하지 않더라도 필요한 때 저장된 정보를 사용할 수 있도록 한다.

(3) 장기기억의 하부체계들에 대해서는 연구자들마다 다르게 제시하고 있으나, 외현기억(Explicit Memory)과 암묵기억(Implicit Memory), 일화기억(Episodic Memory)과 의미기억(Semantic Memory), 서술기억(Declarative Memory)과 절차기억(Procedural Memory) 등으로 구분하기도 한다.

(4) 장기기억에 저장된 정보를 지식이라고 한다. 특히 장기기억의 내용 중 서술적 지식은 현재의 정보를 응집력 있게 기억구조에 통합시키는 가설적 인지구조로서 도식(Schema)과 연관된다. 사람들은 있는 그대로의 정보를 처리하는 것이 아닌 이와 같은 도식에 기초하여 정보를 처리하는 경향이 있다.

(5) 장기기억은 흔히 도서관의 장서체계에 비유된다. 즉, 다양한 방법으로 정보를 수집하고 이를 유목화 · 분류화한 것으로 볼 수 있는데, 그로 인해 장기기억 속의 한 기억요소가 색인 또는 연합을 많이 가질수록 쉽게 기억된다.

개념더하기 단기기억과 장기기억의 비교

구분	작업기억(단기기억)	장기기억
입력	매우 빠름	비교적 느림
용량	제한적	무제한적
지속시간	매우 짧음(20~30초)	무제한적
부호화	유지시연	정교화, 조직화, 맥락화(상황화)
내용	단어, 문장, 아이디어, 심상	도식, 산출, 명제, 일화, 개념, 법칙 등 (의미기억, 일화기억, 절차기억, 조건적 지식)
인출	즉각적	표상과 조직에 따라 다름

3 기억의 단계 Ⅱ

1. 장기기억의 하부체계

(1) 외현기억과 내현기억

① 외현기억(Explicit Memory): 자기가 기억하고 있다는 것을 자각할 수 있는 기억으로, 의도적으로 저장한 기억

② 내현기억(Implicit Memory): 무의식적이고 간접적으로 접근할 수 있는 기억으로, 우연적이고 비의도적인 기억

③ 외현기억은 의식적이므로 회상검사나 재인검사를 통해 직접 측정할 수 있는 반면, 암묵기억은 무의식적이므로 간접적인 방법으로 측정할 수 있다.

④ 내현기억은 연령, 약물(예 알코올), 기억상실증, 파지간격의 길이, 간섭조작 등의 변인에 의해 영향을 받지 않는 반면, 외현기억은 이들 요인의 영향을 많이 받는다.

개념더하기 외현기억과 내현기억의 비교

외현기억(명시기억)	내현기억(암묵기억)
• 무의식적이며, 자발적으로 장기기억에서 접근되어 단기기억으로 보내질 수 없다. 그 대신 특정한 방법으로 정보를 처리하거나 행동하기 쉽게 만든다. • 비서술적 기억 • 무의식적이며 자발적으로 회상될 수 없다. • 일화기억이나 의미기억으로 저장되지 않는다. • 어느 감각양상으로도 발생할 수 있다. • 인지학습 이후에 저장되지 않는다. 암묵기억은 인지학습 외의 다른 유형의 학습에서 발생한다. • 재해석될 수 없고, 작업기억에서 조작될 수도 없다.	• 자발적으로 장기기억에서 인출되어 단기기억으로 불려올 수 있다. • 서술적 기억 • 자발적으로 회상될 수 있다. • 일화기억이나 의미기억으로 저장될 수 있다. • 시각이나 청각과 같이 어느 감각양상으로도 발생할 수 있다. • 인지학습 이후에 저장된 정보이다. 인지학습은 당장 사용되지 않고 나중에 사용될 수도 있는 정보를 획득하는 것이다. • 활성화되면 작업기억에서 조작할 수 있다. 회상된 정보를 다양한 방법으로, 다양한 목적으로 생각할 수 있고, 그 정보와 새로운 정보를 종합할 수 있다.

(2) 일화기억과 의미기억

① 일화기억(Episodic Memory): 특정시간이나 장소에 있었던 사상에 대한 정보, 즉 언제, 무엇을 보고, 듣고, 행동했는지에 대한 정보를 포함한다.

② 의미기억(Semantic Memory): 문제해결전략과 사고기술 그리고 사실, 개념, 규칙 등의 경험으로부터 습득한 일반적인 정보들을 포함한다.

③ 일화기억은 개인적인 사실들을 포함하는 반면, 의미기억은 일반적인 사실들을 포함한다. 즉, 일화기억은 개인의 일상적 경험을 보유하는 자서전적 성격의 저장소인 반면, 의미기억은 일반적 지식에 대한 백과사전적 성격의 저장소로 볼 수 있다.

④ 일반적으로 일화기억보다 의미기억의 정보가 망각이 적게 일어난다. 그 이유는 의미기억의 경우 대부분 과잉 학습된 경우가 많고, 한 기억요소가 일화기억에서보다 더 많은 색인 또는 연합을 가지고 있어서 간섭 또한 적어지므로 쉽게 기억될 수 있기 때문이다.

(3) 서술기억과 절차기억

① 서술기억(Declarative Memory): 사실적 정보에 대한 기억으로, 기억내용에 대해 의도적으로 접근할 수 있고 그 내용을 이야기할 수도 있다. 예를 들어, 단어, 이름, 날짜, 얼굴, 개념, 사상 등에 대한 기억이 서술기억에 포함된다.

② 절차기억(Procedural Memory): 행위나 기술, 조작에 대한 기억으로, 우리가 수행할 수 있으면서도 쉽게 표현할 수 없는 지식을 표상한다. 예를 들어, 자전거를 타는 것, 피아노를 치는 것, 신발 끈을 매는 것 등에 대한 기억이 절차기억에 포함된다.

③ 특히 절차기억은 암묵기억과 관련이 있다. 그 이유는 자전거를 타는 것과 같은 지각-운동 과제의 경우 사람들이 별다른 의식적인 인식 없이 수행할 수 있기 때문이다.

④ 서술기억이 비교적 복잡한 정신과정을 수행하는 고등동물에게서만 찾아볼 수 있는 반면, 절차기억은 비교적 원시적인 기억으로서 하등동물에게서도 찾아 볼 수 있다.

개념더하기 심상(이미지)의 분류

인지활동으로 일어나는 이미지	기억 이미지	기억의 상기에 의해 일어나는 심상
	상상 이미지	과거의 지각경험이 주관에 의해 새로이 창출된 심상
	공상 · 백일몽	비현실적인 내용을 머릿속에 그리는 것으로, 특히 백일몽은 현상에서 채워지지 않은 욕망에서 비롯된 공상의 일종
지각과 관련된 이미지	잔상	어느 자극을 응시한 후 다른 곳에 시선을 이동시키거나 눈을 감았을 때 나타나는 흥분의 일시적인 잔존 현상
	직관상	과거에 본 경험이 있는 인상이 명료하게 재현되어, 마치 실제로 대상이 보이는 것처럼 느끼는 현상
환각적 이미지	환각	지각할 대상이 없는데도 마치 무언가를 보고 듣거나 만졌다고 체험하는 것
	꿈	수면상태에서 체험하는 이미지
	심상	내적 표상(Representation)으로 외부 자극 없이 경험한 것을 떠올리거나 새로운 상(像)을 만드는 것으로, 머릿속에 그리는 영상

---

4 기억에 관한 연구와 기억술

1. 기억의 의미망모형(Semantic Network Model)

(1) 기억의 의미망모형 또는 연상망모형은 의미정보가 하나의 개념과 다른 개념을 서로 연결하여 구조화 및 조직화를 이룬다는 뜻으로, 의미망(Semantic Network)이라는 용어를 사용한다.

(2) 의미망모형에서는 하나의 개념을 마디(Node), 여러 개념들을 서로 연결하는 일종의 고리를 연결로(Link), 개념들 간의 의미상 관계를 호(Edges)로 제시하며, 이들로 구성된 방향성 그래프로 의미망을 표현한다.

(3) 의미기억연구의 개척자인 콜린스와 퀼리언(Collins & Quillian)은 동물에 관한 의미망연구를 토대로 의미망이 위계적으로 상위개념과 하위개념의 집합 관계에 있다는 점을 강조하였다.

(4) 하나의 개념인 마디(Node)와 또 다른 마디(Node)가 연결되는 교차점이 서로 멀리 떨어져 있을수록 판단하는 시간이 느리다.

(5) 버터와 빵은 우리가 버터를 바른 빵을 쉽게 생각할 수 있으므로 판단하는 데 걸리는 시간이 빠른 반면, 버터와 간호원은 그 마디(Node)들 간의 교차점이 멀리 떨어져 있으므로 판단하는 데 보다 오랜 시간이 걸린다.

(6) 콜린스와 로프터스(Collins & Loftus)의 활성화 확산모형(Spreading Activation Model)은 기존의 의미망모형을 개선한 것으로서, 의미망의 마디들 간 연결과정을 활성화 확산과정으로 설명한다.

2. 단기기억의 청킹(Chunking)

(1) 청킹(Chunking)은 단기기억에서 매우 중요한 역할을 하는 인지과정이다.

(2) 기억대상인 자극이나 정보를 서로 의미 있게 연결시키거나, 분리되어 있는 항목을 보다 큰 묶음으로 조합함으로써 기억의 효율성을 도모하는 방법이다.

(3) 청킹의 적극적인 활용은 제한된 단기기억의 수용량을 증가시키는 좋은 방안이다.

예 027018820은 짧은 순간에 정확히 기억하기 어렵다. 그러나 그 숫자를 02-701-8820의 전화번호 형식으로 기억한다면 정보를 보다 쉽게 기억할 수 있다.

3. 기억의 인출과 설단현상

(1) 기억의 인출은 일종의 의미를 탐색하는 과정으로서, 인출단서는 저장된 정보에의 접근가능성을 높여 준다.

(2) 설단현상(Tip-of-the-Tongue Phenomenon)은 글자 그대로의 의미에서 혀끝에 걸려 있는 것 같은 느낌을 말하는 것으로 인출실패를 의미한다. 즉, 설단현상은 특정정보를 알고 있다고 느끼지만 이를 즉시 인출할 수 없는 차단(Blocking)상태로서, 기억에 저장된 정보의 일시적인 인출불능에서 비롯된다.

(3) 어떤 단어가 혀끝을 맴돌지만 표현에 이르지 못하는 상태에서 그 단어의 철자 수나 유사하게 발음되는 단어 또는 의미상 유사한 단어가 생각나는 경우 회상이 가능하다.

(4) 이와 같이 알고 있는 단서가 있을 경우 인출이 가능하다는 사실은 단어가 철자 수, 발음 등과 같은 물리적 속성은 물론 의미를 결합하는 형태 또는 부호로 저장된다는 것을 의미한다.

(5) 설단상태는 특히 사람이나 장소의 이름과 같은 고유명사를 인출하지 못하는 것으로 종종 나타나는데, 이는 보통명사와 달리 고유명사는 개념 및 지식의 연결고리가 상대적으로 약하기 때문이다.

4. 기억의 인출에 관한 맥락효과

(1) 맥락(Context)은 학습(또는 경험) 대상이 되는 항목 외에 약호화될 수 있는 모든 정보를 의미하며, 맥락단서는 정보인출을 촉진하는 요인이 된다.

(2) 학습을 했던 환경과 같은 환경에서 학습한 내용을 더 잘 회상하는 현상을 맥락효과라고 한다.

(3) 학습맥락과 검사맥락이 동일할 때 더 잘 회상할 수 있다는 것이다.

예 고든과 배들리(Godden & Baddeley)는 잠수부들을 두 집단으로 나누어 한 집단에게는 육지에서, 다른 집단에게는 물속에서 40개의 의미상 서로 무관한 단어항목을 학습하도록 하였다. 이후 회상검사를 실시한 결과, 물속에서 학습한 잠수부의 경우 육지보다는 물속에서 더 높은 회상률을 보인 반면, 육지에서 학습한 잠수부의 경우 물속보다는 육지에서 더 높은 회상률을 보였다.

(4) 맥락효과는 기억과 연합되는 단서들 중 기억이 형성되는 맥락에서 온 단서들이 있으며, 이러한 맥락단서들의 재생이 표적기억을 재활성화시킬 수 있음을 강조한다.

(5) 각종 범죄사건과 관련하여 목격자의 정보인출을 위해 이용되기도 한다. 즉, 최면 등의 방법을 통해 목격자의 사상의 흐름을 재연함으로써 범죄 당시 상황에 관한 정보를 인출할 수 있다.

5. 기억력 향상을 위한 조건

(1) 직전경험의 내용은 후속학습의 파지가 선행학습의 파지를 방해하는 소급금지(Retroactive Inhibition)가 없으므로 효과적으로 기억할 수 있다.

(2) 반복연습을 하는 경우 기억력은 향상된다.

(3) 기억내용을 청킹 등의 합리적인 방법으로 자신의 지식체계와 연결시키는 경우 효과적으로 기억할 수 있다.

(4) 학습이나 경험에 대한 흥미가 부주의를 방지하므로 기억력 향상에 효과적이다.

(5) 학습이나 경험에 대한 흥미가 없더라도 이해관계가 존재하는 경우 지속적으로 주의를 기울이게 되므로 기억력 향상에 효과적이다.

(6) 학습자가 학습과 관련하여 책임감을 가지고 있는 경우 기억력향상에 효과적이다.

5 망각

1. 개념 및 특징

(1) 망각(Oblivion)은 기억한 학습이 시간이 경과되거나 사용하지 않음으로써 약화되고 소멸되어 다시 재생되지 않는 현상을 말한다.

(2) 망각은 기억흔적이 현재의 학습경험과 연결되지 못한 상태로 볼 수 있으며, 그로 인해 장기기억 속의 학습내용이 의식화에 이르지 못하는 것으로 간주할 수 있다.

(3) 망각은 경험내용을 일정기간 동안 기억흔적으로 보존하는 파지(Retention)와 밀접한 관련이 있으며, 사실상 파지에 대해 동일현상을 다른 측면에서 보는 것이다.

(4) 망각은 단기기억과 장기기억에서 모두 일어날 수 있다. 단기기억에서의 망각은 흔적쇠퇴(소멸)나 간섭에 의해, 장기기억에서의 망각은 인출실패에 의해 일어난다는 견해가 많다.

2. 망각곡선(Curve of Forgetting)

(1) 에빙하우스(Ebbinghaus)가 기억과 망각에 대한 연구를 통해 고안한 것으로서, 시간의 경과에 따른 파지량 또는 망각량의 변화 양상을 도표로 표시한 것이다.

(2) 40세 가량의 성인들에게 1,200개의 무의미철자 자료를 제시하여 암기하도록 한 후, 일정시간 경과 후 망각의 정도를 파악하여 만들어졌다.

(3) 망각곡선에 따르면 학습한 직후 상당량의 망각이 이루어지지만, 그 이후로 점차 완만하게 진행되고 있음을 볼 수 있다. 특히 학습 1시간 후 망각률이 무려 55.8%에 이르는 것으로 나타났다.

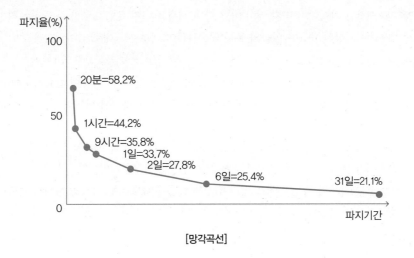

[망각곡선]

3. 망각의 원인

(1) 흔적쇠퇴이론(소멸이론)

① 기억은 본질적으로 비영구적이므로 망각이 필연적으로 발생한다.

② 시간이 경과함에 따라 사진이 점차 퇴색되고 비석에 새겨진 문자가 점차 마멸되듯이, 기억흔적도 쇠퇴·소멸한다.

③ 기억의 과정 중 저장단계에서 발생하므로 학습한 내용을 계속 사용하는 경우 기억흔적이 유지되어 쇠퇴하지 않는 반면, 오랜 기간 사용하지 않는 경우 기억흔적이 쇠퇴한다.

④ 기억흔적의 신경세포들은 활용이 되지 않는 경우 화학적 변화에 따라 쇠퇴한다.

⑤ 망각이 파지기간 중 행하는 활동의 종류에 의해 영향을 받는다는 사실을 설명하지 못한다.

(2) 간섭이론

① 현재의 학습은 이전의 경험에 의해 간섭을 받는다. 실제로 과거에 학습한 경험이 있거나 앞으로의 학습내용과 유사한 기억재료를 학습하는 경우, 과거와 상관없는 기억재료를 학습할 때보다 학습효과가 떨어진다.

② 어떤 정보를 회상하려 할 때 다른 정보의 유입으로 정보들 간의 경합이 발생하며, 그로 인해 회상이 방해를 받는다.

③ 학습경험 이후 다른 정보들의 간섭에 영향을 받지 않는 경우, 학습한 내용은 망각되지 않은 채 그대로 유지될 수 있다.

④ 선행학습이 후행학습에 영향을 받아 낮은 회상률을 보이는 것을 역행간섭(Retroactive Interference)이라고 하며, 후행학습이 선행학습의 영향을 받아 낮은 회상률을 보이는 것을 순행간섭(Proactive Interference)이라고 한다.

(3) 단서-의존 망각이론

① 망각은 정보처리적 접근에서 인출의 실패로 인해 발생한다.

② 기억은 본질적으로 구성과 재구성의 역동적인 과정으로 이루어지나, 저장된 정보에 접근하는 적절한 인출단서가 부족한 경우 기억실패로 이어진다.

③ 장기기억에서의 인출 시 주어진 단서들이 이전의 부호화과정에 의한 단서들과 일치하지 않음으로써 망각이 발생한다.

④ 망각은 저장된 기억이 소멸된 것이 아닌 단지 재생을 하지 못함으로써 나타나는 현상이다. 즉, 일단 장기기억에 저장된 내용은 인출의 유무와 상관없이 대부분 그대로 남아있다.

(4) 응고이론

① 기억을 생리적 관점에서 접근한 이론으로, 파지기간 중 휴식 및 활동의 효과를 설명한다.

② 특정사건에 대한 기억이 오랫동안 지속되기 위해서는 그 사건에 뒤이어 일정량의 시간적 경과가 필요하다.

③ 신경계는 외적 자극 직후 이를 기억으로 응고하기 위해 전기적 반량활동을 수행하며, 이러한 과정이 충분한 시간 동안 지속되어 응고를 위한 화학적 상태가 구축된다.

예 대뇌손상: 환자들의 경우 손상을 입기 직전의 일들에 대해서는 기억을 하지 못한다. 이는 사고 직전의 정보가 장기기억으로 응고되기 이전 단기기억단계에 머물러 있었기 때문이다.

4. 망각을 방지하는 방법

(1) 학습내용을 의미 있고 논리적인 지식체계로 유도하여 학습한다.

(2) 동기화된 학습자료를 활용한다.

(3) 처음부터 완전히 습득한 후에 다음 학습으로 이행한다.

(4) 복습의 시기가 최초학습에 가까울수록 기명과 파지에 효과적이다.

(5) 분산학습이 집중학습보다 파지에 효과적이다.

(6) 기억된 자료 간의 간섭은 파지를 저해한다.

(7) 초과학습은 망각을 방지한다.

1 애킨슨과 쉬프린(Atkinson & Shiffrin) 모형

감각 기억에 일시 저장된 정보들 중 필요한 정보는 단기저장소에 선택 저장되고, 다시 시연과 부호화(Encoding)를 통해 장기저장소에 기억으로 남는다.

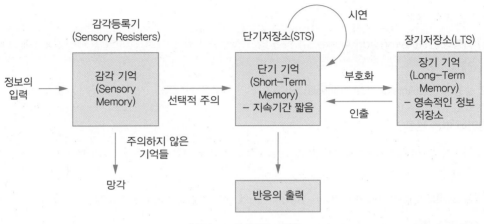

[Atkinson & Shiffrin 모형]

2 계열위치 효과

리스트 형식의 정보들을 기억할 때 리스트 안에서의 위치(순서)에 따라 기억력의 차이를 보이는 것을 말한다.

1. 초두효과(Primary Effect)

   (1) **정의**: 앞쪽 단어들의 회상률이 높은 현상

   (2) 초두효과는 시연(rehearsal) 때문에 일어난다.

   (3) 초두효과는 일반적으로 생각하는 장기적인 기억의 존재를 시사한다.

2. 최신효과(Recency Effect)

   (1) **정의**: 뒤쪽 단어들의 회상률이 높은 현상

   (2) 최신효과는 얼마 안 되어 '아직' 기억에 남아있기 때문에 일어난다.

   (3) 최신효과는 저장할 수 있는 양이 제한적이고 정보를 일시적으로 저장하는 체계가 있음을 시사한다.

3 기억상실증(건망)

1. 정도에 따른 분류

(1) **전건망(Total Amnesia)**: 일정 기간 안의 모든 기억을 상실한다.

(2) **부분건망(Partial Amnesia)**: 일정 기간 안에서 기억하는 부분과 기억하지 못하는 부분이 혼재한 증상이다.

2. 시간에 따른 분류

(1) **역행성 건망(Retrograde Amnesia)**: 병을 앓고 회복한 사람이 그 이전의 일을 기억해내지 못하는 증상이다.

(2) **순행성 건망(Anterograde Amnesia)**: 회복 이후의 새로운 기억들을 기억하지 못하는 증상이다.

3. 원인에 따른 분류

(1) **기질적 건망(Organic Amnesia)**: 뇌의 손상·기능 이상에 의한 두부외상, 뇌혈관장애 등에 따른 기억상실이다.

(2) **심인건망(Psychogenic Amnesia)**: 심리적 원인에 의한 기억상실로, 심한 정서반응 이후에 발생한다.

> **개념더하기** ▶ 크레이크(Craik)와 록하트(Lockhart)의 처리수준이론
>
> - 정의: 입력된 정보를 기억으로 부호화할 때 그 처리수준의 깊이가 얕은 것에서 추상적·의미적·연상적인 깊은 수준으로 갈수록 기억의 질이 높아진다는 이론이다.
> - 형태적 처리 → 음운적 처리(단기 기억) → 의미적 처리(장기 기억)의 순서로 부호화가 심화될수록 정보가 기억으로 잘 정착된다.
> - 어느 자극이 단기 기억으로 머물지 장기 기억으로 머물지는 어느 정도 깊이의 부호화 과정에서 처리되느냐에 따른다.
> - 영단어나 역사적 사건 등을 암기할 때 단어의 철자나 음성을 반복적으로 연습하는 것보다 의미를 생각하거나 자신의 일상 등과 관련지어 재구성하는 의미적 부호화를 한다면 보다 기억에 오래 남는다.

06 학습과 기억 적중문제

01

다음 중 학습에 대한 정의로 옳은 것은?

① 스스로 지식을 이해하거나 기억하는 것
② 경험에 의한 비교적 영속적인 행동의 변화
③ 시간의 경과에 따른 신체적·정신적 변화 과정
④ 교사의 학생에 대한 학습지도

02

다음 중 파블로프의 실험에서 고전적 조건형성의 내용으로 바르게 짝 지어진 것은?

① (음식 – 조건자극) → (개의 침 분비 – 무조건 반응)
② (음식 – 무조건자극) → (개의 침 분비 – 조건 반응)
③ (종소리 – 무조건자극) → (개의 침 분비 – 무조건반응)
④ (종소리 – 조건자극) → (개의 침 분비 – 조건 반응)

✎ **정답 및 해설**

01
정답 ②

② 일반적인 학습의 정의는 배워서 지식을 얻는 행위를 가리키나, 심리학에서는 학교에서 이루어지는 교육 이외에도 경험을 통해 지속적으로 행동을 변화해가는 과정을 학습으로 정의한다. 따라서 자전거를 탈 수 있게 되는 것, 뜨거운 것을 잡을 때 장갑을 끼는 행위도 학습이라고 본다.

02
정답 ④

조건형성의 과정
• 조건형성 전: 음식(무조건자극, US) → 침 분비(무조건반응, UR)
• 조건형성 전: 종소리(중성자극) → 침 분비 없음(반응 없음)
• 조건형성 중: 종소리(조건자극, CS) + 음식(무조건자극, US) → 침 분비(무조건반응, UR)
• 조건형성 후: 종소리(조건자극, CS) → 침 분비(조건반응, CR)

03

다음 중 자발적 회복에 대한 내용으로 옳은 것은?

① 조건 형성 시 조건 자극에만 먹이를 주고 다른 자극에 먹이를 주지 않으면 조건 자극과 그렇지 않은 자극을 구별한다.
② 소거가 일어난 후 실험동물을 잠시 쉬게 한 후 다시 실험현장으로 복귀시키면 추가 훈련이 없이도 다시 학습된 행동을 한다.
③ 조건 형성이 된 후 조건 자극과 비슷한 자극에도 조건 반응이 일어난다.
④ 바람직한 행동을 했을 때 목록에 정해놓은 보상을 한다.

04

다음 중 평소 야단을 많이 듣는 아이가 주변의 큰 목소리에 흠칫 놀라는 행동 변화를 설명하는 개념으로 적합한 것은?

① 이차 조건형성
② 학습된 무기력
③ 조작적 조건형성
④ 자극의 일반화

05

다음 중 조작적 조건화 이론의 창시자는?

① 파블로프
② 손다이크
③ 스키너
④ 왓슨

06

다음 중 강화에 대한 설명으로 옳지 않은 것은?

① 어떤 행동에 금전을 주거나 칭찬을 해주는 것은 일차 강화물이다.
② 강화란 어떤 자극에서 특정 반응이 나타나는 경향의 빈도를 높이기 위한 과정이다.
③ 강화가 지연되면 그 효과가 감소한다.
④ 강화물은 행동의 성질에 따라 보수와 벌로 나눌 수 있다.

07

다음 중 고전적 조건형성과 관계가 없는 것은?

① 자발적 회복
② 자극일반화
③ 토큰경제
④ 소거

08

다음 강화와 벌에 대한 내용 중 잘못 짝 지어진 것은?

① 정적 처벌 – 불쾌자극 제시, 행동 빈도 증가
② 정적 강화 – 유쾌자극 제시, 행동 빈도 증가
③ 부적 강화 – 불쾌자극 소거, 행동 빈도 증가
④ 부적 처벌 – 유쾌자극 소거, 행동 빈도 감소

09

다음 중 강화 사이의 간격을 정해놓고 그 기간이 지난 후 첫 번째 행동을 강화하는 방법은?

① 변동간격계획
② 변동비율계획
③ 고정간격계획
④ 고정비율계획

---

03 정답 ②

② 자발적 회복(Spontaneous Recovery)이란 소거에 의해 제거된 행동이 휴지 기간을 둔 후에도 재생하게 된다는 이론이다.
① 자극변별에 대한 설명이다.
③ 자극일반화에 대한 설명이다.
④ 토큰경제에 대한 설명이다.

04 정답 ④

④ 처음 조건형성이 되었을 때의 자극 외의 비슷한 자극(상황)에도 반응을 보이는 것을 자극의 일반화(Generalization)라고 한다.

05 정답 ③

③ 미국의 심리학자인 스키너(1904~1990)는 행동분석학의 창시자이다. 그는 인간의 모든 행동을 연구대상으로 하였으며, 조작과 환경에 의해 행동이 형성·유지·억제되는 과정을 연구하였다.

06 정답 ①

① 금전이나 칭찬은 조건 강화물로, 다른 자극과 짝 지어져 강화물의 성질을 가지므로 이차 강화물에 해당한다. 예를 들면, 잘했을 때마다 용돈을 받으면 그것으로 좋아하는 간식을 살 수 있으므로 용돈은 강화물이 된다.

07 정답 ③

③ 토큰이란 대용화폐로서 스탬프, 씰 등이 이에 해당한다. 토큰은 바람직한 행동의 빈도를 높이기 위해 반응 후에 주어지는 정적 강화물로서, 자극에 반응이 수반되는 고전적 조건 형성과는 차이가 있다.

08 정답 ①

① 정(正)은 자극 제시, 부(負)는 자극 소거, 강화는 행동 증가, 처벌은 행동 감소를 의미한다.

강화와 처벌의 증감 관계

구분	행동의 빈도 증가	행동의 빈도 감소
자극 제시	정적 강화	정적 처벌
자극 소거	부적 강화	부적 처벌

09 정답 ③

③ 고정간격계획은 앞서 이루어진 강화 이후 정해진 기간이 지난 후 첫 조작 행동에 대하여 강화를 하는 것으로, 회사원의 급료 등이 이에 해당한다.

CHAPTER 06 학습과 기억 적중문제 **209**

10

다음 중 여자 친구에게 문자 메시지가 오지 않을까 수시로 확인하는 행위와 가까운 강화 계획은?

① 변동간격계획
② 고정비율계획
③ 고정간격계획
④ 변동비율계획

11

다음 중 통찰학습에 관련된 내용이 아닌 것은?

① 요소들을 의미 있는 것으로 관련짓는 인지구조를 강조하였다.
② 형태주의 심리학자 쾰러의 실험이 대표적이다.
③ 시행착오의 역할을 강조하였다.
④ 순간적인 번뜩임으로 급속히 문제해결에 도달한다.

12

다음 중 학습에 있어 인지도로 표현되는 인지표상의 역할을 강조한 학자는?

① 파블로프　　② 톨만
③ 에릭슨　　　④ 스키너

13

다음 중 개념과 이를 주장한 학자가 바르게 연결된 것은?

① 강화이론 – 파블로프
② 토큰경제 – 스키너
③ 시행착오 – 쾰러
④ 통찰학습 – 손다이크

14

다음 중 기억에 정보를 저장하기 위해서 환경의 물리적 정보의 속성을 기억에 저장할 수 있는 속성으로 변화시키는 과정은?

① 주의 과정
② 각성 과정
③ 부호화 과정
④ 인출 과정

15

다음 중 기억의 정보처리 순서로 옳은 것은?

① 저장 → 부호화 → 인출
② 부호화 → 저장 → 인출
③ 부호화 → 인출 → 저장
④ 인출 → 부호화 → 저장

16

다음 중 단기기억으로 기억할 수 있는 정보의 최대 개수는?

① 10~15개
② 2~6개
③ 15~20개
④ 5~9개

17

다음 중 과제 수행상의 과정 지식에 해당하는 장기기억은?

① 절차기억
② 단기기억
③ 일화기억
④ 의미기억

10
정답 ①

① 변동간격계획은 최근의 강화물 이후 어느 정도 시간이 경과하면 새로이 강화물이 주어지지만 그것이 매번 다른 가변간격 계획에 강화된 행동이다. 일정한 시간간격을 두지 않은 채 평균적으로 확인할 수 있는 시간간격이 지난 후에 강화를 부여한다. 느리고 완만한 반응률을 보이며 강화 후에도 거의 쉬지 않는다.

11
정답 ③

③ 반복되는 시행착오와 우연한 성공으로 학습이 성립한다는 손다이크의 이론이다.

12
정답 ②

② 인지도는 톨만이 쥐를 이용한 미로학습 실험으로 발견한 개념이다. 쥐들이 처음 학습했을 때와 미로가 달라져도 먹이가 있는 목적지를 찾는 것을 보고, 그들이 미로 안의 공간관계(방향, 거리 등)를 학습하고 있음을 알게 되었다. 이러한 심적 구조를 '인지도'라고 부르며, 잠재학습은 인지도의 이용으로 이루어진다는 것이다.

13
정답 ②

① 강화이론 – 스키너　　　③ 시행착오 – 손다이크
④ 통찰학습 – 쾰러

14
정답 ③

③ 부호화(Encoding)는 외부의 자극정보를 인간 내부의 기억으로 입력할 수 있는 형식으로 변화하는 것을 말한다. 어떤 자극이 장기기억 저장소에 불활성상태로 저장되려면 부호화과정이 필요하다. 자극정보를 선택하여 기억에 저장할 수 있는 형태로 변환하는 것이다.

15
정답 ②

② 기억의 정보처리 순서는 '부호화 → 저장 → 인출'이다.

16
정답 ④

④ 단기기억이란 약 20초 정도 지속되는 기억으로, 감각 시스템으로부터 들어온 정보를 선택적으로 처리한다. 처리할 수 있는 정보의 수는 성인의 경우 최대 5~9개이고, 대략 10~20초(혹은 20~30초) 정도 정보를 저장할 수 있다.

17
정답 ④

④ 의미기억은 문제해결 전략과 사고기술, 사실, 개념, 규칙 등의 경험으로부터 습득한 일반적인 정보들을 포함한다. 일반적 지식에 대한 백과사전적 성격의 저장소로 볼 수 있다. 일반적으로 일화기억보다 의미기억의 정보가 망각이 적게 일어난다. 그 이유는 의미기억의 경우 대부분 과잉 학습된 경우가 많고, 한 기억요소가 일화기억에서보다 더 많은 색인 또는 연합을 가지고 있어서 간섭 또한 적어지므로 쉽게 기억될 수 있기 때문이다.

18

다음 장기기억의 분류 중 잘못 짝 지어진 것은?

① 일화기억 – 어제 친구와 찻집에서 이야기를 나눴다.
② 의미기억 – π = 3.14159…
③ 서술기억 – 기타의 주법
④ 절차기억 – 유리 세공하는 법

19

다음 중 조작적 조건형성과 가장 거리가 먼 것은?

① 연예인 도박 중독
② 운동선수들의 지속적인 미신 행동
③ 아동들의 부적응 행동수정
④ 쥐들의 미로에 대한 잠재학습

20

다음 중 치킨가게에서 사용되는 쿠폰(10장 모으면 치킨 한 마리 서비스)과 가장 밀접한 학습 원리는?

① 조작적 조건형성
② 고전적 조건형성
③ 프리맥 원리
④ 경험학습

18 ▶정답 ③

③ 서술기억(선언기억)은 회상이 가능한 경험과 지식에 관한 기억으로 언어로 나타낼 수 있다. 악기의 연주와 기능 등은 몸으로 터득한 기억으로 절차기억에 해당한다.

19 ▶정답 ④

④ 잠재학습은 강화물이 제공되지 않은 상황에서 일어나는 학습으로, 강화물이 제공되기 전까지 잠재된 상태를 유지한다는 특징을 갖는다. 조작적 조건형성은 특정 환경에서 발생하는 행동이 행동으로 인해 발생하는 결과와 결합하여 이후 행동이 증가하거나 감소하는 형태의 학습으로 잠재학습과는 관계가 없다.

20 ▶정답 ①

① 조작적 조건형성의 고정비율 강화계획에 해당하는 사항이다. 고정비율 강화계획은 반응이 정해진 횟수만큼 일어난 후 강화가 주어진다.

01 언어의 본질

1 의미론적 접근방법

1. 언어의 기본 특징

(1) **음소(Phoneme)**: 말의 의미를 구별하는 음성의 최소 단위이다.

(2) **형태소(Morpheme)**: 의미를 갖는 언어의 가장 작은 단위이다.

(3) **형태론적 규칙**: 형태소들이 어떻게 조합되어 단어가 되는지에 관한 규칙이다.

(4) **문법(Grammar)**: 의미 있는 내용을 만들기 위해 언어의 기본 단위들이 어떻게 결합해야 하는지를 정하는 규칙이다.

(5) **통사 규칙**: 단어들이 어떻게 결합하여 문장을 이루는지를 나타내는 규칙이다.

2. 의미론적 접근방법

(1) 특정 언어표현이 어떻게 특정 정보를 나타내게 되는지를 체계적으로 설명하는 연구를 가리킨다.

(2) **의미론**

① 성분분석: 변별적인 의미 특징을 이용하여 말들의 상호 유사성과 차이점을 제시한다.

② 심층구조와 표면구조: 심층구조는 문장의 의미를 나타내며, 표면구조는 발화되는 문장 형식이다. 심층구조는 같더라도 표면구조는 각기 다를 수 있으며, 같은 표면구조에 다른 심층구조도 있을 수 있다.

(3) **시니피에(Signifié)와 시니피앙(Signifiant)**: 스위스의 언어학자 소쉬르의 주장으로 언어는 시니피앙(기호)과 시니피에(개념)로 구성되어 있다는 이론이다.

(4) **생성문법**: 인간이 문장을 생성하는 유한한 규칙을 가지고 무한한 문장을 만들어낼 수 있는 언어능력을 입증하고자 한 촘스키의 이론이다.

(5) **개념의미론**: 표상과 그 대응물은 형식적인 관계가 아니라 하나의 심적 작용으로 연결되어 있다고 파악하는 접근방법이다.

(6) **인지의미론**: 의미의 문제를 지각이나 의식에 관련지어 설명하는 의미이론이다.

2 언어와 사고

1. 단어우월성 효과(Word Superiority Effect)

(1) 단어이해 효과(Word Apprehension Effect)라고도 하며, 하나의 낱자가 단독으로 제시되었을 때보다 단어 속에서 제시되었을 때 해당 낱자를 더 잘 재인하는 효과를 말한다.

(2) 레이처(Reicher)는 단어조건, 낱자조건, 비단어조건에서 낱자재인의 정확성을 살펴보는 실험을 하였다. 단어조건의 경우 WORK라는 단어를, 낱자조건에서는 K만을, 비단어조건에서는 OWRK를 극히 짧은 시간동안 제시하였다. 이후 D와 K를 제시하여 피험자들로 하여금 어떤 낱자가 이전에 제시되었는지를 보고하도록 하였다. 그 결과 낱자 K를 정확히 재인하는 비율이 단어조건의 WORK에서 상대적으로 더 높게 나타났다.

(3) 이와 같은 결과는 각 낱자가 재인된 후에 각 낱자들이 모여 하나의 단어로 재인되는 상향적 처리는 물론 단어에 대한 정보가 각 낱자의 재인에 영향을 미치는 하향적 처리 또한 중요함을 보여준다.

2. 점화효과(Priming Effect)

(1) 단어우월성 효과에서 단어가 낱자의 지각에 영향을 미치는 것과 같이, 다른 단어, 문장 및 글말의 맥락(Context)이 어휘 처리에 영향을 미치게 되는데 이를 점화효과 또는 의미점화효과라고 한다.

(2) 본래 점화효과는 순서상 먼저 제시된 정보가 나중에 제시된 정보에 영향을 미치는 현상을 말한다. 이와 마찬가지로 의미점화효과는 의미적으로 관련된 단어(점화어)가 순서상 먼저 제시된 후 이와 관련된 단어(표적어)가 제시될 때 후자에 대한 의미처리가 빨리 일어나는 현상을 말한다.

(3) 마이어와 쉬바네벨트(Meyer & Schvaneveldt)의 연구는 Butter(버터)에 대한 판단속도에 있어서 Nurse(간호원)가 먼저 제시될 때보다 Bread(빵)가 먼저 제시될 때 더욱 빠르다는 사실을 보여준다. 이는 Bread(빵)로부터 확산된 활성화에 의해 Butter(버터)의 처리가 촉진된 것이다.

(4) 점화효과는 기억의 의미망모형(Semantic Network Model)의 증거로 볼 수 있다.

3. 글(언어) 산출과정

[1단계] 계획	• 무엇을 어떻게 쓸 것인가에 대해 계획을 수립하는 단계로서, 다양한 지식을 응집하여 글의 구조 및 계획을 구성하게 된다. • 좋은 글은 우선 풍부한 지식이 필요하지만, 그보다는 목표를 위계적으로 구성하고, 그 목표를 세분화하는 기술이 요구된다.
[2단계] 변환	• 기억의 내용을 구체적인 문장으로 표현하는 단계로서, 의미 만들기와 의미 표현하기의 과정이 포함된다. • 글의 의미를 만들기 위해서는 사고를 융통성 있게 수행하여야 하며, 특히 이 과정에서 다양한 관점에의 접근을 위한 유추가 유용한 전략이 될 수 있다.
[3단계] 개관	• 문장으로 표현된 글을 교정하는 단계로서, 자신의 글이 얼마나 잘 되었는지, 문제는 없는지 등을 살펴본다. • 초보자는 개별 단어나 구 수준에서 교정을 하는 반면, 전문가는 글 전체의 논리적 명료성이나 구조에 초점을 둔다.

4. 그라이스(Grice)의 원활한 의사소통을 위한 협동원리

(1) 양의 규칙: 화자는 청자에게 필요한 만큼의 정보를 제공하여야 한다.

(2) 질의 규칙: 화자는 청자에게 진실된 정보만을 전달하여야 한다.

(3) 관계의 규칙: 화자는 청자에게 현재 진행 중인 대화에 유효적절한 정보만을 제공하여야 한다.

(4) 예절의 규칙: 화자는 청자에게 명확하게 말해야 하며, 모호한 정보를 말해서는 안 된다.

5. 언어상대성 가설

(1) 워프 & 사피어: 언어와 인지의 관계에 대한 유명한 가설을 제안하였다.

① 언어결정론: 언어는 인간의 인지, 즉 사고를 결정한다.

② 언어상대성: 언어에 따라서 인간의 사고도 달라진다.

(2) 밀러와 맥닐은 언어상대성 가설을 세 가지 수준으로 분류하였다.

언어 → 사고	"언어가 사고를 결정한다"	언어와 인지의 관계에 대한 강한 입장
언어 → 지각	"언어가 지각을 결정한다"	언어와 인지의 관계에 대한 중간 수준의 입장
언어 → 기억	"언어가 기억에만 영향을 미친다"	언어와 인지의 관계에 대한 약한 입장

(3) 워프 & 사피어의 언어 상대성 가설은 언어와 인지의 관계에 대한 강한 입장에 해당된다.

(4) 언어결정론의 문제점

① 사피어와 워프는 언어의 상대성을 강조한 나머지 인간 언어의 보편성을 간과하였는데, 실제로 인간 언어에는 많은 보편적인 자질들이 있다.

② 벌린과 케이의 색채어 연구

㉠ 각 언어의 색채어에는 공통적 특질이 존재한다.

㉡ 인간 언어의 기본색은 백색, 흑색, 적색, 녹색, 황색, 갈색, 분홍색, 자색, 적황색, 회색인데 그중 백색과 흑색은 어떤 언어에도 존재한다.

6. 언어의 보편성

(1) 언어결정론을 반박하는 연구는 크게 언어학적 연구와 문화인류학적 연구로 양분된다. 언어학자들은 인간 언어의 보편성을 밝히는 것을 연구 목표로 한다.

(2) 언어가 정신의 산물이라면 인간 정신의 보편성은 인간 언어의 보편성으로 나타난다고 볼 수 있으며, 이것은 인간의 이성에 기초한 합리주의에 그 기반을 두고 있다.

(3) 촘스키는 언어의 보편성은 어린이들이 복잡한 언어를 습득할 때 부적당한 문장 구조를 스스로 터득하는 데 있다고 했다.

(4) 언어보편성의 가장 단순한 정의는 세계의 모든 언어에서 발견되는 어떤 요소, 면, 원칙이다. 이러한 언어 보편성의 예로는 모든 언어는 자음과 모음을 갖고, 또 모든 언어는 부정과 의문을 표현하는 어떤 방법을 가지고 있다는 것이다.

(5) 촘스키는 인간의 정신구조와 언어구조가 직접적으로 연결되었다고 생각하기 때문에 이러한 정신구조의 보편성이 언어구조의 보편성으로 실현되는 과정의 규칙을 설명해내는 것을 언어학의 목표로 삼았다.

1 사고의 자료

1. 명제와 개념

(1) **명제**: 의미를 나타내는 지식의 단위로 진위판단이 가능한 최소단위이다.

(2) **개념**: 사물이나 사건, 사람들을 유사한 것끼리 묶어 놓은 것이다.
   ① 복잡한 세상을 우리가 다룰 수 있는 단위로 나누는 수단이다.
   ② 공통된 속성을 범주화시켜 많은 정보의 인지적 처리를 경제적이고 효율적이게 한다.
   ③ 개념을 형성하기 위해서는 범주화가 필요하다.

(3) **핵심속성**: 개념을 이루는 보다 중요한 속성

(4) **범주화**: 특정 기준에 따라 유사한 속성을 가진 사물들을 하나로 묶는 것

(5) **심상**: 감각경험에 대한 정신적 표상 → 심적 회전(3차원 테트리스), 심적 주사

(6) **원형(Prototype)**: 개념을 가장 잘 대표하는 속성, 그러나 완벽한 지표는 될 수 없다.

2. 개념 형성

(1) **부분책략**: 일부만 분류 기준으로 삼고, 한 개념에 속하는 사례의 분류에 그것이 유효하면 고수하고 유효하지 않으면 범주의 분류 기준을 바꾸는 책략

(2) **전체책략**: 한 개념에 속하는 사례의 특징 모두를 범주 분류의 기준으로 삼은 다음, 이것에 맞지 않는 사례 발생 시 해당 속성을 제외시켜 나가는 전략

(3) **예시책략**: 어떤 대상에 직면했을 때, 단순히 그 대상에 대한 표상을 저장했다가 나중에 새로운 대상과 비교하는 전략

(4) **가설검증**: 특정 개념에 대해 일종의 가설을 세운 다음, 그 가설이 맞는지 사례를 통해 검증해가는 방식

(5) **개념획득 책략**: 사고의 기본과정이며, 되도록 개념을 조합(주어와 서술어를 포함하도록 개념들을 엮은 것)한다.

3. 범주화의 이론

(1) **고전적 범주화 이론**: 범주란 필요충분조건에 따른 속성을 공유한 집합으로 정의된다.
   ① 모든 구성원에게 공통되는 속성이 있다.
   ② 범주에는 명확한 경계가 존재한다.
   ③ 범주는 객관적이며 보편적인 의미의 집합으로 정의된다.
   예 아가씨 = 인간 + 성인 + 여성 + 미혼(성분분석)

(2) **원형이론(Prototype Theory)**: 인간이 가지는 범주는 전형적인 예와 그것과의 유사성에 의해 특징지어진다는 이론이다. 원형이론에 따르면, 사람들은 새로운 예시와 원형을 비교하여 범주를 판단한다.
   ① 범주화: 원형을 중심으로 그 주변에 구성원들을 배치함으로써 전체를 구조화
   ② 범주 안의 구성원 사이에서도 속성의 차이가 존재
   ③ 범주를 나누는 기준: 전형성에 비추어 보다 많은 속성을 가지면 원형에 가까운 것으로, 적게 가지면 주변적인 것으로 파악

(3) **가족 유사성(Family Resemblance)**: 서로 닮은 가족의 구성원이라도 모두 공통된 속성을 공유하는 것은 아니다(고전적 범주화에 대한 비판).
예 스포츠의 종목들

2 언어 획득(Language Acquisition)

1. 촘스키(Chomsky)의 생득이론

(1) 인간은 태어나면서 이미 언어획득 장치를 가지며, 적절한 환경만 제공되면 누구나 노력 없이 단기간 (3~4세)에 언어를 습득할 수 있다는 이론이다.

(2) **언어습득장치(LAD; Language Acquisition Device)**: 인간은 보편문법(생득적인 언어습득능력)이 프로그램화된 언어습득장치를 가지므로, 언어 환경에 노출되면 자동적으로 개별언어의 문법을 흡수할 수 있다.

2. 스키너(Skinner)의 학습이론

(1) 행동주의자들에 따르면, 언어획득 역시 조작적 조건형성의 원리에 따른다.

(2) 영아들에게 볼 수 있는 특유의 발화들 중 비문법적인 것은 부모에 의해 무시될 것이고 문법적인 것은 강화될 것이다. 즉, 언어도 다른 기술과 마찬가지로 강화, 조성, 소거 및 다른 조건 형성의 원리에 따라 배우게 된다.

3. 사회적 상호작용

(1) 언어획득에 있어서의 행동적 설명은 다음과 같은 특성을 설명하지 못한다.
 ① 부모는 아이들이 문법적으로 발화하도록 하는 데 많은 시간을 들이지 않는다.
 ② 아이들은 듣는 것 이상으로 많은 문법적인 문장을 만들어 낸다.
 ③ 아이들이 범하는 문법적 실수는 먼저 익힌 문법적인 규칙을 과잉일반화하면서 발생하는 것이다. 시행착오와 강화만으로 언어를 익힌다면 과잉일반화는 일어나기 어렵다.

(2) 최근 많은 연구자들은 언어획득에 있어서의 생득설을 인정하면서도 사회적 상호작용에 의한 언어의 활성화를 인정하고 있다.

3 언어발달의 과정

어린이는 언어를 통해 타인과 친밀해지거나 사고하고, 행동을 조절할 수 있게 된다. 어린이의 언어 발달과정은 옹알이기, 한 단어 시기, 두 단어 시기로 나누어 파악할 수 있다.

1. 옹알이기

(1) 생후 1~2개월이 되면 의미 없는 발성을 시작하게 된다.

(2) 생후 7~8개월은 옹알이가 가장 활발한 시기로, 음성의 종류가 풍부해진다.

(3) 영유아의 옹알이에서 점차 모국어에 쓰이는 발음은 강화되어 남게 되고, 그렇지 않은 발음은 약해지고 소실된다.

2. 한 단어 시기

(1) 생후 1년 무렵이 되면 의미 있는 단어를 발음하는 첫말을 획득하게 된다.

(2) 주로 '아빠 · 엄마'와 같은 가장 가까운 가족이나 '맘마'와 같이 일상적인 음식에 관한 단어가 주로 첫말로서 등장한다.

(3) 첫말이 등장한 이후 얼마 동안은 한 단어로 다양한 내용을 전달하는 시기가 계속된다.

(4) 과잉확대와 과잉축소의 경향

　① 과잉확대(Overextension): 개 이외의 모든 동물을 보고 '멍멍이'라고 부르듯 원래의 쓰임보다 확장하여 이르는 경향이다.

　② 과잉축소(Underextension): 자신의 집에서 기르는 개에게만 '멍멍이'라고 부르고 그 밖의 개에게는 그렇게 부르지 않는 경향이다.

3. 두 단어 시기

(1) 18개월 무렵이 되면 두 단어를 조합하여 발화함으로써 보다 적절한 표현을 하게 된다.

(2) 초기의 두 단어 발화는 조사 등이 탈락하여 필요한 사항만을 나열하는데 이것을 전보식 문장이라고 한다.

(3) 세 단어 이상을 조합하는 다어발화가 이루어지면서 3~4세에는 어른과 간단한 대화를 나누게 되며, 5~6세가 되면 중문 · 복문과 같은 복잡한 문장구조를 가진 표현을 구사할 수 있게 된다.

4. 어휘 수의 변화

(1) 12~18개월에는 30~50개 정도의 어휘를 말할 수 있다.

(2) 2세가 되면 하나의 문장을 구성하는 단어 수와 종류가 증가한다.

(3) 3세가 되면 과거나 미래에 관한 기초적인 표현이 가능해지고, 4~5세에는 자신의 의사를 정확하게 표현할 수 있다.

(4) 2~3세의 시기에는 이미 익힌 문법적 형태소를 새로운 상황에도 적용시키는 과잉일반화를 범하기도 한다.
　예 Drink의 과거형을 Drinked로 표현

03 문제해결

1 문제해결 단계

1. 개요

(1) 문제가 해결되지 않은 초기상태에서 목표 상태로 변환하기 위한 인지적 처리이다.

(2) **잘 정의된 문제**: 문제해결에 필요한 지식이 포함된 문제로 초기상태, 목표상태, 제어조건이 명확하다.

(3) **잘 정의되지 않은 문제**: 세 가지 인자 중 한 가지 이상이 결여된 문제이다.

2. 문제해결 4단계(Polya)

문제 이해(조사 · 분석)	'무엇이', '어떻게' 문제인가를 명확하게 하고 목표 달성을 위한 과제들을 도출한다.
계획 세우기	현재상태와 목표상태의 차이를 극복하기 위한 전략을 세운다.
계획 실행	실행을 위한 계획을 세우고 실천한다.
결과 평가	기대한 결과와 비교 평가하고 미흡할 경우 새로운 대책을 세운다.

2 추론*

1. 연역적 추론(Deductive Reasoning)

(1) 일반적인 법칙을 개별적인 사례에 적용시켜 특수한 결론을 도출하는 방법이다.

(2) **삼단논법**: 두 개의 전제로부터 하나의 결론을 끌어내는 방식이다.

(3) 연역법은 선입관이나 편견 등에 의해 명제에 오류가 있을 경우 잘못된 결론이 나온다는 단점이 있다.

2. 귀납적 추론(Inductive Reasoning)

(1) 연역적 추론과는 반대로 개별적이고 특수한 사례로부터 일반 · 보편적인 법칙을 찾는 방법이다.

(2) 소수의 사례 혹은 편향된 사례로 인한 과잉일반화(Overgeneralization)를 범할 수 있다.

3. 유추

(1) 새로운 사례를 접했을 때 과거에 경험한 유사한 사례를 적용시켜 추론하는 방법이다.

(2) 추론, 설명, 문제 해결, 창조, 의사결정 등 다양한 인지활동에 쓰인다.

(3) **유추의 기능**

① 전달기능: 이미 알고 있는 지식에 바탕을 둔 유추는 학습자에게 설명을 제공한다.

② 지식획득 · 창조기능: 개념 변화, 지식의 확대와 구조화를 촉진시킨다.

---

* 추론
이미 가진 정보(규칙, 과거의 사례)를 바탕으로 새로운 결론을 도출하는 사고과정이다.

4. 통찰

(1) 시행착오를 거치며 해결책에 도달하는 점진적 문제 해결이 아닌, 여러 가지 정보를 통합하여 문제를 지각적으로 재구성함으로써 비약적인 문제 해결에 이르게 된다.

(2) 개별적인 자극요소가 아닌, 하나의 전체성을 강조하는 형태주의 심리학은 사고를 두 종류로 분류한다.

　① **재생적 사고**: 과거에 문제를 경험한 사실을 활용하여 해결하려는 사고

　② **생산적 사고**: 기존에 알지 못하던 새로운 관계성을 발견하는 사고로 창의성에 관계

(3) 기능적 고착: 어느 사물의 습관적인 기능에 얽매여 그것이 가진 잠재적인 사용법을 활용하지 못하는 경향으로, 재생적 사고가 생산적 사고를 저해하는 경우에 해당한다.

> **개념더하기**　마이어(Maier)의 두 줄 실험
>
> - 기능적 고착은 천장에 멀리 떨어져 매달려 있는 두 줄을 연결하는 '마이어의 두 줄 실험'에서도 입증되었다.
> - 실험 방법
>   - 천장에서 늘어진 두 밧줄을 함께 묶어야 하는 과제
>   - 두 밧줄이 멀리 떨어져 있어서 피험자는 두 밧줄을 동시에 잡을 수 없다.
>   - 피험자가 있는 방에 의자, 책상, 전선, 드라이버, 망치 등의 도구가 있다.
>   - 문제해결 시간: 10분
> - 연구자가 관심 가진 해결책
>   - 피험자가 한쪽 줄의 끝에 망치나 드라이버를 매달고 시계추처럼 흔든다.
>   - 다른 쪽 줄을 잡고 방 한가운데 있다가 흔들리는 첫 번째 줄이 손에 닿으면 잡아서 둘을 묶는다.
>   - 피험자들은 망치나 드라이버를 공구가 아닌 추로 사용될 수 있다는 깨달아야 한다.
>   - 마이어의 실험에서 39%만이 10분 안에 이 문제를 풀었다.
> - 결론: 이 문제가 어려운 이유는 망치나 드라이버에 대한 고정관념 때문이다.

01

다음 중 보편문법이라는 인간 고유의 생득적이고 보편적인 언어능력을 해명한 학자는?

① 피아제   ② 촘스키
③ 소쉬르   ④ 스키너

02

다음 중 의미를 가진 언어의 최소 단위는?

① 구(句)   ② 형태소
③ 음소   ④ 단어

03

다음 중 인간이 판단하는 범주는 전형적인 사례와의 유사성으로 특징지어진다는 이론은?

① 원형이론   ② 고전적 범주
③ 본보기이론   ④ 가족 유사성

정답 및 해설

01   정답 ②

② 촘스키의 생득이론에 대해 설명하고 있다.

02   정답 ②

② 의미를 가진 언어의 최소 단위는 형태소로, 예를 들어 '동화책'에서 '동화'와 '책'이 각각 형태소에 해당한다.

03   정답 ①

① 원형이론은 인간이 가지는 범주는 전형적인 예와 그것과의 유사성에 의해 특징지어진다는 이론이다. 원형이론에 따르면, 사람들은 새로운 예시와 원형을 비교하여 범주를 판단한다.

PART 2

04

다음 중 범주의 원형(Prototype)에 대한 설명으로 가장 적절한 것은?

① 범주에서 가장 부피가 큰 것
② 범주에서 가장 수가 많은 것
③ 범주에서 가장 전형적인 것
④ 범주에서 가장 특이한 것

05

다음 중 언어의 발달이론에 대한 관점이 나머지 셋과 다른 것은?

① 언어습득장치
② 언어습득의 결정적 시기
③ 조작적 조건 형성
④ 보편문법

06

다음 중 유아의 언어획득과정에서 첫말이 나타나는 시기는?

① 생후 0~3개월
② 생후 4~8개월
③ 생후 8개월~1세
④ 생후 18~30개월

07

다음 중 전보식 문장이 나타나는 시기는?

① 세 단어 시기
② 한 단어 시기
③ 옹알이 시기
④ 두 단어 시기

08

다음 중 언어의 학습이론과 관련이 없는 것은?

① 언어습득장치
② 자극-조건
③ 조작적 조건형성
④ 모방

09

다음 중 언어의 생득이론에 대한 설명으로 옳지 않은 것은?

① 언어습득과정에 있어 환경적 요인보다 생물학적 요인을 강조한다.

② 인간의 언어획득은 강화와 모방을 통해 이루어진다.

③ 아동은 문장을 이해하고 스스로 생성하는 능력을 가진다.

④ 인간은 태어나면서부터 언어를 습득할 수 있는 능력을 가진다.

10

다음 중 '잘 정의된 문제'가 아닌 것은?

① 모형의 조립

② 퍼즐 풀기

③ 텐트 치기

④ 불황을 극복하는 법

04
정답 ③

③ 원형(Prototype)은 하나의 범주를 떠올릴 때 가장 전형적인 특징들을 가진 대표적인 구성원을 뜻한다. 그러나 완벽한 지표가 될 수는 없다.

05
정답 ③

③ 언어 역시 다른 기능과 마찬가지로 강화와 소거의 원리를 따른다는 행동주의적 관점이다.

① · ② · ④ 언어습득의 생득론적 관점이다.

06
정답 ③

③ 생후 1년 무렵이 되면 의미 있는 단어를 발음하는 첫말을 획득하게 된다. 주로 '아빠 · 엄마'와 같은 가장 가까운 가족이나 '맘마'와 같이 일상적인 음식에 관한 단어가 주로 첫말로서 등장한다. 첫말이 등장한 이후 얼마 동안은 한 단어로 다양한 내용을 전달하는 시기가 계속된다.

07
정답 ④

④ 초기의 두 단어 발화는 조사 등이 탈락하여 필요한 사항만을 나열하는데 이것을 전보식 문장이라고 한다.

08
정답 ①

① 언어습득장치(LAD; Language Acquisition Device): 인간은 보편문법(생득적인 언어습득능력)이 프로그램화된 언어습득장치를 가지므로, 언어 환경에 노출되면 자동적으로 개별언어의 문법을 흡수할 수 있다.

09
정답 ②

②는 스키너의 언어학습 이론에 대한 설명이다.

① · ③ · ④ 촘스키는 생성문법 이론을 통해 인간이 생득적으로 언어를 습득하는 능력을 가진다는 입장을 밝혔다. 생성문법 이론은 인간이 가지는 문법규칙을 반복적으로 적용함으로써 무한의 문장을 생성할 수 있다고 가정한다.

10
정답 ④

• 잘 정의된 문제: 문제 해결에 필요한 지식이 포함된 문제로 초기상태, 목표상태, 제어조건이 명확하다.

• 잘 정의되지 않은 문제: 세 가지 인자 중 한 가지 이상이 결여된 문제이다.

④ 목표상태에 이르기 위한 제어조건이 명확하지 않으므로, 잘 정의되지 않은 문제이다.

11

다음 중 기존에 습득한 사례를 바탕으로 새로운 상황에서의 문제를 해결하는 것은?

① 추측
② 유추
③ 계획
④ 예상

12

다음 중 문제해결의 4단계를 순서대로 나열한 것은?

① 문제의 이해 → 계획 세우기 → 계획의 실행 → 평가
② 계획 세우기 → 문제의 이해 → 계획의 실행 → 평가
③ 계획 세우기 → 계획의 실행 → 문제의 이해 → 평가
④ 문제의 이해 → 평가 → 계획 세우기 → 계획의 실행

13

다음 중 통찰적인 문제해결에 대한 설명으로 옳지 않은 것은?

① 이미 알고 있는 해결 방식이 적용될 수 있도록 문제를 재구성한다.
② 과거의 경험이 문제해결을 저해하기도 한다.
③ 문제해결에 이르는 과정이 비약적이다.
④ 초기 상태에서 목표 상태에 이르기 위한 점진적인 탐색이다.

14

다음 중 문제해결에 있어 통찰과 관련된 것은?

① 쾰러의 실험
② 시행착오
③ S-R 연합주의
④ 연습의 법칙

15

다음 중 명제에 대한 설명에 해당하지 않는 것은?

① 복잡한 지식은 복수 명제의 결합이다.
② 지식의 최소 단위이다.
③ 실제 지각에 가까운 표상이다.
④ 외부 세계에 대한 의미적 부호이다.

11
정답 ②

② 기존에 습득한 사례를 바탕으로 새로운 상황에서의 문제를 해결하는 것은 유추이다. 추론, 설명, 문제해결, 창조, 의사 결정 등 다양한 인지활동에 쓰인다. 유추의 기능은 이미 알고 있는 지식에 바탕을 두고 학습자에게 설명을 제공하는 전달 기능과 개념변화·지식의 확대·구조화를 촉진하는 지식획득·창조기능이 있다.

12
정답 ①

① 폴리아(G.Polya)의 문제 해결의 4단계이다.

13
정답 ④

④ 추론·유추에 대한 설명이다.

14
정답 ①

① 쾰러는 침팬지가 높은 곳에 달린 바나나를 손에 넣는 실험으로 통찰에 의해 비약적으로 문제 해결에 이르는 과정을 설명하였다.

15
정답 ③

③ 명세는 의미를 나타내는 지식의 단위로 진위판단이 가능한 최소단위로, 의미 내용을 표면적인 성질과 관계없이 추상적인 표상으로써 기술한다.

PART
2

16

다음 〈보기〉의 내용을 주장한 학자는?

> **보기**
> - 인간은 태어나면서 언어습득장치를 가지므로 특별한 노력 없이 언어를 익힐 수 있다.
> - 언어란 환경적 요인보다 생물학적 요인에 더 많은 영향을 받아 발달한다.

① 반두라
② 촘스키
③ 소쉬르
④ 스키너

17

다음 중 문제해결 과정에서 한 가지 도구가 여러 가지 기능을 갖고 있지만, 가장 많이 쓰이는 용도로만 지각하는 경향성과 관련된 용어는?

① 심적 갖춤새(Mental Set)
② 틀 효과(Framing Effect)
③ 기능적 고착(Functional Fixedness)
④ 부화 효과(Incubation Effect)

18

다음 〈보기〉의 현상을 설명하는 말로 가장 옳은 것은?

> **보기**
> 강아지만 '멍멍이'라고 부르지 않고 고양이, 말, 양과 같은 네 발로 걷는 모든 동물들에게 '멍멍이'라 부른다.

① LAD
② 연역적 추론
③ 삼단논법
④ 과잉확대

19

다음 중 특수한 사례로부터 일반 · 보편적인 법칙을 찾아 결론을 도출하는 방법은?

① 연역적 추론
② 귀납적 추론
③ 유추
④ 통찰

20

다음 중 언어획득에 대한 의견이 다른 하나는?

① 부모는 아이들이 문법적으로 발화하도록 하는 데 많은 시간을 들이지 않는다.

② 아이들은 듣는 것 이상으로 많은 문법적인 문장을 만들어 낸다.

③ 비문법적인 발화는 부모에 의해 무시되고 문법적인 발화는 응답받고 강화된다.

④ 아이들이 범하는 문법적 실수는 먼저 익힌 문법적 규칙을 과잉일반화하면서 발생한다.

PART
2

16

> 정답 ②

② 촘스키는 인간은 누구나 생득적으로 언어습득장치(Language Acquisition Device)를 가지므로, 언어 환경에 노출되면 단기적으로 모국어 문법을 익힐 수 있다고 주장했다.

17

> 정답 ③

③ 기능적 고착: 도식화된 지식을 있는 그대로 적용하여 문제 해결을 시도하기 때문에 발생하며, 대상의 일반적 지식에 고정된 해결방식의 결과이다.

18

> 정답 ④

〈보기〉는 ④ '과잉확대'에 해당하는 내용이다.

① LAD(Language Acquisition Device): 언어습득장치로서 촘스키의 개념이다.

② 연역적 추론: 일반적인 법칙을 개별적인 사례에 적용시켜 특수한 결론을 도출하는 방법이다.

③ 삼단논법: 두 개의 전제로부터 하나의 결론을 끌어내는 연역적 추론 방식이다.

19

> 정답 ②

② 귀납적 추론: 특수한 사례로부터 일반 · 보편적인 법칙을 찾아 결론을 도출하는 방법이다.

① 연역적 추론: 일반적인 법칙을 개별적인 사례에 적용시켜 특수한 결론을 도출하는 방법이다.

③ 유추: 새로운 사례를 접했을 때 과거의 유사한 경험에 적용시켜 추론하는 방법이다.

④ 통찰: 여러 가지 정보를 통합하여 문제를 지각적으로 재구성함으로써 비약적인 문제 해결에 이르게 되는 현상이다.

20

> 정답 ③

③ 스키너의 학습이론에 대한 설명이다.

①·②·④ 언어획득의 행동적 설명을 비판하는 입장이다.

CHAPTER 08 지능과 심리검사

01 심리검사

1 심리검사의 이해

1. 심리검사의 의의 및 특징

(1) 심리검사는 지능, 성격, 적성, 흥미 등 인간의 지적 능력이나 심리적 특성을 파악하기 위해 양적 또는 질적으로 측정 및 평가를 수행하는 일련의 절차를 말한다.

(2) 심리적 현상에서 개인 간의 차이를 비교·분석함으로써 개인의 인격적·행동적 측면을 이해할 수 있도록 하기 위한 심리학적 측정과정이다.

(3) 표집된 행동표본을 대상으로 과학적인 검증 과정을 거쳐 그 결과를 수치로 나타내며, 이를 표준화된 방법에 의해 점수로 기술하는 방법이다.

(4) 제한된 규준을 통해 개인의 행동을 예측하기 위한 기술적 과정으로, 개인의 소수 표본행동을 측정하여 그 결과를 토대로 개인의 전체 행동을 예견할 수 있다.

2. 심리검사의 목적

분류 및 진단	내담자(수검자)의 적성·흥미·동기 등 내담자에 관한 자료를 수집하여 내담자의 문제원인을 파악하며, 이를 해결하기 위한 효과적인 도구로 활용한다.
자기이해의 증진	표준화된 검사를 통해 과학적이고 객관적인 결과를 제시함으로써 내담자가 자기 자신에 대하여 바르게 이해하고 더불어 현명하고 합리적인 의사결정을 내릴 수 있도록 한다.
예측	심리검사를 통해 내담자의 특성을 밝혀냄으로써 내담자의 장래 행동이나 성취 등을 예측하며, 이를 토대로 가능한 여러 결과들을 예측하여 대안적 조치를 마련한다.

3. 심리검사의 시행과정

[1단계] 심리검사의 선택	검사자는 우선적으로 검사실시의 상황 및 목적을 고려하여 검사의 시행여부를 결정하며, 검사목적에 가장 부합하는 검사방법을 선택한다.
[2단계] 검사요강에 대한 이해	검사의 실시·채점·해석에서 통일성을 기하기 위해 검사개발 당시 작성된 규준에 따라 동일한 검사조건을 형성한다.
[3단계] 검사에 대한 동기화	검사자는 수검자(피검자)가 심리검사를 받을 준비상태에 놓이도록 심리검사에 대한 두려움이나 거부감을 해소시키기 위해 노력한다.
[4단계] 검사의 실시	검사자는 검사요강에 제시된 검사실시 관련 정보들을 숙지한 채 실제 검사에서 다양한 조건들을 정확하게 적용한다.
[5단계] 검사의 채점	검사자는 수검자의 응답지작성 과정에서의 오류를 점검하며, 검사요강에 제시된 기준에 따라 객관적인 채점이 이루어지도록 노력한다.
[6단계] 검사결과에 대한 해석	검사자는 전문적 지식을 토대로 수검자 개인의 심리검사결과를 보다 정확하게 해석하기 위해 노력한다.

4. 심리검사의 장점(Rapaport)

(1) 개인에 관한 자료수집 과정에서 주관적 판단을 방지해준다.

(2) 양적 측정을 통해 개인 간 행동을 비교할 수 있도록 해준다.

(3) 수검자의 검사반응을 비교함으로써 개인 내 비교를 가능하도록 해준다.

(4) 일회적이거나 횡단적인 시행을 통해 개인의 행동을 부분적으로 혹은 전체적으로 평가할 수 있도록 해준다.

(5) 장기적인 면담이나 행동관찰을 통해 발견할 수 있는 내용을 일회의 심리검사 시행으로 평가할 수 있도록 해준다.

2 심리검사의 종류

1. 지능검사

(1) 인지적 검사에 해당하는 것으로서, 1905년 비네와 시몽(Binet & Simon)이 초등교육을 받을 수 없는 정신지체아를 구별하기 위해 처음 개발하였다

(2) 개인의 지적인 능력 수준을 평가할 수 있으며, 인지기능의 특성을 파악할 수 있다.

(3) 교육연구 및 사례연구, 생활지도 및 진로지도 등에 활용할 수 있다.

(4) 지능검사 결과를 토대로 임상적 진단을 체계화·명료화할 수 있다.

(5) 기질적 뇌손상 유무, 뇌손상으로 인한 인지적 손실 정도 등을 파악할 수 있다.

(6) 지능검사 결과를 토대로 합리적인 치료목표를 설정할 수 있다.

(7) 스탠포드-비네 지능검사, 웩슬러 지능검사, 카우프만 지능검사 등이 있다.

2. 적성검사

(1) 적성은 일반적 지식이나 특수한 기술을 습득·숙달할 수 있는 개인의 잠재력을 의미한다.

(2) 적성은 학업성취와 관련된 학업적성, 직업활동과 관련된 직업(사무)적성, 기계적성, 음악적성, 미술적성, 언어적성, 수공적성, 수리적성 등의 특수적성으로 세분된다.

(3) 적성검사는 인지적 검사로서 개인의 특수한 능력 또는 잠재력을 발견하도록 하여 학업이나 취업 등의 진로를 결정하는 데 정보를 제공하며, 이를 통한 미래의 성공가능성을 예측한다.

(4) 적성검사는 1시간 전후의 비교적 짧은 시간 내에 실시될 수 있으므로 간편하고 경제적이다.

(5) 차이적성검사(DAT; The Differential Aptitude Test), 일반직업적성검사(GATB; The General Aptitude Test Battery) 등이 있다.

3. 성격검사

인간의 다양한 성격특성을 측정하기 위해 다양한 성격검사가 만들어졌으며, 대표적인 성격검사에는 자기보고식 검사(MMPI, MBTI 등)와 투사법(로르샤흐검사, 주제통각검사 등)의 두 종류가 있다.

(1) 자기보고식 검사

① 질문지형 검사로, 피검사자에게 글로 쓰여진 특정한 질문들을 물어보며 피검사자는 모든 질문에 '맞음' 또는 '틀림' 같은 명확한 답을 한다.

② 검사 과제가 구조화되어 있고, 검사에서 평가되는 내용이 검사의 목적에 따라 일정하게 준비되어 있다.

③ 검사 문항이 제시하는 상황 혹은 문제에 대한 주관적인 현상과 경험, 판단을 응답지에 기록하는 방식으로 이루어진다.

④ 자기보고형 검사이므로, 내담자가 자신의 내적 경험과 상태를 있는 그대로 보고할 것을 전제로 한다.

⑤ 검사 유형

다면적 인성검사	• 미네소타 다면적 인성검사(MMPI: Minnesota Multiphastic Personality Inventory)는 가장 널리 쓰이고 가장 많이 연구된 객관적 성격검사이다. • 대표적 자기보고식 검사로 실시·채점·해석이 용이하며, 시간과 노력을 절약할 수 있다. • 피검자는 각 문항에 '그렇다' 혹은 '아니다'의 두 가지 중 하나를 선택한다. • 550개의 문항 중 16개 문항이 중복되었으며, 이 16개 문항은 수검자의 반응 일관성을 확인하기 위한 지표로 사용된다.
Y-G (Yatabe-Guilford) 성격검사	• 길포드의 인격특질이론을 바탕으로 일본의 야타베(矢田部)가 작성한 질문지법 성격검사이다. • 인지분석에 따라 12개의 하위척도를 정하고, 각 척도마다 10문항씩 총 120문항으로 구성된다. • '네', '아니오', '잘 모르겠음'으로 응답한다. • 시행이 간편하고 다면적으로 성격을 진단할 수 있지만, 검사결과를 의도적으로 왜곡시키는 피검자의 허위반응에 취약한 것이 단점이다.
EPPS 성격검사	• 에드워즈가 머레이(Murray)의 사회적 욕구이론을 바탕으로 작성한 수검자의 특징적인 욕구나 취향을 측정하는 검사이다. • 달성, 추종, 질서, 현시, 자율, 친화, 내면인지, 구호, 지배, 내벌(內罰), 양호, 변화, 지구, 이성애, 공격의 15가지 특성을 측정한다. • 사회적으로 바람직한 내용을 동등하게 포함시킨 한 쌍의 항목 중 하나를 강제적으로 응답하게 함으로써 수검자가 실제 자신보다 사회적으로 긍정적인 응답을 하는 사회적 바람직성 편향을 제어할 수 있다.

⑥ 자기보고식 검사의 장·단점

장점	단점
• 검사의 실시, 채점, 해석이 간편하다. • 타당도의 신뢰도가 높다. • 객관적인 표준화 측정도구이다.	• 자유로운 표현이 어렵다. • 응답이 왜곡될 수 있다. • 문항의 배열 등에 의하여 결과가 달라질 수 있다.

개념더하기 ▷ MMPI(미네소타 다요인 인성검사)와 MBTI(마이어와 브릭스의 성격검사)

MMPI(미네소타 다요인 인성검사)	MBTI(마이어와 브릭스의 성격검사)
• 정신병리적 특성이나 성격장애를 발견한다. • 566개 문항으로 구성되어 있으며, 4개의 타당도 척도와 10개의 임상척도가 있다.	• 일반적인 성격유형을 알아보는 검사로, 융의 심리유형론에 근거하여 만들어졌다. • 총 16개의 성격 유형이 있으며, 각 유형별로 장점과 개선해야 할 점이 나온다.

(2) 투사법

① 불완전한 그림이나 형태, 언어를 제시한 후 수검자의 반응과 해석을 분석하여 행동과 성격의 무의식적인 부분을 파악하는 방법이다.

② 투사법의 장·단점

장점	단점
• 개인의 전체적이고 역동적인 성격을 파악할 수 있다. • 의식뿐 아니라 무의식의 부분까지 파악할 수 있다. • 일정 방향으로 고의적으로 반응이 왜곡되는 것을 막을 수 있다.	• 결과의 해석이 용이하지 않으며 검사자의 높은 전문성과 경험, 통찰력이 요구된다. • 수검자와 개인 면담으로 이루어지는 경우가 많아 실시하는 데 시간과 비용이 든다.

③ 검사 유형

주제통각검사 (TAT; Thematic Apperception Test)	• 수검자가 동일시할 수 있는 인물이나 상황을 그림으로 제시하고 그에 대한 반응 양상을 분석·해석한다. • 수검자의 그림에 대한 반응을 통해 현재 수검자의 성격 및 정서, 갈등, 콤플렉스 등을 이해하는 동시에 수검자 개인의 내적 동기와 상황에 대한 지각 방식 등에 대한 정보를 얻을 수 있다. • TAT는 가족관계 및 남녀관계와 같은 대인관계 상황에서의 욕구내용 및 위계, 원초아(Id), 자아(Ego), 초자아(Superego)의 타협구조 등을 파악할 수 있도록 한다.
로르샤흐검사 (Rorschach Test)	• 스위스의 정신과 의사인 로르샤흐에 의해 고안된 인격검사로, 잉크를 무작위로 흘린 좌우대칭의 그림을 제시한 후 그에 대한 수검자의 반응을 측정한다. • 검사과제가 성격의 어떤 경향을 보는지 알 수 없기 때문에 수검자가 자신의 응답을 왜곡하기 어렵다. • 수검자의 지적 측면, 정서적 측면, 충동의 통제능력, 대인관계의 특징 등을 다각적으로 살필 수 있다. • 주관적 검사로서 신뢰도 및 타당도가 검증되지 않아 객관적 심리 측정의 측면에서는 부적합하다.
바움 테스트 (Baum Test)	• 본래 감춰진 심층 의식을 그림을 통해 구체화함으로써 성격이나 심리상태를 파악하는 심리검사이다. • 다양한 연령층, 언어표현이 곤란한 사람의 지적능력, 발달의 진단 등에도 활용할 수 있는 이점으로 심리상담뿐 아니라 직업적성, 정신장애나 지적장애의 조기 발견, 심리요법의 효과 측정 등 폭넓게 쓰인다. • 내면적 갈등이나 무의식의 바람을 회화로 표현하여 감정 정화(카타르시스)의 효과를 얻는 예술요법(Art Therapy)의 요소를 가진다.

구분	로르샤흐검사	주제통각검사
접근	• 지각적 접근 – 무엇을 어떻게 지각하느냐?	• 상상적 접근 – 개인의 상상에서 얻은 자료가 기초
대상	• 인성의 구조	• 인성의 내용 – 충동, 욕구, 갈등

4. 성취도검사

(1) 성취도는 일정한 단계에서의 기술이나 지식의 발달정도를 의미한다.

(2) 성취도검사는 훈련이나 수업 등의 체계화된 교수를 통해 학습된 기술 및 지식을 측정하는 표준화된 검사로서, 읽기, 독해, 쓰기, 산수(수학) 등을 포함한다.

(3) 적성검사가 과거나 현재보다 미래의 수행능력을 예측하는 것인데 반해, 성취도검사는 현재까지 축적된 과거의 경험을 측정대상으로 한다.

(4) 성취도검사의 결과는 종종 학생의 수업수준이나 학업달성수준을 평가하기 위해 사용되며, 이 경우 높은 성취도점수는 적정 학년 수준에서의 숙달을 의미하는 반면 낮은 성취도점수는 교정이나 재이수의 필요성을 의미한다.

(5) 우드콕–존슨학습능력평가 심리학적 배터리(WJPB), 광범위성과테스트(WRAT), 스탠포드 성취도검사(SAT) 등이 있다.

5. 태도검사

(1) 태도는 국가나 인종, 제도, 관습 등 특정한 사회적 주제에 대해 수검자의 응답으로 나타나는 개인적 선입견, 아이디어 등의 총체적인 선호를 의미한다.

(2) 태도검사는 특정한 종류의 자극에 대한 개인의 정서적 반응이나 가치판단 등을 나타내는 태도를 측정대상으로 한다.

(3) 태도검사의 문항은 질문내용에 대한 핵심대상(무엇), 방향성(긍정/부정/중립), 강도(강함/약함) 등 다양하게 표현될 수 있다.

(4) 태도검사의 문항은 동일한 주제인 경우에도 사용된 용어나 문장의 표현에 따라 응답자의 응답에 변화가 나타날 수 있으며, 어떤 측면에서 찬성의 태도를, 다른 측면에서 반대의 태도를 동시에 나타낼 수 있다.

(5) 보통 견해(Opinion)와 태도(Attitude)를 구분하지 않고 사용하지만, 심리검사 분야에서는 견해조사(Opinion Survey)와 태도척도(Attitude Scale)를 구분하는 경향이 있다.

    ① 견해조사는 부모양육 태도검사(PAT; Parenting Attitude Test), 직무만족도검사(JSS; Job Satisfaction Survey), 자아태도검사(Self–Attitudes Inventory) 등이다.

    ② 태도척도는 서스톤척도(Thurstone Scale), 리커트척도(Likert Scale), 거트만척도(Guttman Scale) 등이다.

구분	자기보고식 검사 예 MMPI, PAI, MBTI 등	투사법 예 HTP, Rorschach 등
장점	• 실시와 채점이 용이 • 신뢰도, 타당도 확보 • 객관성의 증대	• 반응의 독특성, 풍부함 • 방어가 어려움 • 무의식적 내용의 반영
단점	• 사회적 바람직성 • 반응 경향서 • 문항 내용의 제한서	• 신뢰도, 타당도 문제 • 반응에 대한 상황의 영향

PART 2

02 좋은 검사의 요건

1 검사도구의 조건 1_표준화

1. 좋은 검사도구의 조건

(1) 신뢰도(Reliability)

① 동일한 대상에 대해 같거나 유사한 측정도구를 사용하여 반복 측정할 경우 동일하거나 비슷한 결과를 얻을 수 있는가를 말한다. 즉, 신뢰도가 높은 검사란 측정하고자 하는 특성을 일관성 있게 측정하는 검사이다.

② 예를 들어, 상담자가 내담자의 지능을 알아보기 위해 정확도가 보장된 체중계로 내담자의 몸무게를 측정했다면, 타당도는 낮지만 신뢰도는 높은 측정으로 볼 수 있다.

(2) 타당도(Validity)

① 측정하려는 개념이나 속성을 얼마나 실제에 가깝게 정확히 측정하고 있는가를 말한다.

② 예를 들어, 국어시험에서 독해력을 측정하려 했지만 실제로는 암기력을 측정했다면 타당도가 문제시된다.

(3) 객관도(Objectivity)

① 검사자의 채점이 어느 정도 신뢰할만하고 일관성이 있는가를 말한다.

② 주로 채점이 객관적인 것을 말하며, 정답과 오답의 구분이 명확하고 채점이 용이한 것이 표준화검사로서 바람직하다.

(4) 실용도(Usability)

① 검사도구가 얼마나 적은 시간과 비용, 노력을 투입하여 얼마나 많은 목표를 달성할 수 있는가를 말한다.

② 타당도나 신뢰도가 높다고 하더라도 검사실시나 채점이 복잡하고 어렵다면 검사의 효율성은 낮아진다.

2. 검사의 표준화(Standardization)

(1) 검사의 표준화는 검사의 제반과정에 대한 일관성을 확보하기 위한 노력이다.

(2) 표준화검사는 검사실시부터 채점 및 해석까지의 과정을 단일화·조건화하여 검사 제반과정에서 검사자의 주관적인 의도나 해석이 개입될 수 없도록 하는 것이다.

(3) 경험적으로 제작되어 적절한 규준 및 기준 점수, 타당도 및 신뢰도의 자료를 제시하며, 측정된 결과들을 상호비교할 수 있도록 해준다.

(4) 검사절차 표준화는 검사실시 상황이나 환경적 조건에 대한 엄격한 지침을 제공하는 동시에 검사자의 질문 방식이나 수검자의 응답방식까지 구체적으로 규정함으로써 시간 및 공간의 변화에 따라 검사실시 절차가 달라지지 않도록 하는 것을 말한다.

(5) 채점 및 해석의 표준화는 검사의 최종판을 검사예정 집단과 가능한 한 비슷하게 구성한 규준집단(Norming Sample)에 실시하여 채점 및 해석의 기준, 즉 규준(Norm)을 미리 설정하는 것을 말한다.

(6) 표준화검사와 비표준화검사는 다음과 같이 서로 구분되는 특징을 가진다.

표준화검사	• 정해진 절차에 따라 실시되고 채점되는 검사이다. 즉, 검사조건이 모든 수검자(피검사자)에게 동일하며, 모든 채점은 객관적이다. • 표준화된 평가절차를 위해 검사의 구조, 실시방법, 해석에 대한 특정한 기준을 갖추고 있다. • 대부분의 표준화검사는 검사의 신뢰도와 타당도를 확보한 검사이다. 즉, 신뢰도와 타당도가 비교적 높다. • 검사결과는 대규모 표집으로부터 얻은 규준 자료를 참고하여 해석되며, 이를 통해 규준집단에 비교해서 수검자의 상대적 위치를 알 수 있다.
비표준화검사	• 상담에 활용되는 많은 심리검사들은 검사해석을 위한 대표적 규준집단, 검사채점의 신뢰도 등의 기준을 갖추고 있지 않은 경우가 많다. • 비표준화검사는 표준화된 검사에 비해 신뢰도가 떨어지지만, 기존의 심리 검사에 의해 다루어지지 못한 측면들을 융통성 있게 고려할 수 있다. • 투사적 기법, 행동관찰, 질문지 등이 포함된다. 이러한 방법들은 평가절차 상 신뢰도는 낮지만 검사대상자의 일상생활, 주관적인 생각 등 표준화검사를 통해 얻기 어려운 정보들을 제공해준다.

3. 표준화검사의 기능

(1) **예언 또는 예측**: 표준화검사는 확률에 의한 잠정적 추론을 토대로 인간행동의 특성 및 장래를 예측할 수 있도록 해준다.

(2) **진단**: 표준화검사는 수검자가 가지고 있는 장점과 단점, 현재 가지고 있는 능력과 특징적 양상 등 수검자에 대한 다각적인 특질을 파악하도록 함으로써, 그 속에 내재된 문제를 포착하고 그 원인을 발견할 수 있도록 해준다.

(3) **조사**: 표준화검사는 학급이나 학교의 상태, 지역적 차이나 인종적 차이의 비교 등 어떠한 집단의 일반적인 경향을 조사할 수 있도록 하며, 그 결과를 다른 집단과 비교할 수 있도록 해준다.

(4) **개성 및 적성의 발견**: 표준화검사는 수검자의 개성 및 적성을 발견하도록 하며, 이를 토대로 진학이나 직업적 선택 등의 지도 또는 배치를 가능하게 해준다.

2 검사도구의 조건 2_규준

1. 규준(Norm)의 개념 및 특징

(1) 규준은 특정검사 점수의 해석에 필요한 기준이 되는 자료로서, 한 특정개인의 점수가 어떤 의미를 지니고 있는지에 관한 정보를 제공해준다.

(2) 비교대상의 점수들을 연령별, 사회계층별, 직업군별로 체계적으로 정리하여 자료로 구성한 것이다.

(3) 특정집단의 전형적인 또는 평균적인 수행지표를 제공해준다.

(4) 개인의 점수를 다른 사람들의 점수와 비교하고 해석하는 과정에서 비교대상이 되는 집단을 규준집단 또는 표준화표본집단이라고 한다.

(5) 규준참조검사(Norm-Referenced Test)는 개인의 점수를 해석하기 위해 유사한 다른 사람들의 점수를 비교하여 평가하는 상대평가 목적의 검사로, 점수분포를 규준으로 하여 원점수를 규준에 따라 상대적으로 해석한다.

(6) 규준은 절대적이거나 보편적인 것이 아니며, 영구적인 것도 아니다. 따라서 규준집단이 모집단을 잘 대표하는 것인지 확인하는 과정이 요구된다.

2. 발달규준

발달규준은 수검자가 정상적인 발달경로 상에서 어느 정도 수준에 위치해 있는지를 표현하는 방식으로 원점수에 의미를 부여한다.

(1) **연령규준(정신연령규준)**: 심리검사의 문항들이 연령수준별 척도로 구성되어, 해당검사를 통해 주어지는 결과점수가 수검자의 정신연령수준을 반영하도록 되어 있다.

(2) **학년규준**: 주로 학교에서 실시하는 성취도검사에 이용하기 위해 학년별 평균이나 중앙치를 이용하여 규준을 제작한다.

(3) **서열규준**: 발달검사 과정에서 검사자는 수검자의 행동을 관찰하여 행동의 발달단계상 어느 수준에 위치하는지 나타낼 수 있다.

(4) **추적규준**: 각 개인은 신체발달 및 정신발달에 있어서 독특한 양상을 보이며, 이를 발달곡선으로 표시하는 경우 연령에 따라 다른 높낮이를 보인다. 그러나 이를 동일 연령 집단의 발달곡선으로 표시하는 경우 연령이 증가하더라도 일정한 범위 내에 위치하게 되며, 이를 토대로 개인의 발달양상을 연령에 따라 예측할 수 있다.

3. 집단 내 규준

집단 내 규준은 개인의 원점수를 규준집단의 수행과 비교해 볼 수 있도록 한 것으로, 원점수가 서열척도에 불과한 것에 비해 집단 내 규준점수는 일반적으로 심리측정상 등간척도의 성질을 가진다.

백분위점수	• 원점수의 분포에서 100개의 동일한 구간으로 점수들을 분포하여 변환점수를 부여한 것이다. • 표준화집단에서 특정 원점수 이하인 사례의 비율이라는 측면에서 표시한 것으로, 개인이 표준화집단에서 차지하는 상대적인 위치를 가리킨다. • 원점수가 높을수록 백분위점수도 높게 되며, 반대로 백분위점수가 낮을수록 분포 상에서 그 사람의 상대적 위치도 낮게 된다. 특히 최저점수에서부터 등수가 정해지므로 백분위가 낮아질수록 개인성적은 나쁘게 나온다. • 백분위점수는 계산이 간편하고 이해가 쉬우며, 사실상 모든 심리검사에서 보편적으로 이용할 수 있는 장점이 있다.
표준점수	• 백분위점수는 실제 분포모습을 그대로 반영하지 못하므로, 대부분의 심리검사에서 검사결과를 작성하는 방법으로 흔히 표준점수를 사용한다. • 원점수를 주어진 집단의 평균을 중심으로 표준편차 단위를 사용하여 분포상 어느 위치에 해당하는가를 나타낸 것이다. • 서로 다른 체계로 측정한 점수들을 동일한 조건에서 비교하기 위한 개념으로, 원점수에서 평균을 뺀 후 표준편차로 나눈 값을 말한다. • 원점수를 표준점수로 변환함으로써 상대적인 위치를 짐작할 수 있으며, 검사결과를 비교할 수도 있다. • 가장 보편적인 표준점수로서 Z점수, T 점수, H점수 등이 있다.
표준등급	• 표준등급을 의미하는 스테나인(Stanine)은 Standard와 Nine의 합성어에 해당한다. • 제2차 세계대전 중 미군에서 개발한 것으로서, 원점수를 비율에 따라 1~9까지의 구간으로 구분하여 각각의 구간에 일정한 점수나 등급을 부여한 것이다. 평균은 5점이며, 최저 점수 1점과 최고점수 9점을 제외하여 계산하는 경우 표준편차는 2점이다. • 특히 학교에서 실시하는 성취도검사나 적성검사의 결과를 나타낼 때 주로 사용한다. • 결과점수를 일정한 범주로 분포시킴으로써 학생들 간의 점수차가 적은 경우 발생할 수 있는 해석상의 문제를 미연에 방지할 수 있는 장점이 있다.

3 신뢰도의 이해

1. 신뢰도(Reliability)의 개념 및 특징

(1) 신뢰도란 측정도구가 측정하고자 하는 현상을 일관성 있게 측정하는 능력을 말한다. 다시 말해 어떤 측정도구(척도)를 동일한 현상에 반복 적용하여 동일한 결과를 얻게 되는 정도를 그 측정도구의 신뢰도라고 한다.

(2) 어떤 측정도구를 사용해서 동일한 대상을 측정하였을 때 항상 같은 결과가 나온다면 이 측정도구는 신뢰도가 매우 높다고 할 수 있다.

(3) 신뢰도가 높은 측정도구는 연구자의 변경이나 측정시간 및 장소의 차이에도 불구하고 항상 동일한 결과를 가져오는 반면, 신뢰도가 낮은 측정도구는 측정할 때마다 측정치가 달라진다.

(4) 신뢰도가 높다고 해서 훌륭한 과학적 결과를 보장하는 것은 아니지만, 신뢰도가 없는 훌륭한 과학적 결과는 존재할 수 없다. 다시 말해, 신뢰도는 연구조사 결과와 그 해석에 있어서 충분조건은 아니지만 필요조건에 해당한다고 볼 수 있다.

(5) 신뢰도와 유사한 표현으로서 신빙성, 안정성, 일관성, 예측성 등이 있다.

2. 내적신뢰도와 외적신뢰도

내적신뢰도	• 사건이나 현상에 대한 관찰자들 간의 일치도로서, 연구 자료의 수집 및 분석, 해석상의 일관성 정도를 말한다. • 다른 연구자들에게 이미 산출된 일련의 구성개념을 제시했을 때 본래의 연구자가 했던 것과 동일한 방식으로 자료와 구성개념을 결부시킬 수 있다면 내적 신뢰도가 높은 것으로 본다.
외적신뢰도	• 연구결과에 있어서의 일치도를 말한다. • 동일한 설계를 바탕으로 다른 연구자들도 동일한 현상을 발견하거나 유사한 상황에서 동일한 구성개념을 산출한다면 외적 신뢰도가 높은 것으로 본다.

3. 신뢰도의 추정방법

(1) 검사–재검사신뢰도: 동일한 측정도구를 동일한 사람에게 시간차를 두고 두 번 조사하여 그 결과를 비교한다. 신뢰도는 두 차례의 점수에 대한 상관계수를 계산하여 평가한다.

(2) 동형검사신뢰도: 유사한 형태의 두 개의 측정도구를 만들어 각각 동일 대상에 차례로 적용함으로써 신뢰도를 측정하는 방법이다.

(3) 반분신뢰도: 하나의 측정도구에서 피험자를 동일한 수로 나누어 측정한 후, 두 집단의 결과를 비교하여 상관계수를 계산해 봄으로써 신뢰도를 측정하는 방법이다.

(4) 내적합치도

① 한 측정도구의 모든 문항들 간의 상관계수를 근거로 신뢰도를 구한다. 이때 얻을 수 있는 값을 크론바흐(Cronbach)의 일파라고 한다.

② 반분법의 두 부분의 상관관계를 각각의 질문의 상관관계로 연장한 것이라고 볼 수 있다.

(5) 관찰자신뢰도(Observer Reliability): 관찰의 안정성을 기초로 한 신뢰도 측정방법으로서, 재검사적 관찰자신뢰도와 대안적 관찰자신뢰도로 구분된다.

4 타당도의 이해

1. 타당도(Validity)의 개념 및 특징

(1) 측정의 타당도는 조사자가 측정하고자 한 것을 실제로 정확히 측정했는가의 문제이다.

(2) 타당한 측정수단이란 측정하고자 하는 것을 측정할 수 있는 도구이다. 따라서 어떤 측정수단이 조사자가 의도하지 않은 내용을 측정할 경우 이 수단은 타당하지 못한 것이 된다.

(3) 타당도는 실증적 수단인 조작적 정의나 지표가 측정하고자 하는 개념을 제대로 반영하는 정도를 의미한다.

(4) 만약 조사자가 조작적 정의나 지표 또는 척도를 사용하여 처음 측정하고자 했던 개념이 의미하는 바를 제대로 측정하였다면, 이들 조작적 정의나 지표 또는 척도의 타당도는 높다. 반면 조작적 정의, 지표 또는 척도를 사용하여 처음 측정하고자 했던 개념이 의미하는 바를 제대로 측정하지 못한 경우 이들의 타당도는 낮은 것이 된다.

(5) 심리학을 포함한 사회과학 영역에서 특히 타당도가 문제시되는 이유는 보통 측정을 간접적으로 할 수밖에 없는 사회과학 고유의 특성 때문이다. 측정을 간접적으로 하는 경우 조사자는 자신이 측정하고자 하는 속성들을 제대로 측정하는가에 대해 완전한 확신을 가질 수 없다.

2. 내적타당도와 외적타당도

(1) 내적타당도(Internal Validity)

① 어떤 연구에서 종속변인에 나타난 변화가 독립변인의 영향 때문이라고 추론할 수 있는 정도를 말한다.

② 각 변수 사이의 인과관계를 추론하여 그것이 실험에 의한 진정한 변화에 의한 것으로 판명되는 경우 내적타당도가 높은 것으로 본다.

(2) 외적타당도(External Validity)

① 외적타당도는 연구의 결과에 의해 기술된 인과관계가 연구대상 이외의 경우로 확대 · 일반화될 수 있는 정도를 말한다.

② 내적타당도가 연구결과의 정확성과 관련된 개념이라면, 외적타당도는 연구결과의 일반화 가능성과 연관된다.

3. 타당도의 추정방법

(1) 내용타당도

① 논리적 타당도(Logical Validity)라고도 하며, 측정항목이 연구자가 의도한 내용대로 실제로 측정되고 있는가 하는 문제이다.

② 측정도구가 측정대상이 가지고 있는 많은 속성 중의 일부를 대표성 있게 포함하는 경우 타당도가 있다고 본다.

③ 논리적 사고에 입각한 논리적인 분석과정으로 판단하는 주관적인 타당도로, 객관적인 자료에 근거하지 않는다.

④ 측정도구의 내용타당도는 문항 구성 과정이 그 개념을 얼마나 잘 반영하고 있는지, 그리고 해당 문항들이 각 내용영역들의 독특한 의미를 얼마나 잘 나타내주고 있는지를 의미한다.

⑤ 안면타당도 또는 액면타당도(Face Validity)는 내용타당도와 마찬가지로 측정항목이 연구자가 의도한 내용대로 실제로 측정하고 있는가 하는 것으로, 내용타당도가 전문가의 평가 및 판단에 근거한 반면 안면타당도는 전문가가 아닌 일반인의 일반적인 상식에 준하여 분석한다.

(2) 기준타당도

① 기준(준거)관련타당도(Criterion-Related Validity), 실용적 타당도(Pragmatic Validity) 또는 경험적 타당도(Empirical Validity)라고도 한다.

② 경험적 근거에 의해 타당도를 확인하는 방법으로서, 이미 전문가가 만들어놓은 신뢰도와 타당도가 검증된 측정도구에 의한 측정결과를 기준으로 한다.

③ 통계적으로 타당도를 평가하는 것으로, 사용하고 있는 측정도구의 측정값과 기준이 되는 측정도구의 측정값 간의 상관관계에 관심을 둔다.

④ 연구하려는 속성을 측정해 줄 것으로 알려진 외적준거(기준)와 측정도구의 측정 결과(척도의 점수) 간의 관계를 비교함으로써 타당도를 파악한다. 즉, 타당화하려는 검사와 외적준거 간에는 상관이 높아야 하고, 어떤 검사를 실시하여 얻은 점수로부터 수검자의 다른 행동을 예측할 수 있어야 한다.

⑤ 기준타당도는 동시타당도 또는 공인타당도(Concurrent Validity)와 예측타당도 또는 예언타당도(Predictive Validity)로 구분된다.

(3) 개념타당도

① 조작적으로 정의되지 않은 인간의 심리적 특성이나 성질을 심리적 개념으로 분석하여 조작적 정의를 부여한 후, 검사점수가 조작적 정의에서 규명한 심리적 개념들을 제대로 측정하였는가를 검정하는 방법이다.

② 여기에서 개념(Construct)이란 심리적 특성이나 행동양상을 설명하기 위해 존재를 가정하는 심리적 요인을 말하는 것으로서, 창의성검사의 경우 이해성, 도전성, 민감성 등을 개념이라고 할 수 있다.

③ 개념타당도는 응답자료가 계량적 방법에 의해 검정되므로, 과학적이고 객관적이라 할 수 있다.

④ 개념타당도를 분석하는 방법으로는 수렴타당도 또는 집중타당도(Convergent Validity), 변별타당도 또는 판별타당도(Discriminant Validity), 요인분석 (Factor Analysis)이 있다.

03 지능과 지능검사

1 지능의 본질

1. 지능의 일반적 정의

학습능력	• 지능은 교육을 받을 수 있는 능력 또는 유익한 것을 학습할 수 있는 능력이다. • 지능이 높은 사람은 학습할 수 있는 능력이 높은 반면, 지능이 낮은 사람은 학습할 수 있는 능력이 낮다. • 주요학자: 게이츠(Gates), 디어본(Dearborn) 등
적응능력	• 지능은 전체 환경에 대한 적응력이자, 생활상의 새로운 문제와 상황에 대처하는 정신적 적응력이다. • 지능이 높은 사람은 새로운 환경의 변화에 비교적 잘 적응하는 반면, 지능이 낮은 사람은잘 적응하지 못하는 양상을 보인다. • 주요학자: 피아제(Piaget), 스턴(Stern), 핀트너(Pintner) 등
추상적 사고능력	• 지능은 추상적인 사고를 할 수 있는 능력이자, 이를 구체적인 사실과 연관시킬 수 있는 능력이다. • 지능이 높은 사람은 자신이 소유한 지식을 통해 구체화된 현상을 파악하는 동시에 이를 서로 연관시킬 수 있다. • 주요학자: 터만(Terman), 스피어만(Spearman), 서스톤(Thurston) 등
종합적 · 전체적 능력(포괄적 정의)	• 지능은 어떠한 목적을 향해 합리적으로 행동하고 체계적으로 사고하며, 환경을 효과적으로 다루는 유기체의 종합적인 능력이다. • 지능이 높은 사람은 학습능력, 적응능력, 추상적 사고능력 등을 통해 성공적인 생활을 영위할 수 있다. • 주요학자: 웩슬러(Wechsler) 등
조작적 정의	• 지능은 지능검사에 의해 측정된 것이다. • 이것은 정의로서는 명확하나 지능의 정신적인 본질에 관한 내용을 담고 있지 못하다. • 주요학자: 프리만(Freeman), 보링(Boring) 등

2. 지능에 대한 학자들의 견해

(1) **웩슬러(Wechsler)**: 지능은 개인이 합목적적으로 행동하고 합리적으로 사고하며, 환경을 효율적으로 다룰 수 있는 총체적인 능력이다.

(2) **비네(Binet)**: 지능은 일정한 방향을 설정하고 그것을 유지하는 능력, 목표달성을 위해 일하는 능력, 행동의 결과를 수정하는 능력이다.

(3) **터만(Terman)**: 지능은 추상적 사고를 하는 능력, 즉 다양한 문제들을 해결하기 위해 추상적 상징을 사용하는 능력이다.

(4) **스피어만(Spearman)**: 지능은 사물의 관련성을 추출할 수 있도록 하는 정신작용이다.

(5) **서스톤(Thurston)**: 지능은 추상적 개념과 구체적 사실을 연관시킬 수 있는 능력이다.

(6) **피아제(Piaget)**: 지능은 단일형식의 조직이 아닌 적응과정을 통해 동화와 조절이 균형을 이루는 형태를 말한다.

(7) **스턴(Stern)**: 지능은 사고를 작동시켜 새로운 요구에 의식적으로 적응하는 일반적 능력이다.

(8) **핀트너(Pintner)**: 지능은 새로운 환경에 자신을 적응시키는 능력이다.

(9) **게이츠(Gates)**: 지능은 학습해 가는 능력 또는 다양하고 광범위한 사실들을 파악하는 복합화된 능력이다.

(10) **디어본(Dearborn)**: 지능은 학습된 능력, 즉 경험에 의해 습득되는 능력이다.

(11) **프리만(Freeman)**: 지능은 지능검사에 의해 측정된 것이다.

3. 지능에 대한 연구

(1) 스피어만(Spearman)의 2요인설

① 지능에 대한 최초의 요인분석으로서, 스피어만은 여러 지적 능력에 관한 검사와 이들 검사 간에 존재하는 상관관계를 설명하는 요인(Factor)의 개념을 도입하였다.

② 지능은 모든 개인이 공통적으로 가지고 있는 일반요인(General Factor)과 함께 언어나 숫자 등 특정한 부분에 대한 능력으로서 특수요인(Special Factor)으로 구성된다.

③ 일반지능이 낮더라도 음악이나 미술 등 예능에서 천재성을 보이는 경우가 있으며, 이는 일반요인이 아닌 특수요인에 의한 것이다.

일반요인 (G Factor)	생득적인 것으로, 모든 유형의 지적 활동에 공통적으로 작용한다. 예 이해력, 관계추출능력, 상관추출능력 등
특수요인 (S Factor)	일반요인만으로 해결하기 어려운 특수한 과제를 수행하기 위해 작용한다. 예 언어능력, 수리능력, 정신적 속도, 상상력 등

(2) 손다이크(Thorndike)의 다요인설

① 손다이크는 지능을 진리 또는 사실의 견지에서 올바른 반응을 행하는 능력으로 정의하였다.

② 지능은 추상적 지능, 구체적(실제적) 지능, 사회적 지능으로 구성되어 있다.

　㉠ 추상적 지능: 언어나 수 등 상징적 기호를 처리하는 능력

　㉡ 구체적(실제적) 지능: 동작에 의해 사물을 조작하는 능력

　㉢ 사회적 지능: 다른 사람을 이해하거나 사람과 협력하는 능력

③ 손다이크가 제시한 구체적(실제적) 지능은 웩슬러(Wechsler)의 동작성 지능이나 비요(Viaud)의 실용적 지능으로 발전하였으며, 사회적 지능은 돌(Doll)의 사회성숙 척도에 영향을 미쳤다.

(3) 서스톤(Thurstone)의 다요인설

① 서스톤은 대학생들을 대상으로 다양한 종류의 지능검사를 실시한 후 이를 요인 분석적 방법으로 연구하였다.

② 지능은 각각 독립적인 기능을 가지고 있는 개별적인 능력들로 구성되어 있다고 주장함으로써 불분명한 일반지능의 실체를 강조한 일반지능설의 한계를 극복하고자 한다.

③ 지능은 7가지 요인(언어능력, 언어 유창성, 수리능력, 기억, 공간관계인식, 지각속도, 논리능력)으로 구성된다.

(4) 길포드(Guilford)의 복합요인설(입체모형설)

① 길포드는 서스톤의 7가지 기본정신능력에 관한 이론을 발전시켜 기존의 지능에 대한 협소한 계열을 확대하였다.

② 지능은 다양한 방법에 의해 상이한 정보들을 처리하는 다각적 능력들의 체계적인 집합체이다.

③ 지능구조는 내용(Content), 조작(Operation), 결과(Product)의 3차원적 입체모형으로 이루어지며, 이들의 상호작용에 의한 180개의 조작적 지적 능력으로 구성된다.

④ 내용(Content)은 사고의 대상으로서 주어진 정보의 내용에 관한 것이며, 조작(Operation)은 사고의 과정으로서 정보를 처리하고 작동하는 지적 활동에 관한 것이다. 또한 결과(Product)는 사고의 결과로서 정보조작의 결과에 관한 것이다.

내용(Content)	• 시각: 시각적 지각에 대한 정보 • 청각: 청각적 지각에 대한 정보 • 상징: 상징적 · 기호적 정보 • 의미(어의): 의미 있는 단어나 개념의 의미적 정보 • 행동: 표정, 동작 등의 행동적 정보
조작(Operation)	• 평가: 사고결과의 적절성을 판단하는 평가 • 수렴적 사고(조작): 이미 알고 있는 지식이나 기억된 정보에서 어떤 지식을 도출해 내는 능력 • 확산적 사고(조작): 이미 알고 있거나 기억된 지식 위에 전혀 새로운 지식을 창출해 내는 능력 • 기억파지: 정보의 파지 • 기억저장: 정보의 저장 • 인지: 여러 가지 지식과 정보의 발견 및 인지와 관련된 사고력
결과(Product)	• 단위: 각 단위의 정보 • 분류: 공통적인 특성의 공유 • 관계: 2개 이상 단위들의 종합 • 체계: 단위의 조직화된 체계 • 전환: 기존정보에 대한 해석 또는 수정과 적용 • 함축: 어떤 정보에서 생기는 예측, 기대 또는 시사점

(5) 카텔(Cattell)과 혼(Horn)의 위계적 요인설

① 카텔은 인간의 지능을 유동성지능과 결정성지능으로 구분하였다.

② 혼은 카텔의 주장을 토대로 유동성지능과 결정성지능의 특징적 양상에 대해 연구하였다.

유동성지능	• 유전적 · 신경생리적 영향에 의해 발달이 이루어지는 반면 경험이나 학습의 영향을 거의 받지 않는다. • 신체적 요인에 따라 청소년기에 이르기까지 발달이 이루어지다가 이후 퇴보현상이 나타난다. • 속도, 기계적 암기, 지각능력, 일반적 추론능력 등이 해당한다. • 웩슬러(Wechsler) 지능검사의 소검사 중 빠진 곳 찾기, 차례맞추기, 토막짜기, 모양맞추기, 공통성문제, 숫자외우기 등이 유동성지능을 반영한다.
결정성지능	• 경험적 · 환경적 · 문화적 영향의 누적에 의해 발달이 이루어지며, 교육 및 가정환경 등에 의해 영향을 받는다. • 나이가 들수록 더욱 발달하는 경향이 있다. • 언어이해능력, 문제해결능력, 상식, 논리적 추리력 등이 해당한다. • 웩슬러 지능검사의 소검사 중 기본지식, 어휘문제, 공통성문제, 이해문제 등이 결정성지능을 반영한다.

③ 일반적으로 웩슬러 지능검사의 언어성 소검사들은 결정성지능과 연관된다. 반면, 동작성 소검사들은 유동성지능과 관련되며, 문제해결능력을 측정한다고 볼 수 있다.

④ 혼은 변형된 지능모델을 통해 웩슬러 지능검사의 소검사들을 다음과 같이 4개의 범주로 분류하였다.

  ㉠ 결정성(Crystallized): 기본지식, 어휘문제, 이해문제, 공통성문제

  ㉡ 유동성(Fluid): 빠진곳찾기, 차례맞추기, 토막짜기, 모양맞추기, 공통성문제, 숫자외우기

  ㉢ 기억(Retrieval): 기본지식, 산수문제, 숫자외우기

  ㉣ 속도(Speed): 바꿔쓰기

(6) 가드너(Gardner)의 다중지능이론

① 전통적인 지능이론이 지능의 일반적인 측면을 강조하는 데 반해, 가드너는 문제해결능력과 함께 특정 사회적 · 문화적 상황에서 산물을 창조하는 능력을 강조하였다.

② 인간의 지능은 일반지능과 같은 단일한 능력이 아닌 다수의 능력으로 구성되며, 각각의 능력들의 상대적 중요도는 서로 동일하다.

③ 가드너는 지능을 언어지능, 논리—수학지능, 공간지능, 신체—운동지능, 음악지능, 대인관계지능, 개인 내적 지능 등 7가지의 독립된 지능으로 구분하였다.

④ 최근에는 자연탐구지능 및 실존적 지능을 비롯하여, 도덕적 감수성, 성적 관심, 유머, 직관, 창의성 등 다양한 지능의 존재 가능성을 제기하고 있다.

언어지능 (Linguistic Intelligence)	• 표현하고자 하는 생각을 말이나 글로 효과적으로 의사소통하는 능력이다. • 어휘의 의미와 어휘 간의 관계를 파악하거나 사물에 대한 명칭을 부여하는 등의 능력이 뛰어나다. 읽기, 말하기, 쓰기, 듣기 등을 좋아한다. 새로운 단어나 어휘, 외국어를 쉽게 숙지한다.
논리-수학지능 (Logical Mathematical Intelligence)	• 사물이나 개념을 논리적으로 사고하고 숫자를 효과적으로 사용할 수 있는 능력이다. • 개념 내지 요소 간의 논리적 연계성 내지 인과법칙을 잘 이해하고 이를 적용하여 문제를 해결할 수 있는 능력이 뛰어나다. • 연역적 내지 귀납적으로 문제의 논리적 성격을 규명하고 비판적이고 창의적으로 문제를 인식하고 해결하는 능력이다. 사건의 발생이나 원리에 관심이 많다.
공간지능 (Spatial Intelligence)	• 아이디어를 머릿속에서 입체적, 시각적으로 이해하고 구성하며 실제로 표현하는 능력이다. • 공간적 세계의 이해가 빠르다. 색상, 선, 모양, 면, 이들 간의 관계를 잘 이해하고 이를 이용하여 표현한다. 세세한 것까지 자세하게 관찰한다. 그리거나 만들기를 좋아한다. 전체와 부분 간의 균형미에 대한 감각이 있다. 장소에 대한 이미지를 잘 기억한다.
신체-운동지능 (Bodily-Kinesthetic Intelligence)	• 몸동작을 통해 아이디어나 감정을 표현할 수 있는 능력이다. • 능숙한 손재주로 어떤 물건을 만들어 내는 능력이 있다. 몸의 유연성, 근력, 순발력, 균형감각 등이 뛰어나다. 생각하고 있는 것을 제스처를 통해 잘 전달한다. • 다른 사람의 모든 동작을 유심히 관찰하고 그 의미를 이해한다. 생각보다는 실제 행동을 통해서 더 효율적으로 문제 해결의 답을 구한다.
음악지능 (Musical Intelligence)	• 생각하는 바를 음악을 통해 표현하고 그 음악을 감상하고 이해하는 능력이다. • 소리와 리듬에 대한 예민한 감각을 가지고 있다. 음의 멜로디, 박자, 장단을 잘 기억한다. 음악을 틀어놓거나 입에서 흥얼거리거나 몸을 흔들면서 일하기를 좋아한다. 어떤 악기든지 다루는 법을 쉽게 터득한다.
대인관계지능 (Interpersonal Intelligence)	• 사람의 감정이나 생각 등을 잘 파악하고 이에 적절하게 대응하고 원만한 인간 관계를 유지하는 능력이다. • 다른 사람의 동작, 얼굴표정, 목소리 등으로 상대방의 감정 상태를 읽고 긍정적으로 기분상태를 전환시키는 능력이 있다. • 대인관계가 좋고 친구가 많다. 혼자 일하는 것보다 조직생활에 더 잘 적응한다.
개인 내적 지능 (Intrapersonal Intelligence)	• 자신을 성찰하고 그에 따라 행동하는 능력이다. • 자신의 약점과 강점에 정직하고, 정확하며 종합적으로 이해하고 성취하고자 하는 목표 인식이 분명하다. • 자신의 욕구, 감정, 기분상태를 잘 알고 이를 통제하는 능력이 있다. 자기존중 욕구가 강하다.
자연탐구지능 (Naturalist Intelligence)	• 동물, 식물, 기타 요소(날씨 등)와 이들 간의 생태관계를 이해하고 체계적으로 분류하는 능력이다. • 자연계의 자원을 이용하는 지식과 능력이 뛰어나다. 동물이나 식물을 좋아하고 실제로 키우는 능력이 뛰어나다. 환경보존에 관심이 많다.

(7) 스턴버그(Sternberg)의 삼원지능이론

① 스턴버그는 지능을 개인의 내부세계와 외부세계에서 비롯되는 경험의 측면에서 성분적 지능(Componential Intelligence), 경험적 지능(Experiential Intelligence), 상황적(맥락적) 지능(Contextual Intelligence)으로 구분하였다.

② 지능의 세 가지 측면을 토대로 한 성분하위이론, 경험하위이론, 상황하위이론은 다시 각각의 세부적인 하위이론들로 나눠짐으로써 위계구조를 이룬다.

③ 삼원지능이론의 각 하위이론들은 내부영역, 경험영역, 외부영역에서 지능의 근원적 요소들을 포착하여 해당요소들이 어떻게 지적 사고와 행동을 산출하는지 제시한다.

4. 지능 결정인자로서의 유전과 환경

(1) 지능 차이의 유전적 요인

① 유전계수*: 개인 간의 지능지수의 차이에서 유전적인 요소가 차지하는 비율

② 쌍생아 연구: 100% 같은 유전자를 공유한 일란성 쌍둥이는 각자 다른 환경에서 자라도 유사한 지능을 보인다. 유전계수는 특정 집단에 따라 달라진다.

③ 부유한 환경의 아동 간의 지적 차이는 풍요로움이라는 공통된 환경으로 인해 유전계수가 높으며, 환경의 차이가 다양한 집단은 유전계수가 낮다.

④ 아동의 경우 유전과 환경의 영향을 모두 고려할 수 있다는 점에서 50%의 유전계수를 보이며, 성인의 경우 자아의 발달로 인해 환경의 영향을 덜 받는다는 점에서 70%로 아동보다 높게 나타난다.

(2) 지능 차이의 환경적 요인

입양아 연구	• 입양아의 지능지수와 양부모의 지능지수 간 상관의 중앙값은 0.20으로, 이들 간에는 어느 정도 유사성을 보인다. • 함께 자란 형제들 사이의 지능지수가 따로 떨어져 자란 형제의 지능지수보다 더 유사하다. • 동일한 유전자를 물려받은 일란성 쌍생아의 경우도 마찬가지다.
결핍된 환경과 풍요로운 환경	• 열악한 환경에서 자란 아동은 성장하면서 지능지수가 점차적으로 감소한다. • 정상적인 교육을 받을 수 있는 환경으로 옮겨진 아동들의 지능지수는 풍요로운 환경으로 인하여 점차적으로 증가한다.
유전과 환경의 상호작용	• 반응범위모형: 유전에 의해서 지능 잠재력의 상한선과 하한선이 정해지고 그 잠재력 범위 내에서 환경적 요인에 의해 개인이 실제 나타내는 지능의 정도가 결정된다고 가정한다. • 이러한 반응 범위는 지능지수 척도 상에서 20~25점의 간격으로 추정한다.

2 지능과 창의성

1. 지능과 창의성

(1) 창의성은 참신한 방법으로 사고하고, 독특한 해결책을 생각해 낼 수 있는 능력이다.

(2) 지능은 주로 재인, 회상, 재적용 등에 의존하며, 사실에 관한 풍부한 지식, 새로운 사실의 효율적인 획득, 기억해야 할 내용에 대한 신속한 접근, 사실적 질문에 대한 최선의 답을 찾는 데 있어서 정확성, 기존 지식의 논리적 적용 등이 요구된다.

(3) 창의성은 새로움의 산출, 즉 사실로부터의 이탈, 새로운 길의 발견, 해답의 창안 그리고 기대하지 않은 발견 등이 요구된다.

2. 길포드의 새로운 지능모델

(1) 길포드는 종래의 지능검사로는 충분히 측정할 수 없는 인간의 지적 영역이 있다고 주장하며 지능과 함께 창의성에 주목하였다.

(2) 수렴적 사고: 이미 알고 있는 지식이나 정보를 바탕으로 주어진 문제를 신속하고 정확하게 해결하는 능력으로 학업성적과 밀접한 관련이 있다.

(3) 확산적 사고: 이미 알고 있는 지식이나 정보 외에 새롭고 다각적인 문제 해결 방식을 창출하는 능력이다.

---

* 지능의 유전계수

부모와 자식: 0.50, 일란성 쌍둥이: 0.90, 이란성 쌍둥이: 0.55

(4) 지능과 창의성의 차이: 지능은 어떠한 문제를 해결하는 데 있어 가장 적절한 해법을 추론과 관찰을 통해 이끌어내는 수렴적인 사고를 측정하며, 창의성은 새로운 사고방식이나 문제 자체를 생성하는 확산적인 사고를 필요로 한다.

3. 지능과 창의성의 관계

(1) 지능이 높다고 하여 반드시 창의성이 높은 것은 아니며, 지능과 창의성은 서로 무관한 것은 아니지만 서로 다른 것이라 볼 수 있다. 그 이유는 지능이 어느 정도 낮은 사람이라도 창의성을 가질 수 있다.

(2) 창의적인 활동에 있어 지능이 전혀 작용하지 않는다고 할 수 없으며, 오히려 지능에 의한 지식ㆍ기능이 뒷받침되지 않는 한 창의성은 성립하지 않는다.

(3) 높은 지능과 창의성이 비례하지 않으며 넓은 지능의 범위에서 높은 창의성을 가진 사람들이 분포한다. 하지만 창의성을 가지기 위해서는 평균 이상의 지능이 필요하다고 할 수 있다.

> **개념더하기** ▷ 창의성검사
>
> 독창적이고 새로운 생각을 떠올리는 지적인 능력과 그와 관계되는 심리ㆍ성격적 특성을 측정하기 위한 도구로 알렌(Allen)이 길포드의 지능구조 모형에서 확산적 사고를 측정하기 위해 만든 ARP, 토랜스의 TTCT(Torrance Tests of Creative Thinking) 등이 있다.

3 지능검사

1. 지능검사의 분류

목적에 따른 분류	• 일반지능검사: 개인의 일반적 평균 수준을 측정 • 특수지능검사: 특수한 정신능력을 독립적으로 측정, 후에 적성검사로 발전
검사 실시방법에 따른 분류	• 개인검사 • 집단검사
검사 시행방법에 따른 분류	• 지필검사: 한꺼번에 여러 사람이 검사를 받을 수 있으며, 검사의 채점이 비교적 용이 • 동작검사: 개인검사에 많이 이용

2. 비네-시몽 검사

(1) 프랑스의 비네(Binet)가 학교교육에서 학습부진아를 선별하기 위해서 지능검사를 개발했다.

(2) 아동의 수행을 지적 수준 또는 정신연령으로 계산하여 학습지진아를 진단하도록 고안했다.

(3) 시몽과 함께 1915년 제작하여 오늘날과 같은 형태의 지능검사를 최초로 개발했다.

(4) 1937, 1960, 1972, 1986년에 개정되었으며, 1986년 판에서는 IQ라는 말을 쓰지 않을 뿐만 아니라 지능검사 점수 이외에 15개의 하위 검사 점수와 4개의 영역 점수를 제공한다.

(5) 지능이 아동기부터 청년기에 이르기까지 발달된다는 가설로, 문제 난이도에 합치되는 정신연령 척도를 고안했다.

3. 스탠포드-비네(Stanford-Binet) 검사

(1) 1916년 미국 스탠포드대학에서 비네-시몽의 지능검사를 수정하여 미국의 문화에 부합하도록 수정하여 스탠포드-비네 검사를 제시하였다.

(2) 처음으로 지능지수(IQ; Intelligence Quotient)의 개념을 사용했다.

(3) 1986년 제4판이 나왔으며 5,000명을 대상으로 표준화가 이루어졌다.

(4) 검사에 의해 평정된 정신연령이 생활연령(실제연령)보다 높으면 아동의 IQ는 100 이상이 되고 정신연령이 생활연령보다 낮으면 IQ는 100 이하가 된다.

(5) 비율지능지수(IQ): 수검자의 지적능력을 의미하며, 정신연령(Mental Age)을 생활연령(Chronological Age)으로 나누고 100을 곱하여 산출한다.

$$비율지능지수(IQ) = (정신연령(MA)/생활연령(CA)) \times 100$$

> **개념더하기** ▶ 비율지능지수(IQ)의 단점
>
> • 생활연령의 지속적인 증가에도 불구하고 정신연령은 대략 15세 이후로 증가하지 않는다는 사실을 간과함으로써 15세 이후의 청소년이나 성인을 대상으로 하는 검사로는 부적합하다.
> • 생활연령 수준에 따른 정신연령 범위의 증감폭을 충분히 고려하지 못함으로써 다른 연령대의 대상자와의 비교가 곤란하다.

4. 웩슬러(Wechsler) 지능검사

(1) 웩슬러 지능검사는 데이비드 웩슬러(David Wechsler)가 1939년에 제작한 개인 지능검사로, 오늘날 스탠포드-비네 검사와 더불어 가장 널리 사용되고 있다.

(2) 언어적 검사와 비언어적 검사(동작성 검사)로 구성되고 편차지능으로 점수를 평가한다.

(3) 편차지능지수: 개인의 어떤 시점의 지능을 동일 연령대 집단에서의 상대적인 위치로 규정한 지능지수로, 동일연령을 대상으로 검사를 실시하여 평균 100, 표준편차 15를 적용하여 산출한 것이다.

$$(편차지능지수(IQ)) = 15 \times \frac{(개인점수) - (해당\ 연령규준의\ 평균)}{(해당\ 연령규준의\ 표준편차)} + 100$$

(4) 편차지능지수는 개인의 지능 수준을 동일 연령대 집단의 평균치와 대조하여 그 이탈된 정도를 통한 상대적인 위치로써 나타낸다. 따라서 개인의 점수를 동일 연령의 다른 사람과 직접 비교하는 것이 가능하다.

(5) 개인 내 영역별 소검사의 점수를 비교할 수 있으며, 프로파일의 해석을 통해 진단 집단의 특징을 파악할 수 있도록 해준다.

(6) 웩슬러 지능검사의 구성
  ① 검사의 구성: 11개 소검사(동작성과 언어성 지능의 구분)
  ② 편차 IQ의 개념 사용: 동일연령을 대상으로 실시하여 평균 100, 표준편차 15를 적용 산출
  ② 언어성 검사(6개): 기본 지식, 숫자 외우기, 어휘문제, 산수문제, 이해문제, 공통성문제
  ④ 동작성 검사(5개): 빠진 곳 찾기, 차례맞추기, 토막짜기, 모양맞추기, 바꿔쓰기

(7) 웩슬러 지능검사의 특징

개인검사	• 집단검사가 아닌 개인검사이므로 검사자와 수검자 간의 관계형성이 보다 용이하다. • 검사과정에서 수검자에 대한 관찰을 통해 수검자의 성격적 특징은 물론 수검자의 문제와 관련된 진단적 단서를 얻을 수 있다.
객관적 검사	• 인지적 검사로 구조화된 객관적 검사에 해당한다. • 검사문항 중에는 투사적 함축성을 지닌 것도 있으므로 이때 나타나는 수검자의 반응내용 및 양상을 분석하여 수검자에 대한 객관적 또는 투사적 정보를 얻을 수도 있다.
편차지능지수 사용	정신연령과 생활연령을 비교한 스탠포드-비네 검사의 비율지능지수 방식에서 벗어나 개인의 지능을 동일 연령대 집단에서의 상대적인 위치로 규정한 편차지능 지수를 사용한다.
언어성검사와 동작성검사	• 언어성 검사와 동작성 검사로 구성되어 있으며, 언어성 IQ, 동작성 IQ, 전체 IQ를 측정할 수 있다. • 언어성 검사와 동작성 검사는 각각 하위검사들을 포함하므로, 하위검사 간 비교를 통해 개인의 인지기능 전반을 평가할 수 있도록 한다.
병전 지능수준을 추정	• 영역별 검사 및 프로파일 해석을 통해 개인의 성격적 측면과 정신역동, 심리 내적인 갈등 등을 이해하도록 하며, 정신병리를 파악할 수 있도록 한다. • 현재 지능수준은 물론 병전 지능수준까지 추정함으로써 현재의 기능장애의 정도를 양적으로 알 수 있도록 한다.
문맹자도 검사 가능	검사자가 모든 문제를 구두언어나 동작으로 제시하고 수검자의 반응을 직접 기록할 수 있도록 함으로써 글을 모르는 수검자라도 검사를 받는 것이 가능하다.

개념더하기 ▶ 웩슬러 지능검사의 종류

대상	구분	연령
성인	WAIS(Wecsler Adult Intelligence Scale)-III	16~89세
아동	WISC(Wecsler Intelligence Scale for Children)-III	6~16세
유아	WPPSI(Wechsler Preschool & Primary Scale of Intelligence)-R	3~7.5세

01

다음 중 특정 학업과정 또는 직업에 대한 앞으로의 수행능력이나 적응을 예측하는 검사는?

① 능력검사 ② 성격검사
③ 적성검사 ④ 지능검사

03

다음 중 정상 아동과 정신지체 아동을 감별하기 위한 목적으로 실용적인 지능검사를 최초로 제작한 사람은?

① 카텔 ② 비네
③ 스피어만 ④ 웩슬러

02

다음 중 타당도에 대한 설명으로 옳은 것은?

① 타당도는 측정의 일관성을 의미한다.
② 기준타당도가 현재를 나타내는 경우 동시타당도라고 부른다.
③ 내용타당도에는 예측타당도와 동시타당도가 있다.
④ 구인타당도는 전문가의 주관적인 판단에 의존한다.

04

다음 중 심리검사가 측정하고자 하는 내용이나 속성을 얼마나 잘 측정하는지를 나타내는 개념은 무엇인가?

① 신뢰도 ② 난이도
③ 성숙도 ④ 타당도

05

다음 중 동일 대상에 같거나 비슷한 검사를 반복했을 때 일관되고 안정된 결과를 얻을 수 있는지의 정도를 나타내는 것은?

① 난이도　　　　② 타당도
③ 신뢰도　　　　④ 정확도

06

다음 중 반분신뢰도에 대한 설명으로 옳지 않은 것은?

① 피험자를 두 개의 집단으로 나누어 측정결과를 비교한다.
② 피험자에게 번호를 부여하고 짝수 군과 홀수 군으로 나누는 방법이 있다.
③ 누가 하더라도 같은 결과가 나오는지를 측정하고자 한다.
④ 피험자를 우등생 집단과 그렇지 않은 집단으로 나눈다.

✏ 정답 및 해설

01　　　　　정답 ③

① 능력검사: 인지능력, 언어능력, 학습능력, 직무능력, 운동능력, 상황판단능력 등 인간의 다양한 기능 및 능력을 소재로 한 검사를 포괄적으로 지칭하는 개념이다.
② 성격검사: 개인의 선천적 요소와 후천적 요소의 상호작용에 의해 나타나는 일관된 특징으로서의 성격(Personality)을 측정한다.
④ 지능검사: 주로 개인을 대상으로 지적 능력을 파악하는 인지적 검사이다.

02　　　　　정답 ②

① 측정의 일관성은 신뢰도와 연관된다.
③ 기준타당도에 대한 설명이다.
④ 내용타당도에 대한 설명이다. 구인타당도는 검사도구가 측정하고자 하는 개념이나 이론을 얼마나 충실하게 측정하는지에 대한 타당도이다.

03　　　　　정답 ②

② 비네는 체계적인 지능검사를 최초로 개발했으며, 정신과 의사인 시몽(Simon)과 함께 학습지진아 선별을 목적으로 한 아동용 지능검사를 개발했다. 이 검사를 기초로 1916년 미국 스탠포드 대학의 터먼(Terman)과 고다드(Goddard)가 미국의 문화에 맞도록 스탠포드-비네 검사가 고안되면서 처음으로 지능지수(IQ; Intelligence Quotient) 개념이 사용되었다.

04　　　　　정답 ④

측정은 일정한 규칙에 의거하여 대상의 속성에 값을 부여하는 과정으로, 측정과정에서의 타당도란 측정하고자 하는 개념이나 속성을 얼마나 실제에 가깝게 정확히 측정하고 있느냐의 정도를 나타낸다.
④ 타당도: 수치로 나타내고자 하는 개념을 구체적인 수치로 반영하는 정확성을 의미한다. 따라서 타당도가 높으면 검사의 신뢰도가 높아진다.

05　　　　　정답 ③

③ 신뢰도: 동일 대상에 같거나 유사한 측정도구를 사용하여 반복적으로 측정할 경우 동일하거나 비슷한 결과를 얻을 수 있는 정도를 나타낸다.

06　　　　　정답 ④

반분신뢰도는 조사항목의 반을 가지고 조사결과를 획득한 다음 항목의 다른 반쪽을 동일한 대상에게 적용하여 얻은 결과와의 일치성 또는 동질성 정도를 비교하는 것이다.
④ 점수 차이가 나도록 집단을 나누는 것은 바람직하지 않다.

07

다음 중 스탠포드-비네 검사에 대한 설명으로 옳지 않은 것은?

① 정신연령을 생활연령으로 나눈 값에 100을 곱하는 통계치로 공식화했다.
② 개인의 지능지수를 동일 연령대 집단에서의 상대적인 위치로 규정한다.
③ 처음으로 지능지수(Intelligence Quotient)라는 개념을 사용하였다.
④ 정신연령이 증가하지 않는 15세 이후의 청소년 및 성인에게는 적합하지 않다.

08

다음 중 웩슬러의 지능검사법을 연령별로 바르게 연결한 것은?

① 아동용 – WISC-Ⅲ
② 유아용 – WISC
③ 성인용 – WPPSI
④ 아동용 – WAIS

09

다음 중 웩슬러 지능검사의 지능지수 산출 공식으로 적절한 것은?

① $10 \times \dfrac{\text{개인점수} - \text{해당 연령규준의 평균}}{\text{해당 연령규준의 표준편차}} + 100$

② $\dfrac{\text{정신연령}(MA)}{\text{생활연령}(MA)} \times 100$

③ $15 \times \dfrac{\text{개인점수} - \text{해당 연령규준의 평균}}{\text{해당 연령규준의 표준편차}} + 100$

④ $\dfrac{\text{정신연령}(CA)}{\text{생활연령}(MA)} \times 100$

10

다음 중 웩슬러 지능검사의 특징이 아닌 것은?

① 아동용 검사가 따로 있다.
② 동작성 검사를 포함한다.
③ 집단용 검사이다.
④ 언어성 검사를 포함한다.

11

다음 중 지능검사가 아닌 것은?

① TAT
② 스탠포드-비네 검사
③ K-WAIS
④ WISC-Ⅲ

12

다음 중 지능에 대한 정의에 포함되지 않는 것은?

① 추상적 사고력
② 계산능력
③ 학습능력
④ 환경에 대한 적응능력

13

다음 웩슬러 지능검사의 소검사 중 언어성 검사에 해당하는 것을 모두 고르면?

> ㄱ. 기본 지식   ㄴ. 산수문제
> ㄷ. 바꿔 쓰기   ㄹ. 공통성문제

① ㄱ, ㄴ
② ㄱ, ㄴ, ㄷ
③ ㄱ, ㄴ, ㄹ
④ ㄷ, ㄹ

14

다음 중 지능이 일반요인과 특수요인으로 구성된다고 본 학자는?

① 터먼
② 길포드
③ 스피어만
④ 웩슬러

15

다음 중 서스톤의 7요인에 속하지 않는 것은?

① 운동능력
② 언어능력
③ 논리능력
④ 기억

---

07   정답 ②

② 웩슬러 지능검사에 대한 설명이다.

08   정답 ①

① 아동용은 WISC-Ⅲ로, 대상 연령은 6~16세이다.

09   정답 ③

③ 웩슬러(Wechsler) 지능검사는 편차 IQ의 개념을 사용하며, 동일연령을 대상으로 실시하여 평균 100, 표준편차 15를 적용·산출한다.

10   정답 ③

③ 웩슬러 지능검사는 일반적으로 집단보다 개인을 단위로 평가가 이루어진다.

11   정답 ①

① TAT(주제통각검사)는 그림을 보고 그것을 해석하는 과정에서 피검자의 심리를 파악하는 심리검사로, 가족관계 및 남녀관계와 같은 대인관계 상황에서의 욕구내용 및 위계, 원초아(Id), 자아(Ego), 초자아(Superego)의 타협구조 등을 파악할 수 있도록 한다.

12   정답 ②

② 지능에 대한 정의는 규정하는 학자들의 수만큼 다양하지만, 대략 환경에 대한 적응능력, 학습능력, 추상적 사고력으로 규정된다.

13   정답 ③

ㄷ. 바꿔 쓰기: 동작성 검사에 해당한다.

14   정답 ③

③ 스피어만은 지능이 일반요인과 특수요인으로 구분된다고 보았다.

15   정답 ①

서스톤은 지능이 7요인(언어능력, 언어의 유창성, 수리능력, 기억, 공간관계인식, 지각속도, 논리능력)으로 구성된다고 주장했다.

16

다음 중 내용, 조작, 결과로 이루어진 지능의 세 가지 입체모형을 제시한 학자는?

① 손다이크
② 카텔
③ 웩슬러
④ 길포드

17

다음 중 지능과 창의성의 관계에 대한 설명으로 옳은 것은?

① 지능과 창의성은 비례한다.
② 지능이 비교적 낮은 사람은 창의성을 발휘할 수 없다.
③ 창의성과 지능은 전혀 관련이 없다.
④ 창의성을 가지기 위해서는 평균 이상의 지능이 필요하다.

18

다음 중 지능과 유전의 관계에 대한 설명으로 옳지 않은 것은?

① 유전이 지능에 상당한 영향을 준다는 것은 사실이다.
② 일란성 쌍둥이는 서로 다른 환경에서 자랐더라도 지능의 유사성이 높다.
③ 지능은 유전에 따른 것이지 환경의 차이에 영향을 받지 않는다.
④ 부모와 친자식 간의 지능지수의 상관계수는 0.50이다.

19

다음 중 지능이 어떤 요인들로 구성되어 있는가를 찾아내기 위한 요인분석으로 지능을 연구한 사람에 해당되지 않는 것은?

① 길포드
② 스턴버그
③ 서스톤
④ 스피어만

20

다음 중 검사에 대한 설명으로 옳지 않은 것은?

① 검사-재검사신뢰도: 유사한 형태의 두 측정도구로 각각 동일한 대상에 차례로 적용하여 측정한 신뢰도를 말한다.
② 반분신뢰도: 하나의 측정도구에서 피험자를 동일한 수로 나누어 측정한 후, 두 집단의 결과를 비교하여 상관계수를 계산해 봄으로써 측정한 신뢰도를 말한다.
③ 내용타당도: 측정도구에 쓰이는 과제나 문항들이 측정하고자하는 구성 개념의 영역을 얼마나 잘 대표하는지에 관한 것이다.
④ 구인타당도: 검사가 측정하려는 이론적 개념이 검사에서 실증되는 정도로 타당성을 평가한다.

21

다음은 심리검사의 분류에 대한 설명이다. 〈보기〉의 ㉠과 ㉡에 들어갈 말로 적절한 것은?

> **보기**
>
> 심리검사를 크게 나누면 클라이언트가 질문에 답하는 방식으로 진행하는 (㉠)과 보다 심층의 심리를 파악하고자 하는 (㉡)으로 분류된다.

	㉠	㉡
①	질문지법	투사법
②	투사법	질문지법
③	인지법	투사법
④	질문지법	관찰법

22

다음 중 질문지법에 속하지 않는 검사방법은?

① 로르샤흐검사
② Y–G 성격검사
③ MMPI
④ EPPS

---

16   정답 ④

길포드(Guilford)의 복합요인설(입체모형설)
지능구조는 내용(Content), 조작(Operation), 결과(Product)의 3차원적 입체모형으로 이루어지며, 이들의 상호작용에 의한 180개의 조작적 지적 능력으로 구성된다.

내용의 차원	시각, 청각, 상징, 의미, 행동
조작의 차원	평가, 수렴적 조작, 확산적 조작, 기억, 인지
결과의 차원	단위, 분류, 관계, 체계, 전환, 함축

17   정답 ④

④ 높은 지능과 창의성은 비례하지 않으며, 넓은 지능의 범위에서 높은 창의성을 가진 사람들이 분포한다. 하지만 창의성을 가지기 위해서는 평균 이상의 지능이 필요하다.

18   정답 ③

③ 지능은 유전에 따른 것이기는 하지만, 환경의 차이에 영향을 받는다.

19   정답 ②

요인접근법(Factorial Approach)은 여러 가지 검사 또는 한 검사를 구성하는 여러 문항을 많은 사람들에게 실시한 후 검사 간 또는 문항 간의 상관계수를 구한다. 이 상관계수표로부터 상호상관이 높은 검사나 문항들은 공통적인 하나의 요인(Factor)을 측정한다고 간주한다.
② 스턴버그는 지능을 개인의 경험 측면에서 구분하는 삼원지능이론을 제시했다.

20   정답 ①

① 동형검사신뢰도에 관한 설명이다.

21   정답 ①

심리검사의 유형
• 질문지법: 성격, 행동에 관한 질문 항목에 답하게 하여 그 결과를 일정한 기준에 따라 정리하는 방법
• 투사법: 불완전한 그림이나 형태, 언어를 제시한 후 수검자의 반응과 해석을 분석하여 행동과 성격의 무의식적인 부분을 파악하는 방법

22   정답 ①

① 투사법에 해당한다. 질문지법의 대표적인 심리검사로는 Y–G 성격검사, MMPI, EPPS 등이 있다.

23

다음 중 미네소타 다면적 인성검사의 설명으로 옳은 것은?

① 피험자가 의도적으로 오답을 하는 경향을 통제하는 허위척도를 가진다.

② 12개의 하위척도에 각각 10문제씩 120문항으로 구성되어 있다.

③ 개인의 의식뿐 아니라 무의식의 부분까지 파악할 수 있다.

④ 인물이나 상황을 그림으로 제시하고 그에 대한 반응을 분석 · 해석한다.

24

다음 중 투사법에 대한 설명으로 옳은 것은?

① 구조적 검사(Structured Tests)라고도 한다.

② 피험자의 무의식적 측면이 반영된다.

③ 대표적으로 다면적 인성검사(MMPI)가 반영된다.

④ 개인들 간의 특성을 비교하는 데 역점을 둔다.

25

다음 성격검사 중 투사법과 관계없는 것들로 짝 지어진 것은?

| ㄱ. Y-G 성격검사 | ㄴ. 바움 테스트 |
| ㄷ. 로르샤흐검사 | ㄹ. WAIS-Ⅲ |

① ㄱ, ㄷ
② ㄱ, ㄹ
③ ㄴ, ㄷ
④ ㄷ, ㄹ

23 　　　　　　　　　정답 ①

② Y-G 성격검사에 대한 설명이다.
③ 투사법에 대한 설명이다.
④ 주제통각검사(TAT)에 대한 설명이다.

24 　　　　　　　　　정답 ②

① · ③ · ④는 질문지법에 대한 설명이다.

25 　　　　　　　　　정답 ②

ㄱ. Y-G 성격검사: 질문지법에 해당한다.
ㄹ. WAIS-Ⅲ: 지능검사이다.

성격심리학

01 성격과 성격이론

1 성격

1. 성격에 대한 학자들의 견해

(1) 올포트(Allport): 성격은 개인의 특유한 행동과 사고를 결정하는 심리신체적 체계인 개인 내 역동적 조직이다. → 인간의 성격을 공통특질과 개별특질로 구분하였다.

(2) 설리반(Sullivan): 성격은 인간 상호관계 속에서 개인의 행동을 특징짓는 비교적 지속적인 심리적 특성이다.

(3) 프롬(Fromm): 성격은 한 개인의 특징이 되며 독특성을 만들어내는 선천적이자 후천적인 정신적 특질의 총체이다.

(4) 미셸(Mischel): 성격은 보통 개인이 접하는 생활상황에 대해 적응의 특성을 기술하는 사고와 감정을 포함하는 구별된 행동패턴이다.

(5) 매디(Maddi): 성격은 사람들의 심리적 행동(사고, 감정, 행위)에 있어서 공통점과 차이점을 결정하는 일련의 안정된 경향이자 특성이다.

(6) 릭맨(Ryckman): 성격은 개인이 소유한 일련의 역동적이고 조직화된 특성으로서, 이러한 특성은 다양한 상황에서 개인의 인지, 동기, 행동에 독특하게 영향을 준다.

(7) 버거(Burger): 성격은 일관된 행동패턴 및 개인 내부에서 일어나는 정신내적 과정이다.

2. 성격(Personality)의 일반적 정의

(1) 성격은 한 개인을 특징짓는 통합되고 조직화된 행동을 말한다.

(2) 행동의 특징, 행동의 동기, 발달과정 등에 의해 한 개인을 다른 개인으로부터 구별할 수 있도록 하는 개인의 독특한 심리적 특징을 말한다.

(3) 개인이 환경과의 상호작용을 통해 드러내는 독특하고 지속적이며 일관된 전체적 특징을 의미한다.

(4) 성격은 독특성 · 안정성을 특징으로 하며, 인성을 포함한다.

3. 인격과 기질

(1) 인격(Personality)
① 도덕적으로 옳은 행위를 하는 경향을 가진 인품 좋은 사람을 가리킬 때 사용한다.
② 심리학이나 정신의학 분야에서 인격은 이러한 도덕적인 가치판단을 포함하지 않는다.

(2) 기질(Temperament)
① 성격과 비슷한 개념으로 혼동하기 쉬우나 기질은 정서적인 특성을 띤 것으로서 자극에 대한 감정적인 반응의 강도, 경향을 의미한다.
② 신경계통이나 내분비 등에 관련된 유전적인 요소를 강조한다.

4. 성격을 결정하는 요인

(1) 유전자결정론
① 개념: 타고난 유전자에 따라 그 사람의 성격과 사회적응성이 결정된다는 이론이다.
② 문제점: 인간의 학습, 교육, 대인관계, 환경과 같은 후천적인 노력을 과소평가함으로써 개인의 자유의지와 도덕적 책임을 경시한다는 비판을 받았다.

(2) 환경결정론
① 개념: 유전자결정론과는 반대로, 후천적인 환경요인만으로 성격과 사회적응성이 결정된다는 입장이다.
② 문제점: 선천적인 성격과 능력을 경시하고, 현 시점에서의 환경·자극만으로 행동의 생성과 변화를 설명하려 하였다.

(3) 오늘날에는 유전적 요인과 환경적 요인의 상호작용설이 지지받고 있다.

(4) 인간의 성격은 선천적인 유전·기질을 바탕으로 후천적인 여러 경험들과 인지 변용이 더해지면서 단계적으로 형성된다.

2 성격이론

1. 성격이론의 구분

성격이론은 크게 세 가지 관점으로 구분할 수 있다.

(1) 유형론(Typology): 사람들의 성격 간에는 공통점이 존재하고 있음을 알고, 이 특성을 찾아내 성격을 분류하는 이론으로, 체액론, 체격론, 심리유형론 등이 이에 속한다.

(2) 특성론(Character Theory): 개인의 성격을 몇 가지 유형으로 구분하여 다양한 개인차를 설명하기에는 한계가 있음을 발견하고 공통특질과 개별특질로 구분하여 개인차를 설명한다.

(3) 발달론(Processing Theory)
① 성격이 어떻게 형성·발달하며, 그러한 성격이 생활하는 데 어떤 기능을 하는지를 알고 이해하려고 한다.
② 발달론에는 무의식과 어린 시절의 경험을 강조하는 정신분석, 개인과 환경의 상호작용을 강조하는 행동주의적 관점의 사회학습이론, 개인의 주관적 경험과 자기실현을 강조하는 인본주의이론 등이 있다.

2. 유형론(Typology)

(1) 히포크라테스(Hippocrates)의 체액론[*]

다혈질	명랑하고 낙천적 · 온정적 · 정서적이며 교제에 능하다.
우울질	우울 · 비관 · 소심하며, 걱정과 불평불만이 많다.
담즙질	쉽게 흥분하고 의기양양하며, 과단성이 있으나 실수가 잦다.
점액질	냉정 · 침착하고 사색적이며, 동작이 느린 반면 지속적이다.

(2) 셸든(Sheldon)의 체격론[**]

내배엽형 (내장긴장형)	• 내장소화기관을 중심으로 한 복부가 발달한 사람(비만형) • 명랑하고 반응이 느리고 감정이 비교적 일정하다. • 사교적 · 향락적이며, 다정다감하다. • 음식, 사람, 애정에 대한 욕구가 크다.
중배엽형 (대뇌긴장형)	• 뼈, 근육 등 골격이 발달한 사람(근육형, 활동적 모험심이 강한 사람) • 자제력이 뛰어나며, 은둔을 좋아하고 자의식이 강하다. • 사람을 두려워하고, 불안해하며, 지나치게 민감하고, 내성적이고 지적이다.
외배엽형 (신체긴장형)	• 신경계통 및 감각기관이 많이 발달한 사람(세장형) • 골격이 크고 근육이 발달한 사람은 활동적이고 모험을 즐긴다. • 공격적이고 자기주장이 강하며, 타인의 감정에 둔감한 경향이 있다.

(3) 딜테이(Dilthey)의 세계관 유형에 따른 성격유형

감성적 인간	감각적 · 충동적이며, 지상의 행복과 향락을 추구한다.
영웅적 인간	자신의 의지로 주변의 저항을 극복하며, 자유를 획득하고자 한다.
사색적 인간	범신론과 함께 세계적 감정을 통한 인간의 통일성을 믿는다.

(4) 융(Jung)의 양향설[***]

내향성	• 관심의 방향이 자신의 내부로 향한다. • 주관적으로 모든 것을 결정하기 쉽다. • 지속적인 개념이나 절대적인 원리를 신뢰한다. • 사려 깊고 사색을 즐기며, 수줍음이 많다. • 새로운 상황에서의 융통성과 적응성이 부족하다. • 신중하게 생각한 다음 경험한다. • 자신의 생각이나 감정에 대해 글로 표현하는 것을 좋아한다.
외향성	• 관심의 방향이 외계로 향한다. • 객관적인 자료와 필요성과 기대에 의해 행동한다. • 외부세계의 중요성을 확신하며, 환경에 자신의 영향력을 행사하고자 한다. • 솔직하고 사교성이 있으며, 때로 충동적으로 사람들과 관계를 맺는다. • 새로운 상황에서의 융통성과 적응성이 뛰어나다. • 일단 경험한 다음에 생각한다. • 자신의 생각이나 감정에 대해 말로 표현하는 것을 좋아한다.

[*] 히포크라테스(Hippocrates)의 체액론
히포크라테스는 인체는 '불 · 물 · 공기 · 흙'이라는 4원소로 되어 있고, 인간 생활은 '혈액 · 점액 · 황담즙 · 흑담즙'의 네 가지로 이루어진다고 생각했다.
[**] 셸든(Sheldon)의 체격론
체격과 성격 특징과의 관련성은 상당히 낮다고 보는 관점이 지배적이지만, 전혀 관련이 없다고 볼 수는 없다. 체격에 따라 대하는 사람들의 반응이 달라져 성격형성에 영향을 끼칠 수 있기 때문이다.
[***] 융(Jung)의 양향설
융은 프로이드의 제자로 리비도가 내(內)로 향하느냐, 외(外)로 향하느냐에 따라 성격을 내향성과 외향성으로 나누었다.

3. 특성론(특질론)

(1) 올포트(Allport)

① 올포트는 특질(Trait)*을 환경의 자극에 반응하는 일관적이고 지속적인 방식으로 보았다.

② 성격의 일관성을 강조하며, 생의 초기부터 아동, 성인으로 성장함에 따라 더욱 뚜렷해진다고 주장하였다.

③ 성격이란 개인의 정신·신체적 체계 안에서 그 사람의 특징적 사고와 행동을 결정해주는 역동적 조직으로 정의하였다.

④ 성격이 개인의 인생 전체에 미치는 영향력에 따라 주특성, 중심특성, 이차특성으로 구분한다.

ㄱ 주특성: 소수의 사람만이 가지며 개인의 모든 행위를 지배하는 강력한 동기이다.

ㄴ 중심특성: 개인 사고의 여러 행동에 널리 영향을 주는 성격의 핵심으로 '다정하다', '쌀쌀맞다'와 같은 중심어로 규정된다.

ㄷ 이차특성: 일관적이기는 하지만 개인의 행동에 강력한 영향력을 미치지는 못하며, 제한된 상황에 적용된다.

(2) 카텔(Cattell)

① 특성차원을 찾아내는 방법으로 요인분석의 통계학적 분석방법을 사용하였다.

② 겉으로 보이는 구체적인 행동 중 일관성·규칙성을 보이는 표면특성과, 그러한 행동의 기저에 있는 보다 안정적인 특성인 원천특성으로 구분하였다.

③ 성격특성과 연관된 4,500개의 개념들에서 최소한의 공통요인을 추출하여 16개의 요인을 발견하였으며, 이를 토대로 성격이론을 입증하기 위해 16 성격 요인검사(16PF; Sixteen Personality Factor Questionnaire)를 고안했다.

(3) 아이젠크(Eysenck)

① 아이젠크는 히포크라테스의 4대 기질설에 관심을 가지고 이를 현대 경험적 성격이론과 결합하여 인간의 성격차원을 분류하였다.

② 성격 특성을 내향성-외향성(Introversion-Extraversion), 신경증적 경향성(Neuroticism), 정신병적 경향성(Psychoticism)으로 구분했다.

③ 내향성-외향성은 개인의 각성수준, 신경증적 경향성은 정서적 예민성·불안정성, 정신병적 경향성은 공격성·충동성·반사회성을 나타낸다.

---

* 특질

여러 상황 속에서 일관적으로 나타나는 행동 경향을 특질(특성)이라고 한다. 특질은 인격을 구성하는 단위로 규정하고 각 특질의 조합으로 개인의 성격을 기술하고 이해하는 방법으로, 주로 영국과 미국에서 발달하였다.

1 프로이트의 정신분석학 이론

1. 정신분석학의 개요

(1) 프로이트(Freud)의 정신분석에서 시작된 임상심리학의 이론으로, 정신역동학이나 심층심리학, 프로이트 심리학 등 여러 용어로 불린다.

(2) **심적 결정론(Psychic Determinism)**: 인간의 모든 사고, 감정, 행동은 의식이 아니라 무의식의 지배를 받는다.

(3) **자유연상**: 정신분석에서 무의식을 찾는 방법이며, 환자를 이완시키고 마음에 떠오른 것은 모두 말하게 하는 것이다.

(4) 의식과 무의식의 갈등과 상호작용에 따른 정신세계의 역동성 혹은 불균형 상태가 정신질환이나 부적응의 원인이 된다.

2. 프로이트의 정신분석학 이론

(1) 프로이트의 정신분석학 이론의 특징

정신적 결정론	인간의 기본적 성격구조는 대략 5세 이전의 과거 경험에 의해 결정된다.
무의식의 강조	인간의 행동은 의식적 과정이라기보다는 인식할 수 없는 무의식에 의해 동기가 유발된다.
심리성적 욕구의 강조	인간의 무의식적 동기 중 심리성적 욕구, 즉 리비도(Libido)가 인간의 행동과 사고의 동기가 된다.
내적 갈등의 역동	인간 정신은 다양한 힘들이 상호작용하는 에너지 체계이다. 개인은 이러한 에너지를 방출하여 긴장을 감소시키려고 하나 사회의 통제에 의해 제약을 받는다.
투쟁적 인간	인간은 내적 충동에 의한 긴장상태를 해소하고 쾌락을 추구하기 위해, 이를 방해하는 사회에 대해 지속적으로 대항한다.

(2) 의식의 구조

① 의식(Consciousness): 어떤 순간에 우리가 알거나 느낄 수 있는 모든 감각과 경험으로서, 특정 시점에 인식하는 모든 것이다.

② 전의식(Preconsciousness): 의식과 무의식의 교량 역할로서, 현재 의식하지 못하지만 떠올리려 하면 의식 속으로 가져올 수 있는 정신작용이다.

③ 무의식(Unconsciousness): 의식적 사고와 감정을 전적으로 통제하는 힘으로서, 스스로가 전혀 의식하지 못하는 정신작용이다.

(3) 성격의 구조

원초아(Id)	• 선천적인 두 가지 본능으로, 쾌락의 원리에 따른다.
	• 성적본능을 '삶'의 에너지(리비도, Libido)로 생성과 창조의 원천으로 보았다.
	• 공격본능을 '죽음'의 에너지(타나토스, Thanatos)로 파괴의 원천으로 보았다.
	• 쾌락원리와 1차 과정적 사고(비합리적, 비논리적, 비현실적)
	  - 원초아는 본능이 생길 때 즉각적으로 만족시키려고 하는 경향이 있는데, 프로이트는 이를 '쾌락원리'라고 했다.
	  - 원초아의 본능이 충족되지 못하는 경우 꿈, 환상, 백일몽 등으로 만족시키려고 하는데 이런 사고방식을 '1차 과정적 사고'라고 했다.

자아(Ego)	• 성격의 집행자로, 현실의 원리에 따른다.
	• 즉각적인 만족을 추구하려는 원초아와 현실을 중재하는 역할로 방어기제를 사용한다.
	• 현실원리와 2차 과정적 사고(합리적, 논리적, 현실적)
	  - 원초아의 본능적 욕구를 현실에 맞게 충족하거나 욕구충족을 지연하는 역할을 하는데, 프로이트는 이를 '현실원리'라고 하였다.
	  - 현실을 따르고 욕구충족을 뒤로 미루며 언어와 논리적으로 사고하고 추리하는 성격의 집행자 역할을 한다.

초자아
(Superego)
	• 아동기 이전의 내면화된 사회규범으로, 도덕원리에 따른다.
	• 거세불안을 극복하는 과정에서 초자아가 형성된다.
	• 부모가 아이에게 전달하는 사회의 가치와 관습, 양심과 자아 이상의 두 가지 측면이 있다.
	• 자아이상과 양심
	  - 자아이상(Ego Ideal): 부모의 보상을 통해 부모나 사회의 기대를 내면화하게 되는 것을 '자아이상'이라고 한다.
	  - 양심(Conscience): 부모의 처벌을 통해 부모의 기대나 사회적 가치, 명령금지 등을 내면화하게 되는 것을 '양심'이라고 한다.

(4) 불안의 구분

① 프로이트는 무의식 속의 본능(원초아)과 초자아 사이에 갈등이 발생하고, 자아가 이런 갈등을 적절하게 해결할 수 없는 경우 또는 무의식 속의 본능이나 초자아가 의식 속으로 올라오려고 하는 경우, 인간은 불안을 경험하게 된다고 했다.

② 불안의 구분

현실 불안 (Reality Anxiety)	• 객관적 불안(Objective Anxiety)이라고도 하며, 외부세계의 실제적인 위협을 지각함으로써 발생하는 감정적 체험이다. • 높은 굽 구두를 신은 여성은 가파른 내리막길에서 넘어질지도 모른다는 불안감을 느끼게 된다. • 프로이트는 이런 불안도 결국은 무의식적 불안과 관련 있다고 보았다.
신경증적 불안 (Neurotic Anxiety)	• 자아(Ego)가 본능적 충동인 원초아(Id)를 통제하지 못할 경우 발생할 수 있는 불상사에 대해 위협을 느낌으로써 나타난다. • 오이디푸스 콤플렉스, 성적 본능(노처녀 히스테리), 공격본능(지하철)
도덕적 불안 (Moral Anxiety)	• 양심에 의한 두려움과 연관되며, 자아(Ego)가 초자아(Super ego)에 의해 처벌의 위협을 받는 경우 나타난다. • 대인공포증, 사이비종교 등

2 자아방어기제

1. 자아방어기제의 정의

(1) 자아방어기제는 자아의 무의식 영역에서 일어나는 심리기제로, 인간이 고통스러운 상황에 적응하려는 무의식적인 노력이다.

(2) 최적의 정신건강을 유지하려면 프로이트가 제시한 인간 발달 단계인 구강기, 항문기, 남근기, 잠복기, 생식기의 위기를 원만하게 해결해야 하며, 시기마다 방어기제를 적절하게 사용해야 한다.

(3) 자아방어기제는 불안한 자아에 대한 심리적인 책략이다.

2. 자아방어기제의 특징

(1) 갈등이나 불안, 좌절, 죄책감 등으로 심리적 불균형이 초래될 때 심리 내부의 평형상태를 유지하기 위해 일어나며, 내적 긴장을 완화한다.

(2) 자존감을 유지하고 실패나 박탈 또는 죄책감을 줄이려는 시도이다.

(3) 불안과 고통에서 개인을 안전하게 지킨다는 점에서 긍정적이지만 지나치게 의존하거나 무분별하게 사용할 때는 병리적 증산을 초래할 수도 있다.

(4) 성격발달과 밀접하게 연관되며 성격의 성숙 수준을 나타낸다. 예를 들어 투사나 부정은 성격의 미성숙을 보여주며, 억압이나 승화는 성격의 성숙된 수준을 나타낸다.

3. 자아방어기제의 종류

자기애적 방어기제	미성숙한 방어기제	신경증적 방어기제	성숙한 방어기제
• 투사(Projection) • 부인(Denial) • 왜곡(Distortion)	• 행동화(Acting Out) • 차단(Blocking) • 건강염려증 • 내사화(Introjection) • 수동 공격적 행동 • 퇴행(Regression) • 정신분열적 공상 • 신체화(Somatization)	• 통제(Controlling) • 전위(전치)(Displacement) • 해리(Dissociation) • 외부화(Externalization) • 금지(Inhibition) • 지적 논리화 • 고립(Isolation) • 자기합리화 • 반동형성 • 억압(Repression) • 성화(Sexualization)	• 이타주의(Altruism) • 예기(Anticipation) • 유머(Humor) • 금욕주의(Asceticism) • 승화(Sublimation) • 억제(Suppression)

1 로저스(Rogers)의 현상학이론

1. 특징

(1) 로저스는 인간이 단순히 기계적인 존재도, 무의식적 욕망의 포로도 아님을 강조하였다. 그는 인간이 스스로 자신의 삶의 의미를 능동적으로 창조하며, 주관적 자유를 실천해 나간다고 말했다.

(2) 모든 인간에게 객관적 현실세계란 존재하지 않으며 주관적 현실세계만이 존재한다.

(3) 인간은 자신의 사적 경험체계 또는 내적 준거체계와 일치하는 방향으로 객관적 현실을 재구성한다.

(4) 한 개인이 생각하고 느끼고 행동하는 고유한 방법을 이해하기 위해서는 그가 객관적 현실을 어떻게 지각하고 해석하는지 그 내적 준거체계를 명확히 파악해야 한다.

(5) 인간이 지닌 기본적 자유는 그에 따른 책임을 전제로 한다.

(6) 인간은 유목적적인 존재인 동시에 합리적이고 건설적인 방향으로 지속적으로 성장해 나가는 미래지향적 존재이다.

(7) 자기실현 경향은 인간 행동의 가장 기본적인 동기이며, 인간은 자기실현을 위한 끊임없는 도전과 투쟁의 과정에서 발생하는 고통을 기꺼이 감내한다.

(8) 로저스의 인간관에는 자유 · 합리성 그리고 자기실현의 경향이 서로 연결되어 있다.

2. 주요 개념

자기	• 자기 자신에 대해 가지고 있는 조직적이고 지속적인 인식, 즉 자기상(Self Image)을 말한다. • 자기는 주체로서의 나(I)와 객체로서의 나(Me)의 의식적 지각과 가치를 포함한다. • 현재 자신의 모습에 대한 인식으로서 현실적 자기(Real Self)와 함께 앞으로 자신이 나아가야 할 모습에 대한 인식으로서 이상적 자기(Idea Self)로 구성된다. • 로저스는 현재 경험이 자기구조와 불일치할 때 개인은 불안을 경험한다고 보았다. • 자기의 발달은 자신이 세상에서 경험하는 것에 대해 어떻게 지각하는지를 바탕으로 하여 변화하는 역동적인 과정이라고 볼 수 있다.
자기실현 경향	• 모든 인간은 성장과 자기증진을 위해 끊임없이 노력하며, 그 노력의 과정에서 직면하게 되는 고통이나 성장 방해 요인을 극복해나갈 수 있는 성장지향적 유기체이다. • 자기실현 경향은 성장과 퇴행 중에 어느 하나를 선택해야 하는 상황에 처하게 되면 더욱 강하게 작용한다. • 로저스는 모든 인간이 퇴행적 동기를 가지고 있기는 하지만 그보다는 성장지향적 동기, 즉 자기실현 욕구가 기본적인 행동동기라고 보았다.
현상학적 장	• 경험적 세계 또는 주관적 경험으로도 불리는 개념으로서, 특정 순간에 개인이 지각하고 경험하는 모든 것을 의미한다. • 로저스는 동일한 현상이라도 개인에 따라 다르게 지각하고 경험하기 때문에 이 세상에는 개인적 현실, 즉 현상학적 장만이 존재한다고 보았다. • 현상학적 장에는 개인이 의식적으로 지각한 것과 지각하지 못한 것까지 포함되지만, 개인은 객관적 현실이 아닌 자신의 현상학적 장에 입각하여 재구성된 현실에 반응한다. • 동일한 사건을 경험한 두 사람도 각기 다르게 행동할 수 있으며, 그로 인해 모든 개인은 서로 다른 독특한 특성을 보이게 된다.
가치조건	• 인간은 각자의 경험을 통해 가치를 형성하는 한편, 타인에게 부여받게 되는 가치에 의해 영향을 받는다. • 특히 아동의 경우 긍정적 자기존중을 얻기 위한 과정에서 부모의 양육 태도에 의해 가치조건화가 이루어진다. • 인간은 자신의 행동이 어떠한 조건에 의해 평가됨에 따라 가치조건을 알게 된다.

2 켈리의 개인적 구성개념이론

1. 개요

(1) 과학자로서의 인간모형에 기반을 둔 이론으로, 성격을 개인이 세계를 해석하는 데 사용되는 구성개념의 체계로 보았다.

(2) **개인적 구성개념**: 개인이 자신의 경험을 해석하거나 설명, 예언하기 위해 사용하는 아이디어나 사고로, 현실의 측면들을 유사성과 대조성의 관점을 통하여 이해하는 일관성 있는 양식을 의미한다.

2. 켈리의 개인적 구성개념

구성적 대안주의	독특한 해석 방식에 따라 달라질 뿐 절대적 진리는 없다.
과학자로서의 인간모형	인간은 자신의 삶을 이해하기 위해 가설을 세우고 검증하는 능동적이고 미래지향적인 존재이다.
구성개념	• 성격은 세상을 지각하기 위해 이해하고 해석하는 양식, 즉 구성개념이다. • 개인적 구성개념은 개인이 세상을 이해하는 일관된 양식이며 양극적, 이분적 속성을 지닌다. • 구성개념은 편의초점을 갖는다. 편의초점이란, 편의범위 내에서 구성개념이 가장 잘 적용될 수 있는 사건이다. • '성실-불성실'은 학생과 회사원에게 각각 다르게 적용된다. 편의초점은 개인마다 다르다. • 투과적 구성개념은 새로운 사건에 개방적이고, 비투과적 구성개념은 패쇄적이다. 투과성은 편의범위 내에서만 적용된다.
잘 기능하는 사람	• 자신의 구성개념들의 타당성을 평가하고자 하는 의지를 갖고 있다. • 타당하지 않은 것으로 밝혀진 구성개념들을 포기하거나 재구성할 수 있다. • 자신의 구성개념 체계를 확장하려는 욕구를 갖고 있다. • 다양한 사회적 역할들을 잘 이해하고 수행하는 능력을 갖고 있다.

04 아들러의 개인심리이론

1 개인심리학 이론

1. 개요

(1) 무의식이 아닌 의식을 성격의 중심으로 본다.

(2) 인간을 전체적 · 통합적으로 본다.

(3) 생애 초기(대략 4~6세)의 경험이 성인의 삶을 크게 좌우한다.

(4) 인간은 창조적이고 책임감 있는 존재이다.

(5) 인간은 성적 동기보다 사회적 동기에 의해 동기화된다.

(6) 인간의 행동은 목적적이고 목표지향적이다.

(7) 열등감과 보상이 개인의 발달에 동기가 된다.

(8) 사회적 관심은 한 개인의 심리적 건강을 측정하는 유용한 척도이다.

(9) 인간은 미래에 대한 기대로서 가상의 목표를 가진다.

(10) 개인의 행동과 습관에서 타인 및 세상에 대한 태도 등 삶에 전반적으로 적용되고 상호작용하는 생활양식이 나타난다.

2. 열등감과 보상(Inferiority and Compensation)

(1) 열등감은 개인이 잘 적응하지 못하거나 해결할 수 없는 문제에 직면하는 경우 나타나는 무능력감을 말한다.

(2) 열등감은 동기유발의 요인으로서 인간의 성숙과 자기완성을 위해 필수적인 요소이다.

(3) 보상은 잠재력을 발휘하도록 유도하는 자극으로서, 열등감을 극복하기 위한 연습이나 훈련의 노력과 연결된다.

(4) 개인은 보상을 통해 열등감을 긍정적으로 해결할 수 있으며, 이를 통해 신체적·정신적으로 부족한 부분을 충족할 수 있다.

3. 우월성의 추구 또는 우월을 향한 노력(Striving for Superiority)

(1) 삶의 궁극적인 목적은 우월하게 되는 것이다.

(2) 우월에 대한 욕구는 모든 인간이 가지고 있는 것이며, 열등감을 보상하려는 선천적인 욕구에서 비롯된다.

(3) 인간은 개인으로서 자기완성을 위해 노력하는 동시에 사회의 일원으로서 문화의 완성을 위해 힘쓴다.

(4) 개인적 우월성을 강조하는 경우 부정적인 경향을 나타내는 반면, 이를 사회적 이타성으로 발전시키는 경우 긍정적인 양상으로 전환된다.

4. 사회적 관심(Social Interest)

(1) 개인의 이상적 공동사회 추구의 목표를 달성하고자 하는 성향을 말한다.

(2) 아동기의 경험에 의해 발달하기 시작하며, 특히 어머니에게서 지대한 영향을 받는다.

(3) 개인의 목표를 사회적 목표로 전환하는 것으로서, 심리적 성숙의 판단기준이 된다.

(4) 사회적 관심이 발달하는 경우 열등감과 소외감이 감소하기 때문에 사회적 관심 발달 정도를 개인의 심리적 건강을 측정하는 도구로 사용하기도 한다.

5. 창조적 자기(Creative Self)

(1) 창조적 자기 또는 창조적 자아는 아들러의 개인심리 이론을 특징짓는 개념으로서, 인간이 스스로 자신의 삶을 만들어 나간다는 것을 의미한다.

(2) 자유와 선택을 강조하는 개념으로서, 개인이 생(生)의 의미로서 목표를 설정하고 이를 달성하기 위해 노력을 기울이는 과정을 담고 있다.

(3) 자아의 창조적인 힘이 인생의 목표와 목표추구 방법을 결정하며, 사회적 관심을 발달시킨다.

(4) 개인은 유전과 경험을 토대로 창조적 자기를 형성하며, 자신의 고유한 생활양식을 형성한다.

6. 가상적 목표(Fictional Finalism)

(1) 개인이 추구하는 궁극적 목적은 현실에서 검증되지 않은 가상의 목표이다.

(2) 가상적 목표는 미래에 실재하는 어떤 것이 아닌 현재의 행동에 영향을 미치는 미래에 대한 기대로서의 이상을 의미한다.

(3) 개인이 가지고 있는 가상적 목표를 파악하여 개인 내면의 심리현상을 설명할 수 있다.

7. 출생순서(Birth Order)

(1) **첫째 아이(맏이)**: 태어났을 때 집중적인 관심을 받다가 동생의 출생과 함께 이른바 폐위된 왕의 위치에 놓인다. 특히 윗사람들에게 동조하는 생활양식이 발달하며, 권위를 행사하고 규칙과 법을 중시하는 경향이 있다.

(2) **둘째 아이(중간 아이)**: 경쟁을 가장 큰 특징으로 하며, 자신이 항상 첫째보다 뛰어나다는 것을 증명하기 위해 노력한다.

(3) **막내 아이**: 부모의 관심을 동생에게 빼앗겨본 적이 없으므로 과잉보호의 대상이 되기도 한다. 능력 있는 형제들에 둘러싸여 있는 경우 독립심이 부족하며, 열등감을 경험할 수 있다.

(4) **외동 아이(독자)**: 경쟁할 형제가 없으므로 응석받이로 자랄 수 있다. 자기중심적이고 의존적인 경향을 보이기도 하며, 자신의 중요성에 대한 과장된 견해를 가질 수 있다.

2 생활양식

1. 개요

(1) 인간은 누구나 나름대로의 독특한 신념과 행동방식을 가지고 있다. 아들러는 이와 같이 개인이 지니는 독특한 삶의 방식을 생활양식으로 제시하였다.

(2) 생활양식은 개인이 자신과 타인 그리고 세상에 대해 가지는 나름대로의 신념체계를 지칭하는 것은 물론, 개인으로 하여금 일상생활을 이끌어 나가도록 하는 감정과 행동방식을 의미한다.

(3) 대략 4~5세경에 결정되며, 특히 가족관계 또는 가족 내에서의 경험이 중요한 영향을 미친다.

(4) 개인의 생활양식의 연속성을 이해할 수 있을 때, 그의 부적응적인 신념과 행동을 수정하고 변화를 이끌어낼 수 있게 된다.

2. 생활양식의 4가지 유형

지배형	• 활동수준은 높으나 사회적 관심은 낮은 유형이다. • 독선적이고 공격적이며 활동적이지만 사회적 관심이 거의 없다. • 다른 사람들에게 상처를 주거나 그들을 착취함으로써 자기 자신의 우월성을 성취하려는 경향이 있다. • 아들러는 알코올중독자, 약물중독자, 비행을 저지르는 사람, 독재자, 가학성애자 등이 이 유형에 포함된다고 보았다.
획득형	• 활동수준은 중간이고 사회적 관심은 낮은 유형이다. • 기생적인 방식으로 외부세계와 관계를 맺으며, 다른 사람에게 의존하여 자신의 욕구를 충족한다. • 가능한 한 많은 것을 소유하는 데 관심을 가지며, 다른 사람에게서 모든 것을 기대하는 반면 아무것도 되돌려주지 않는다.
회피형	• 참여하려는 사회적 관심도 적고 활동 수준도 낮은 유형이다. • 성공하고 싶은 욕구보다 실패에 대한 두려움이 더 강하기 때문에 도피하려는 행동을 자주한다. • 아들러는 신경증 환자, 정신병 환자 등이 이 유형에 포함된다고 보았다.
사회적으로 유용한 형	• 사회적 관심과 활동수준이 모두 높은 유형이다. • 사회적 관심이 크므로 자신과 타인의 욕구를 동시에 충족시키며, 인생과업을 완수하기 위해 다른 사람과 협력한다. • 타인의 행복에 관심을 보이며, 공동선과 공공복리를 위해 협력적인 태도를 보인다. • 자신의 문제를 효과적으로 해결하는 정상적인 사람이자 성공적인 사람으로, 4가지 유형 중 이 유형만이 심리적으로 건강하다.

3. 생활양식의 기본 오류

아들러의 개인심리학을 발전시킨 모삭과 드레이커스(Mosak & Dreikurs)는 생활양식의 자기 패배적인 측면과 관련하여 사회적 관심(Social Interest)과 대립되는 기본적 오류를 다음 5가지로 구분하였다.

과도한 일반화(과잉일반화)	예 (모든) 사람들은 적대적이다. 인생은 (항상) 위험하다.
그릇된 확신 또는 불가능한 목표	예 나는 모든 사람을 기쁘게 해야 한다.
인생과 삶의 요구에 대한 잘못된 인식	예 인생은 결코 나에게 휴식을 주지 않는다. 사는 것이 너무나 힘들다.
자신의 가치에 대한 부인	예 나는 어리석다. 나는 사랑받을 만한 자격이 없다.
잘못된 가치	예 다른 사람보다 높은 지위에 오르려면 반드시 정상을 차지해야 한다.

> **개념더하기** ▶ 프로이트 이론과 아들러 이론의 비교
>
> 아들러의 이론은 프로이트의 정신분석이론과 정반대의 형태를 지니고 있다.
>
> | 프로이트 | 아들러 |
> |---|---|
> | • 생물학적 본능
• 무의식 | • 사회적 본능 – 사회적 성격과 대인관계
• 의식 – 아동기 초기 때의 의식 |
> | 프로이트와 아들러 둘 다 공통적으로 성격 형성에서 아동기 초기 경험을 강조하였다. ||
>
> • 아들러는 성격발달에서 사회적 특성이나 대인관계를 강조: 열등감이론, 형제서열이론
> • 아들러는 특히 초기 아동기 경험이 성격을 이해하는 데 중요하다고 보았다. 예 반복되는 꿈, 기억나는 가장 생애 초기의 기억
> • 최근 반복되는 꿈의 내용이나 가장 초기 기억은 현재의 심리상태를 가장 잘 나타낸다.

1 분석심리이론

1. 특징

(1) 철학, 고고학, 종교학, 신화, 점성술 등 광범위한 영역을 반영하고 있다.

(2) 전체 성격을 정신(Psyche)으로 보았으며, 성격 발달을 자기(Self)실현의 과정으로 보았다.

(3) 정신을 크게 의식(Consciousness)과 무의식(Unconscious)의 두 측면으로 구분하며, 무의식을 다시 개인무의식(Personal Unconscious)과 집단무의식(Collective Unconscious)으로 구분한다.

(4) 인간은 의식과 무의식의 대립을 극복하여 하나의 통일된 전체적 존재가 된다.

(5) 개인은 독립된 존재가 아닌 역사를 통해 연결된 존재이며, 사회적 규범이나 문화적 요구에 적응하는 동시에 자기실현의 과정을 수행함으로써 사회의 발전에 기여한다.

(6) 인간은 본질적으로 양성을 가지고 태어난다는 양성론적 입장을 취한다.

(7) 인간은 인생의 전반기에 자기의 방향이 외부로 지향되어 분화된 자아를 통해 현실 속에서 자기를 찾으려고 노력하며, 중년기를 전환점으로 자아가 자기에 통합되면서 성격발달이 이루어진다.

2. 주요 개념

(1) 개인무의식과 집단무의식

개인무의식	집단무의식
• 자아에서 억압되거나 잊혀진 경험이 저장되어 형성된다. • 새로운 경험이지만 자신과 무관하거나 중요치 않다고 여겨져 의식에 도달하지 못한 경험이 저장된다. • 개인의 콤플렉스 또는 과거 조상 경험에서 얻은 것이다. • 개인무의식에 직접 접근이 어려워 종종 꿈으로 나타난다.	• 우리를 지배하는 생각, 감정, 욕구가 모두 현재 자신에서 비롯된 것은 아니다. • 과거 선조들의 경험이 다음 세대에 전달되어 우리 내면에서 우리에게 영향을 줄 수도 있다(신화, 전설, 민담 등). • 원형(Archetype): 조상에게서 전달되어 선천적으로 물려받은 생각이나 기억, 즉 근원적 심상(인간은 누구나 어머니에 대한 공통적인 원형을 소유함)이다.

(2) 성격을 구성하는 중요한 원형

자기(Self)	• 의식과 무의식을 포함한 전체 정신의 중심으로서, 태어날 때부터 존재하는 핵심 원형 • 성격 전체의 일관성, 통합성, 조화를 이루려는 무의식적 갈망 • 성격의 상반된 측면을 균형 있고 조화롭게 만드는 역할
콤플렉스 (Complex)	• 정서적 색채가 강한 관념과 행동적 충동으로, 다양한 감정의 무의식 속 관념 덩어리 • 개인이 원형상과 상호작용하는 경험을 하면서 발달하게 되는 감정이 응축된 사고
페르소나 (Persona)	• 자아의 가면으로서 개인이 외부세계에 내보이는 이미지 혹은 가면 • 개인이 사회적인 요구나 기대치에 부응하기 위해 나타내는 일종의 적응 원형
음영 (Shadow)	인간 내부의 동물적 본성이나 부정적 측면
아니마 (Anima)	무의식 속에 존재하는 남성의 여성적인 측면
아니무스 (Animus)	무의식 속에 존재하는 여성의 남성적인 측면

(3) 성격유형

① 융은 자아의 태도 및 자아의 기능을 토대로 인간의 성격을 구분하였다.

② 자아의 태도는 외부세계로의 지향이 능동적인 양상을 보이는 외향형(Extraversion)과 수동적인 양상을 보이는 내향형(Introversion)으로 구분된다.

③ 자아의 기능은 외부세계와 내부세계에의 지각 및 이해를 위해 사용되는 것으로서, 사고형(Thinking), 감정형(Feeling), 감각형(Sensing), 직관형(Intuition)으로 구분된다.

④ 융은 이와 같은 자아의 태도 및 기능을 조합하여 8가지 성격유형(외향적 사고형, 외적 감정형, 외향적 감각형, 외향적 직관형, 내향적 사고형, 내향적 감정형, 내향적 감각형, 내향적 직관형)을 구분하였다.

3. 융의 인간발달 단계

[1단계] 아동기	• 출생에서 사춘기에 이르는 시기이다. • 본능에 의해 지배되며, 의식적 자아는 아직 형성되어 있지 않다. • 자아는 원시적인 상태로 발달하기 시작하나 독특한 정체의식은 없으며, 성격 또한 부모의 성격을 그대로 반영한 것에 불과하다.
[2단계] 청년 및 성인초기	• 사춘기에서 대략 40세 전후에 이르는 시기이다. • 신체적인 팽창과 함께 자아가 발달하여 외부 세계에의 대처능력을 발휘한다. • 사회에서의 성취를 통해 자신의 위치를 확고하게 다지는 일이 중요하다.
[3단계] 중년기	• 융이 가장 강조한 시기이다. • 가정과 사회에서 중요한 위치로, 경제적으로 안정적이지만, 절망과 비참함을 경험한다. • 외부세계에 쏟았던 에너지를 자신의 내부로 돌리면서 자신의 잠재력에 관심을 가진다. • 남성의 경우 여성적인 측면을, 여성의 경우 남성적인 측면을 표현하게 되는데, 이는 의식의 세계에 대한 인식에서 비롯된 것이다. • 중년기 성인의 과제는 진정한 자기(Self)가 되어 내부세계를 형성하고 정체성을 확장한다. • 전체성의 회복, 즉 개성화(Individuation)를 의미한다. • 개성화: 외향성과 내향성, 사고와 감정의 합일을 통해 성격의 원만함으로 나아가는 과정이다.
[4단계] 노년기	• 삶에 대한 명상과 회고가 증가하며, 내면적 이미지가 상당한 비중을 차지한다. • 죽음을 앞두고 생의 본질을 이해하려 한다.

4. 프로이트 이론과 융 이론의 비교

구분	프로이트	융
이론적 관점	인간행동과 경험의 무의식적 영향에 대한 연구	의식과 무의식의 대립적 관점이 아닌 통합적 관점
리비도(Libido)	성적 에너지에 국한	일반적인 생활에너지 및 정신에너지로 확장
성격형성	과거 사건에 의해 결정	과거는 물론 미래에 대한 열망을 통해서도 영향 받음
정신구조	• 의식 • 무의식 • 전의식	• 의식 • 무의식(개인무의식, 집단무의식)
강조점	인간정신의 자각수준에 초점을 맞추어 무의식의 중요성을 강조	인류 정신문화의 발달에 초점
발달단계	5단계(구강기, 항문기, 남근기, 잠복기, 생식기)	4단계(아동기, 청년 및 성인 초기, 중년기, 노년기)

1 성격이론의 유형

	특성이론			과정이론	
유형론	• 체액론: 히포크라테스 • 체격론: 크레취머, 셸돈		정신분석	• 정신분석: 프로이트 • 신정신분석: 아들러, 융	
특질론	올포트, 카텔, 아이젱크		행동주의	• 조건형성이론 • 사회학습이론	
			인본주의	현상학적 이론: 로저스, 매슬로	

2 성격이론의 적용

1. 특성이론(특질이론)의 적용

(1) 성격 차이는 정도의 문제이지 질적인 문제가 아니라는 입장으로, 성격의 양적인 측정을 중시한다.

(2) 양적 측정은 성격의 특질을 상세하게 파악하고 개인차를 비교하는 데 용이한 반면, 개인의 독자성 파악에는 적합하지 않다는 단점이 있다.

(3) **성격의 5요인 모델(Big Five)**

① 성격의 주요 특질을 설명하는 다섯 가지 요인을 통해 성격을 보다 포괄적으로 이해하려는 시도로서 성격검사에 활용된다.

② 성격의 5요인

신경증	불안, 적개심, 우울증, 자의식, 취약성
개방성	상상력, 심미안, 호기심, 독창성, 창의성, 진보성향
성실성	성실, 질서, 근면, 성취지향, 신중, 끈기
순응성	온화함, 얌전함, 순종, 관대, 솔직, 신뢰
외향성	온정, 활동성, 사교성, 유쾌, 자극 추구, 단호함

2. 정신역동이론의 적용

(1) **방법**: 정신역동이론에 기초한 성격측정은 투사법이라는 검사형식으로 이루어진다.

(2) **투사법의 특징**

① 투사(Projection)는 인간의 무의식적 충동, 감정, 사고 및 태도를 다른 대상에 투사하여 긴장을 해소하려는 방어기제이다.

② 투사법은 인간의 심리가 투사되는 현상을 이용하여 개발한 성격검사 기법으로, 잉크자국이나 무의미한 형상, 그림, 사진과 같은 애매한 자극에 대한 피검자의 자유로운 반응을 분석·해석하여 성격을 측정한다.

③ 투사법은 피검자의 심층이나 무의식을 다룬다는 면에서 질문지법에서는 얻을 수 없는 다양하고 의외의 반응을 얻을 수 있다.

3. 현상학적 이론의 적용

(1) 현상학적 이론은 현대 카운슬링의 아버지라 불리는 로저스(Rogers)로 대표되는 성격이론으로, 현재 시점에서 개인이 지각하는 경험을 중시한다.

(2) **내담자 중심 요법의 특징**

① 1940년대 초 미국의 심리학자 로저스에 의해 창안되었으며, 초창기의 비지시적 상담과 이후의 학생 중심 교육, 내담자 중심 상담에 이어 인본주의 심리학에 근간을 둔다.

② 인간 중심 상담에서는 사람들이 자기 자신의 중요한 일들을 스스로 결정하고, 자신의 문제를 스스로 해결할 수 있는 능력을 가지고 있다는 점을 강조한다.

③ 인간의 삶은 수동적인 과정이 아닌 능동적인 과정이며, 인간은 합목적적 · 전진적 · 건설적 · 현실적인 존재인 동시에 신뢰할만한 선한 존재이다.

④ 자기 자신에 대한 이미지인 자기개념과 일치하지 않는 체험을 했을 때 인간은 혼란스러워 한다. 이러한 자기불일치 상태에서 자기일치로 바꾸는 것이 치료의 목적이다.

⑤ 상담자의 기본적인 태도
  ㉠ 일치성과 진실성
  ㉡ 공감적 이해와 경청
  ㉢ 무조건적 배려 또는 존중

01

다음 중 성격에 대한 정의로 옳지 않은 것은?

① 성격이란 한 개인을 다른 이와 구별하는 독특한 특징을 말한다.
② 성격은 상황의 변화나 시간의 흐름에도 행동과 사고에 있어 비교적 일관성을 띤다.
③ 성격이란 인간 행동의 일반적인 원리이다.
④ 성격이란 행동이나 사고의 특징적인 경향을 의미한다.

02

다음 중 성격을 개인의 정신·신체적 체계 안에서 그의 특징적 사고와 행동을 결정하는 역동적 조직으로 정의한 학자는?

① 프로이트
② 거스리
③ 올포트
④ 카텔

정답 및 해설

01 정답 ③

③ 성격이란 시간적·공간적으로 일관성을 가지면서 한 개인과 타자를 구별하게 하는 독특한 행동과 사고의 성향을 나타낸다.

02 정답 ③

③ 올포트는 성격을 인간의 본질적인 체계 안에서 자극에 대한 독특한 행동을 야기하는 경향성이며, 끊임없이 발달하고 변화하는 것으로 정의하였다.

PART
2

03

다음 성격이론에 대한 학자의 주장 중 옳지 않은 것은?

① 로저스 – 현실에 대한 주관적 해석 및 인간의 자아실현과 성장을 위한 욕구를 강조하였다.
② 프로이트 – 본능적인 측면을 지나치게 강조하여 사회·환경적 요인을 상대적으로 경시하였다.
③ 카텔 – 특성을 표면특성과 근원특성으로 구분하고 자료의 통계분석에 따라 16개의 근원특성을 제시하였다.
④ 올포트 – 성격은 과거의 경험에 의해 학습된 행동성향으로, 상황에 따라 행동성향도 변화한다.

04

다음 중 2개(훗날 3개)의 특성으로 성격을 분석하는 요인분석법을 사용한 학자는?

① 카텔
② 올포트
③ 아이젠크
④ 설리번

05

다음 중 무의식에 대한 설명으로 옳은 것은?

① 평소에는 의식의 영역에 있지 않지만 노력으로 의식화할 수 있다.
② 무의식은 숨겨진 기억, 마음 깊숙한 곳의 본능과 욕망을 의미한다.
③ 무의식은 성장한 이후의 경험을 통해 형성된다.
④ 무의식의 문제는 자기보고법의 심리검사가 이용된다.

06

다음 중 프로이트의 정신구조에서 초자아(Superego)에 대한 설명으로 옳지 않은 것은?

① 항상 도덕적이고 의식적이고자 하는 정신에 대한 것이다.
② 욕구의 충동인 원초아를 현실 원칙에 맞게 조율하는 기능을 한다.
③ 양심에 해당하는 부분으로 죄악감 등이 이에 해당한다.
④ 어린 아이는 부모의 꾸중과 칭찬 속에서 행동의 옳고 그름을 배운다.

07

다음 중 신경증적 불안에 대한 설명으로 옳은 것은?

① 실제로는 위험하지 않음에도 필요 이상의 공포 감을 느끼는 것

② 위험의 실체를 인지함으로써 발생하는 감정적 체험

③ 죄의식이나 부끄러움

④ 남녀 성기의 차이에 관심이 많은 유아들에게 나타나는 불안

08

다음 중 반두라의 사회적 학습이론에 해당하는 것은?

① 직접적인 경험

② 정적 강화물

③ 모델링

④ 자극-반응의 연합과정

03
정답 ④

④ 올포트는 성격의 일관성을 강조하며, 생의 초기부터 아동, 성인으로 성장함에 따라 더욱 뚜렷해진다고 주장하였다.

04
정답 ③

③ 아이젠크는 히포크라테스의 4대 기질설에 관심을 가지고 이를 현대 경험적 성격이론과 결합하여 인간의 성격차원을 분류했다. 성격을 내향성-외향성, 신경증적 경향성, 정신병적 경향성으로 구분했다. 내향성-외향성은 개인의 각성수준, 신경증적 경향성은 정서적 예민성·불안정성, 정신병적 경향성은 공격성·충동성·반사회성을 나타낸다.

05
정답 ②

① 전의식에 대한 설명이다.

③ 무의식은 영유아기 때부터 억압된 의식·욕구·감정을 말한다.

④ 로르샤흐검사나 TAT와 같은 투사법 검사가 이용된다.

06
정답 ②

② 자아에 대한 설명이다.

07
정답 ①

① 신경증적 불안: 자아(Ego)가 본능적 충동인 원초아(Id)를 통제하지 못할 경우 발생할 수 있는 불상사에 대해 위협을 느낌으로써 나타나는, 실제 위험으로 나타나지 않는 대상에 대하여 막연한 공포감을 느끼는 정서체험을 말한다.

② 현실 불안에 대한 설명이다.

③ 도덕적 불안에 대한 설명이다.

④ 거세 불안(남근기에 해당하는 유아들이 성기를 잃지 않을까 불안해하는 증상)에 대한 설명이다.

08
정답 ③

③ 심리학자 반두라가 제기한 사회적 학습이론(Social Learning Theory)은 모델링(타자의 행동 관찰)에 의한 학습이다. 관찰자의 모델링 행동은 보상이나 처벌 등으로 나타나는 결과에 의해 영향을 받는다.

①·②·④ 학습행동이 개인의 실제 경험(행동)과 연합적 과정(자극에 대한 반응의 학습)에 의해 성립된다는 행동주의 심리학에 해당하는 개념이다.

PART
2

09

다음 중 관찰학습의 과정을 순서대로 연결한 것은?

① 주의집중 → 파지 → 동기화 → 운동재생
② 동기화 → 주의집중 → 파지 → 운동재생
③ 주의집중 → 파지 → 운동재생 → 동기화
④ 파지 → 주의집중 → 운동재생 → 동기화

10

다음 중 자신의 삶을 능동적으로 창조하며 주관적 자유를 실천해가는 인간의 긍정적인 측면을 강조한 학자는?

① 카텔
② 반두라
③ 프로이트
④ 로저스

11

다음 중 세 자아 간의 갈등으로 야기되는 불안 중 원초아와 초자아 간의 갈등에서 비롯된 불안은?

① 현실불안
② 신경증적 불안
③ 도덕적 불안
④ 무의식적 불안

12

다음 중 인간의 성격을 공통특질과 개별특질로 구분한 학자는?

① Allport
② Cattell
③ Eyesenck
④ Adler

13

다음 중 Adler의 개인심리학적 상담에 대한 설명으로 옳지 않은 것은?

① Adler는 일반적으로 인간이 열등감을 갖는 것은 필요하고 바람직하기까지 하다고 보았다.
② Freud와 마찬가지로 Adler도 인간의 목표를 중시하면서 주관적 요인을 강조하였다.
③ Adler는 신경증, 정신병, 범죄 등 모든 문제의 원인은 사회적 관심의 부재라고 보았다.
④ Adler는 생활양식을 개인 및 사회의 정신병리를 일으키는 주요 요인으로 보았다.

14

다음 중 개인심리학에서 다루는 내용으로 올바르게 묶인 것은?

① 열등감, 억압된 성충동, 사회적 관심
② 사회적 관심, 출생순위, 우월성 추구
③ 우월성 추구, 페르소나, 가상적 최종목표
④ 생활양식, 전경과 배경, 출생순위

15

다음 중 정신분석에 관한 설명으로 옳지 않은 것은?

① 도덕적 불안은 초자아와 자아 사이의 갈등에서 발생한다.
② 수면 중에는 자아의 방어가 없기 때문에 잠재몽은 왜곡되지 않는다.
③ 원초아는 쾌락원리에 따라 작동하고 일차과정 사고를 한다.
④ 정신분석에서 치료자의 주된 과제 중 하나는 전이를 유도하고 해석하는 것이다.

09 　정답 ③

반두라는 관찰학습의 과정을 '주의집중 → 파지 → 운동재생 → 동기화'로 정리하였다.

10 　정답 ④

④ 로저스에 따르면 인간의 삶은 수동적인 과정이 아닌 능동적인 과정이며, 인간은 합목적적 · 전진적 · 건설적 · 현실적인 존재인 동시에 신뢰할만한 선한 존재로 보았다.

11 　정답 ③

도덕적 불안(Moral Anxiety)
• 원초아와 초자아(Superego) 간의 갈등에 의해 야기되는 불안으로 본질적 자기양심에 대한 두려움과 연관된다.
• 원초아의 충동을 외부로 표출하는 것이 도덕적 원칙에 위배될 수 있다는 인식 하에 이를 외부로 표출하는 것에 거부감을 느끼며, 경우에 따라 수치심과 죄의식에 사로잡힌다.

12 　정답 ①

① 올포트(Allport)는 인간의 성격을 공통특질과 개별특질로 구분하였다.
• 공통특질(Common Traits): 어떤 문화에 속해 있는 많은 사람이 공유
• 개별특질(Individual Traits): 개인에게 독특한 것이며 그의 성격을 나타내었다.

13 　정답 ②

② 아들러(Adler)는 출생순서와 같은 환경적 요인을 강조하였다.

14 　정답 ②

① 억압된 성충동 - 정신분석 상담이론
③ 페르소나 - 융(Jung)의 분석심리학
④ 전경과 배경 - 형태주의 상담이론

15 　정답 ②

꿈은 잠재적 내용(Latent Content)과 현시적 내용(Manifest Content)으로 구성되는데, 무의식에 잠재되어 있는 성적 · 공격적 충동들이 다소 용납될 수 있는 내용으로 변형되어 현시적으로 나타난다. 여기서 잠재몽은 현재몽에 대한 자유연상을 통해 더 쉽게 이해할 수 있다.

16

다음 중 프로이트(S. Freud)의 성격 구조에 관한 설명으로 옳은 것은?

① 초자아는 성적욕구와 관련된 것으로 쾌락의 원리를 따른다.
② 자아는 자아이상과 양심으로 구성되어 있다.
③ 자아는 현실원리를 따르며 개인이 현실에 적응하도록 돕는다.
④ 원초아는 옳고 그름에 대한 판단을 한다.

18

다음 중 로저스(Rogers)의 인간관에 관한 내용으로 옳지 않은 것은?

① 모든 인간은 자기가 중심이 되어 끊임없이 변화하는 경험의 세계 속에서 살아간다.
② 인간은 자기에게 경험되고 지각되는 대로 반응한다.
③ 인간은 현상적 장에 대해 체계화된 전체로서 반응한다.
④ 인간행동은 기본적으로 행동 지향적이다.

17

다음 〈보기〉의 성격이론 중 과정이론에 해당하는 것을 모두 고른 것은?

> 보기
> ㄱ. 유형론　　　　ㄴ. 특질론
> ㄷ. 인본주의이론　ㄹ. 사회학습이론

① ㄱ, ㄴ
② ㄷ, ㄹ
③ ㄱ, ㄴ, ㄷ
④ ㄱ, ㄴ, ㄷ, ㄹ

19

다음 〈보기〉 중 개인심리 상담의 주요 개념에 해당하는 것으로 바르게 묶인 것은?

> 보기
> ㄱ. 생활양식　　ㄴ. 현실적 목표
> ㄷ. 열등감　　　ㄹ. 자기효율성

① ㄱ, ㄴ, ㄷ
② ㄱ, ㄷ
③ ㄴ, ㄹ
④ ㄹ

20

다음 중 아들러가 인간의 성격을 설명하면서 강조하지 않은 부분은?

① 열등감의 보상
② 우월성 추구
③ 힘에 대한 의지
④ 신경증 욕구

16 정답 ③

① 원초아는 성적욕구와 관련된 것으로 쾌락의 원리를 따른다.
② 초자아는 자아이상과 양심으로 구성되어 있다.
④ 초자아는 옳고 그름에 대한 판단을 한다.

17 정답 ②

• 과정이론: 성격이 어떻게 형성되고 형성된 성격이 어떤 의미를 갖는지에 관한 이론 → 정신분석(정신분석, 신정신분석), 행동주의(조건형성이론, 사회학습이론), 인본주의(현상학적 이론)
• 특성이론: 사람의 성격을 묘사하고 분류하는 이론 → 유형론(체액론·체격론), 특질론

18 정답 ④

로저스는 인간을 자아실현의 동기를 지니고, 이를 위해 삶을 합목적적·능동적으로 선택하는 존재로 보았다. 또한 이러한 인간은 동일한 현상일지라도 개인에 따라 다르게 지각하고 경험하므로, 이 세상은 개인적인 현실 즉, 현상학적 장(특정 순간에 개인이 지각하고 경험하는 모든 것)만이 존재한다고 보았다.
④ 인간행동은 기본적으로 목적 지향적이다.

19 정답 ②

ㄴ. 개인심리 상담이론에서는 개인이 추구하는 궁극적 목표를 현실에서 검증되지 않은 가상의 목표로 본다.
ㄹ. 자기효율성은 반두라(Bandura)의 사회학습이론의 주요 개념에 해당한다. 내적표준과 자기강화에 의해 형성되는 것으로서, 어떤 행동을 성공적으로 수행할 수 있다는 신념을 말한다.

20 정답 ④

④ 호나이(Horney)의 신경증적 성격이론과 관련된 개념이다. 호나이는 인간의 사회적 관계가 성격형성에 미치는 영향을 강조하였으며, 인간이 신경증의 원인이 되는 기본적 불안에서 벗어나 안전과 사랑의 욕구에 의해 동기화된다고 주장하였다.

PART 2

CHAPTER

10 적응과 이상행동

01 스트레스의 이해

1 스트레스의 의미와 유형

1. 자극으로서의 스트레스

(1) 개인이 삶 속에서 부딪히는 다양한 자극이나 사건들 자체가 스트레스이다.

(2) 개인의 특성과는 무관하게 발생하며, 객관적으로 기술될 수 있는 성질을 가진다.

(3) 천재지변이나 전쟁 등 많은 사람에게 중대한 영향을 미치는 스트레스, 사랑하는 사람 간의 결별이나 죽음 등 일부 사람에게 영향을 미치는 스트레스, 고독감이나 책임감 등 일상생활의 문젯거리에 의한 스트레스로 구분된다.

2. 반응으로서의 스트레스

(1) 생물학적·생리학적 또는 정서적·행동적 항상성(Homeostasis)의 붕괴로 인해 유발되는 스트레스이다.

(2) 신체에 가해지는 변화와 적응하려는 요구에 대해 신체가 생리적으로 유사한 반응을 보인다는 사실을 강조한다.

(3) 스트레스를 외부 자극에 대한 신체의 불특정 반응으로 본다.

(4) 스트레스 상황에 있는 유기체의 생리적 반응패턴이 중요한 관심의 대상이 된다.

3. 개인과 환경 간의 상호작용으로서의 스트레스

(1) 환경적 자극요인과 개인의 개별 특징적 반응 간의 상호작용으로 나타나는 스트레스이다.

(2) 스트레스는 환경의 요구가 개인의 능력과 자원을 초과하거나 개인이 요구하는 것을 환경이 마련해 주지 못할 때 야기된다고 본다.

(3) 개인과 환경 간의 상호작용에서 변화와 적응을 요구하는 외적 자극은 물론 개인의 지각 및 인지, 대처 능력 등을 함께 강조한다.

(4) 스트레스에 대한 견해 중 가장 많은 지지를 받고 있다.

2 스트레스의 발생원인

1. 좌절(Frustration)

(1) 원하는 목표가 지연되거나 차단될 때 경험하는 부정적인 정서 상태이다.

(2) 목표를 향하려는 욕구를 방해하는 장애물에 의해 경험된다.

(3) 장애물은 외적인 것과 내적인 것으로 구분된다.

외적인 장애물	• 물리적 요인: 교통체증, 천재지변 등 • 사회경제적 요인: 종족, 종교, 사회계층 간 차별
내적인 장애물	• 신체적 요인: 외모, 건강 등 • 심리적 요인: 성격, 지능 등

2. 과잉부담(Overload)

(1) 개인의 능력을 벗어난 일이나 요구로 인해 경험하는 부정적인 정서 상태이다.

(2) 직장 내에서의 업무처리와 관련된 지나친 부담, 심한 경쟁 속에서 승진을 해야 하는 것도 과잉부담으로 볼 수 있다.

(3) 사회가 복잡해질수록 과잉부담이 증대된다.

3. 갈등(Conflict)

(1) 두 가지의 동기들이 갈등을 일으킬 때 경험하는 정서 상태이다.

(2) 갈등은 접근하고 싶은 동기와 회피하고 싶은 동기 간의 관계를 통해 다음 네 가지 유형으로 구분할 수 있다.

접근–접근 갈등	양자의 선택이 모두 매력적이나 한 쪽을 선택할 경우 다른 한 쪽을 단념해야 하는 상황 예 집에 남아서 평소에 하고 싶었던 취미생활을 할 것인가, 야외에 나가서 기분전환을 할 것인가
회피–회피 갈등	양자의 선택이 모두 바람직하지 않지만 어느 한 쪽을 피하기 위해 다른 한 쪽을 선택하지 않을 수 없는 상황 예 어머니에게 야단맞고 싶지는 않으나, 방 정리는 하기 싫은 상황
접근–회피 갈등	동일한 대상이 긍정적인 요소와 부정적인 요소를 함께 가지는 경우 또는 긍정적인 대상에 도달하기 위해 부정적인 것을 거쳐야 하는 상황 예 주사를 맞지 않으면 감기가 낫지 않는 것
다중접근–회피 갈등	접근–회피 갈등이 확장된 것으로, 두 선택 대상이 각각 서로 다른 장점과 단점을 가지고 있는 경우 하나의 대상을 선택해야 하는 상황 예 비싼 새 집을 살지 값싼 중고 집을 살지 고민하는 경우

4. 생활의 변화(Life Change)

(1) 결혼, 이사, 군입대, 이혼, 사별 등 생활의 급작스런 변화, 즉 평소 익숙하던 생활환경이 바뀔 때 경험하는 정서 상태이다.

(2) 제한된 에너지에서 생활의 변화에 따라 적응성 에너지가 갑자기 많이 소모되기 때문에 질병에 취약해진다.

5. 박탈성 스트레스(Deprivational Stress)

(1) 사람들은 적정 수준의 감각 자극이나 흥분을 경험하기를 원하며, 원하는 만큼의 자극이 없을 경우 스트레스를 받게 된다.

(2) 무료함, 외로움도 스트레스의 원인으로 작용한다. 특히 독신자, 미망인, 이혼자들이 배우자와 함께 사는 사람들보다 사망률이 높은 이유가 여기에 있다.

6. 압력 또는 압박감(Pressure)

(1) 압력(압박감)은 우리가 어떤 방식으로 행동하기를 원하는 기대들 혹은 요구들을 말한다.

(2) 압력은 다음의 두 가지 하위유형으로 구분할 수 있다.

수행압력 (Performance Pressure)	다른 누군가로부터 신속하게, 효율적으로, 성공적으로 과제와 책임을 수행할 것을 요구받는다. 예 상사로부터 판매 실적을 강요받는 경우 등
동조압력 (Conformity Pressure)	주변 사람들로부터 동조의 압력을 받는다. 예 시위 현장에서 똑같은 차림새를 강요받는 경우 등

3 스트레스의 효과

1. 부정적 효과

신체 반응	몸은 위험 상황에 직면할 경우 일련의 신체 반응으로 대처한다. 이런 위험 상황이 지속될 경우 만성적 스트레스에 적응하기 위해 위급 반응이나 일반적응증후군을 나타내게 된다.
신체적 질병	스트레스는 심리적인 것이든 물리적인 것이든 신체기능에 다양한 영향을 미침으로써 위장질환, 심장순환계 질환 등 각종 질병을 유발한다.
심리적 반응	스트레스 상황에서는 주의집중이 어렵고 일의 능률이 오르지 않으며, 불안과 분노, 우울과 무감동 등 부정적인 정서를 유발한다.

2. 긍정적 효과

스트레스가 반드시 부정적인 효과만 나타내는 것은 아니다. 적정 수준의 스트레스(Eustress)는 긍정적인 효과를 가지기도 한다.

(1) 스트레스 상황은 자극을 받고 도전하려는 욕구를 자극한다.

(2) 개인적 성장, 자기 향상 증진 등의 기능을 할 수 있다.

(3) 스트레스 경험은 미래의 더 큰 스트레스에 대한 예방접종과 같은 면역기능을 발생시킨다. 즉, 스트레스에 대한 내성(Tolerance)이 길러진다.

4 스트레스에 관한 주요 연구

1. 라자루스와 포크만(Lazarus & Folkman)의 스트레스 인지적 평가이론

(1) 스트레스를 유발하는 사건 자체보다 그 사건에 대한 개인의 지각 및 인지 과정을 중시한다.

(2) 생활사건이 스트레스를 일으키기보다는 개인의 상황에 대한 인지적 평가가 스트레스를 만든다고 가정한다. 즉, 스트레스 여부는 상황에 대한 개인의 주관적 해석에 의존한다.

(3) 동일한 스트레스 사건에도 불구하고 인지적 평가에 따라 정서적·행동적인 반응상에 개인차가 나타난다는 점에 주목하면서, 개인이 스트레스원을 어떻게 인지하느냐에 따라 대처 과정에 중요한 차이가 나타난다고 주장한다.

(4) 스트레스원에 대한 3단계 인지적 평가 과정

1차 평가	• 사건에 대한 평가로, 사건이 얼마나 위협적인지를 평가한다. • '그 사건이 나에게 어떤 의미를 주는가?'에 대한 평가이다.
2차 평가	• 사건에 대해 개인이 실행할 수 있는 유효한 대처전략 또는 자신의 대처능력을 평가한다. • '내가 스트레스 사건에 대해 무엇을 할 수 있는가?'에 대한 평가이다.
3차 평가 (재평가)	• 본질적으로 1차 평가 및 2차 평가와 크게 다르지 않다. • 환경으로부터 오는 새로운 정보에 근거하여 처음의 평가가 수정되는 것이다.

2. 셀리에(Selye)의 일반적응증후군(GAS)

(1) 셀리에는 반응접근 방식 스트레스 연구의 대표자로, 동물실험에서 스트레스에 대한 일반적인 반응 양상에 주목하였다.

(2) 그는 실험동물들이 추위나 더위 등의 물리적 자극 혹은 공포나 위협 등의 심리적 자극 등 어떠한 종류의 스트레스를 가해도 모두 동일한 반응을 보인다는 점에 착안하여, 그와 같은 반응양상을 '일반적응증후군(GAS; General Adaptation Syndrome)'이라 불렀다.

(3) 셀리에가 제시한 3단계 일반적응증후군

경고(경계)단계 (경고반응단계)	• 어떠한 스트레스 자극을 받았을 때 나타나는 신체의 최초의 즉각적인 반응 • 쇼크단계: 스트레스에 의해 체온이 떨어지고 심박수가 빨라지는 단계 • 역쇼크단계: 신체의 자동적 방어기제에 의해 순간적으로 대항하는 단계
저항단계 (저항반응단계)	스트레스가 지속되는 경우 저항단계로 접어들어 일시적으로 스트레스 저항력과 면역력이 증가하지만, 신체 전반적인 기능이 저하된다.
소진단계 (탈진단계)	• 장기간 스트레스에 노출되는 경우 신체 에너지가 고갈 상태에 이른다. • 저항력과 면역력이 붕괴되어 심각한 질병을 유발하며, 신체손상을 가져오기도 한다.

3. 여키스-도슨(Yerkes-Dodson)의 역U자형 가설

(1) 직무 스트레스가 너무 높거나 너무 낮은 경우 직무수행능력이 떨어지는 역U자형 양상을 보인다.

(2) 역U자형 곡선은 흥분이나 욕구, 긴장이 증대되는 경우 어느 정도 수준에 이르기까지 수행실적이 증가하다가 그 이후에는 오히려 수행실적이 감소한다는 사실을 반영한다.

(3) 스트레스 수준이 너무 높거나 너무 낮은 경우 건강이나 작업능률에 부정적인 영향을 미치므로 스트레스를 적정 수준으로 유지하는 것이 바람직하다.

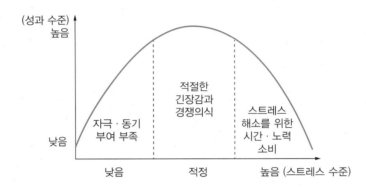

4. 홈스와 라헤(Holmes & Rahe)의 사회재적응척도(SRRS)와 생활변화단위(LCU)

(1) 홈스와 라헤는 사회재적응척도(SRRS; Social Readjustment Rating Scale)를 개발하여 사람들이 직면하게 되는 43개 항의 주요변화가 어느 정도의 영향을 미치는가를 수치로 나타냈다.

(2) 생활의 변화는 평소 익숙하던 생활환경이 바뀐 때를 말하는 것으로, 홈스와 라헤는 스트레스의 개념을 생활의 변화에 의해 깨진 정신 생리적 안정을 되찾아 본래의 항정상태(Ongoing Steady State)로 돌아가는 데 필요한 기간과 노력의 양으로 설명하였다.

[생활변화단위의 합에 따른 개인의 상태]

생활변화단위의 합	상태
0 이상~150 미만	생활 위기와 관련된 질병 발생 가능성이 없음
150~199	경도 생활위기(Mild Life Crisis)
200~299	중등도 생활위기(Moderate Crisis)
300 이상	중증도 생활위기(Major Crisis)로 인해 질병 발생 가능성이 있음

등위	사건	영향크기	등위	사건	영향크기
1	배우자의 죽음	100	23	자녀의 분가나 출가	29
2	이혼	73	24	고부간이나 인척과의 불화	29
3	별거(부부)	65	25	특별한 개인적 성공	28
4	형무소 복역	63	26	배우자가 일을 시작하거나 그만둠	26
5	가족의 사망	63	27	학교를 시작하거나 마침	26
6	부상이나 질병	53	28	생활조건의 변화	25
7	결혼	50	29	개인습관의 변화	14
8	직장에서 파면당함	47	30	상사와의 갈등	23
9	재결합(부부)	45	31	근무시간이나 조건의 변화	20
10	은퇴	45	32	주거의 변화	20
11	가족의 건강상 변화	44	33	학교의 전학	20
12	임신	40	34	오락의 변화	19
13	성적 장애	39	35	교회활동의 변화	19
14	새로운 가족의 증가	39	36	사회활동의 변화	18
15	직장의 변경	39	37	1만 달러 이하의 빚	17
16	재정상태의 변화	38	38	수면습관의 변화	16
17	친한 친구의 사망	37	39	가족, 친구들의 변화	15
18	직장 내 직무의 변화	36	40	식사습관의 변화	15
19	부부간 언쟁 수의 변화	35	41	휴가	13
20	1만 달러 이상의 부채	31	42	크리스마스	12
21	빚의 청산	30	43	사소한 법규의 위반	11
22	직장에서 책임의 변화	29			

PART
2

1 스트레스 대처 유형

1. 문제집중적 대처방식

(1) 스트레스를 유발하는 개인의 문제행동이나 환경적 조건을 변화시킴으로써 스트레스를 해소하고자 하는 방식으로, 환경지향적 대처와 내부지향적 대처로 구분된다.

(2) 환경지향적 대처는 스트레스를 유발하는 문제를 직접적으로 해결하기 위해 관련 문제를 상세히 분석하고 합리적인 방법을 찾아내는 방식이다. 즉, 문제를 규정하고 대안적 해결책을 강구하며, 여러 대안들을 서로 비교하여 최선의 것을 선택한 후 이를 실행에 옮긴다.

(3) 내부지향적 대처는 환경을 변화시키기보다는 자기 자신을 변화시키는 방향으로 스트레스에 대처하는 방식이다. 예를 들어 자신의 포부수준을 변경하거나 대안적 만족추구 방법을 찾는 것, 새로운 행동기준을 개발하거나 새로운 기술을 습득하는 것 등이 있다.

2. 정서집중적 대처방식

(1) 스트레스 유발 문제에 직접 접근하기보다는 스트레스 상황의 불안이나 초조 등 정서적 고통을 경감시키고자 한다.

(2) 스트레스 원인을 회피하거나 스트레스 상황 인지재구성을 통해 스트레스에 대처한다.

(3) 현실을 있는 그대로 받아들여 불안을 감소시킬 수도 있으나, 현실을 왜곡하여 받아들임으로써 자신을 기만할 수도 있다.

(4) 정서집중적 대처는 다음과 같은 기술들을 활용한다.

소망적 사고 (Wishful Thinking)	이미 발생한 스트레스 상황에 대해 자신의 생각이나 행동을 바꾸려고 노력한다.
거리두기 (Distancing)	스트레스 상황과 관련된 모든 것을 잊어버리려고 노력한다.
긴장해소 (Tension Release)	스트레스로 인한 불안감이나 긴장감을 해소하기 위해 운동이나 오락 등 기분을 전환할 수 있는 일에 몰두한다.
고립 (Isolation)	자신이 경험하고 있는 스트레스를 다른 사람이 알지 못하도록 속으로 감춘다.
사회적 지지추구 (Seeking Social Support)	다른 사람의 이해와 지지를 받으려고 노력한다.
책임수용 (Accepting Responsibility)	스트레스의 발생 원인을 자신에게 있는 것으로 받아들여 이를 온전히 수용하려고 노력한다.

3. 문제–정서혼합적 대처방식

(1) 문제집중적 대처와 정서집중적 대처를 혼합한 방식으로, 대부분의 사람들이 이와 같은 방식을 사용하는 경향이 있다.

(2) 문제집중적 대처와 정서집중적 대처는 스트레스에 대한 대처과정에서 서로 촉진적인 방향 혹은 서로 방해하는 방향으로도 작용할 수 있다.

(3) 스트레스경험에서 자신에게 도움이 될 만한 효과를 찾으려고 노력하는 성장지향, 스트레스 상황을 변화시키기 위해 그것에 적극적·공격적으로 대응하는 직면하기 등의 기술을 사용한다.

(4) 중간수준의 스트레스에 대해서는 문제집중적 대처를, 보다 높은 수준의 스트레스에 대해서는 정서집중적 대처를 널리 사용한다.

4. 스트레스 호르몬: 코티솔(Cortisol)

(1) 최근 스트레스와 면역기능에 대한 연구들은 부신호르몬인 디하이드로에피안드로스테론(DHEA; Dehydroepiandrosterone)과 코티솔이 인체에 미치는 영향에 주목하고 있다.

(2) DHEA는 조직의 발달과 유지에 직접적으로 관여하는데, 대개 25세를 전후로 감소하기 시작하여 노인이 되면 매우 낮은 수준에 이르게 된다. 이러한 DHEA는 스트레스에 대한 저항, 불안과 우울에 대한 억제효과를 보인다.

(3) DHEA가 감소되는 경우 암세포를 공격하는 등 우리의 신체면역체계에서 중요한 역할을 수행하는 자연살해세포인 NK세포(Natural Killer Cell)의 활동력이 떨어지게 되며, 그로 인해 질병에 취약하게 된다.

(4) 신체는 스트레스에 직면하게 될 때 투쟁을 하거나 도망을 치는데, 그중 먼저 DHEA가 스트레스에 대한 투쟁반응을 시작한다. 그러나 그 자극이 너무 강한 경우 스트레스 호르몬인 코티솔이 생성되어 스트레스에 도망치는 반응을 보인다. 이와 같이 DHEA가 감소하고 코티솔이 증가하는 경우 신체의 면역세포는 약화된다.

(5) 코티솔이 장기간 동안 DHEA에 비해 그 비율이 과도하게 높은 경우 신체조직의 대부분, 특히 뇌나 면역체계에 손상을 입히는 것으로 알려져 있다.

2 방어기제

1. 특징

(1) 무의식의 욕구나 충동으로부터 자아를 보호하기 위한 무의식적 사고 및 행동이다.

(2) 대부분 병적인 것이 아닌 정상적인 것이지만, 현실적인 삶으로부터 도피하기 위한 수단이 될 수도 있다.

(3) 한 번에 한 가지 이상 사용되기도 하며, 방어의 수준은 개인의 발달 및 불안정도에 따라 다르게 나타난다.

(4) 상담과정에서 방어기제는 내담자가 불안을 피하기 위해 채택하는 반응양식을 말한다.

(5) 내담자는 문제상황에 직면하는 경우 습관적으로 방어기제를 사용하기도 한다.

(6) 방어기제를 여러 번 사용할 경우 심리적인 문제를 일으킬 수 있다.

(7) 상담자는 내담자로 하여금 자신의 방어기제를 통찰하도록 하여 자신의 불안에 직면하고, 대안적이고 적응적인 사고 및 행동방식을 채택하도록 돕는다.

(8) 방어기제의 정상성 또는 병리성을 판단하는 기준으로는 방어기제 사용의 균형, 방어의 강도, 사용된 방어의 연령적절성, 방어의 철회가능성 등이 있다.

(9) 방어기제의 이론을 정립한 학자는 안나 프로이트(Anna Freud)이다.

2. 방어기제의 종류

승화	가장 성숙한 방어기제로, 자신의 무의식적 본능이나 그로 인한 불안을 현실적으로 용인되는 방식으로 처리하는 방어기제이다. 예 성적 충동을 예술활동이나 운동 등으로 승화
억압	• 스트레스나 불안을 일으키는 생각이나 충동을 의식화시키지 않으려는 무의식적인 노력이다. • 뚜렷한 동기 없는 나태한 태도와는 구별된다. • 충동적으로 될 수 있으며, 많이 사용할 경우 고무풍선처럼 억압이 쌓여 아무 때나 폭발할 수 있다. 예 싫은 사람과의 약속날짜를 잃어버리는 것, 기억상실증
부정	의식하고 싶지 않은 욕구, 충동, 현실을 무의식적으로 부정함으로써 불안으로부터 보호하는 기제이다.
투사	• 용납할 수 없는 자신의 무의식적 본능이나 불안 또는 실패 등의 이유를 다른 사람이나 다른 대상에게 돌리는 대처 방식이다. • 투사를 사용하는 경우 다른 사람의 무의식에 지나치게 민감하고 편견, 의심, 경계, 오해, 책임전가 등의 현실왜곡이 나타난다. • 망상증후군에서 흔히 사용되며, 스스로 수용할 수 없는 욕망, 생각, 느낌을 주체의 바깥이나 자신에게로 돌리는 방어기제이다. • 자신이 누구를 미워할 때 그가 자기를 몹시 미워하기 때문에 자신도 그를 미워한다고 생각하는 것 예 내가 이렇게 된 건 다 네 탓~
전위	• 자신의 무의식적 본능의 표출을 위협이 되는 대상이 아닌 위협이 덜 되는 대상으로 바꾸어서 표출하는 대처 방식이다. • 자신의 감정을 대상에게 직접적으로 표현하지 못하고 전혀 다른 대상에게 자신의 감정을 발산한다. 예 자식을 못 가진 사람이 애완동물에 집착하는 경우, 밖에서 화난 일을 집에 와서 풀이하는 경우, 일이 안 되면 가까운 사람에게 신경질을 부리는 경우
보상	자신이 부족하다고 느끼는 감정을 다른 분야에서 성취하여 보상받으려는 방어기제이다. 예 나폴레옹 콤플렉스
합리화	• 불합리한 태도, 생각, 행동을 합리적인 것처럼 정당화시킴으로써 자기만족을 얻으려는 방법이다. • 정당화될 동기만을 노출시키며 의식화하므로 개인의 태도가 정당한 것처럼 느끼게 된다. 예 핑계 없는 무덤 없다, 여우와 신포도
지성화	불안을 일으키는 감정을 의식화하지 않고 이성적으로 접근함으로써 정서의 혼란을 방지하는 기제이다.
격리	과거의 불쾌한 기억에 연관된 감정을 떼어내는 기제이다.
반동형성	• 자신의 무의식적 욕구를 불안과 정반대로 행동하는 방어기제이다. • 적개심이 겉으로는 지나치게 복종적이거나 정중한 태도로 표현하게 되며, 강박신경증으로 갈 수도 있다. 예 미운 놈 떡 하나 더 준다
도피	갈등을 일으킬만한 상황을 회피함으로써 불안과 긴장, 공포로부터 자신을 지키고자 하는 기제이다. 예 약물남용
퇴행	현재 상황에서 자신의 무의식적 욕구의 만족이 어려운 경우 과거 자신의 욕구가 만족될 수 있었던 시기로 돌아가 그때의 행동을 보이는 방식이다. 예 어린아이가 새로 태어난 동생에게 쏟아지는 관심을 자신에게로 돌리기 위해 갑자기 오줌을 싸거나 어린아이의 행동을 보이는 경우
동일시	• 투사와 반대로 자신의 불안이나 부족감을 피하기 위해 타인의 바람직한 점을 끌어들이는 방법으로, 기본적으로 의존적이고 수동적인 성향이 많다. • 높은 경우 의존적 인격장애, 경계선 인격장애를 검토해볼 필요가 있다. 거의 쓰지 않을 경우는 외부현실로부터 철수되어 있을 가능성이 높다. 예 자식의 출세에 성취감을 느끼는 부모의 경우, 남의 행동이나 모습 모방, 친구 따라 강남 가기
회피	• 인내심 있는 합리적인 판단이 아니라 도피하고자 하는 소극적인 동기에 따른다. • 회피방어기제를 많이 사용하는 경우 갈등의 직면과 문제해결에 대한 불안은 줄어들 수 있으나 자신감 상실의 악순환이 일어나게 된다.

이타주의	• 타인을 돕는 희생적이고 이타적인 긍정적 요소를 담고 있다. • 사회적으로 바람직한 행동으로 꾸며져 있기에 때로는 방어적 태도나 모범적으로 보이고자 하는 무의식적인 동기에 의해 이 척도가 높게 나타날 수 있다.
행동화	• 이후의 부정적인 결과를 고려하지 않고 무의식적인 욕구나 소망을 즉각적인 행동으로 충족시킨다. 이때 행동은 개인의 통제를 벗어난 충동적인 수준에서 일어난다. • 높을 경우 반사회적 인격장애, 비행의 가능성 있을 수 있다.
왜곡	종교적인 신념과 매우 유관성이 있으며, 높은 경우 자아 이미지를 과장되게 긍정적으로 지각하는 경향이 있다. 예 지금 내가 하는 일은 역사적으로 대단한 일이다. 나는 이 사회에서 없어서는 안 될 중요한 인물이다.
수동 공격적 행동	• 공격적인 감정을 직접적으로 표현하지 않고 간접적으로 표현해서 처리한다. • 실수, 꾸물거리는 행동, 묵묵부답 등의 행동으로 표현된다. • 어느 시기까지는 상대에게 자극을 주지만, 심하면 수동 공격적 인격장애가 될 수 있다. 예 누가 나에게 일을 시키면 바쁜 척한다. 화가 날 때 뚱하니 말을 안 한다. 누가 일을 재촉하면 더 꾸물거린다.
통제	갈등상황에서 주변 환경이나 대상, 사건을 조정하고 이용하려고 과도하게 시도한다. 예 주변에서 일어나는 일을 그냥 넘기지 못한다. 일이 생기면 진두지휘해야 한다.
예견	• 미래의 내적 불편감에 대해 현실적으로 계획을 세우는 방식 • 높은 경우는 일상에서 신중한 일처리를 하여 실수를 범하지 않는 긍정적 요소이지만 소극적으로 현실을 대응하고 회피할 우려가 있다. 예 누울 자리를 보고 발 뻗는다. 지나친 대비, 집에 도둑들 때를 대비하여 대책을 지나치게 철저히 세운다.
해리	• 고통을 피하기 위해 개인의 인격이나 자아정체감에 일시적으로 극적인 의식의 변형이 일어나는 것이다. • 높은 경우 히스테리성 인격의 경향성, 해리성상애 여부를 검토해야 한다. 예 힘든 일에 부딪치면 멍해진다. 내 자신이 어떤 행동을 하는지 모르겠다.

개념더하기 ▶ 방어기제의 유형

• 도피형: 퇴행, 부정, 백일몽, 동일시
• 대체형: 반동형성, 승화, 전위, 보상
• 기만형: 합리화, 투사, 억압

1 이상행동 원인에 대한 심리학적 접근

1. 이상행동의 정의

(1) 보편적이지 않은 행동: 일상적이지 않은 행동

(2) 사회적 일탈의 정도: 사회 규범에 적응하지 못하고 나타나는 일탈행동(문화적 상대성 고려)

(3) 현실에 대한 지각이나 해석이 잘못된 경우: 환각과 망상이 있을 경우

(4) 주관적 고통이 심각한 경우

① 외견상 아무런 문제가 없어 보이지만 당사자는 심각한 고통을 겪는 경우

② 당사자는 아무런 고통이나 문제를 느끼지 않지만 주변 사람들이나 본인에게 심각하게 해로운 결과를 가져오는 문제의 경우

(5) 부적응적이거나 자기패배적인 행동: 자기만족감보다는 불행을 유발하는 행동

(6) 위험한 행동: 사회적 맥락을 고려했을 때 자신이나 타인에게 위험한 행동을 하는 경우

2. 이상행동 원인에 대한 심리학적 접근

(1) 생물학적 이론

① 생물학적 입장은 신체적 원인론에 뿌리를 두고 있으며, 모든 정신장애는 신체질환과 마찬가지로 신체적 원인에 의해서 생겨나는 일종의 질병이다. 이러한 질병은 생물학적 방법에 의해서 치료되어야 한다고 가정한다.

② 유전적 이상이 뇌의 구조적 결함이나 신경생화학적 이상을 초래하여 정신장애를 유발할 수 있다고 본다.

③ 뇌의 주요 신경전달물질인 도파민, 세로토닌, 노르에피네프린 등의 과다 또는 결핍상태가 정신장애와 관련되어 있다고 본다. 특히 도파민과 노르에피네프린이 뇌의 특정부위에 부족할 경우 ADHD 발생에 영향을 미치는 것으로 추정된다.

④ 이상행동은 약물치료, 전기충격치료, 뇌절제술 등을 이용하여 치유한다.

(2) 통합이론

① 인간의 이상행동에 대한 원인을 통합적으로 설명하고자 시도한다.

② '취약성–스트레스 모델'은 유전적·생리적·심리적·사회적으로 특정 장애에 걸리기 쉬운 개인적 특성과 스트레스 경험이 상호작용함으로써 이상행동이나 정신장애가 발생한다고 본다.

③ '생물심리사회적 모형'은 신체질환 및 정신장애가 생물학적·심리적·사회적 요인의 상호작용에 의해 나타난다는 점을 강조하며, 이들에 대한 다차원적인 상호작용적 접근을 강조한다.

전체론	• 전체는 그것을 구성하는 부분의 합 이상이다. • 인간은 신경체계, 신체적 기관과 순환계 등의 합 그 이상이라는 이해에 근거한다. ↔ 환원주의론
동일결과성(Equifinality) 원리	동일한 정신장애가 여러 다른 원인에 의해서 유발될 수 있다.
다중결과성(Multifinality) 원리	동일한 원인적 요인이 다양한 결과를 유발할 수 있다.
상호적 인과론	• 원인과 결과의 관계가 양방향적일 수 있다. • 부모는 아동을 특정한 방식으로 행동하도록 영향을 미칠 수 있지만, 아동도 부모의 행동에 영향을 미친다. ↔ 직선적 인과론
항상성 유지론	• 유기체가 항상 일정한 상태를 유지하려는 성향을 의미한다. • 인간은 적당한 자극수준을 일정하게 유지하려는 경향이 있어, 너무 많은 자극이 주어지면 자극을 회피하고, 자극이 너무 적으면 새로운 자극을 추구하는 경향이 있다.

2 이상행동의 분류

1. DSM(정신장애 진단 및 통계편람)의 특징

(1) 1945년 제2차 세계 대전이 끝난 후 급증하는 정신질환과 신경질환에 대한 이론들을 정리하고 정신의학적 진단의 타당성과 신뢰성을 확보하기 위해 미국정신의학회(APA)에서 처음 출간하였다.

(2) 정신장애의 원인보다는 질환의 증상과 증후들에 초점을 두며, 정신질환자들의 분류체계와 진단을 효율적으로 적용할 수 있는 발판이 되고 있다.

(3) DSM–5는 다양한 심리장애를 크게 20가지 범주로 분류하여, 각 범주를 여러 하위 장애로 세분하였다.

2. DSM - 5의 범주 및 하위 장애

범주	하위 장애	범주	하위 장애
신경발달 장애	• 지적장애 • 의사소통장애 • 자폐 스펙트럼 장애 • 주의력 결핍 및 과잉행동장애 • 특정 학습장애 • 운동장애–틱장애	조현병 스펙트럼 및 기타 정신병적 장애	• 조현병(정신분열증) • 조현정동장애(분열정동장애) • 조현양상장애(정신분열형장애) • 단기 정신병적 장애 • 망상장애 • 조현형(성격)장애(분열형성격장애)
양극성 및 관련 장애	• 제1형 양극성 장애 • 제2형 양극성 장애 • 순환성 장애(순환감정장애)	우울장애	• 주요 우울장애 • 지속성 우울장애(기분저하증) • 월경 전 불쾌감 장애 • 파괴적 기분조절 부전장애(파괴적 기분조절 곤란장애)
불안장애	• 특정공포증 • 광장공포증 • 사회공포증(사회불안장애) • 공황장애 • 분리불안장애 • 선택적 함구증(무언증) • 범불안장애	강박 및 관련 장애	• 강박장애 • 신체이형장애(신체변형장애) • 수집광(저장장애) • 발모광(모발뽑기 장애) • 피부뜯기 장애(피부벗기기 장애)
외상 및 스트레스 관련 장애	• 외상 후 스트레스 장애 • 급성 스트레스 장애 • 반응성 애착장애 • 탈억제성 사회적 유대감 장애(탈억제 사회관여 장애) • 적응장애	해리장애	• 해리성 기억상실증 • 해리성 정체감 장애 • 이인증/비현실감 장애
신체증상 및 관련 장애	• 신체증상장애 • 질병불안장애 • 전환장애 • 인위성(허위성) 장애	급식 및 섭식장애	• 이식증 • 되새김 장애(반추장애) • 회피적/제한적 음식섭취 장애 • 신경성 식욕부진증 • 신경성 폭식증 • 폭식장애
배설장애	• 유뇨증 • 유분증	수면– 각성장애	• 불면장애 • 과다수면 장애 • 기면증(수면발작증) • 호흡관련 수면장애 • 일주기 리듬 수면–각성 장애 • 사건수면(수면이상증) • 하지불안증후군(초조성다리 증후군)

성 관련 장애	성기능 부전	• 사정지연 • 발기장애 • 여성극치감장애 • 여성성적관심/흥분장애 • 성기골반통증/삽입장애 • 남성 성욕감퇴 장애 • 조기사정	성격장애	A군 성격장애	• 편집성 성격장애 • 조현성(분열성) 성격장애 • 조현형(분열형) 성격장애
	변태 성욕장애	• 관음장애 • 노출장애 • 마찰도착 장애 • 성적 피학 장애 • 성적 가학 장애 • 아동성애장애(소아애호장애) • 물품음란장애(성애물장애) • 복장도착장애(의상전환장애)		B군 성격장애	• 반사회성 성격장애 • 연극성 성격장애 • 경계선 성격장애 • 자기애성 성격장애
	성별 불쾌감	• 아동의 성별불쾌감(성불편증) • 청소년 및 성인의 성별불쾌감		C군 성격장애	• 회피성 성격장애 • 의존성 성격장애 • 강박성 성격장애
파괴적, 충동조절 및 품행장애		• 적대적 반항장애(반항성 장애) • 품행장애 • 반사회성 성격장애 • 간헐적 폭발장애 • 병적도벽(도벽증) • 병적방화(방화증)	신경인지 장애		• 섬망 • 주요 및 경도 신경인지장애
물질관련 및 중독장애	물질관련 장애	• 알코올 관련 장애 • 카페인 관련 장애 • 대마 관련 장애 • 환각제 관련 장애 • 흡입제 관련 장애 • 아편계 관련 장애 • 진정제, 수면제 또는 항불안제 관련 장애 • 자극제 관련 장애 • 담배 관련 장애	기타 정신장애		• 다른 의학적 상태에 기인한 달리 명시된 정신장애 • 다른 의학적 상태에 기인한 명시되지 않은 정신장애 • 달리 명시된 정신장애 • 명시되지 않은 정신장애
	비물질 관련 장애	도박장애			
추가 연구가 필요한 진단적 상태		• 약화된 정신병 증후군 • 지속성 복합 사별장애 • 인터넷게임장애 • 자살행동장애			• 단기 경조증 동반 우울 삽화 • 카페인사용장애 • 태아기 알코올 노출과 연관된 신경행동장애 • 비자살성 자해

3 불안장애(Anxiety Disorders)

1. 개요

(1) 불안이란 명확한 대상을 가지지 않는 공포에 대한 감정으로, 지나치게 과민하거나 자기통제가 불가능한 경우 일상과 사회생활에 심각한 장애를 초래한다.

(2) 불안은 위험이나 위협적인 상황에서 자신을 보호하며, 환경에 적응하기 위한 생체의 적응적 반응양식이기도 하다.

(3) 불안은 신체의 활성화와 각성에 의해 초조함, 근심, 우려 등의 부정적인 정서를 동반하며, 이와 같은 불안이 과도하게 작용하여 현실적인 위험상태가 아닌 경우에도 민감하게 반응하는 경우 병적인 불안(Pathological Anxiety)이 된다.

(4) 병적인 불안으로 인해 과도하게 심리적인 고통을 느끼거나 현실적인 적응에 심각한 어려움을 나타내는 경우를 불안장애라고 한다.

(5) DSM-5의 분류기준에 의한 불안장애의 주요 하위유형은 다음과 같다.

> • 분리불안장애(Separation Anxiety Disorder)
> • 선택적 무언증 또는 선택적 함구증(Selective Mutism)
> • 특정 공포증(Specific Phobia)
> • 사회불안장애 또는 사회공포증(Social Anxiety Disorder or Social Phobia)
> • 공황장애(Panic Disorder)
> • 광장공포증(Agoraphobia)
> • 범불안장애(Generalized Anxiety Disorder) 등

2. 범불안장애(Generalized Anxiety Disorder)

(1) 이유를 알 수 없는 불안과 걱정이 반년 이상 계속되는 상태

(2) 일상생활의 다양한 상황이나 사건에서 만성적인 불안과 지나친 걱정으로 인해 현실적인 부적응상태를 경험한다.

(3) 증상으로는 피로, 집중력 저하, 안절부절 못함, 수면방해 등이 있다.

(4) 범불안장애를 가지고 있는 사람은 완벽주의와 비관주의, 자신감과 인내심 부족 등의 성격적 특징을 보인다. 특히 잠재적 위험에 예민하여 잠재적 위험이 발생할 확률을 높게 평가하며, 사건이 발생할 경우 자신의 대처능력을 과소평가하는 경향이 있다.

3. 공황장애(Panic Disorder)

(1) 통제 상실에 대한 강렬한 불안, 즉 공황발작(Panic Attack)이 반복적으로 나타나는 장애

(2) 공황발작은 급작스러운 두려움과 공포감이 불시에 비정기적으로 나타나 강렬한 불안을 동반한다.

(3) 일상생활 속에서 갑작스런 호흡곤란, 떨림, 발한, 가슴통증, 어지러움 등의 증상을 호소하며 극심한 공포와 불안감에 휩싸인다.

4. 공포증(Phobia)

(1) 어떤 대상이나 상황에 대한 강렬한 공포와 함께 그것에 대한 회피반응을 특징적으로 나타내는 일종의 불안장애

(2) 공포증은 공포를 느끼는 대상이나 상황에 따라 크게 특정 공포증(Specific Phobia), 사회공포증(Social Phobia) 또는 사회불안장애(Social Anxiety Disorder), 광장공포증(Agoraphobia)으로 구분된다.

5. 사회불안장애(SAD : Social Anxiety Disorder)

(1) 사람들과 상호작용을 해야 하는 사회적 상황에서 심한 불편감이나 불안을 경험하는 공포증의 한 유형

(2) 다른 사람의 평가를 지나치게 의식하거나 주목을 끄는 행동을 하는 데 있어 극심한 불안과 고통을 느낌으로써 사회적 장면을 회피하게 되어 결과적으로 일상 · 사회생활에 지장을 초래하는 증상

6. 분리불안장애(Separation Anxiety Disorder)

(1) 유아기, 아동기 또는 청소년기에 애착대상과 떨어지는 것에 대해 심한 불안반응을 보이는 정서적 장애

(2) 주로 18세 이전에 발병하며, 나이가 어릴수록 부모와 떨어져 있는 것에 대해, 나이가 많을수록 납치나 강도 등 특정 위험에의 공포에 대해 분리불안을 나타내는 경향이 있다.

4 강박 및 관련 장애(Obsessive-Compulsive and Related Disorders)

1. 개요

(1) DSM-4의 분류기준에서 강박장애(Obsessive-Compulsive Disorder)는 불안장애(Anxiety Disorders)의 하위유형으로 분류되었다. 그러나 DSM-5에서는 불안장애에서 분리되어 강박 및 관련 장애(Obsessive-Compulsive and Related Disorders)의 독립된 장애범주로 분류된다.

(2) DSM-5의 분류기준에 의한 강박 및 관련 장애의 주요 하위유형은 다음과 같다.

> • 강박장애(Obsessive-Compulsive Disorder)
> • 신체변형장애 또는 신체이형장애(Body Dysmorphic Disorder)
> • 저장장애 또는 수집광(Hoarding Disorder)
> • 발모증(Trichotillomania) 또는 모발뽑기장애(Hair-Pulling Disorder)
> • 피부벗기기장애 또는 피부뜯기장애[Excoriation (Skin-Picking) Disorder] 등

2. 강박장애(Obsessive-Compulsive Disorder)

(1) 원하지 않는 생각과 행동을 반복하게 되는 장애로서, 극심한 불안이나 고통을 유발하는 강박사고(Obsessions)와 이를 중화하기 위한 강박행동(Compulsions)을 특징으로 한다.

(2) 강박사고는 음란하거나 근친상간적인 생각, 공격적 혹은 신성모독적인 생각, 오염에 대한 생각, 반복적인 의심, 물건을 순서대로 정리하려는 충동 등 다양한 주제를 포함한다.

(3) 강박행동은 씻기, 청소하기, 정돈하기, 반복 확인하기 등 외현적 행동으로 나타나거나 숫자 세기, 기도하기, 속으로 단어를 반복하기 등 내현적 행동으로 나타날 수도 있다.

(4) 강박장애를 가진 사람은 자신의 강박적인 사고나 행동이 비합리적이라는 사실을 인식하고 있다.

(5) DSM-5에 의한 강박장애의 주요증상(진단기준)

① 강박사고 혹은 강박행동 중 어느 하나가 존재하거나 둘 다 존재한다.

② 강박사고나 강박행동이 많은 시간(하루 1시간 이상)을 소모하게 하거나 사회적·직업적 기능 또는 다른 중요한 기능영역에서 임상적으로 유의미한 고통이나 손상을 초래한다.

강박사고 (Obsessions)	• 반복적이고 지속적인 사고, 충동 또는 심상의 장애가 진행되는 어느 순간에 침입적이고 원치 않게 경험되며, 대다수에게 현저한 불안과 고통을 유발한다. • 개인은 그와 같은 사고, 충동 또는 심상을 무시 또는 억압하려고 하거나 다른 사고 또는 행동(즉, 강박행동의 수행)으로 이를 중화시키려고 한다.
강박행동 (Compulsions)	• 반복적인 행동(예 손 씻기, 정리하기, 확인하기 등) 또는 정신적인 활동(예 기도하기, 숫자세기, 마음속으로 단어 반복하기 등)으로, 개인은 그와 같은 행동이 강박사고에 대한 반응으로 혹은 엄격히 적용되어야 하는 규칙에 따라 수행해야만 하는 것으로 느낀다. • 그와 같은 행동이나 정신적 활동은 불안이나 고통을 예방 또는 감소하고, 어떤 두려운 사건이나 상황을 방지하기 위한 것이다. 그러나 그러한 행동이나 정신적 활동은 중화하거나 방지하려는 것과 실제적으로 연결되어 있지 않거나 혹은 명백히 지나친 것이다.

> **개념더하기** 강박장애와 연관된 방어기제

격리 또는 고립 (Isolation)	• 고통스런 사건에 대한 기억과 그와 관련된 감정을 분리함으로써 그 사건에 대한 기억은 간직하나, 그에 수반되는 감정은 기억에서 배제한다. • 강박적 사고를 가지고 있는 사람은 강박적 사고와 그에 수반되는 감정을 격리시킴으로써 강박적·집착적 사고에 의한 불안 감정에서 벗어나고자 한다.
반동형성 (Reaction Formation)	• 자신이 가지고 있는 죄의식을 본래의 행동과 완전히 반대되는 방향으로 바꾼다. • 강박적 사고를 가지고 있는 사람은 자신의 난폭하고 공격적인 성향과는 달리 평소 유순하고 친절하게 행동한다.
대치 (Substitution)	• 받아들여질 수 없는 욕구나 충동에너지를 원래의 목표에서 대용목표로 전환시킴으로써 긴장을 해소한다. • 강박적 사고를 가지고 있는 사람은 자신의 본래적 욕구를 다른 것으로 대치하여 위장함으로써 불안 감정을 회피하려는 경향이 있다.
취소 (Undoing)	• 자신의 공격적 욕구나 충동에 의해 발생한 피해에 대해 무의식적 죄책감을 해소하기 위한 시도로 그 피해를 원상 복구한다. • 강박적 사고를 가지고 있는 사람은 자신이 빚은 일을 무효화함으로써 죄의식이나 불안 감정에서 벗어나고자 한다.

3. 신체이형장애(Body Dysmophic Disorder)

(1) 실제로는 외모에 결점이 없거나 그리 크지 않은 사소한 것임에도 자신의 외모에 심각한 결점이 있다고 여기는 생각에 사로잡히게 된다.

(2) 많은 경우 신체이형장애 환자들은 자신의 외모를 고치기 위하여 성형수술이나 피부과 시술에 중독되기 쉽지만 이러한 시술을 통해 궁극적 만족감을 얻지 못한다.

(3) 외모에 대한 걱정으로 어느 시점에 반복적 행동(거울보기, 과도한 치장, 피부 뜯기, 안심하려고 하는 행동)이나 심리 내적인 행동(자신의 외모를 다른 사람과 비교함)을 보인다.

(4) 이런 집착은 사회적, 직업적, 또는 다른 중요한 영역에서 임상적으로 현저한 고통이나 손상을 초래한다.

(5) 외모 집착은 섭식장애의 진단기준을 충족하는 경우에서 체지방 또는 몸무게를 걱정하는 것으로 더 잘 설명되지 않는다.

(6) 신체이형 장애의 원인

　① 정신분석적 입장: 무의식적 성적 또는 정서적 갈등이 신체 부위에 대치되어 나타난다.

　② 인지행동적 입장: 외모 관련된 평가를 일반인들보다 더 부정적이고 위협적인 것으로 해석한다.

　③ 생물학적 입장: 세로토닌과 관련되어 신체이형장애가 나타난다고 보기도 하며, 조현병, 성격장애와 같은 다른 정신장애로부터 기인한다고 보기도 한다.

4. 수집광(저장장애)

(1) 불필요한 물건을 버리지 못하고 보관하려는 강한 충동을 느끼고, 물건 버리는 것 자체를 고통으로 받아들이는 장애로, 저장 강박장애, 저장 강박증후군이라고도 한다.

(2) DSM-5에서 강박장애 중 물건에 집착해 이를 수집하고 저장하는 증상을 따로 떼어 수집광(Hoarding Disorder)으로 독립시켰다. 불필요한 물건을 버리지 못하고 보관하는 강박적 저장과 불필요한 물건을 수집하여 집 안으로 끌어들이는 강박적 수집으로 구분한다.

(3) 소유물이 축적되어서 생활공간이 채워지고 혼잡해지며, 사용목적이 상당히 손상되는 결과를 야기한다. 만약 생활공간이 어지럽혀지지 않았다면, 제3자(가족, 청소부)의 개입으로 인한 것이다.

(4) 수집광(저장장애)의 원인

　① 정신역동적 입장: 항문기에 성격이 고착되어 반항적 공격성이 표현된다고 본다.

　② 인지행동적 입장: 가치판단 능력과 의사결정 능력의 손상 때문으로 본다.

　③ 최근 연구에서는 뇌의 전두엽이 제 기능을 못할 때 저장 강박장애를 보인다고 보고된다.

5. 발모광(모발뽑기장애)

(1) 자신의 털을 뽑으려는 충동을 억제하지 못해 반복적으로 머리카락을 뽑는 질병으로 충동조절 장애에 속한다.

(2) 환자는 머리카락을 뽑기 전에는 긴장감이 증가하고, 머리카락을 뽑고 나면 기쁨·만족감·안도감을 느낀다. 이로 인해 현저한 모발의 상실을 가져오게 된다.

(3) 대체로 아동기(5~8세)나 청소년기(13세 전후)에 발병하나, 그 이후에 생기는 경우도 있다. 아동기에는 남녀 유병률이 비슷하지만 전체적으로 여자에게 잘 생긴다.

(4) 발모광(모발뽑기장애)의 원인

　① 전체 환자의 1/4 이상은 심리적 스트레스 상황과 연관되어 있다고 한다.

　② 심리적 요소로는 부모와 자식 관계의 문제, 혼자 남겨지는 것에 대한 걱정, 최근 대상의 상실, 우울, 불안 등이 있다.

　③ 생물학적 원인으로는 강박장애와 마찬가지로 뇌의 세로토닌 체계의 이상이 보고되고 있다.

6. 피부뜯기장애(피부벗기기장애)

(1) 강박적으로 반복해서 자신의 피부를 벗기거나 뜯음으로써 피부를 손상시키는 장애이다.

(2) 피부뜯기장애는 심각하지만 잘 알려지지 않은 문제로서, DSM-5에서 처음 강박 관련 장애의 하위장애로 포함되었다.

(3) **피부뜯기장애(피부벗기기장애)의 원인**

① 정신역동적 입장에서는 미해결된 아동기의 정서적 문제, 특히 권위적 부모에 대한 반항의 표현으로 설명한다.

② 인지행동적 입장: 일종의 스트레스 대처방식으로 간주한다. 즉, 자기진정하기의 효과를 통하여 스트레스를 감소시킨다고 설명한다. 이외에 반복적이고 지루한 생활을 달래거나 또는 완벽주의성향으로 인하여 미세한 피부문제에 대한 집착 등을 원인으로 보기도 한다.

③ 생물학적 입장: 신경전달물질인 도파민이 피부가려움증을 유발하여 피부뜯기장애를 유발한다고 본다.

5 외상 및 스트레스사건 관련 장애(Trauma and Stressor-Related Disorders)

1. 개요

(1) DSM-4의 분류기준에서 외상 후 스트레스장애(Post Traumatic Stress Disorder)는 불안장애(Anxiety Disorders)의 하위유형으로 분류되었다. 그러나 DSM-5에서는 불안장애에서 분리되어 외상 및 스트레스사건 관련 장애(Trauma and Stressor Related Disorders)의 독립된 장애범주로 분류된다.

(2) DSM-5의 분류기준에 따른 외상 및 스트레스사건 관련 장애의 주요 하위유형은 다음과 같다.

- 반응성애착장애(Reactive Attachment Disorder)
- 탈억제사회관여장애 또는 탈억제성사회적 유대감장애(Disinhibited Social Engagement Disorder)
- 외상 후 스트레스장애(Post Traumatic Stress Disorder)
- 급성스트레스장애(Acute Stress Disorder), 적응장애(Adjustment Disorder) 등

2. 외상 후 스트레스장애(Post Traumatic Stress Disorder)

(1) 충격적인 외상사건을 경험하고 난 후 다양한 심리적 부적응 증상이 나타나는 장애이다.

(2) 외상, 즉 트라우마(Trauma)는 발생 횟수에 따라 일회적 외상(Single-Blow Trauma)과 반복적 외상(Repeated Trauma)으로 구분된다.

① 일회적 외상: 자연재해, 건물 붕괴, 비행기 추락 등의 기술적 재해, 폭행, 강도, 강간 등의 폭력적 범죄 등

② 반복적 외상: 부모나 양육자에 의한 주기적인 신체적·정서적 학대, 전쟁터나 감옥 등에서 장기간에 걸친 공포 경험 등

(3) 외상은 인간 외적 외상(Impersonal Trauma), 대인관계적 외상(Interpersonal Trauma), 애착 외상(Attachment Trauma)으로 구분된다.

① 인간 외적 외상: 지진, 태풍, 산사태, 홍수 등 인간이 개입되지 않은 자연의 우발적 작용에 의한 외상

② 대인관계적 외상: 타인의 고의적 행동에서 비롯된 상처 및 피해에 의한 외상

③ 애착 외상: 부모나 양육자와 같이 정서적으로 긴밀한 관계에서 비롯된 심리적 상처에 의한 외상

(4) 충격적인 경험을 한 후 예민한 각성상태가 지속되고 고통스런 기억에서 완전히 벗어나지 못하며, 그로 인해 관련된 생각을 회피하려고 한다.

(5) 외상 후 스트레스장애를 가진 사람은 재현성 환각이나 악몽을 통해 과거의 외상사건에 대한 생각에서 쉽게 벗어나지 못하며, 사건 당시의 경험을 회상하도록 하는 다양한 자극들에 대해 극도의 불안과 두려움을 느낀다.

(6) 외상 후 스트레스장애는 다른 정신장애와의 공병률이 매우 높으며, 특히 외상 후 스트레스장애 환자의 약 50%에서 주요 우울장애가 나타나는 것으로 보고되고 있다.

개념더하기	외상 후 스트레스장애의 4가지 심리적 유형
침투증상	외상사건과 관련된 기억이나 감정이 반복적으로 의식영역에 침투하여 재경험됨으로써 강렬한 심리적 고통이나 생리적 반응을 유발한다.
회피반응	외상사건을 재경험하는 것이 고통스러우므로 그와 관련된 기억을 떠올리지 않기 위해 외상사건과 밀접하게 연관된 자극을 회피하려고 한다.
인지와 감정의 부정적 변화	외상사건의 주요 내용 일부를 기억하지 못하거나 외상사건의 원인과 결과를 왜곡하여 받아들이는 등 외상사건과 관련된 인지와 감정에 있어서 부정적인 변화가 나타난다.
각성과 반응성의 변화	평소 주의집중을 잘하지 못하고 사소한 자극에도 짜증을 내거나 분노를 폭발하는 등 과민한 반응을 보인다.

3. 반응성애착장애(Reactive Attachment Disorder)

(1) DSM-4의 분류기준에서 유아기 또는 초기 아동기의 반응성애착장애는 유아기, 아동기 또는 청소년기의 기타 장애(Other Disorders of Infancy, Childhood, or Adolescence)의 하위유형으로 분류되었다. 그러나 DSM-5에서는 외상 및 스트레스사건 관련 장애(Trauma and Stressor-Related Disorders)의 하위 유형으로 분류된다.

(2) 대략 생후 9개월 이상 만 5세 이전의 아동에게서 주로 발병하며, 아동이 양육자와의 애착 외상(Attachment Trauma)으로 인해 부적절하고 위축된 대인관계 패턴을 나타낸다.

(3) 유아기 및 초기아동기에 특정 양육자와 일관성 있고 안정된 애착형성이 중요함에도 불구하고 양육자에게서 충분한 애정을 받지 못하거나 학대 혹은 방임상태로 양육되면서 애착외상이 발생한다.

(4) 반응성애착장애를 가진 아동은 부모를 비롯하여 타인과의 접촉을 두려워하고 이를 회피하므로 사회성 발달에 어려움을 경험하게 된다.

(5) 흔히 인지발달, 언어발달이 늦어지거나 상동증적 행동을 보이는 경우도 있다.

4. 급성스트레스장애

(1) 외상사건을 직접 경험했거나 목격한 후에 나타나는 부적응 증상들이 최소 3일 이상 최고 4주간 지속되는 장애이다.

(2) 4주가 지난 후에도 부적응 증상이 개선되지 않고 지속 또는 악화되는 경우 '외상 후 스트레스장애'로 진단된다.

(3) 침습, 부정적 정서, 해리, 회피, 각성의 5가지 영역에 해당 증상 중 9개 이상이 외상 사건 이후 나타나거나 악화된다. 증상 지속 기간은 사고 이후 최소 3일 이상 최대 4주까지이다.

침습	• 반복적 · 불수의적 · 침습적으로 괴로운 외상 기억이 자꾸 떠오른다. • 외상 사건과 관련된 내용이나 정서를 포함한 고통스러운 꿈이 반복된다. • 외상 사건이 다시 일어나고 있는 것 같은 해리 반응이 나타난다. • 외상 사건과 유사하거나 상징적인 내적 혹은 외적 단서에 노출되었을 때 나타나는 지속적이고 극심한 심리적 고통 혹은 생리적 반응이 나타난다.
부정적 정서	• 긍정적인 감정(행복, 만족, 사랑)을 지속적으로 경험할 수 없다.
해리	• 자기 자신이나 주변에 대한 현실감이 떨어진다. • 외상 사건의 중요한 측면을 기억하지 못한다.
회피	• 외상 사건과 관련된 고통스러운 기억, 생각, 감정을 회피하거나 회피하려고 노력한다. • 외상 사건을 생각나게 하는 요소들(사람, 장소, 대화, 활동, 물건, 상황)을 회피하거나 회피 하려고 노력한다.
각성	• 수면 장해(Sleep Disturbance) • 과각성: 과잉 경계 • 집중 곤란 • 과도한 놀람 반응 • 타인이나 물체에 대한 언어적 또는 신체적 공격으로 표현되는 과민한 행동과 분노

6 신체증상 및 관련 장애(Somatic Symptoms and Related Disorders)

1. 개요

(1) 신체증상 및 관련 장애는 다양한 신체적 증상이 심리적 원인에서 비롯된 것으로, 의학적 검사로 설명할 수 있는 신체적 이상이 발견되지 않는 경우를 말한다.

(2) DSM-5에서 새로운 장애범주로 제시된 것으로, DSM-4의 분류기준상 신체형장애를 재구성한 것이다. DSM-5에서는 특히 환자의 기초진료와 비정신과적 임상의들에게 보다 유용하도록 구성되었다.

(3) DSM-5에 따른 신체증상 및 관련 장애의 주요 하위유형은 다음과 같다.

> • 신체증상장애(Somatic Symptom Disorder)
> • 질병불안장애(Illness Anxiety Disorder)
> • 전환장애(Conversion Disorder)
> • 허위성(가장성 또는 인위성)장애(Factitious Disorder) 등

2. 신체증상장애(Somatic Symptom Disorder)

(1) 한 가지 이상의 신체적 증상으로 고통을 호소하거나 그로 인해 일상생활이 현저히 방해를 받는 경우를 말한다.

(2) 신체증상 장애의 핵심요인으로 신체증상이나 그와 결부된 건강에 대한 과도한 사고, 감정 또는 행동이

다음의 3가지 방식 중 최소 1가지 이상의 방식으로 나타나야 진단이 가능하다고 제시하고 있다.

① 자신의 증상의 심각성에 대한 부적합하고 지속적인 생각

② 건강이나 증상에 대한 지속적으로 높은 수준의 불안

③ 이와 같은 증상이나 건강염려에 대해 과도한 시간과 에너지를 소모함

(3) 신체증상 장애의 주된 특징은 질병에 대한 과도한 걱정 혹은 건강 염려로, 환자들은 자신의 증상의 심각성을 강조하며 삶의 중심주제로 다룬다.

(4) 신체증상장애의 원인

생물학적 입장	신체증상장애와 관련된 유전적 요인과 신경생리적 요인에 대한 연구 진행
정신분석적 입장	• 신체증상: 억압된 감정이 신체적 통로를 통해 표출 • 감정표현 불능증: 어떤 감정 상태에서 흥분하게 되었을 때 나타나는 신체적 변화를 자신의 감정과 연관지어 생각하지 못하고 신체적 질병의 신호로 잘못 해석
행동주의적 입장	신체적 증상이 외부 환경에 의해 강화된 것
인지적 입장	신체증상장애를 지닌 사람들에게서 나타나는 독특한 인지적 특징에 초점

3. 질병불안장애(Illness Anxiety Disorder)

(1) 신체적인 증상이나 감각을 비현실적으로 부적절하게 인식하여, 자신이 심한 병에 걸렸다는 집착과 공포를 가지는 것으로, 건강염려증이라고도 한다.

(2) 의료쇼핑(Doctor Shopping)을 하면서 자신의 신체를 반복적으로 확인하는 '진료추구형'과, 반대로 의학적 진료를 하지 않으려고 회피하는 '진료회피형'으로 구분할 수 있다.

(3) DSM-5에 따른 질병불안장애의 주요 진단기준은 다음과 같다.

① 심각한 질병을 가지고 있거나 심각한 질병에 걸렸다는 생각에 과도하게 집착한다.

② 신체적 증상이 존재하지 않거나 신체적 증상이 존재하더라도 그 강도가 약함. 만약 다른 의학적 조건을 가지고 있거나 그 악화 가능성이 매우 높더라도 집착은 명백히 과도하거나 불균형한 것이어야 함

③ 건강에 대해 매우 높은 수준의 불안증상을 보이며, 개인적 건강상태에 대해 매우 민감한 반응을 보임

④ 건강과 관련된 과도한 행동양상(예 질병의 증상을 찾기 위한 반복적인 검사)이나 부적응적인 회피행동(예 의사와의 면담 약속이나 병원에의 방문을 회피함)을 보임

⑤ 질병에 대한 집착이 최소 6개월 이상 지속되어야 하며, 두려워하는 질병이 그 기간 동안에 변화해야 함

(4) 질병불안장애의 원인

① **정신분석적 입장:** 질병불안장애를 성적 충동이 과도하게 자신에게 지향된 결과로 본다.

② **행동주의적 입장:** 질병불안장애를 조건형성의 원리를 통해 설명한다.

㉠ 질병에 대한 두려움으로 인해 신체불안반응이 유발된다.

㉡ 신체변화와 불안반응은 환경적 요인이나 내부적 단서에 조건형성이 될 수 있다.

㉢ 이러한 단서에 노출되면 질병불안적인 증상이 나타나고, 이렇게 형성된 증상은 여러 가지 강화요인에 의해서 지속되고 악화된다.

4. 전환장애(Conversion Disorder)

(1) 운동기능이나 감각기능상의 장애가 나타나지만 그와 같은 기능상의 장해를 설명할 수 있는 신체적 혹은 기질적 이상이 발견되지 않는 장애를 말한다.

(2) 과거 히스테리성신경증(Hysterical Neurosis)이라고도 불렸으며, 특히 신경학적 손상을 시사하는 한 가지 이상의 신체적 증상을 나타내므로 기능성신경 증상장애(Functional Neurological Symptom Disorder)로 불리기도 한다.

(3) 신체증상은 의도적으로 가장된 것이 아니며, 그에 선행된 심리적 갈등이나 스트레스를 전제로 한다.

(4) **명시해야할 증상 유형**: 쇠약감이나 마비 동반, 이상 운동 동반, 삼키기 증상 동반, 언어 증상 동반, 발작 동반, 무감각증이나 감각 손실 동반, 특정 감각 증상 동반, 혼합 증상 동반

(5) **전환장애의 4가지 유형**

운동기능 이상	신체균형이나 협응기능의 손상, 신체 일부의 마비나 기능 저하, 불성증(목소리가 나오지 않음), 음식을 삼키지 못하거나 목구멍이 막힌 듯한 느낌 등
감각기능 이상	신체 일부의 촉각이나 통각 상실, 소리를 듣지 못함, 갑작스런 시력 상실 또는 이중시야 등
경련이나 발작	급작스럽게 손발이 뒤틀리는 경련, 특이한 신체 감각 등
복합적 증상	위 3가지 유형의 증상들이 복합적으로 혼재하는 경우

(6) **전환장애의 원인**

① 정신분석이론: 무의식적인 생각이나 감정을 표현하려는 욕구와 그것을 표현하는 것에 대한 두려움과의 타협으로 발생

② 행동주의적 입장: 충격적 사건이나 정서적 상태 후에 생기는 신체적 변화나 이상이 외부적으로 강화된 것

③ 생물학적 입장: 뇌의 손상이나 기능 이상 때문에 발생

7 우울장애(Depressive Disorders)

1. 개요

(1) 우울장애는 심리적 독감이라고 부를 만큼 흔한 장애이나 자살에 이르기까지 한다는 점에서 치명적인 장애이기도 하다.

(2) DSM-4의 분류기준에서 우울장애는 기분장애의 하위유형으로 분류되었다. 그러나 DSM-5에서는 기분장애에서 분리되어 우울장애(Depressive Disorders)의 독립된 장애범주로 분류된다.

(3) DSM-5의 분류기준에 의한 우울장애의 주요 하위유형은 다음과 같다.

> • 주요우울장애(Major Depressive Disorder)
> • 지속성우울장애(Persistent Depressive Disorder) 또는 기분부전증(Dysthymia)
> • 월경 전 불쾌감 장애(Premenstrual Dysphoric Disorder)
> • 파괴적 기분조절 곤란장애 또는 파괴적 기분조절 부전장애(Disruptive Mood Dysregulation Disorder) 등

(4) 우울장애에 관한 이론

정신분석적 이론	• 우울장애를 분노가 무의식적으로 자기 자신에게 향해진 현상으로 본다. • 프로이트는 구강기 동안 욕구가 충족되지 못했거나 과잉 충족되면 우울장애에 걸릴 수 있다고 보았다. • 분노의 내향화는 자기비난, 자기책망, 죄책감 등으로 인한 자기가치감 손상 및 자아기능 약화를 유발하며 우울장애로 발전하게 된다.
행동주의적 이론	• 개인의 수동적 태도 및 자신의 삶을 통제할 수 없다는 느낌이 이전의 통제 실패 경험이나 외상을 통해 획득된다는 '학습된 무기력이론'에 근거한다. • 개인이 스스로 통제할 수 없는 스트레스 상황이 반복될 때 무기력감이 학습되고, 결국 통제 가능한 스트레스 상황에서도 적절한 수행을 어렵게 하며 우울 증상으로 이어진다.
생물학적 이론	• 유전적 요인, 신경전달물질, 뇌구조의 기능, 내분비계통의 이상이 우울장애와 관련된다고 본다. • 단극성 우울증보다 양극성 우울증이 유전적 영향을 많이 받는다는 증거가 나타난다. • 카테콜라민(Catecholamine) 결핍이 우울장애와 관련이 있다는 가설이 있다. • 뇌의 시상하부의 기능장애로 인해 우울장애가 유발되고 생체리듬의 이상이 우울장애를 유발한다고 본다.

개념더하기 ▶ 우울장애의 귀인이론(Abramson)

우울장애는 '내부적 · 외부적 요인', '안정적 · 불안정적 요인', '전반적 · 특수적 요인' 3가지 방향으로 귀인이 이루어진다.

내부적 · 외부적 요인	• 실패의 원인을 자신의 능력 또는 노력의 부족, 성격상의 결함 등 내부적 요인으로 귀인하는 경우 우울감이 증폭된다. • 실패의 원인을 과제의 난이도나 운 같은 외부적 요인으로 귀인하는 경우, 우울감은 상대적으로 낮은 수준을 보인다.
안정적 · 불안정적 요인	• 실패의 원인을 자신의 능력 부족이나 성격상의 결함 등 안정적 요인으로 귀인하는 경우, 우울감은 만성화 · 장기화된다. • 실패의 원인을 노력 부족 등 불안정적 요인으로 귀인하는 경우, 우울감은 상대적으로 단기화된다.
전반적 · 특수적 요인	• 실패의 원인을 자신의 전반적인 능력 부족이나 성격 전체의 문제 등으로 귀인하는 경우, 우울증이 일반화된다. • 실패의 원인을 자신의 특수한 능력 부족이나 성격상 일부의 문제 등으로 귀인하는 경우, 우울증이 특수화된다.

2. 주요 우울장애(Major Depressive Disorder)

(1) 우울장애의 유형 중 가장 심한 형태로, '우울한 기분'이나 '흥미 · 즐거움의 상실'이 현저한 상태로 나타난다.

(2) '단극성 장애'라고 하며, 남성보다 여성에게 대략 2배 정도 많이 나타난다.

(3) 다음 우울증삽화 중 5가지 이상이 2주 연속으로 지속되면 주요 우울장애로 본다.

① 하루 중 대부분 거의 매일 지속되는 우울 기분

② 하루 중 대부분 거의 매일 거의 모든 일상 활동에 대해 흥미나 즐거움 저하

③ 체중 조절을 하지 않는 상태에서 유의미한 체중 감소나 체중 증가, 거의 매일 나타나는 식욕 감소나 증가

④ 거의 매일 나타나는 불면이나 과다수면

⑤ 거의 매일 나타나는 정신운동 초조나 지연

⑥ 거의 매일 나타나는 피로 또는 활력 상실

⑦ 거의 매일 나타나는 자기무가치감 또는 부적절한 죄책감

⑧ 거의 매일 나타나는 사고력 · 집중력 · 판단력 감소

⑨ 죽음에 대한 반복적인 생각 또는 자살시도나 자살수행계획

(4) 주요 우울장애에 동반되는 세부 양상 유형: 불안증 동반, 혼재성 양상 동반, 멜랑콜리아 양상 동반, 비전형적 양상 동반, 기분과 일치하는 또는 일치하지 않는 정신병적 양상 동반, 긴장증 양상 동반, 계절성 양상 동반, 주산기 발병 동반

3. 지속성우울장애(기분저하증)

(1) 지속성우울장애 또는 기분부전증(Dysthymia)은 우울증상이 2년 이상 장기간에 걸쳐 지속되는 경우에 해당한다.

(2) DSM-5에서 새롭게 제시된 진단명으로서, DSM-4의 분류기준상 만성 주요우울장애(Chronic Major Depressive Disorder)와 기분부전장애(Dysthymic Disorder)가 합쳐진 것이다.

(3) 지속성우울장애는 최소 2년 동안 하루의 대부분 우울한 기분을 가지며, 우울한 기분이 있는 날이 그렇지 않은 날보다 많은 것을 특징으로 한다.

(4) 지속성우울장애는 만성적인 경과로 인해 비만성적 우울장애에 비해 실업 및 재정적 곤란, 운동능력 약화, 사회적 위축, 일상생활 부적응이 더욱 심각하게 나타날 수 있다.

개념더하기	월경 전 불쾌감 장애 & 파괴적 기분조절 부전장애
월경 전 불쾌감 장애	대부분 월경주기마다 월경이 시작되기 1주 전에 다음 중 5가지 증상 이상이 시작되고, 월경이 시작된 후 수일 안에 호전되며 월경이 끝난 후에는 증상이 경미하거나 사라진다.
파괴적 기분조절 부전장애	• 주로 아동기나 청소년기에 나타나는 반복적으로 심한 파괴적 분노를 폭발하는 경우 • 언어 또는 행동을 통하여 심한 분노폭발을 반복적으로 나타낸다. 이러한 분노는 상황이나 촉발 자극의 강도나 기간에 비해서 현저하게 과도한 것이어야 한다.

8 해리장애(Dissociative Disorder)

1. 개요

(1) 해리(Dissociation)는 자신의 행동을 자각수준으로부터 분리하는 과정으로서, 자기 자신, 시간, 주위 환경에 대한 의식이 단절되는 현상을 말한다.

(2) 해리장애는 의식, 기억, 행동 및 자기정체감의 통합적 기능에 있어서 갑작스러운 이상증상을 나타내는 장애이다.

(3) 본래 해리현상은 일상생활에서 누구나 겪을 수 있는 정상적인 경험에서부터 심한 부적응상태를 초래하는 병리적 현상에 이르기까지 광범위한 연속적인 심리적 현상으로 볼 수 있다.

(4) 정신분석학적 관점에서 해리는 정신의 능동적 과정이다. 이때 해리는 괴로움이나 갈등상태에 놓인 인격의 일부를 다른 부분과 분리하는 것으로서, 정신분석에서는 이러한 해리를 불안이나 공포에 저항하기 위한 능동적인 방어와 억압으로 간주한다.

(5) DSM-5의 분류기준에 따른 해리장애의 주요 하위유형은 다음과 같다.

> • 해리성 정체감장애(Dissociative Identity Disorder)
> • 해리성 기억상실증(Dissociative Amnesia)
> • 이인증/비현실감장애(Depersonalization/Derealization Disorder) 등

2. 해리성 정체감장애(Dissociative Identity Disorder)

(1) 해리성 정체감장애는 과거에 다중인격장애 또는 다중성격장애로도 불렸다.

(2) 한 사람 안에 서로 다른 정체성과 성격을 가진 여러 사람이 존재하면서 상황에 따라 각기 다른 사람이 의식에 나타나서 말과 행동을 하는 모습을 보인다.

(3) 한 사람에게 둘 이상의 서로 다른 정체감을 지닌 인격이 존재하는 해리상태에 해당하며, 인격의 수는 2~100개 이상 보고되고 있으나 사례들 중 절반 이상에서 그 수가 10개 이하인 것으로 알려져 있다.

(4) 각각의 인격은 반복적으로 개인의 행동을 통제하며, 개별적인 과거력과 자아상을 가진다. 특히 한 인격이 의식에 나타나 경험한 것을 다른 인격이 기억하지 못하는 경우가 많다.

3. 해리성 기억상실증(Dissociative Amnesia)

(1) 해리성 기억상실증은 개인의 중요한 과거경험이나 정보를 기억하지 못하는 것으로, 과거에는 심인성기억상실증(Psychogenic Amnesia)으로도 불렸다.

(2) DSM-5에서는 해리성 기억상실증의 핵심증상으로, 통상적인 망각과는 일치하지 않는 중요한 자서전적 정보에 대한 회상능력의 상실을 제시하고 있다.

(3) 해리성 기억상실증은 보통 특정한 사건에 대한 국소적 또는 선택적 기억상실로 나타나지만, 정체성과 생활사에 대한 전반적인 기억상실로 나타나는 경우도 있다. 그러나 그와 같은 경우에도 일반상식이나 지식과 같은 비개인적인 정보의 기억에는 손상이 없으며, 언어 및 학습능력 등 일반적 적응기능 또한 유지되는 경우가 대부분이다.

(4) 정신분석학적 관점에서 해리성 기억상실증을 가진 사람은 억압 및 부인의 방어기제를 통해 불안과 공포의 경험을 무의식 안으로 억압하거나 의식에서 몰아내는 경향을 보인다.

4. 이인증/비현실감장애

(1) '이인증/비현실감'은 자기 자신 또는 세상과 분리된 듯한 주관적인 경험으로, 지각적 통합의 실패를 의미하는 해리 증상이다.

(2) 비현실, 분리의 경험, 또는 자신의 생각, 느낌, 감각, 신체 또는 행동에 대해 외부의 관찰자가 되는 경험을 지속적으로 또는 반복적으로 경험한다.

(3) 임상적으로 심각한 고통이나 사회적ㆍ직업적, 또는 다른 중요한 기능 영역에서 임상적으로 유의미한 고통이나 손실을 초래한다.

(4) 이인증 경험은 정신분열증, 공황장애, 급성스트레스장애, 또는 기타 해리장애의 경과 중에만 일어나는 것이 아니고, 물질이나 일반적인 의학적 상태의 직접적인 생리적 효과로 인한 것이 아니다.

(5) 이인증/비현실감장애의 원인

① **신체적 원인**: 외상(Trauma)은 이인증 발생과 관련 깊은데, 이인증을 경험하는 환자의 1/3~1/2 정도에서 심각한 외상을 경험한 적이 있다. 또한, 생명을 위협받은 경험을 한 사람들의 60% 정도에서 사건 당시나 사건 직후에 일시적인 이인증을 경험한다고 보고된다.

② **신경학적 원인**: 신경학적 원인으로 간질이나 뇌종양, 편두통, 뇌진탕 등에 동반되어 생길 수 있고, 대사 이상 등에 의해서도 생길 수 있다.

③ **심리적 원인**: 정신역동학적으로는 이인증을 심하고 고통스러운 경험과 갈등적인 상황에 대해 자아를 방어하는 일종의 정서적인 반응으로 보기도 한다. 어린 시절의 대인관계에서 받은 외상(특히 정서적인 학대)과 관련이 깊은 것으로 알려져 있다.

④ **인지행동 모델**: 우울이나 불안, 스트레스, 피로감, 약물 등과 같은 다양한 원인에 의해서 일시적으로 경험할 수 있다.

⑤ **약물 원인**: 마리화나, 환각제, 중추신경자극제 등의 약물을 사용하여 발생하기도 한다.

9 조현병 스펙트럼 및 기타 정신병적 장애

1. 개요

(1) DSM-5의 분류기준에 따른 정신분열스펙트럼 및 기타 정신증적 장애는 DSM-4의 분류기준상 조현병(정신분열증)과 기타 정신증적 장애(Schizophrenia and Other Psychotic Disorders)를 대체한 것이다. 이는 기괴한 사고와 와해된 언어를 특징으로 하는 다양한 장애들의 통합적 범주에서, 그 증상의 심각도에 따라 동일선상의 스펙트럼으로 배열할 수 있다는 데 따른 것이다.

(2) DSM-5의 분류기준에 의한 정신분열스펙트럼 및 기타 정신증적 장애의 주요 하위유형은 다음과 같다.

> • 분열형(성격)장애 또는 조현형(성격)장애[Schizotypal (Personality) Disorder]
> • 망상장애(Delusional Disorder)
> • 단기 정신증적 장애 또는 단기 정신병적 장애(Brief Psychotic Disorder)
> • 정신분열형장애 또는 조현양상장애(Schizophreniform Disorder)
> • 정신분열증 또는 조현병(Schizophrenia)
> • 분열정동장애 또는 조현정동장애(Schizoaffective Disorder) 등

(3) DSM-5 분류기준에서 정신분열스펙트럼 및 기타 정신증적 장애를 그 증상의 심각도에 따라 낮은 수준에서 높은 수준으로 배열하는 경우 다음과 같이 제시할 수 있다.

← 심각도 낮음				심각도 높음 →
분열형(성격) 장애	망상장애	단기정신증적장애	정신분열형장애	조현병(정신분열증) 및 분열정동장애

2. 조현병(정신분열증, Schizophrenia)

(1) 뇌의 특별한 기질적 이상 없이 사고나 감정, 언어, 지각, 행동 등에서 부적응적인 양상을 나타내 보이는 정신장애이다.

(2) 정신증(Psychosis)에 속하는 대표적인 장애로서, 현실검증력이 손상되어 비현실적 지각과 비논리적 사고를 나타내며, 혼란스러운 심리상태에 빠지게 된다.

(3) 조현병(정신분열증)의 주요증상들은 인지적·정서적·행동적 영역에 걸쳐 광범위하게 나타난다. 즉, 단일 질환이라기보다는 다양한 원인에 의해 유사한 증상들을 보이는 일종의 질환군으로 보아야 한다.

(4) DSM-5의 진단기준에서 조현병(정신분열증)은 망상, 환각, 와해된(혼란스러운) 언어, 와해된 행동 또는 긴장증적 운동, 음성증상 등을 주된 증상으로 하며, 특히 망상, 환각, 와해된 언어를 핵심증상으로 간주한다.

> - 망상(Delusion): 자신과 세상에 대한 왜곡된 양상의 견고하고 지속적인 신념
> - 환각(Hallucinations): 현저하게 왜곡된 비현실적 지각
> - 와해된(혼란스러운) 언어(Disorganized Speech): 혼란스럽고 비논리적이며 지리멸렬한 언어
> - 와해된 행동 또는 긴장증적 운동(Grossly Disorganized or Catatonic Behavior): 심하게 혼란스러운 행동 또는 근육이 굳은 것처럼 특정자세를 유지하는 행동
> - 음성증상(Negative Symptoms): 감퇴된 정서적 표현 또는 무욕증 등

(5) 보통 청소년기 이후, 즉 10대 후반에서 30대 중반에 흔히 발병하여, 연령상 남성이 여성보다 빨리 발병하는 것으로 보고되고 있다.

(6) 원인이 명확히 밝혀지지 않았으나 도파민(Dopamine) 등 신경전달물질시스템의 이상, 전두엽이나 변연계 등의 이상, 중추신경계의 손상, 유전적 요인, 태내조건, 출생 시의 문제, 출생 직후의 문제의 복합적인 작용에 의해 발병하는 것으로 추정하고 있다.

(7) 조현병(정신분열증)의 양성증상과 음성증상

① 조현병 환자들이 나타내는 증상들은 양성증상과 음성증상으로 구분한다.

② 양성증상은 망상이나 환각 등 정상적인 기능의 과잉 혹은 왜곡을 반영한다.

③ 음성증상은 의욕결핍이나 표현불능 등 적응적 기능의 결핍을 반영한다.

양성증상	음성증상
• 정상적·적응적 기능의 과잉 또는 왜곡을 나타냄 • 도파민 등 신경전달물질의 이상에 의한 것으로 추정함 • 스트레스 사건에 의해 급격히 발생함 • 약물치료에 의해 호전되며, 인지적 손상이 적음 • 망상 또는 피해망상, 환각, 환청, 와해된 언어나 행동 등	• 정상적·적응적 기능의 결여를 나타냄 • 유전적 소인이나 뇌세포상실에 의한 것으로 추정함 • 스트레스 사건과의 특별한 연관성 없이 서서히 진행됨 • 약물치료로도 쉽게 호전되지 않으며, 인지적 손상이 큼 • 정서적 둔마, 무논리증 또는 무언어증, 무욕증 등

개념더하기 ▶ 조현병(정신분열증)의 11가지 일급증상

1. 사고 반향(자신의 생각이 크게 말해지는 소리를 들음)
2. 환청과의 대화나 논쟁
3. 자신의 활동을 간섭하거나 논평하는 환청
4. 망상적 지각(지각 자체는 정상이나 그에 대해 망상적 해석을 내림)
5. 신체적 피동체험(외적인 힘에 의해 자신의 행동이 지배당한다는 믿음)
6. 사고 투입(외적인 힘에 의해 이질적인 사고가 자신에게 주입되는 느낌)
7. 사고 철수(외적인 힘에 의해 자신의 사고를 빼앗기는 느낌)
8. 사고 전파(자신의 사고가 마술적이고 불수의적으로 다른 사람에게 전달된다는 믿음)
9. 만들어진 감정(외부의 힘에 의해 부여되고 조정되는 감정의 경험)
10. 만들어진 충동(외부의 힘에 의해 부여되고 조정되는 충동의 경험)
11. 만들어진 수의적 행동(외부의 힘에 의해 자신의 행동이 조정되는 경험)

3. 조현정동장애(분열정동장애)

(1) 조현병과 함께 증상의 심각도와 부적응 정도가 가장 심한 장애로 분류된다.

(2) 초기에 현저한 환청과 피해망상이 2개월 정도 나타나다가 주요 우울증 증상이 나타나고, 이후에 정신분열증적 증상과 주요 우울증의 증상이 공존한다.

(3) 이후 주요 우울증 증상은 완전히 사라지고, 정신분열증적 증상만 1개월 정도 더 지속되다 사라진다.

(4) 발병시기가 빠르고, 갑작스러운 환경적 스트레스에 의해 급성적으로 시작되며, 심한 정서적 혼란을 나타낸다.

(5) 초기 성인기에 나타나는 양극형과 후기 성인기에 나타나는 우울형으로 분류된다.

4. 조현양상장애(정신분열형장애)

(1) 조현병과 동일한 임상적 증상을 나타내지만, 장애의 지속기간이 1개월 이상 6개월 이하인 경우를 말한다.

(2) **DSM-5 진단기준**
다음 5가지 증상 중 2가지 이상이 1개월 기간 동안 상당 부분의 시간에 존재해야 한다.

> 1. 망상
> 2. 환각
> 3. 와해된 언어 · 사고
> 4. 심하게 혼란스러운 행동이나 긴장성 행동
> 5. 음성증상 예 정서적 둔마, 무의욕증

(3) 조현정동장애와 정신병적 양상을 동반한 우울 또는 양극성 장애는 배제된다(주요 우울 또는 조증 삽화가 활성기 증상과 동시에 일어나지 않고, 기분삽화*가 활성기 증상 동안 일어난다고 해도 병의 전체 지속 기간의 일부에만 존재하기 때문에 배제함).

(4) 장애가 물질의 생리적 효과나 다른 의학적 상태로 인한 것이 아니다.

5. 망상장애(Delusional Disorder)

(1) 현재 사용되는 의미와는 혼돈스러운 측면이 있으나 과거 편집증(Paranoia)으로 불린 장애에 해당한다.

(2) 기괴하지 않은 망상, 예를 들어 누군가 자신을 미행한다거나, 독을 먹이려고 한다거나, 자신의 배우자가 부정하다는 등 현실에서 발생할 수 있는 상황과 연관된다.

(3) 한 가지 이상의 명백한 망상이 최소 1개월 이상 지속적으로 나타나지만, 조현병(정신분열증)의 진단기준에 부합하지 않는 경우 망상장애로 진단된다.

(4) 망상 외의 별다른 기능적 손상을 보이지 않으며, 행동에 있어서도 특별한 이상을 나타내지 않는다. 그러나 특정한 내용의 망상과 관련된 영역에서는 갈등을 나타내게 된다. 예 의처증 또는 의부증 등

(5) 다른 정신질환과 달리 사회적 · 직업적 기능이 비교적 유지되는 양상을 보인다.

---

* 기분삽화
양극성 장애에서 나타나는 극심한 기분 변화

(6) DSM-4의 진단기준에서와 마찬가지로 DSM-5에서도 망상장애를 색정형, 과대형, 질투형, 피해형, 신체형, 혼합형, 불특정형 등의 하위유형으로 구분하도록 하고 있다.

색정형 (애정형)	• 중심 망상은 다른 사람이 자신을 사랑한다는 망상이다. • 이런 환자에게서 흔히 볼 수 있는 역설적 행동은 망상의 대상이 되는 사람이 거부하는 말이나 행동을 해도 모두 애정표현이라고 해석하는 것이다.
과대형	• 중심 망상은 자신이 위대하고 비밀스러운 능력을 가졌다는 망상이다. 또는 대통령 같은 특별한 사람과 특별한 관계라고 생각한다. • 과대망상은 종교적인 내용을 가질 수도 있어 망상을 가진 환자가 종교집단의 지도자가 될 수도 있다.
질투형	• 망상이 배우자의 부정과 연관될 때 부부간의 편집증이라고 불린다. • 남자가 여자보다 흔하고, 심해지면 배우자를 언어적·신체적으로 학대하기도 한다.
피해형	• 자신이 음모의 대상이 되거나, 속임을 당하고 있다거나, 추적당하고 있다거나, 자신도 모르게 약물이나 독약을 먹는다고 생각하거나, 어떤 장기적인 목표를 추구하는 데 있어서 방해를 받고 있다고 생각한다. • 망상장애 중 가장 높은 유병률을 보인다.
신체형	• 주요 망상은 감염, 피부에 벌레가 서식한다는 생각, 피부나 입, 자궁에서 나는 체취에 관한 망상, 신체의 일부가 제대로 기능을 못한다는 망상이다. • 약물남용이 흔하며, 증상으로 인한 좌절로 자살을 기도하기도 한다.
혼합형	어느 한 가지 망상적 주제가 두드러지지 않는다.

> **개념더하기**　조현형 성격장애(분열형 성격장애)
>
> 친밀한 인간관계를 불편해하고, 인지적 또는 지각적 왜곡과 더불어 기이한 행동을 하는 성격장애로서, '조현병 스펙트럼 및 기타 정신병적 장애'에 속하는 동시에 '성격장애'에도 속하는 장애이다.

10 양극성 및 관련 장애

1. 개요

(1) DSM-5에서는 기분장애에서 분리되어 독립된 장애범주로 분류된다.

(2) DSM-5의 분류기준에 따른 양극성 및 관련 장애의 주요 하위유형은 다음과 같다.

> • 제1형 양극성 장애(Bipolar I Disorder)
> • 제2형 양극성 장애(Bipolar II Disorder)
> • 순환성 장애 또는 순환감정장애(Cyclothymic Disorder)

(3) 양극성 장애는 고양된 기분상태와 우울한 기분상태가 교차되어 나타나는 장애이다. 즉, 조증상태가 나타나거나 조증상태와 우울상태가 번갈아 나타난다. 그로 인해 과거에는 조울증(Manic Depressive Illness)으로 불렸다.

(4) DSM-4에서는 조증삽화와 주요 우울증삽화의 증상들이 혼합되어 나타나는 것을 혼재성삽화(Mixed Episode)로 제시하여 별도의 분류기준을 마련하였으나, DSM-5에서는 이를 혼재성 양상 혹은 혼합 특질(with Mixed Features)로 제시하고 있다.

조증삽화	• 비정상적으로 의기양양하고 아무런 거리낌이 없으며, 과도하게 고양된 기분이 최소 1주간 거의 매일 하루 대부분 지속된다. • 다음 증상 중 3개 이상이 심각한 정도로 나타나거나 4개 이상이 과민한 정도로 나타난다. – 자기존중감이 팽창하거나 지나치게 과장된 자신감 – 수면 욕구 감소 – 평소보다 말이 많아지거나 말을 계속함 – 사고비약(Flight of Ideas)이 있거나 사고가 연이어 나타남 – 지나친 주의산만 – 목표 지향적 활동의 증가 또는 정신 운동의 초조 – 고통스러운 결과에 이르는 쾌락적 활동에 과도한 몰두
경조증삽화	• 비정상적으로 의기양양하고 아무런 거리낌이 없으며, 과도하게 고양된 기분이 최소 4일 이상 거의 매일 하루 중 대부분 지속된다. • 조증 삽화 중 3가지 이상이 심각한 정도로 나타나거나 4개 이상이 과민한 정도로 나타난다.
주요 우울삽화	다음 중 5가지 이상 증상이 2주 지속되며, 이전과 비교할 때 기능상태의 변화를 보인다. – 하루 중 대부분 거의 매일 지속되는 우울 기분 – 하루 중 대부분 거의 매일 거의 모든 일상 활동에 대해 흥미나 즐거움 저하 – 체중 조절을 하지 않는 상태에서 유의미한 체중 감소나 체중 증가, 거의 매일 나타나는 식욕 감소나 증가 – 거의 매일 나타나는 불면이나 과다수면 – 거의 매일 나타나는 정신운동 초조나 지연 – 거의 매일 나타나는 피로 또는 활력 상실 – 거의 매일 나타나는 자기무가치감 또는 부적절한 죄책감 – 거의 매일 나타나는 사고력 · 집중력 · 판단력 감소 – 죽음에 대한 반복적인 생각 또는 자살 시도나 자살 수행 계획

2. 제1형 양극성 장애(Bipolar I Disorder)

(1) 양극성 장애의 유형 중 가장 심한 형태로서, 기분이 비정상적으로 고양되는 조증 상태를 특징으로 한다.

(2) 비정상적으로 의기양양하고 자신만만하거나 과민한 기분, 목표지향적 행동이나 에너지 수준이 비정상적으로 증가된 상태가 최소 일주일 이상 분명하게 지속되는 조증삽화(Manic Episode)를 나타내야 한다.

(3) 한번 이상의 조증삽화가 나타나는 모든 경우에 해당하며, 보통 제1형 양극성 장애를 가진 사람들은 한 번 이상의 주요 우울증삽화를 경험한다.

3. 제2형 양극성 장애(Bipolar II Disorder)

(1) 제1형 양극성 장애와 유사하나 조증삽화보다 정도가 약한 경조증삽화(Hypomanic Episode)와 함께 부가증상들이 최소 4일 연속으로 지속되는 경우에 진단된다.

(2) 경조증삽화의 7가지 주요 증상들 중 3가지(단지 기분이 과민한 경우 4가지) 이상이 나타나지만, 이와 같은 증상들이 그 자체로 사회적 또는 직업적 기능에서의 현저한 손상을 야기하거나 입원이 필요할 정도로 심각하지 않다.

(3) 제2형 양극성 장애로 진단되기 위해서는 한 번 이상의 경조증삽화와 한 번 이상의 주요 우울증삽화를 경험해야 한다. 반면, 조증삽화는 한 번도 경험한 적이 없어야 한다.

(4) 경조증과 우울증의 잦은 교체로 인한 예측불가능성은 사회적 · 직업적 기능 또는 다른 중요한 기능영역에서 임상적으로 유의미한 고통이나 손상을 초래한다.

4. 순환성 장애 또는 순환감정장애(Cyclothymic Disorder)

(1) 기분삽화에 해당하지 않는 경미한 우울증상과 경조증증상이 최소 2년 동안(아동 및 청소년의 경우 최소 1년 동안) 순환적으로 나타나는 경우 진단된다. 특히 2년(아동 및 청소년의 경우 최소 1년)의 기간 중 최소한 절반 이상의 기간 동안 우울증상과 경조증증상이 나타나야 하며, 아무런 증상이 없는 기간이 2개월 이상 지속되어서는 안 된다.

(2) 순환성 장애로 진단되기 위해서는 조증삽화, 경조증삽화, 주요 우울증삽화를 한 번도 경험한 것이 없어야 한다.

(3) 순환성 장애를 가진 사람은 제1형 양극성 장애나 제2형 양극성 장애로 발전될 확률이 매우 높다.

(4) 순환성 장애가 발병한 후 2년이 지난 후에 주요 우울증삽화, 조증삽화 또는 경조증삽화가 나타나는 경우 진단은 각각 주요우울장애, 제1형 양극성 장애, 달리 분류된 혹은 분류되지 않는 양극성 및 관련 장애로 변경된다.

개념더하기 정신병과 신경증의 차이

구분	정신병	신경증
원인	뇌의 구조나 신경전달물질의 이상분비 등 기질성	심인성
치료	약물 치료	심리요법
증상	현실을 분별하는 능력이 결여되어 정상적인 대화가 어려움	불안과 공포에 시달리지만 현실감각은 유지

11 성격장애

1. 개요

(1) 성격장애는 성격 자체의 부적응성으로 인해 개인이 사회적·문화적 기대에 어긋난 내적 경험과 행동양식을 보이는 경우를 말한다.

(2) 임상적 증후군과 달리 아동기부터 점진적으로 형성되기 시작하여, 성격적·인격적 특성이 굳어지는 대략 18세 이후의 청소년기 후기 또는 성인기 초기에 진단된다.

(3) 성격장애는 부적응적인 성격특성이 생활전반에 걸쳐 널리 퍼져 있으며, 그 기간이 최소 1년 동안 지속되어야 한다.

(4) 성격장애는 시간이 지나더라도 쉽게 변하지 않으며, 그로 인한 고통과 장애를 동반한다.

(5) 중요한 지지자나 지지기반을 상실한 경우, 사회적·직업적 적응에 현저한 문제가 발생한 경우 악화될 수 있다.

(6) 성격장애의 진단에 있어서 개인의 인종적·문화적·사회적 배경을 고려할 필요가 있다. 이는 한 문화에서 적응적인 성격특성이 다른 문화에서는 그렇지 못한 것으로 평가될 수도 있기 때문이다.

2. DSM-5에 의한 성격장애의 분류

(1) 성격장애는 A군, B군, C군의 세 군집과 10가지 하위유형으로 구분된다.

(2) A군 성격장애는 기이하고 괴상한 행동특성을 나타내는 장애인 반면, B군 성격장애는 극적이고 감정적이며 변화가 많은 행동을 주된 특징으로 하는 장애이다. 그에 반해 C군 성격장애는 불안이 높고 자기 신뢰가 부족하며, 사람과의 관계에서 두려움을 갖는 행동을 주된 특징으로 하는 장애이다.

(3) 성격장애의 하위유형 중 반사회성 성격장애는 남성에게서, 연극성(히스테리성) 성격장애와 의존성 성격장애, 경계성 성격장애는 여성에게서 더욱 자주 진단된다.

분류	내용
A군 성격장애	• 편집성 성격장애(Paranoid Personality Disorder) • 분열성(조현성) 성격장애(Schizoid Personality Disorder) • 분열형(조현형) 성격장애(Schizotypal Personality Disorder)
B군 성격장애	• 반사회성 성격장애(Antisocial Personality Disorder) • 연극성(히스테리성) 성격장애(Histrionic Personality Disorder) • 경계성 성격장애(Borderline Personality Disorder) • 자기애성 성격장애(Narcissistic Personality Disorder)
C군 성격장애	• 회피성 성격장애(Avoidant Personality Disorder) • 의존성 성격장애(Dependent Personality Disorder) • 강박성 성격장애(Obsessive-Compulsive Personality Disorder)

3. A군 성격장애

(1) 편집성 성격장애(Paranoid Personality Disorder)

① 타인에 대해 불신과 의심을 품으며, 타인의 행동이나 의도를 적대적인 것으로 해석한다.

② 타인이 자신을 관찰하고 기만한다고 의심하며, 타인의 순수한 행동이나 말에 대해서도 좋지 않은 의도를 가지고 있는 것으로 해석한다.

③ 자신의 말이 불리하게 사용될 수 있다는 두려움으로 인해 타인과 가까워지려고 하지 않으며, 타인과의 관계에서 조심스럽고 치밀하며 비밀이 많다.

④ 타인에 대한 불신으로 일을 혼자 처리하려는 경향이 있으며, 타인을 조정·지배하려고 한다.

⑤ 자신에 대한 모욕이나 경멸을 용서하지 않으며, 사소한 충돌에도 공격성을 보이고 적개심을 품는다.

⑥ 스트레스에 의한 우울증, 공포증, 강박장애 등을 일으킬 가능성이 높다.

⑦ 아동기와 청소년기에 과민성, 비사교성, 공상 또는 망상, 낮은 학업성취도 등을 보인다.

⑧ 여성보다는 남성에게서 많이 나타나며, 동성애자나 소수민족, 이민자에게서 상대적으로 유병률이 높은 것으로 보고되고 있다.

> **개념더하기** 편집성 성격장애와 관련된 방어기제 투사(Projection)
>
> • 편집성 성격장애를 가진 사람에게서 주로 나타나는 방어기제는 투사(Projection)로, 이는 자신의 바람직하지 못한 행동과 생각을 마치 다른 사람의 것인양 생각하고 남을 탓하는 것이다.
> • 투사는 두 가지 과정으로 전개된다. 우선 바람직하지 못한 특성이나 동기를 억압하여 자신과는 아무런 관련이 없는 것으로 단정한다. 다음으로 그와 같은 특성이나 동기를 타인에게 전가한다.
> • 이와 같이 투사는 자신의 바람직하지 못한 행동과 생각을 부인 및 방출하는 도구인 동시에 자신의 적대적 동기를 타인에게 전가시켜 타인을 향한 공격성을 정당화하는 도구로도 사용된다.

(2) 분열성(조현성) 성격장애(Schizoid Personality Disorder)

① 사회적 관계로부터 고립되어 대인관계를 기피하며, 자신의 감정을 표현하지 않는다.

② 타인과 관계를 형성하는 능력, 적절한 반응을 통해 소통하는 능력에 장애가 있으므로 사회적 적응에 어려움을 나타낸다.

③ 타인에 대해 무관심하며, 극히 소수의 사람들과만 친밀한 관계를 맺는다.

④ 지나치게 온순하고 내향적인 성격을 보이며, 타인의 칭찬이나 비난에 무관심하다.

⑤ 사회적으로 무능하여 대인관계를 요하는 업무수행에 어려움을 보이지만, 혼자 하는 활동에서는 능숙한 모습을 보이기도 한다.

⑥ 흔히 우울증을 지니고, 극심한 스트레스에 의해 망상장애나 조현병(정신분열증)을 일으킬 수도 있다.

⑦ 가족이나 친척 중에 조현병(정신분열증)이나 분열형(조현형) 성격장애를 가진 경우가 많다.

⑧ 아동기와 청소년기에 비사교성, 낮은 학업성취도 등을 나타낸다.

⑨ 주지화의 방어기제를 흔히 사용하며, 이와 같은 주지화가 분열성(조현성) 성격장애자에게 환경과 정서적으로 관련되지 않고 초연하게 지낼 수 있는 도구가 된다.

⑩ 분열성(조현성) 성격장애를 가진 사람은 자신의 성격 문제에 대해 자발적으로 전문가에게 도움을 요청하는 경우가 드물다.

⑪ 성인의 유병률은 파악이 곤란하여 알려져 있지 않지만, 아동의 경우 남아에게서 많이 나타나는 것으로 보고되고 있다.

⑫ DSM-5에 의한 주요 진단기준
분열성(조현성) 성격장애는 다음 7가지 특성 중 4가지 이상의 항목에 해당해야 한다.

> 1. 가족의 일원이 되는 것을 포함하여 친밀한 관계를 원하지도 즐기지도 않는다.
> 2. 거의 항상 혼자서 하는 활동을 선택한다.
> 3. 타인과 성적 경험을 가지는 것에 대해 흥미가 없다.
> 4. 즐거움을 주는 활동이 거의 없으며, 극히 소수의 활동에서 즐거움을 얻는다.
> 5. 직계가족 이외에 가까운 친구나 속내를 털어놓을 수 있는 친구가 없다.
> 6. 타인의 칭찬이나 비평에 무관심한 반응을 보인다.
> 7. 정서적으로 냉담하고 고립적이며 단조로운 정동을 보인다.

(3) 분열형(조현형) 성격장애(Schizotypal Personality Disorder)

① 조현병(정신분열증)을 유발하기 쉬운 성격적 특징을 가진다는 의미의 'Schizotypy', 즉 '정신분열 성향'이라는 용어에서 비롯된다.

② 정신분열 성향은 대인관계로부터의 철수, 인지적·지각적 왜곡, 사고와 행동의 혼란 등 3가지 요소를 가진다.

③ 경미한 조현병(정신분열증)적 증상을 동반하므로 과거에는 단순형 조현병(정신분열증, Simple Schizophrenia)으로도 불렸다.

④ 분열성(조현성) 성격장애와 매우 유사하나, 대인관계에 있어서의 불안감과 함께 괴이한 사고, 기괴한 언행 등을 보인다는 점에서 차이가 있다.

⑤ 타인과의 관계형성에 문제를 드러내며, 친밀한 대인관계를 맺는 데에 불편함을 느낀다.

⑥ 비논리적인 언어를 사용하며, 과도한 사회적 불안이나 피해의식을 가지기도 한다.

⑦ 취소의 방어기제를 흔히 사용하며, 이는 보상의 한 형태로서 심각한 병리상태에서 복잡하고 기이한 의식이나 마술적 행위의 형태를 취하기도 한다.

⑧ 아동기와 청소년기에 과민성, 비사교성, 공상 또는 망상, 낮은 학업성취도 등을 나타낸다.

⑨ 여성보다는 남성에게서 많이 나타나며, 가족 중 조현병(정신분열증) 환자가 있는 경우 상대적으로 유병률이 높다.

⑩ DSM-5에 의한 주요 진단기준

분열형(조현형) 성격장애는 다음의 9가지 특성 중 5가지 이상의 항목에 해당해야 한다.

1. 관계망상적 사고(분명한 관계망상은 제외)
2. 행동에 영향을 미치는, 하위문화의 기준에 부합하지 않는 괴이한 믿음이나 마술적 사고
   예 미신, 천리안에 대한 믿음, 텔레파시, 육감. 단, 아동 및 청소년의 경우 기괴한 환상이나 집착
3. 신체적 착각을 포함한 유별난 지각경험
4. 괴이한 사고와 언어 예 애매하고 우회적이며 은유적이고 지나치게 자세하게 묘사하거나 상동증적인 사고와 언어
5. 의심 또는 편집증적 사고
6. 부적절하거나 메마른 정동
7. 괴이하고 엉뚱하거나 특이한 행동이나 외모
8. 직계가족 이외에 가까운 친구나 마음을 털어놓을 수 있는 사람이 없음
9. 과도한 사회적 불안이 좀처럼 줄어들지 않으며, 이와 같은 불안은 자신에 대한 부정적 판단보다는 편집증적 공포와 연관됨

4. B군 성격장애

(1) 반사회성 성격장애

① 반사회성 성격장애는 사회규범에 적응하지 못하며, 타인의 권리를 무시하거나 침범하는 양상을 보인다.

② 지속적으로 비이성적 · 충동적 · 폭력적인 행위를 하며, 죄의식 없이 타인에게 피해를 입히거나 타인을 해치는 등의 범죄를 저지르기도 한다.

③ 강하게 자기주장을 내세우는 반면, 희생자 또는 약자를 무기력하다고 비난한다.

④ 가정이나 직장에서 책임을 지지 않으며, 자신의 이익을 위하여 타인을 교묘하게 이용한다.

⑤ 아동기의 품행장애나 주의력 결핍 및 과잉행동장애(ADHD)가 성인기에 이르러 반사회성 성격장애로 진행될 가능성이 높다.

⑥ 성적 일탈이나 약물남용에 빠지기 쉽다. 알코올과 마약 등 중독자와 교도소에 수감되어 있는 수용자에게 흔한 편이다.

⑦ 정직성, 의리가 없기 때문에 지속적이거나 친한 관계를 맺기가 힘들다.

⑧ DSM-5 진단기준

15세 이후 시작되고, 다른 사람의 권리를 무시하는 행동 양상이 있고, 다음 중 3가지 이상을 충족한다. 진단은 최소 18세 이상이어야 하며, 15세 이전에 품행장애의 증거가 있다. 반사회적 행동은 조현병이나 양극성 장애의 경과 중에만 나타나지 않는다.

1. 체포 이유가 되는 행위를 반복하는 등 법적 행동에 관련된 사회적 규범에 맞추지 못함
2. 반복적으로 거짓말을 함
3. 충동적이거나 미리 계획을 세우지 못함
4. 신체적 싸움이나 폭력 등이 반복적으로 나타나는 불안정성 및 공격성이 나타남
5. 자신이나 타인의 안전을 무시하는 무모성이 나타남
6. 일정한 직업을 갖지 못하거나 혹은 마땅한 재정적 의무를 다하지 못하는 것 등 지속적인 무책임성이 나타남
7. 다른 사람을 학대하거나 다른 사람 물건을 훔치는 것에 대해 양심의 가책이 결여되어 있거나 합리화가 나타남

(2) 연극성(히스테리성) 성격장애

① 연극성 성격장애는 감정 표현이 과장되고, 주변의 시선을 받으려는 일관된 성격 특징이 있으며, 이로 인해 환자의 전반적인 기능이 저하되고 주관적인 고통이 초래되는 경우이다.

② 타인의 애정과 관심을 끌기 위한 지나친 노력과 과도한 감정표현을 보인다.

③ 대인관계의 초기에는 상대방에게 매력적으로 느껴지나, 일단 친해지면 요구가 많다.

④ DSM-5 진단기준

과도한 감정과 주의를 끄는 광범위한 형태로 나타나는데, 다음 중 5가지 이상이 나타난다. 성인기 초기에 시작되며, 여러 상황에서 나타난다.

> 1. 자신이 주목받지 못하는 상황을 불편하게 생각한다.
> 2. 다른 사람과의 관계에서 부적절할 정도로 성적으로 유혹적이거나 자극적이다.
> 3. 감정 표현이 자주 바뀌고, 피상적으로 표현한다.
> 4. 자신에 대한 관심을 계속해서 유지하기 위해서 외모를 이용한다.
> 5. 연극적인 방식으로 말을 하고, 말하는 내용에 세부적인 사항이 결여되어 있다.
> 6. 자신을 극적인 방식으로 표현하고, 연극적인 태도를 보이며, 감정을 과장해서 표현한다.
> 7. 다른 사람이나 환경에 쉽게 영향을 받는다.
> 8. 다른 사람과의 관계를 실제보다 더 친한 것으로 잘못 생각한다.

(3) 경계선(경계성) 성격장애

① 경계선 성격장애는 극단적인 심리적 불안정성, 즉 대인관계나 자아상(Self-Image), 정동에 있어서 불안정성을 보인다.

② 신경증적 상태와 정신병적 상태의 경계를 의미하는 것으로, 평상시에도 위태로운 상태에 놓인 것처럼 보인다.

③ 타인으로부터 버림받는 것을 매우 두려워하며, 이성에 대해 강렬한 애정과 증오를 나타낸다.

④ 위기상태에서 매우 충동적·논쟁적이고 타인에게 책임을 전가하며, 분노를 터뜨려 통제력을 상실하기도 한다.

⑤ 급작스런 감정의 기복으로 인해 만성적인 공허감과 권태감, 우울함을 느낀다.

⑥ 성적 일탈, 약물남용, 도박, 무절제한 낭비 등을 하며, 자신의 분노를 표출하거나 타인에게서 동정을 얻기 위해 자해·자살의 위협을 보이기도 한다.

⑦ DSM-5 진단기준

대인관계, 자아상 및 정동의 불안정성과 충동성이 광범위하게 나타나며, 다음 중 5개 이상이 나타난다. 성인기 초기에 시작되며 여러 상황에서 나타난다.

> 1. 실제 유기 또는 가상 유기를 피하기 위해 필사적으로 노력한다.
> 2. 대인관계에 있어서 상대방에 대한 이상화와 평가절하의 교차가 극단적이고 반복적으로 나타난다.
> 3. 자아상이나 자기지각이 지속적으로 심각한 불안정성을 보인다.
> 4. 낭비, 물질 남용, 성관계, 난폭운전, 폭식 또는 폭음 등 자신에게 손상을 줄 수 있는 충동성을 2가지 이상 나타낸다.
> 5. 반복적으로 자해나 자살의 위협을 보이며, 실제로 자해 행위를 시도한다.
> 6. 현저한 기분 변화로 인해 정서가 불안정하다.
> 7. 만성적인 공허감을 느낀다.
> 8. 부적절하고 심한 분노를 느끼거나, 분노를 조절하는 데 어려움을 느낀다.
> 9. 스트레스에 의한 망상적 사고 또는 심한 해리증상이 있다.

(4) 자기애성 성격장애

① 자기애성 성격장애는 왜곡된 자아상으로 자신이 대단한 사람인 듯 과대평가하는 양상을 보인다.

② 자기중심적이고 과시적이며, 타인으로부터 칭찬과 찬사를 받고 싶어 하는 반면, 타인의 비판이나 비난에는 과민하게 반응한다.

③ 자신의 성공 또는 권력의 획득을 꿈꾸며, 공상적·망상적인 환상에 사로잡힌다.

④ 자신의 목표를 위해 타인을 아무런 거리낌 없이 이용하려고 한다.

⑤ 특권의식에 사로잡혀 오만하고 거만한 태도를 보임으로써 주변 사람들과 잦은 마찰을 일으키고 따돌림을 당한다.

⑥ 자기애성 성격은 자기애적 성향을 외부로 드러내는 '외현적 자기애(Narcissisme Ouvert)'와 자기애적 성향을 내부로 지니고 있는 '내현적 자기애(Narcissisme Couvert)'로 구분된다.

⑦ 자기애성 성격은 보통 사춘기에 흔히 나타나지만, 이것이 필연적으로 자기애성 성격장애 로 진행되는 것은 아니다.

⑧ DSM-5 진단기준

과대성 행동과 사고, 숭배의 요구, 공감 능력 결여가 광범위한 양상으로 있고, 다음 중 5개 이상이 나타난다. 청년기에 시작되며, 여러 상황에 나타난다.

> 1. 자신의 중요성에 대해 과장된 지각을 한다.
> 2. 성공과 권력, 탁월함과 아름다움, 이상적인 사랑에 대한 공상을 자주 한다.
> 3. 자신은 매우 특별하고 독특하므로 특별하거나 지위가 높은 사람만이 자신을 이해할 수 있으며, 자신 또한 그들과 어울려야 한다고 생각한다.
> 4. 타인으로부터 과도한 찬사를 요구한다.
> 5. 특권의식을 가지며, 특별대우에 대한 불합리한 기대감에 사로잡힌다.
> 6. 자기 목표를 위해 타인을 이용하려고 한다.
> 7. 공감 능력 결여로 인해 타인의 감정이나 요구를 무시한다.
> 8. 타인을 질투하거나 또는 자신이 타인의 질투 대상이라고 생각한다.
> 9. 오만방자한 행동이나 태도를 보인다.

5. C군 성격장애

(1) 회피성 성격장애

① 회피성 성격장애는 거절에 대해 매우 예민하고, 그로 인해 사회적으로 무기력한 모습을 보이는 성격장애로서, 사회공포증을 동반하기도 한다.

② 자신을 거절하지 않을 것이라는 확신이 드는 사람과만 인간관계를 맺고, 거부나 상실에 대한 두려움과 고통이 커서 오히려 혼자 지내려고 하지만, 내적으로는 친한 관계를 원하는 특징이 있다. 평생 유병률은 0.5~1% 정도이며, 여성에서 잘 생긴다.

③ DSM-5 진단기준

사회관계의 억제, 부적절감, 부정적 평가에 대한 예민함이 광범위한 양상으로 나타나고, 다음 중 4가지 이상 나타난다. 청년기에 시작되어 여러 상황에서 나타난다.

1. 비판이나 거절, 인정받지 못함 등 때문에 대인 접촉이 관련되는 직업 활동을 회피한다.
2. 자신을 좋아한다는 확신 없이는 대인 관계를 피한다.
3. 수치를 느끼거나 놀림 받음에 대한 두려움 때문에 친근한 대인관계 이내로 자신을 제한한다.
4. 사회적 상황에서 비판의 대상이 되거나 거절당하는 것에 대해 집착한다.
5. 부적절감으로 인해 새로운 대인관계를 맺는 것이 힘들다.
6. 자신을 사회적으로 부적절하고, 개인적으로 매력이 없는, 다른 사람에 비해 열등한 사람으로 바라본다.
7. 당황하는 인상을 줄까 두려워 어떤 새로운 일에 관여하거나 혹은 개인적인 위험을 감수하는 것을 드물게 마지못해서 한다.

(2) 의존성 성격장애

① 의존성 성격장애는 가족성원이나 타인에게 보살핌을 받고자 하는 욕구가 강하며, 순종적·의존적인 양상을 보인다. 의존성, 복종성, 수동성, 피암시성, 자기의심, 비관적 사고 등을 특징으로 한다.

② 자신의 능력과 자질을 과소평가하여 자신이 결정을 내려야 할 상황에 처하는 경우 매우 불안해하며, 중요한 결정을 내리거나 책임성을 요하는 일들에 대해 타인에게 그 책임을 넘긴다.

③ 중요한 사람과의 밀착된 관계에 금이 갈 것을 우려하여, 자신의 요구나 욕구를 억제하면서까지 상대방의 주장과 의도에 따른다. 지나친 의존 행위로 인해 원만한 대인관계를 지속하기 어렵다.

④ 자신을 의도적으로 약하게 보이도록 함으로써 상대방의 보호를 유도하는 경향이 있다.

⑤ 의존 상대와의 관계가 끝나면 일시적으로 극심한 불안과 좌절을 느끼지만, 보통 다른 의존 상대를 찾아 유사한 관계를 재형성하는 경우가 대부분이다.

⑥ 아동기나 청소년기에 경험하는 만성 신체질환이나 분리불안장애가 소인이 되기도 한다.

⑦ DSM-5 진단기준

돌봄을 받고자 하는 광범위하고 지나친 욕구가 복종적이고 매달리는 행동과 이별 공포를 초래하며, 다음 중 5개 이상이 나타난다. 청년기에 시작되며 여러 상황에서 나타난다.

1. 일상적인 결정에 대해서도 타인의 충고와 보장을 필요로 한다.
2. 자기 인생의 중요한 부분까지도 떠맡길 수 있는 타인을 필요로 한다.
3. 지지와 칭찬을 상실할지도 모른다는 두려움으로 인해 타인에게 반대의견을 제시하지 못한다.
4. 자신의 일을 단독으로 시작하거나 수행하는 데 어려움을 느낀다.
5. 타인의 지지와 보호를 얻기 위해서라면 어떠한 일이든 마다하지 않는다.
6. 자신이 혼자 일을 처리해야 하는 경우 과장된 두려움과 불안감을 느낀다.
7. 의존 상대와의 친한 관계가 끝나는 경우 서둘러 다른 지지와 보호의 대상을 찾는다.
8. 스스로를 돌봐야 하는 상황에 처하는 것에 대해 비현실적으로 집착한다.

(3) 강박성 성격장애(Obsessive-Compulsive Personality Disorder)

① 강박성 성격장애는 정리정돈과 질서정연함, 자기통제와 완벽성에 집착을 보인다.

② 형식과 절차, 규칙에 지나치게 몰두하며, 사소한 것에도 과도하게 신경을 쓴다.

③ 고집이 세고 완고하며, 융통성이 부족하여 타인과 타협하는 데 어려움을 느낀다.

④ 자신의 감정이 외부로 표출되는 것을 억제하거나 자신의 감정을 의도적으로 꾸며낸다.

⑤ 논리와 지성을 중요시하며, 충동적으로 행동하는 사람이나 자기관리에 소홀한 사람을 내심 경멸한다.

⑥ 통제된 생활을 강조하며, 수직적인 대인관계를 유지하려고 한다.

⑦ 씀씀이가 매우 인색하며, 당장 필요하지 않은 물건이라도 약간의 쓰임새만 있다면 무엇이라도 모아 두려는 경향이 있다.

⑧ DSM-5 진단기준

융통성 · 개방성 · 효율성을 찾아보기 어렵고, 정돈 · 완벽 · 정신적 통제 · 대인관계 통제에 지나치게 집착하는 양상이 광범위하게 나타나며, 다음 중 4개 이상에 해당한다. 청년기에 시작되며, 여러 상황에 나타난다.

1. 내용의 세부사항, 규칙, 목록, 순서, 조직, 형식에 집착하여 일을 전체적으로 보지 못한다.
2. 지나치게 엄격한 완벽주의 성향으로 인해 오히려 과제를 완수하기 어렵다.
3. 일과 생산성에 지나치게 몰두하여 여가활동을 즐기거나 가까운 사람들과 즐거운 시간을 가지지 못한다.
4. 도덕적 · 윤리적 · 가치적 측면에서 지나치게 양심적이고 고지식하며, 융통성이 결여되어 있다.
5. 실용적으로도 감상적으로도 아무런 가치가 없는 물건을 쉽게 버리지 못한다.
6. 자신이 일하는 방식에 따르지 않는 사람에게는 일을 위임하거나 함께 일하려고 하지 않는다.
7. 미래의 재난에 대비하기 위해 돈을 쌓아두어야 한다는 생각으로 인해, 자신이나 타인에게 매우 인색하다.
8. 경직되고 완고한 모습을 보인다.

개념더하기　DSM-5에 따른 심리장애 분류

미국정신의학회(APA)의 정신질환 진단 및 통계 편람(Diagnostic and Statistical Manual of Mental Disorders)의 최신판인 DSM-5는 심리장애를 다음과 같이 분류한다.

1	신경발달장애	10	급식 및 섭식장애
2	조현병 스펙트럼 및 기타 정신병적 장애	11	배설장애
3	양극성 및 관련 장애	12	수면-각성 장애
4	우울장애	13	성 관련 장애(성 기능장애, 성 불편증, 성 도착장애)
5	불안장애	14	성격장애
6	강박 및 관련 장애	15	파괴적, 충동조절 및 품행장애
7	외상 및 스트레스 관련 장애	16	신경인지 장애
8	해리장애	17	물질관련 및 중독 장애
9	신체증상 및 관련 장애	18	기타 정신장애

1 심리치료의 개요와 유형

1. 심리치료의 개요

(1) 내담자(환자)와 인간의 사고, 감정, 행동, 대인관계에 대한 심리학적 전문 지식을 갖춘 치료자 사이에서 벌어지는 일련의 협력적인 상호작용이다.

(2) 상호작용은 제스처, 얼굴표정, 감정 표현, 동작을 통해서도 이루어지지만 주로 언어를 통해서 이루어진다.

2. 심리치료의 유형

정신분석 심리치료	• 치료 목표: 무의식 속에 있는 충동이나 갈등을 찾아서 자각하게 하는 것 • 치료기법 및 치료과정 – 전통적인 프로이트식 정신분석: 자유연상 및 꿈의 분석 – 분파인 정신역동 치료 상호작용의 의미를 캠 • 프로이트로부터의 이탈: 신정신분석학파 – 융(분석심리학), 아들러(개인심리학), 랑크, 호나이, 프롬, 설리반(대인관계론적 심리치료) 등 – 프로이트의 생물학적이고 결정론적인 관점에 반대하며 사회문화적인 요인을 강조
인본주의 심리치료	• 인본주의 철학에 뿌리를 둠(사람들은 누구나 자기실현, 자기완성을 추구) • 내담자 중심 치료: 로저스 – 적극적 경청, 공감적 경청의 중요성 강조 – 치료기법: 솔직성, 무조건적 긍정적 존중 및 수용, 공감적 이해 • 실존주의적 치료: 환자들의 존재의 의미를 탐색하도록 함 – 주요인물: 프랭클, 메이, 얄롬 등 • 게슈탈트 치료(Gestalt Therapy) – 프릿츠 펄스: 인간이 스스로의 삶에 대해 책임이 있으며 과거가 아닌 현재에 초점을 맞춰야 한다고 주장 – 현재 행동에 영향을 미치는 미해결 과제나 갈등의 잔여물들을 다루도록 도움
인지행동 치료	• 정서장애가 주로 부적응적 사고과정의 결과, 치료의 주요 과제는 잘못된 사고인지 과정을 재구성하는 것 • 행동적 기법 – 고전적 조건화 관련 기법: 역조건화, 체계적 둔감화, 혐오적 역조건화 – 조작적 조건화 관련 기법: 토큰경제, 소거, 처벌, 본뜨기 • 인지적 기법 – 엘리스의 접근법: 합리적 정서적 치료, 적극적이고 지시적인 입장을 취해서 내담자의 생각에서 엿볼 수 있는 허점을 파고들어서 그 생각을 바꾸려고 함 – 벡의 접근법: 사람들의 비논리적인 생각을 바꾸는 것을 기본 목표로 삼음 – 마이켄바움의 접근법: 사람들이 자신에게 무엇을 말하는지에 따라 행동이 결정된다고 믿음(자기 교습 훈련)
집단치료	• 두 명 이상의 사람을 대상으로 하는 치료로, 대개 3~15명 정도의 내담자들로 구성됨 • 사이코드라마와 참만남집단 – 사이코드라마: 감정의 분출과 타인의 감정에 대한 반응에 초점을 맞춤 – 참만남집단: 자기실현의 경험, 대인관계 개선에 초점을 맞춤 • 가족치료: 가족시스템을 바꾸고자 함

2 정신분석 심리치료

1. 의의 및 특징

(1) 인간심리에 대한 구조적 가정 및 여러 가지 형태의 부적응 행동에 대한 역동적 이해 등의 이론적 배경에 기초를 둔다.

(2) 인생의 초기경험을 중시하며, 무의식 혹은 심층에 숨어 있는 문제의 원인을 분석하여 의식의 세계로 노출시킴으로써 자아의 기능을 강화한다.

(3) 건전한 성격이란 자아(Ego)가 초자아(Superego)와 원초아(Id)의 기능을 조정할 능력이 있어서 적절한 심적 균형을 유지하는 것을 말한다.

(4) 정신분석상담은 무의식적 자료에 접근하기 위해 환자들의 관념이나 느낌, 환상 등을 우선 거리낌 없이 자유롭게 표현하도록 하는 방법을 사용한다.

(5) 최근의 정신역동(Psychodynamic)은 정신분석(Psychoanalysis)보다 넓은 의미를 포함하나 프로이트(Freud)의 정신분석 이론의 주요 개념에 근거하므로 사실상 정신분석과 같은 개념으로 이해하는 것이 일반적이다.

2. 치료과정

[1단계] 초기	• 우선 내담자의 문제 해결에서 정신분석적 방법이 적합한지를 판단한다. • 상담자는 내담자와 신뢰관계를 형성하며, 자유연상과 꿈의 분석을 통해 내담자의 심리적인 문제를 드러낸다. • 상담자가 내담자에게 수용의 자세를 보임으로써 상담자와 내담자 간에 치료동맹이 맺어지며, 그 과정에서 내담자의 전이에 대한 욕구가 촉진된다.
[2단계] 전이	• 내담자는 유아기 때 중요 대상에게 가졌던 감정을 상담자와의 관계에서 반복하려 한다. • 상담자는 내담자의 전이욕구에 대해 중립적인 자세로 해석을 수행함으로써 내담자의 욕구를 좌절시킨다. • 상담자의 역전이에 대한 분석 및 해결도 병행되어야 한다.
[3단계] 통찰	• 내담자는 자신의 부정적인 감정이 애정과 의존욕구의 좌절에서 비롯된 것임을 깨닫게 된다. • 내담자는 상담자에게 자신의 욕구가 좌절된 것에 대한 반감을 표시할 수도 있다. • 상담자는 내담자의 그와 같은 욕구를 다르게 됨으로써 그로 인해 야기된 감정을 보다 쉽게 다룰 수 있다.
[4단계] 훈습	• 전이에 대한 통찰을 토대로 내담자로 하여금 자신의 행동과 태도를 변경하도록 유도하는 과정이다. • 상담자는 내담자가 통찰한 것을 실제생활로 옮기도록 돕는다. • 훈습에 의해 내담자의 변화된 행동이 안정수준에 이르게 되면 종결을 준비한다.

3. 치료기법

자유연상	• 내담자에게 무의식적 감정과 동기에 대해 통찰하도록 하기 위해 마음속에 떠오르는 것을 의식의 검열을 거치지 않은 채 표현하도록 격려하는 것 • 내담자는 자신의 감정과 경험을 개방함으로써 더 이상 자신의 감정과 경험을 억압하지 않은 채 자유로울 수 있다. • 내담자가 자유연상을 얼마나 자유롭게 하는가는 내담자의 내면이 얼마나 건강한가를 반영하는 것이므로 그 자체로서 정신병리의 진단적 범주가 될 수 있다. • 상담자는 내담자의 자유연상을 들으면서 표면적인 내용뿐만 아니라 그것에 감춰진 의미까지 포착해야 한다.
해석	• 상담자가 내담자의 자유연상이나 정신작용 가운데 명확하지 않은 부분에 대해 추리하여 이를 내담자에게 설명하는 것이다. • 내담자가 새로운 방식으로 자신의 문제들을 돌아볼 수 있도록 사건들의 의미를 설정해주고, 자신의 문제를 새로운 각도에서 이해할 수 있도록 그의 생활경험과 행동, 행동의 의미를 설명한다. • 상담자는 내담자의 자유연상, 꿈, 저항, 전이 등에 내재된 숨은 의미를 통찰하며, 내담자의 사고, 행동, 감정의 패턴을 드러내거나 이를 통해 나타나는 문제를 이해할 수 있도록 새로운 틀을 제공한다. • 해석은 내담자가 수용할 수 있을 것으로 판단될 때 이루어져야 하며, 무의식적 갈등에 대한 해석보다는 저항에 대한 해석이 우선시되어야 한다.
저항	• 저항은 상담의 진행을 방해하고 현재 상태를 유지하려는 내담자의 의식적 또는 무의식적 사고와 감정을 말한다. • 저항은 불안에 대한 방어로서, 특히 정신분석적 치료에서 상담자와 내담자의 협력에 의한 무의식적 역동의 통찰을 방해하는 주된 요인이다. • 상담자는 내담자로 하여금 무의식적 내용의 의식화에 따른 불안감에서 벗어나도록 함으로써, 내담자의 갈등을 해소하는 동시에 상담을 원활히 진행할 수 있다. • 저항의 분석은 저항에 대한 거론(Addressing), 저항의 명료화(Clarification), 저항의 원인에 대한 해석(Interpretation), 반복적 실행에 따른 저항의 훈습(Working-Through)의 과정으로 전개된다.
꿈의 분석	• 내담자의 꿈속에 내재된 억압된 감정과 무의식적인 욕구를 꿈의 내용을 분석함으로써 통찰하도록 하는 것이다. • 수면 중에는 자아의 기능상태가 낮아져서 자아의 방어노력이 최소화되므로, 수면 중 꿈을 통해 억압된 무의식적 충동이 그대로 표출되기 쉽다. • 상담자는 내담자에게 꿈의 내용에 대해 자유연상을 하도록 하며, 그와 관련된 감정도 이야기하도록 요구한다. • 꿈은 억압된 자료들에 대한 유출통로로서의 역할도 하지만, 내담자의 현재기능을 이해할 수 있는 단서를 제공하기도 한다.
훈습	• 상담과정에서 내담자의 통찰이 현실생활에 실제로 적용되어 내담자에게 변화가 일어나는 것이다. • 통찰은 그 자체로 최종목표가 아닌 하나의 과정에 불과하다. 즉, 통찰이 아무리 심도가 깊다고 해도 그것이 실천으로 옮겨지지 않는 경우 상담의 궁극적인 목표에 도달할 수 없다. • 내담자의 전이저항에 대해 기대되는 수준의 통찰과 이해가 성취될 때까지 상담자가 반복적으로 직면하거나 설명함으로써 내담자의 통찰력이 최대한 발달하도록 하며, 자아통합이 이루어지도록 한다. • 상담자는 내담자가 상담을 통해 얻은 통찰을 현실에 적용하여 자신의 갈등을 해결하려고 노력할 때 적절한 강화를 제공할 필요가 있다.
버텨주기와 간직하기	• 버텨주기는 내담자가 막연하게 느끼지만 스스로는 직면할 수 없는 불안과 두려움에 대해 상담자의 이해를 적절한 순간에 적합한 방법으로 전해주면서, 내담자에게 의지가 되어주고 따뜻한 배려로 마음을 녹여주는 것이다. • 간직하기는 내담자가 불안과 두려움을 느끼는 충동과 체험에 대해 상담자가 즉각적으로 반응하는 대신 이를 마음속에 간직하여 적절히 통제함으로써 위험하지 않도록 변화시키는 것이다.

4. 방어기제*

(1) 무의식의 욕구나 충동으로부터 자아를 보호하기 위한 무의식적 사고 및 행동이다.

(2) 대부분 병적인 것이 아닌 정상적인 것이지만, 현실적인 삶으로부터 도피하기 위한 수단이 될 수도 있다.

(3) 한 번에 한 가지 이상 사용되기도 하며, 방어의 수준은 개인의 발달 및 불안정도에 따라 다르게 나타난다.

(4) 상담과정에서 방어기제는 내담자가 불안을 피하기 위해 채택하는 반응양식을 말한다.

(5) 내담자는 문제상황에 직면하는 경우 습관적으로 방어기제를 사용하기도 한다.

(6) 방어기제를 여러 번 사용할 경우 심리적인 문제를 일으킬 수 있다

3 게슈탈트 치료

1. 의의 및 특징

(1) 펄스(Perls)에 의해 개발·보급된 것으로, 게슈탈트(Gestalt)상담이라고도 한다.

(2) 게슈탈트는 개체에 의해 지각된 유기체 욕구나 감정 즉, 개체가 자신의 욕구나 감정을 하나의 의미 있는 전체로 조직화하여 지각한 것을 의미한다.

(3) 현상학 및 실존주의의 영향을 받아 인간을 전체적이고 현재중심적이며, 선택의 자유에 의해 잠재력을 각성할 수 있는 존재로 본다.

(4) 내담자로 하여금 여기-지금의 현실에서 자신이 무엇을 어떻게 보고 느끼는지, 무엇이 경험을 방해하는 지 자각 또는 각성하도록 돕는다.

(5) 개인이 자신의 내부와 주변에서 일어나는 일들을 충분히 자각할 수 있다면, 자신이 당면하는 삶의 문제 들을 스스로 효과적으로 다룰 수 있다고 가정한다.

(6) 내담자의 불안, 분노, 증오, 죄책감 등 표현되지 않은 느낌으로서, 미해결 과제를 처리하도록 하며 이를 통해 성격을 통합하고 성장에 이를 수 있도록 돕는다.

2. 주요 개념

게슈탈트 (Gestalt)	• 전체, 형상, 형태, 모습 등의 뜻을 지닌 독일어로서, 게슈탈트심리 학자들에 의하면 개체는 대상을 지각할 때 그것들을 산만한 부분들의 집합이 아닌 하나의 의미 있는 전체인 '게슈탈트'로 만들어 지각한다는 것이다. • 게슈탈트는 개체에 의해 지각된 유기체욕구나 감정 즉, 개체가 자신의 욕구나 감정을 하나의 의미 있는 전체로 조직화하여 지각한 것을 의미한다. • 개인은 자신의 모든 활동을 게슈탈트로 형성하여 조정하고 해결한다. • 게슈탈트 형성 활동을 인위적·의도적으로 차단하고 방해하는 경우 게슈탈트 형성에 실패함으로써 신체적·심리적인 장애를 겪게 된다.
미해결과제 (Unfinished Business)	• 미해결과제는 완결되지 않은 게슈탈트를 의미하는 것으로, 분노·원망·고통·슬픔·불안·죄의식 등과 같이 명확히 표현되지 못한 감정을 포함한다. • 표현되지 못한 감정은 개인의 의식 배후에 자리하여 다른 사람과 효율적으로 접촉하는 것을 방해한다. • 미해결과제가 확장되는 경우 욕구 해소에 실패하게 되며, 이는 신체적·심리적 장애로 이어진다.

---

* 적응적인 방어기제와 부적응적인 방어기제
  • 적응적인 방어기제: 이타주의, 승화, 유머, 억제,
  • 부적응적인 방어기제: 억압, 부인, 합리화, 방동형성, 투사, 퇴행, 전위, 주지화, 해리, 행동화

회피 (Avoidance)	• 회피는 미해결과제와 연관된 개념으로서, 미해결과제에 대한 직면이나 미해결 상황과 관련된 불안정한 정서의 경험으로부터 개인이 자신을 지키기 위해 사용하는 수단 중 하나이다. • 사람은 분노 · 원망 · 고통 · 슬픔 · 불안 · 죄의식 등의 불편한 감정을 직면하거나 경험하려고 하지 않는다. • 예기불안은 개인을 심리적으로 경직되게 만들며, 부정적인 환상을 통해 현실적 삶에 대한 적응을 방해한다. • 상담자는 내담자로 하여금 지금까지 표현되지 못한 채 남아 있는 강렬한 감정들을 표현할 수 있도록 격려하며, 내담자의 감정적인 통합을 통해 성장할 수 있도록 조력해야 한다.
전경과 배경 (Figure & Ground)	• 개인은 어떠한 대상이나 사건을 인식할 때 자신이 관심을 가지고 있는 부분을 부각시키는 반면 그 외의 부분을 밀쳐내는 경향이 있다. • 전경은 관심의 초점으로 부각되는 부분을 말하는 반면, 배경은 관심 밖으로 밀려나는 부분을 의미한다. • 개인이 전경으로 떠올랐던 게슈탈트를 해소하고 나면 전경은 배경으로 물러나며, 이후 새로운 게슈탈트가 형성되어 다시 전경으로 떠오른다. • 건강한 사람은 매순간 자신에게 중요한 게슈탈트를 분명하게 전경으로 떠올릴 수 있는 데 반해, 그렇지 못한 사람은 전경과 배경을 명확하게 구별하지 못한다.

3. 치료기법

욕구와 감정의 자각	• 형태주의상담에서는 현재 상황에서 자신의 욕구와 감정을 자각하는 것이 매우 중요하다. • 상담자는 내담자의 생각이나 주장의 배후에 내재된 여기–지금에 체험되는 욕구와 감정을 자각하도록 도와야 한다.
신체자각	• 상담자는 내담자에게 현재 상황에서 느끼는 신체감각을 자각하도록 함으로써 자신의 욕구와 감정을 깨닫도록 도와야 한다. • 내담자로 하여금 보기, 듣기, 만지기, 냄새 맡기, 목소리 내기 등의 감각작용을 통해 환경과의 접촉을 증진하도록 해야 한다.
환경자각	• 상담자는 내담자에게 스스로의 욕구와 감정을 명확히 하도록 환경과의 접촉을 증진하며, 주위환경에서 체험하는 것을 자각하도록 도와야 한다. • 예를 들어 자연의 경치, 주위사물의 모습, 타인의 동작 등에 대해 어떠한 감각 작용으로 접촉하는지 자각하도록 하는 것이다.
빈 의자 기법	• 빈 의자 기법은 현재 치료 장면에 없는 사람과 상호작용할 필요가 있는 경우 내담자에게 그 인물이 맞은편 빈 의자에 앉아 있다고 상상하도록 하여 대화하는 방법이다. • 상담자는 내담자에게 상대방의 감정을 이해하도록 유도함으로써 외부로 투사된 자기 자신의 감정을 자각하도록 도와야 한다.
과장하기	• 상담자는 내담자가 감정을 체험하지만 그 정도와 깊이가 약한 경우 행동이나 언어를 과장하여 표현하도록 함으로써 감정자각을 도와야 한다. • 신체언어나 춤은 상징적인 의미를 파악하는 데 효과적일 수 있다.
반대로 하기 (반전기법)	• 상담자는 내담자에게 평소 행동과 반대되는 행동을 해보도록 요구함으로써 내담자가 억압하고 통제해 온 부분을 표출하도록 해야 한다. • 내담자는 반대의 행동을 통해 자신의 다른 측면을 접촉하고 통합할 수 있다.
머물러있기 (느낌에 머무르기)	• 상담자는 내담자에게 자신의 미해결감정들을 회피하지 않고 직면하여 견뎌내도록 함으로써 이를 해소하도록 도와야 한다. • 머물러있기는 감정의 자각과 에너지의 소통에 유효하다.
언어자각	• 상담자는 내담자의 말에서 행동의 책임소재가 불명확한 경우, 자신의 감정과 동기에 책임을 지는 문장으로 말하도록 해야 한다. • 내담자로 하여금 '그것, 우리' 등의 대명사 대신 '나는'을, '~해야 한다, ~해서는 안 된다' 등의 객관적인 논리적 어투의 표현 대신 '~하고 싶다, ~하고 싶지 않다' 등의 주관적인 감정적 어투의 표현으로 변경하여 표현하도록 한다.
자기부분들 간 대화	• 상담자는 내담자의 인격에서 분열된 부분 또는 갈등을 느끼는 부분들 간 대화가 이루어지도록 해야 한다. • 부분들 간 대화를 통해 서로의 입장이 분명히 드러나며, 성격의 대립되는 부분들이 통합될 수 있다.

꿈을 통한 통합 (꿈 작업)	• 꿈은 내담자의 욕구나 충동 혹은 감정이 외부로 투사된 것이며, 꿈에 나타난 대상은 내담자의 소외된 부분 또는 갈등된 부분에 대한 상징이라고 볼 수 있다. • 정신분석에 의한 꿈의 해석과는 다른 것으로서, 상담자가 내담자에게 꿈을 현실로 재현하도록 하여 꿈의 각 부분들과 동일시 해보도록 하는 것이다.
대화실험	• 상담자는 내담자에게 특정 장면을 연출하거나 공상대화를 하도록 제안함으로써 내담자가 내적인 분할을 인식할 수 있도록 도와야 한다. • 궁극적으로 성격통합을 촉진시키기 위한 것으로, 내담자가 거부해 온 감정이 바로 자신의 실제적인 일부분임을 깨닫도록 하는 것이다.

4 행동치료

1. 의의 및 특징

(1) 행동주의상담은 비정상적·부적응적인 행동이 학습에 의해 획득·유지된다고 보며, 이를 수정하기 위해 학습의 원리를 적용하는 상담방법이다.

(2) 기본적으로 내담자의 행동을 변화시키려는 목적에 의해 고안된 것으로서, 내담자로 하여금 문제행동을 소거하는 동시에 바람직한 행동을 학습하도록 돕는 과정이다.

(3) 내담자의 문제행동 원인을 파악하기 위해 과거를 탐색하기보다는 문제행동을 지속 또는 강화하는 요인이 무엇인지 파악하는 데 초점을 둔다.

(4) 상담자는 내담자의 문제유형에 따라 각기 다른 기술을 적용하며, 상담과정에서 적극적이고 지시적인 역할을 수행한다.

(5) 행동주의상담은 객관적으로 관찰할 수 있는 내담자의 행동을 대상으로 하므로 상담과정의 효과성 및 효율성을 과학적이고 객관적인 방법으로 평가한다.

(6) 행동주의상담은 고전적 조건형성에 의한 행동주의 심리치료와 조작적 조건형성에 의한 행동수정은 물론 행동주의학습이론과 인지학습이론을 결합한 사회학습적 접근방법 등 다양한 영역을 포함한다.

2. 기본가정

(1) 인간행동의 대부분은 학습된 것이므로 수정이 가능하다.

(2) 특정한 환경의 변화는 개인의 행동을 적절하게 변화시키는 데 도움이 된다.

(3) 강화나 모방 등의 사회학습 원리는 상담기술의 발전을 위해 이용될 수 있다.

(4) 상담의 효율성 및 효과성은 상담 장면 밖에서 내담자의 구체적인 행동변화에 의해 평가된다.

(5) 상담방법은 정적이거나 고정된 것 또는 사전에 결정된 것이 아니므로, 내담자의 특수한 문제를 해결하기 위해 독특한 방식으로 고안될 수 있다.

3. 치료기법

(1) 고전적 조건형성에 근거한 기법

① 상담에서 고전적 조건형성의 원리를 이용한 대표적인 학자는 상호억제원리(상호제지원리)를 제시한 볼페(Wölpe)이다.

② 볼페는 상담의 기본적인 목적을 내담자의 불안제거에 두고, 우선 여러 가지 정보들을 종합하여 내담자가 불안을 느끼고 부적절한 방식으로 반응하는 조건의 위계를 결정하였다. 그리고 그 위계에 따라

점차적으로 불안자극에 노출시키는 방식을 적용하였다.

③ 이와 같은 방식의 기법으로 체계적 둔감법, (근육)이완훈련, (자기)주장훈련이 있으며, 그 밖에 홍수법, 혐오치료 등도 고전적 조건형성의 원리를 이용한 기법으로 볼 수 있다.

(2) 조작적 조건형성에 근거한 기법

① 상담에서 조작적 조건형성의 원리를 이용한 대표적인 학자는 ABC 패러다임을 제시한 스키너(Skinner)이다.

② 스키너는 특히 자극과 반응 사이의 연결에 초점을 둔 강화의 원리에 기초하여 특정행동의 재현가능성을 높일 수 있음을 입증하였다.

③ 이와 같은 방식의 기법으로 강화, 행동조성(조형), 토큰경제(상표제도), 타임아웃(Time-Out) 등이 있다.

4. 행동치료의 실제

(1) 단기간 집중적으로 시행한다.

(2) 치료편람에 따라 진행되는 경우가 흔하다.

(3) 치료편람: 부적응문제나 표적행동을 효과적으로 치료하는 방법을 제시하는 지침서

(4) 행동치료 과정

① 내담자의 문제탐색

② 문제행동의 평가와 분석

③ 목표설정

④ 치료계획 수립 및 실행

⑤ 치료효과의 평가

⑥ 재발방지 계획수립

5. 행동치료 평가

장점	• 상담성과에 대한 경험적인 연구와 객관적인 평가를 강조함으로써 상담을 과학적으로 발전시켰다. • 구체적이고 관찰 가능한 행동에 초점을 두며, 목표와 절차를 명확히 세부적으로 기술하도록 요구하므로, 상담자로 하여금 상담기법을 체계적으로 적용하도록 해 주며, 상담 효과의 측정을 용이하게 해준다. • 내담자의 불안이나 우울, 공포증과 같이 명확히 구분되는 문제행동 및 외적 스트레스와 관련된 행동을 수정하고 치료하는 데 효과적이다.
단점	• 상담자와 내담자의 관계를 경시하고 상담기술을 지나치게 강조한다. • 치료를 통해 어떤 행동을 일시적으로 제거할 수 있어도 문제를 근원적으로 해결할 수는 없다. • 구체적 문제행동 수정에는 효과적인 반면, 고차원적 기능과 창조성, 자율성 등 측면에서 부적합하다. • 행동의 변화는 가져오지만, 느낌의 변화는 가져오지 못한다. • 상담과정에서 감정과 정서의 역할을 강조하지 않는다. • 내담자의 문제에 대한 통찰이나 심오한 이해가 불가능하다. • 내담자의 현재문제의 역사적 원인을 경시한다. • 상담의 기본원리를 본래 동물을 대상으로 한 것이므로, 인간에게 적용하는 데 부적절한 면이 있다.

- 부적응적 증상을 제거하는 대표적인 기법
- 공포증과 같은 불안장애의 치료에 효과적
- '불안과 이완은 양립할 수 없다'는 전제와 관련 있는 상호제지이론을 바탕으로 불안을 일으키는 자극들의 위계를 작성하여 상상을 통해 제시하면서 불안에 상반되는 반응으로 근육의 긴장이완을 적용하여 불안을 형성한 조건형성을 깨뜨린다.
- 탈조건 형성: 이미 조건형성된 부적응적 반응을 해제시키는 새로운 조건형성이 이루어진다.

1단계	- 이완훈련 단계에서는 단계적으로 근육이완을 가르친다. - 호숫가에 앉아있거나 초원을 거니는 것과 같은 이전 이완상황의 심상을 만들도록 한다. - 내담자가 고요하고 평화로운 상태에 도달하게 해야 한다.
2단계	- 불안위계표를 내담자와 함께 작성한다. - 거부, 질투, 공포 등과 같은 불안을 일으키는 자극들을 분석한다. - 심리상담/치료자는 불안이나 회피의 정도에 따라 상황들을 위계적으로 서열 목록표를 만든다.
3단계	- 둔감법은 이완을 배우고 집에서 연습하고 불안위계를 구조화할 시간을 가진 후 시작한다. - 둔감법 과정은 눈을 감고 완전히 이완된 상태에서 실시한다. - 처음에는 불안이 없는 중립적인 장면을 제시하고 상상하도록 한다. - 이후 가장 적은 불안 유발 장면을 상상한다. - 심리상담/치료자는 내담자가 불안을 경험하고 있다고 신호할 때까지 단계적으로 위계를 올리며 불안을 경험하고 있다는 신호를 하면 중단한다.

5 인지행동치료

1. 의의 및 특징

(1) 인지 · 정서 · 행동적 상담(Rational-Emotive Behavior Therapy)은 인지이론과 행동주의적 요소가 결합된 것으로서, 인지과정의 연구로부터 도출된 개념과 함께 행동주의 및 사회학습이론으로부터 나온 개념들을 통합하여 적용한 것이다.

(2) 엘리스(Ellis)는 인간의 정서적인 문제가 일상생활에서 구체적으로 경험하는 사건 자체에 기인하는 것이 아닌 이를 합리적이지 못한 방식으로 받아들이는 것에서 비롯된다고 본다.

(3) 인간의 역기능적인 사고는 잘못된 생각 또는 인지체계에 의해 나타나며, 이는 정서상의 왜곡과 함께 행동에 직접적인 영향을 미친다.

(4) 문제에 초점을 둔 시간제한적 접근으로, 내담자가 자신의 사고와 행동을 통제하기 위한 대처기제를 학습하는 교육적 접근을 강조한다.

(5) 합리적 · 정서적 행동치료, 인지치료, 현실치료, 인지행동치료 등의 치료기법을 사용하며, 특히 엘리스(Ellis)의 합리적 · 정서적 행동치료, 벡(Beck)의 인지치료, 마이켄바움(Meichenbaum)의 자기교습훈련 등이 대표적이다.

2. 치료기법

(1) 인지적 기법

비합리적 신념 논박하기	• 상담자(치료자)는 내담자가 가지고 있는 비합리적 신념을 논박함으로써 내담자가 느끼는 장애가 내담자 자신의 지각과 자기진술에 의한 것임을 강조한다. • 비합리적 신념에 대한 논박은 내담자가 자신의 비합리적 신념을 포기할 때까지 또는 그 강도가 약화될 때까지 지속적이고 당위적으로 이루어져야 한다.
인지적 과제 부여하기	• 상담자는 내담자로 하여금 자신의 문제를 목록표로 만들도록 하며, 이를 통해 자신의 절대론적 사고를 논박하도록 요구한다. • 이 과정에서 상담자는 내담자 스스로 자신의 제한적 사고에 대한 도전을 감행하도록 촉구한다.
내담자의 언어 변화시키기	• 상담자는 내담자의 부정확한 언어사용에 주의를 기울이는 한편, 내담자의 언어패턴을 포착한다. • 상담자는 내담자로 하여금 '~해야 한다' 또는 '~하지 않으면 안 된다'와 같은 표현을 '~하는 것이 더 낫다'와 같은 표현으로 대체할 수 있음을 주지시킨다.

(2) 정서적 기법

합리적 정서 심상법	• 상담자는 내담자에게 최악의 상황을 상상하도록 요구하며, 그 상황에 맞지 않는 부적절한 감정을 적절한 감정으로 대치하도록 한다. • 정서적 모험을 통해 상담자는 내담자가 정서적으로 자신을 개방할 수 있도록 하며, 지속적인 합리적 상상으로써 부적절한 신념에 의해 유발되는 혼란을 방지하도록 돕는다.
합리적 역할극	• 내담자가 심리적인 고통을 경험했거나 그러할 것으로 예상되는 상황을 상담자와 함께 역할연기를 통해 체험해 본다. • 역할극은 내담자의 비합리적 신념을 확인하는 기회가 될 수 있는 것은 물론 내담자에게 다양한 피드백을 제공하는 기회가 되기도 한다.
유머 사용하기	• 상담자는 내담자가 진지하고 과장된 사고로 생활상의 사소한 문제를 심각한 문제 상황으로 확대하지 않도록 조치한다. • 유머는 진지한 사고가 내담자의 정서적 혼란을 야기할 때, 틀에 박힌 생활 철학에 대해 논박할 필요가 있을 때 유용하게 사용될 수 있다.

(3) 행동적 기법

강화와 처벌	• 상담자는 내담자가 특정한 과제를 성공적으로 수행한 경우 보상을 하는 반면, 실패한 경우 벌칙을 부과한다. • 이 과제의 수행여부에 따라 강화 혹은 처벌을 부여함으로써 체계적으로 행동변화를 유도한다.
기술훈련	• 내담자에게 부족한 행동기술을 향상시킬 수 있도록 교육하고 훈련하는 것이다. • 사회적응기술, 대인관계기술을 비롯하여 직업 관련 기술훈련을 통해 내담자의 직업 활동이나 대인관계에서의 자신감을 증가시킨다.
역설적 과제	• 내담자로 하여금 외면적으로 치료를 통해 변화하고자 하는 모습과 정반대로 행동해 보도록 하는 것이다. 예 불안한 생각으로 고통 받는 사람에게 하루에도 몇 번씩 의도적으로 그 생각을 하도록 요구 • 내담자는 역설적 과제를 통해 자신의 문제를 새로운 관점에서 바라봄으로써 좀 더 객관적으로 현실인식을 할 수 있게 된다.

3. 인지행동수정의 3단계 행동변화법(Meichenbaum)

(1) 제1단계: 자기관찰
① 내담자는 자신의 행동을 관찰하는 방법을 학습한다.
② 내담자 자신의 사고, 감정, 행동, 생리적 반응, 대인관계에서의 반응에 대한 높은 민감성이 요구된다.

(2) 제2단계: 새로운 내적 대화의 시작
① 내담자는 자신의 부적응적 행동을 인식하는 법을 배우며, 적합한 행동 대안에 주목한다.
② 상담을 통해 내적 대화의 변화에 대한 학습이 이루어지며, 이와 같은 새로운 내적 대화가 내담자의 새로운 행동을 유도하고 그의 인지구조에 영향을 미치게 된다.

(3) 제3단계: 새로운 기술의 학습
① 내담자는 효과적인 대처기술을 학습하며, 그것을 일상생활에서 실제로 수행하게 된다.
② 내담자가 새롭게 학습한 기술을 계속 사용할지의 여부는 새로운 행동과 그 결과에 대해 자신에게 말하는 것에 달려 있다.

개념더하기 엘리스(Ellis)의 ABCDE 모델

A(Activating Event) 선행사건	내담자의 감정을 동요시키거나 내담자의 행동에 영향을 미치는 사건을 의미한다. 예 내담자는 실직했다(구체적인 사건)
B(Belief System) 비합리적 신념체계	선행사건에 대한 내담자의 비합리적 신념체계나 사고체계를 의미한다. 예 나는 실직했어. 그것은 절대적으로 나에게 일어나지 말았어야 했는데. 이건 내가 부적절하다는 것을 의미해.
C(Consequence) 결과	선행사건을 경험한 후 자신의 비합리적 신념체계를 통해 그 사건을 해석함으로써 느끼게 되는 정서적·행동적 결과를 말한다. 예 바람직하지 않은 정서적 결과: 극심한 우울과 불안, 자괴감, 무가치감 등 바람직하지 않은 행동적 결과: 내담자의 자포자기상태가 적극적인 구직활동 방해
D(Dispute) 논박	내담자가 가지고 있는 비합리적 신념이나 사고에 대해 그것이 사리에 부합하는 것인지 논리성·실용성·현실성에 비추어 반박하는 것으로서, 내담자의 비합리적 신념체계를 수정하기 위한 것이다. 예 • 논리성: 실직을 했다고 해서 스스로를 부적절하다고 생각하는 것이 과연 논리적으로 타당한가? • 현실성: 사람은 누구나 실직할 수 있다. 그러니 그와 같은 일이 나에게는 절대 일어나지 않는다고 말할 수 있겠는가? • 실용성(효용성): 실직을 했다고 해서 의기소침해 있는 것이 나의 사회생활이나 구직활동에 어떤 도움이 되겠는가?
E(Effect) 효과	논박으로 인해 나타나는 효과로서, 내담자가 가진 비합리적인 신념을 철저하게 논박하여 합리적인 신념으로 대체한다. 예 • 인지적 효과: 비록 실직했지만, 그렇다고 내가 무능력한 사람은 아니다 또는 누구나 실직할 수 있는 만큼 나도 한 직장에서 항상 승승장구할 수 있는 것은 아니다. • 정서적 효과: 실직한 것에 대해 약간 실망스럽지만, 그렇다고 우울하거나 불안하지는 않다 또는 실직이 오히려 내게 새로운 시도를 위한 기회가 될 수도 있다. • 행동적 효과: 나의 적성에 맞는 새로운 직업을 찾아봐야겠다 또는 나의 가치를 더욱 높이기 위해 열심히 배우고 익혀야겠다.

6 인지치료(Cognitive Therapy)

1. 의의 및 특징

(1) 엘리스(Ellis)가 개인이 가진 비합리적 사고나 신념에 문제의 초점을 두었다면, 벡(Beck)은 개인이 가지고 있는 정보처리 과정상의 인지적 왜곡에 초점을 두었다.

(2) 벡은 사람들이 느끼고 행동하는 방식이 경험의 지각과 구조화의 방식에 의해 결정된다고 보았다.

(3) 개인이 정보를 수용하여 처리하고 반응하기 위한 지적인 능력을 개발시키는 방법을 말한다.

(4) 역기능적이고 자동적인 사고 및 도식, 신념, 가정의 대인관계행동에서의 영향력을 강조하며, 이를 수정하여 내담자의 정서나 행동을 변화시키는 데 역점을 둔다.

(5) 구조화된 치료이자 단기적 · 한시적 치료로서 여기-지금(Here & Now)내담자가 가지고 있는 문제를 파악하며, 그에 대한 교육적인 치료를 수행하는 과정으로 이루어진다.

2. 자동적 사고(Automatic Thinking)의 식별방법

(1) 감정변화 인식하기(감정변화 즉시 질문하기): 내담자의 슬픔, 고통 등의 감정은 그 감정에 실린 지극히 즉각적이고 개인적인 생각들을 만들어내므로, 치료자는 그와 같은 내담자의 감정변화에 대해 즉시 질문한다.

(2) 심리교육하기: 치료자는 치료초기에 또는 치료 중 내담자의 감정변화나 특정사고를 설명하고자 할 때 내담자에게 자동적 사고의 특징, 자동적 사고가 개인의 감정과 행동에 미치는 영향 등에 대해 설명한다.

(3) 안내에 따른 발견: 치료회기 중 자동적 사고를 찾아내기 위해 가장 자주 사용되는 기법으로서, 내담자의 감정을 자극하면서 한 가지 주제에 대해 집중적으로 질문을 한다. 또한 가급적 최근 사건에 초점을 맞춰 깊이 있는 내용을 다루며, 공감의 기술을 통해 내담자의 유의미한 자동적 사고를 능숙하게 감지한다.

(4) 사고기록지 작성하기: 치료자는 내담자의 자동적 사고를 기록지에 작성하는 과정에서 내담자의 중요한 인지에 주의를 기울일 수 있으며, 보다 체계적인 방법으로 자동적 사고를 찾아내는 연습을 할 수 있다.

(5) 심상(Imagery) 활용하기(생활사건 생생하게 떠올리기): 치료자는 내담자로 하여금 상상을 통해 자신의 중요한 사건을 회상하도록 함으로써 그 사건이 일어났을 당시의 생각과 감정을 생생하게 떠올리도록 돕는다.

(6) 역할극 활용하기: 역할극은 치료자가 내담자의 삶에서 어떤 중요한 인물의 역할을 맡음으로써 내담자의 자동적 사고를 자극하는 방식으로 전개된다. 그러나 이와 같은 역할극을 수행하기에 앞서 내담자의 현실검증능력이나 역할극이 치료적 관계에 미치는 영향 등을 고려해야 한다.

(7) 체크리스트 활용하기: 치료자는 내담자에게 부정적인 자동적 사고의 문항들이 담긴 설문지의 체크리스트를 작성하도록 할 수 있다. 특히 홀론과 켄달(Hollon & Kendall)이 개발한 자동적 사고 체크리스트(ATQ; Automatic Thoughts Questionnaire)가 널리 활용되고 있다.

3. 인지적 오류(Beck)

임의적 추론 (Arbitrary Inference)	어떤 결론을 지지하는 증거가 없거나 그 증거가 결론에 위배됨에도 불구하고 그와 같은 결론을 내린다. 예 자신의 메시지에 답변이 없다고 하여 상대방이 의도적으로 회피하는 것이라고 판단하는 경우
선택적 추상화 (Selective Abstraction)	다른 중요한 요소들은 무시한 채 사소한 부분에 초점을 맞추고, 그 부분적인 것에 근거하여 전체 경험을 이해한다. 예 필기시험에서 우수한 성적을 거두었으나 실기시험의 결과에 스스로 만족하지 못하는 사람이 전체 시험을 망쳤다고 판단
과도한 일반화 또는 과잉일반화 (Overgeneralization)	한두 가지의 고립된 사건에 근거해서 일반적인 결론을 내리고 그것을 서로 관계 없는 상황에 적용한다. 예 평소 자신을 도와주던 친구가 어느 때 한 번 자신을 도와주지 않았다고 하여 자신과의 친분관계를 끊은 것이라고 결론내리는 경우
개인화 (Personalization)	자신과 관련시킬 근거가 없는 외부사건을 자신과 관련시키는 성향으로서, 실제로는 다른 것 때문에 생긴 일에 대해 자신이 원인이고 자신이 책임져야 할 것으로 받아들인다. 예 자신이 시험을 망쳤기 때문에 여자 친구와 헤어졌다고 판단하는 경우
이분법적 사고 또는 흑백논리적 사고 (Dichotomous Thinking)	모든 경험을 한두 개의 범주로만 이해하고 중간지대가 없이 흑백논리로써 현실을 파악한다. 예 완벽하지 않은 것은 곧 잘못된 것이라고 판단하는 경우
과장 · 축소 또는 의미확대 · 의미축소 (Magnification · Minimization)	어떤 사건 또는 한 개인이나 경험이 가진 특성의 한 측면을 그것이 실제로 가진 중요성과 무관하게 과대평가하거나 과소평가한다. 예 평범한 평가를 받는다는 것은 곧 자신이 얼마나 부족한지 증명하는 것이라고 판단하는 경우
정서적 추론 (Emotional Reasoning)	자신의 정서적 경험이 마치 현실과 진실을 반영하는 것인 양 간주하여 이를 토대로 그 자신이나 세계 또는 미래에 대해 그릇되게 추리한다. 예 자신이 부적절하다는 느낌을 통해 아무런 쓸모없는 사람이라고 단정하는 경우
긍정격하 (Disqualifying the Positive)	자신의 긍정적인 경험이나 능력을 객관적으로 평가하지 않은 채 그것을 부정적인 경험으로 전환하거나 자신의 능력을 낮추어 본다. 예 자신의 계획이 성공에 이르렀음에도 불구하고 이를 자신의 실력이 아닌 운에 의한 것으로 돌리는 경우
재앙화 또는 재난적 사고 (Catastrophizing)	어떠한 사건에 대해 자신의 걱정을 지나치게 과장하여 항상 최악을 생각함으로써 두려움에 사로잡힌다. 예 길을 걷다가 개에게 물린 사람이 이제 곧 광견병으로 목숨을 잃게 될 것이라 생각하는 경우
잘못된 명명 (Mislabelling)	어떠한 하나의 행동이나 부분적 특성을 토대로 사람이나 사건에 대해 완전히 부정적이고 단정적으로 명명한다. 예 한 차례 지각을 한 학생에게 지각대장이라는 이름표를 붙이는 경우

4. 인지적 치료기술

(1) 재귀인(Reattribution)

① 사건에 대한 모든 변인들을 고려하여 내담자로 하여금 자동적 사고와 가정을 검증하도록 하는 것이다.

② 내담자가 사건의 원인을 개인화하거나 단일변수를 유일한 원인으로 결론짓는 경우 사용한다.

(2) 재정의(Redefining)

① 문제가 자신의 통제를 넘어선 것이라고 믿는 내담자의 부적절한 신념을 수정하는 것이다.

② 내담자가 부정적인 사고로 인해 무기력한 상태에 놓이는 경우 사용한다.

(3) 탈중심화(Decentering)

① 다른 사람들의 관심이 자신에게 집중되어 있다고 믿는 내담자의 부적절한 신념을 수정하는 것이다.

② 내담자가 불안증상을 나타내 보이는 경우 사용한다.

적응과 이상행동 적중문제

01

다음 중 두 가지 이상의 목표가 모두 긍정적인 요소를 가지지만, 어느 한 쪽을 선택하고 다른 한 쪽을 단념해야 할 때 생기는 갈등은?

① 회피–접근 갈등

② 접근–회피 갈등

③ 접근–접근 갈등

④ 회피–회피 갈등

02

다음 중 아이스크림은 먹고 싶지만 살이 찌고 싶지 않은 것과 같이, 동일한 대상이 긍정적 · 부정적 유인을 동시에 가질 때 생기는 갈등 유형은?

① 접근–회피 갈등

② 회피–회피 갈등

③ 접근–접근 갈등

④ 회피–접근 갈등

03

다음 중 행동을 결정하는 여러 가지 요인이 서로 모순되면서 발생하는 갈등을 유형별로 나눈 학자는?

① 레빈   ② 아들러

③ 반두라   ④ 설리번

04

다음 중 스트레스 대처방법 중 성격이 다른 하나는?

① 전문가의 상담을 받는다.

② 문헌을 조사하거나 인터넷에서 정보를 얻는다.

③ 상황과 타협하여 현상의 좋은 점을 찾는다.

④ 계획을 수립하여 실행에 옮긴다.

05

다음 중 방어기제에 관한 설명 중 옳은 것은?

① 자신을 억압하고 있는 감정이 다른 사람에게 있다고 느끼는 것을 동일시라고 한다.

② 실제의 마음과 다른 말이나 행동을 하는 기제를 퇴행이라고 한다.

③ 고통스러운 감정이나 기억을 의식에서 몰아내려는 기제를 도피라고 한다.

④ 마음속에 있는 불만을 외부의 어떤 다른 것에 전이하는 기제를 치환이라고 한다.

06

다음 중 스타가 소지한 명품 가방을 구입하거나 그의 행동을 따라하는 방어기제는?

① 투사
② 동일시
③ 도피
④ 승화

07

다음 중 자신이 느끼는 감정(주로 부정적인)을 상대도 그렇게 느끼고 있다고 믿는 방어기제는?

① 도피
② 반동형성
③ 투사
④ 합리화

08

다음의 〈보기〉는 방어기제 중 어느 것의 예로 들 수 있는가?

> **보기**
>
> 어느 날 여우가 먹음직스러운 포도를 발견하였다. 여우는 포도를 따기 위해 몇 번이고 뛰어오르지만 무척 높은 곳에 달려있어 닿지 않았다. 결국 포도를 따지 못한 여우는 분한 마음에 "어차피 저 포도는 너무 시어서 따봤자 먹지 못해."라고 말하며 그 자리를 떠났다고 한다.

① 승화
② 도피
③ 합리화
④ 부정

✎ **정답 및 해설**

01
정답 ③

③ 접근–접근 갈등(Approach–Avoidance Conflict): 선택지가 모두 자신에게 바람직하지만 그중 한 쪽만을 취하고 다른 한 쪽을 단념해야 하는 상황에서 발생한다. **예** 마음에 드는 두 사람에게 동시에 고백을 받았을 때

02
정답 ①

① 접근–회피 갈등은 동일한 대상이 긍정적 · 부정적 요인을 모두 가지거나, 긍정적 요인을 가진 목표에 도달하기 위해서 부정적 요인을 가진 영역을 통과해야 할 경우에 발생한다.

03
정답 ①

① 행동을 결정하는 데 있어 복수의 선택지가 있는데 이들이 서로 모순된 내용을 담고 있을 경우 인간은 갈등(Conflict) 상태에 빠지게 된다. 미국의 심리학자 레빈(Lewin)은 이러한 갈등상태를 접근–접근, 회피–회피, 접근–회피, 다중접근–회피 갈등으로 유형으로 분류하였다.

04
정답 ③

③ 마음을 가다듬거나 사고를 바꿈으로써 스트레스에 대처하는 정서집중적 대처 방법이고, ① · ② · ④는 직접 문제와 부딪히고 해결하기 위해 적극적으로 행동하는 문제해결 대처 방법이다.

05
정답 ④

④ 전치(전위) 또는 치환(Displacement): 자신이 어떤 대상에 대해 느낀 감정을 보다 덜 위협적인 다른 대상에게 표출하는 것이다. **예** 종로에서 뺨맞고 한강에서 눈 흘긴다
① · ② · ③ 각각 투사, 반동형성, 격리에 대해 설명하고 있다.

06
정답 ②

② 동일시: 동경하는 대상의 생각 · 감정 · 행동을 무의식적으로 내면화하여 그와 동일해지고자 하는 심적 과정이다.

07
정답 ③

③ 투사: 자신이 받아들이기 힘든 욕망이나 감정을 상대방에게 '그가 그렇게 느끼고 있다'고 전가하는 것이다. 자신을 포함한 누구나 미움이나 욕망과 같은 감정을 가질 수 있다는 것을 부정하면서 생기는 방어기제라 할 수 있다.

08
정답 ③

③ 신포도 이론은 노력해도 획득할 수 없는 대상(사람, 물건, 지위 등)에 대하여 애써 가치를 두지 않거나 평가 절하함으로써 마음의 안정을 찾는 합리화의 예이다.

09

다음 〈보기〉의 속담과 관련된 방어기제는?

> **보기**
>
> 미운 자식 떡 하나 더 준다

① 부정
② 반동형성
③ 합리화
④ 투사

10

다음 〈보기〉는 이상심리학의 주요이론 중 무엇에 관한 설명인가?

> **보기**
>
> • 관찰이 가능한 인간의 행동에 연구 초점을 둔다.
> • 이상행동은 주변 환경으로부터의 잘못된 학습에 기인한 것이다.
> • 이상행동을 제거하기 위해 소거, 강화와 처벌, 체계적 둔감법, 모방학습 등을 사용한다.

① 정신분석 이론
② 인지행동 이론
③ 통합이론
④ 행동주의 이론

11

다음 중 신경발달장애의 하위유형에 포함되지 않는 것은?

① 자폐 스펙트럼 장애
② 운동장애
③ 의사소통장애
④ 주요 신경인지장애

12

다음 중 조현병에 관한 설명으로 옳지 않은 것은?

① 조현병은 뇌의 특별한 기질적 이상 없이 사고나 감정, 언어, 지각, 행동 등에서 부적응적인 장애를 나타내는 정신장애이다.
② 조현병에만 나타나는 특이 증상을 살펴보고 병의 여부를 판별할 수 있다.
③ 발병 이전과 비교하여 발병 이후 대인관계, 직업적 활동, 주요 생활영역에서 현저한 기능 저하가 나타난다.
④ 단일질환이라기보다는 다양한 원인에 의해 유사한 증상들을 보이는 일종의 질환군으로 보아야 한다.

13

다음 〈보기〉에서 양극성 및 관련 장애에 해당하는 내용을 모두 고른 것은?

> **보기**
> ㄱ. 기분부전장애
> ㄴ. 주요 우울장애
> ㄷ. 제1형 양극성 장애(Bipolar Ⅰ Disorder)
> ㄹ. 순환성 장애

① ㄱ, ㄴ, ㄷ
② ㄱ, ㄷ
③ ㄷ, ㄹ
④ ㄴ

14

다음 중 강박장애에 대한 설명으로 옳지 않은 것은?

① 강박장애의 특징으로는 강박관념과 강박행위를 들 수 있다.
② 무의미한 행동을 되풀이하는 행위를 강박행위라고 한다.
③ 수시로 손을 씻거나 청소하는 행위로 불안을 줄일 수 있다.
④ 본인이 자각하고 있다는 점에서 정신병과는 다르다.

09 　　　　　　　　　　　　　**정답** ②

② 반동형성: 실제로 느끼는 부정적인 감정을 직접 표현하지 못하고 오히려 반대로 표현하는 것이다. 예를 들어, 싫어하는 사람에게 애써 친절하게 대하는 것처럼 무의식적 바람이나 충동과 반대되는 행동을 하게 된다.

10 　　　　　　　　　　　　　**정답** ④

④ 행동주의 이론은 인간의 행동을 환경과의 상호작용에 의한 학습의 과정으로 보며, 이상행동의 원인을 주변 환경으로부터의 잘못된 학습에 기인한 것으로 보는 이론이다. 고전적 조건형성, 조작적 조건형성, 모방학습 등을 통해 이상행동이 습득되고 유지되는 과정을 구체적으로 밝히고자 한다.

11 　　　　　　　　　　　　　**정답** ④

신경발달장애의 하위유형에는 지적장애, 의사소통장애, 자폐 스펙트럼장애, 주의력 결핍 및 과잉행동장애, 특정 학습장애, 운동장애-틱장애가 있다.

12 　　　　　　　　　　　　　**정답** ②

② 조현병에만 나타나는 특이 증상은 없다. 따라서 정신상태 검사만으로 조현병으로 확진하면 안 되고, 다양한 내과적 질환과 타 정신과 질환에 대한 감별이 이루어져야 한다.

13 　　　　　　　　　　　　　**정답** ③

③ DSM-5에서는 '양극성 및 관련 장애'를 제1형 양극성 장애(Bipolar Ⅰ Disorder), 제2형 양극성 장애(Bipolar Ⅱ Disorder), 순환성 장애(Cyclothymic Disorder)로 구분한다.

14 　　　　　　　　　　　　　**정답** ③

③ 수시로 손을 씻거나 청소하는 행위는 강박장애로 인한 강박행위이며, 이로 인해 불안은 더 커지게 된다. 강박장애의 치료에는 약물치료와 심리치료법이 있다.

PART 2

15

다음 중 다중인격, 기억상실 등의 증상으로 설명되는 심리장애는?

① 성격장애
② 공황장애
③ 해리장애
④ 강박장애

16

다음 〈보기〉와 같은 특징을 가진 성격장애를 고르면?

> 보기
> • 자신이 주목받는 상황이 아니면 즐겁지 않다.
> • 경솔하고 변덕스러운 감정표출을 한다.
> • 과장된 감정표현과 태도를 보인다.

① 분열성 성격장애
② 경계성 성격장애
③ 자기애성 성격장애
④ 연극성 성격장애

17

다음 중 셀리에의 스트레스 증후군의 3단계는?

① 소진 − 경고 반응 − 저항
② 소진 − 저항 − 경고 반응
③ 경고 반응 − 저항 − 소진
④ 저항 − 소진 − 경고 반응

18

다음 중 신체증상장애에 관한 설명으로 옳지 않은 것은?

① 복통, 두통, 피로 등 1가지 이상의 신체증상을 호소한다.
② 아동기나 청소년기에 시작하는 경향이 있다.
③ 신체증상에 대한 과도한 사고와 염려가 6개월 이상 지속된다.
④ '진료추구형'과 '진료회피형'으로 구분할 수 있다.

19

다음 〈보기〉와 같은 특징을 가진 성격장애는?

> 보기
> 기이한 사고와 행동으로 사회적인 부적응을 초래한다.

① 편집성 성격장애
② 분열성 성격장애
③ 분열형 성격장애
④ 회피성 성격장애

20

다음 〈보기〉의 증상에 해당하는 장애는?

> 보기
> 일반적인 신체질환은 보이지 않지만 심리적 스트레스로 인해 팔다리를 쓰지 못하거나 눈이 보이지 않게 되는 등 신체감각이 기능하지 못하게 되는 증상을 보인다.

① 건강염려증
② 외상 후 스트레스 장애
③ 강박장애
④ 전환장애

15
정답 ③

③ 해리장애(Dissociative Disorders): 의식, 기억, 행동 및 자기정체감의 통합적 기능에 있어서 갑작스러운 이상증상을 나타내는 장애이다. 해리는 괴로움이나 갈등상태에 놓인 인격의 일부를 다른 부분과 분리하는 것으로, 정신분석에서는 이러한 해리를 불안이나 공포에 저항하기 위한 능동적인 방어와 억압으로 간주한다. DSM-5의 분류기준에 따른 해리장애는 해리성 정체감장애, 해리성 기억상실증, 이인증/비현실감장애 등이다.

16
정답 ④

④ 〈보기〉의 내용은 DSM-5에 따른 연극성 성격장애(Histrionic Personality Disorder)의 진단기준에 포함된 내용이다. 이와 같은 성격장애를 가진 사람은 지나치게 감정적이며, 마치 연기를 하듯 과장된 언동으로 타인의 주의를 끌려고 한다.

17
정답 ③

③ 셀리에는 반응접근 방식 스트레스 연구의 대표자로, 실험동물들이 추위나 더위 등의 물리적 자극 혹은 공포나 위협 등의 심리적 자극 등 어떠한 종류의 스트레스를 가해도 모두 동일한 반응을 보인다는 점에 착안하여, 그와 같은 반응양상을 '일반적응증후군(GAS: General Adaptation Syndrome)'이라 불렀다.

18
정답 ④

④ 질병불안장애에 대한 설명이다. 질병불안장애는 신체질환이 없다는 확진을 받아도 이를 믿지 않고 여러 병원이나 의사를 찾아다니는 '진료추구형'과 반대로 의학적 진료를 하지 않으려고 회피하는 '진료회피형'으로 구분할 수 있다.

19
정답 ③

③ DSM-5에 의한 분열형(조현형)성격장애 진단기준 중 한 가지에 해당하는 설명이다.
① 편집성 성격장애: 타인의 언행이 자신에 대한 악의와 비판으로 가득 차 있다고 해석한다.
② 분열성 성격장애: 타인에게는 전혀 관심을 보이지 않고 자신만의 세계에 몰두한다.
④ 회피성 성격장애: 타인에게 거부당하거나 관계에 실패하는 것을 두려워하여 대인관계나 사회참여를 회피한다.

20
정답 ④

④ 전환장애는 운동기능이나 감각기능상의 장애가 나타나지만 그와 같은 기능상의 장애를 설명할 수 있는 신체적 혹은 기질적 이상이 발견되지 않는 장애를 말한다. 신체증상은 의도적으로 가장된 것이 아니며, 그에 선행된 심리적 갈등이나 스트레스를 전제로 한다.

11 사회심리학

01 사회적 지각

1 인상형성

1. 인상형성의 과정

인상정보의 추론	• 인상정보의 추론과정은 개인이 가지고 있는 도식(Schema)에 크게 의존한다. 여기서 도식은 어떤 개념이나 대상에 관한 조직화되고 구조화된 신념을 의미한다. • 인상형성에 큰 영향을 미치는 대표적인 도식으로 고정관념을 예로 들 수 있다. 고정관념은 주로 어떤 집단이나 사회적 범주 구성원의 전형적인 특성에 관한 신념을 말하는 것으로, 사람들은 자신의 고정관념과 일치하는 정보만을 선택적으로 받아들이게 된다.
인상정보의 통합	• 도식에 의해 추론되었거나 직접 확인된 인상정보는 개인의 주관적 판단에 의해 중요한 정보 혹은 중요하지 않은 정보로 구분되며, 특히 인상형성에 중요하다고 판단되는 정보는 통합과정을 거쳐 좋거나 나쁜 단일한 인상으로 종결된다. • 인상정보의 통합 방식에 대해 앤더슨(Anderson)은 평균모형과 함께 이후 수정모형으로 가중평균모형을 제시한 바 있다. • 평균모형은 인상정보의 호오도(好惡度)를 평균한 값이 전반적 인상이라는 것으로, 긍정적 인상(예 잘생김, 친절함 등)의 점수를 더하고 부정적 인상(예 추함, 허영심이 많음 등)의 점수를 빼는 방식으로 긍정적 혹은 부정적 인상을 평가하는 것이다. • 또한 가중평균모형은 인상정보의 호오도와 중요도를 함께 고려한 것으로, 중요하게 고려되는 특성에 대해 가중치를 부여한 것이다.

2. 앤더슨의 가중평균모형

평균원리 (단순합산모형)	좋은 점과 나쁜 점의 특성들을 평균해서 통합된 인상을 형성하는 것이다. 예 소속부서의 신입사원이 성실하지만 내성적이라는 말을 들은 부서장은 그 신입사원에 대해 성실하다(+3)는 특성과 내성적(−2)이라는 특성의 평균값인 +0.5 정도의 인상을 갖게 된다.
가중평균모형	좋고 나쁜 점을 평균하되 중요하다고 판단되는 정보에 더 많은 비중을 두고 인상을 형성한다는 모형으로 초기의 평균원리를 더 정교화한 것이다. 예 대학교수를 선발할 때는 '잘생겼다', '강의를 잘 한다' 중에서 '강의력'이 더 중요하다.

> **개념더하기** 애쉬의 인지적 접근
>
> • 각각의 인상정보를 분리된 것으로 고려하기보다 전체로서 조직화된 인상을 형성한다는 접근으로, 게슈탈트 접근과 유사하다.
> • 다른 특성들보다 더 큰 의미를 가지고 있는 중심특성이 인상형성에 큰 영향을 준다고 본다. 예를 들어, 누군가 '온화하다' 또는 '냉정하다'로 판단되면 이 중심특성에 따라 다른 인상정보인 '조심스럽다', '근면하다' 등의 정보들은 다르게 통합되어 판단된다.
> • 한 특성의 의미는 고정된 것이 아니라 맥락에 따라 변한다. 예를 들어, 누군가가 '지적이다'라고 할 때, 그 사람이 의사이면 긍정적으로, 간첩이면 부정적으로 지각된다.

3. 인상형성의 주요 효과

초두효과 (Primacy Effect)	순서상 먼저 제시된 정보가 나중에 제시된 정보보다 인상형성에 더 큰 영향을 미치는 것을 말한다. 타인과의 만남에서 첫인상이 중요한 이유에 해당한다.
최신효과 또는 신근효과 (Recency Effect)	초두효과와 반대로 마지막에 제시된 정보가 먼저 제시된 정보보다 인상형성에 더 큰 영향을 미치는 것을 말한다. 타인과의 만남에서 첫인상도 좋아야겠지만 끝인상도 중요한 이유에 해당한다.
맥락효과 (Context Effect)	순서상 먼저 제시된 정보가 나중에 제시된 정보들에 대해 처리 지침을 만들며, 전반적인 맥락을 제공하는 것을 말한다. 예쁜 여자에게는 청바지에 티셔츠만 걸쳐도 완벽하다고 칭찬하지만, 못생긴 여자에게는 자기관리에 소홀하다고 구박한다.
후광효과 (Halo Effect)	하나를 보면 열을 안다는 속담처럼 타인을 지각할 때 내적으로 일관되게 평가하는 경향을 말한다. 어떤 사람에 대해 부분적으로 가지고 있는 긍정적인 인상을 통해 그 사람의 전체적인 면을 높이 평가하는 것으로, 처음 본 사람이 옷차림도 단정하고 예의가 바른 경우, 그 사람의 능력 또한 뛰어날 것이라고 평가한다.
악마효과 (Devil Effect)	후광효과와 반대되는 것으로, 어떤 사람에 대해 부분적으로 가지고 있는 부정적인 인상을 통해 그 사람의 전체적인 면을 낮게 평가하는 것을 말한다. 빅토르 위고(Victor Hugo)의 소설 '노트르담의 꼽추'에서 주인공 콰지모도는 꼽추등에 혐오감을 주는 인상으로 인해 사람들에게서 배척을 당했다.
방사효과 (Radiation Effect)	매력적인 상대와 함께 있는 경우 자신의 지위나 자존심도 고양된다. 잘생긴 사람들 속에 못생긴 사람이 있는 경우, 그 사람에게 특별한 무엇이 있을 것이라 기대감을 가지게 한다.
대비효과 (Contrast Effect)	방사효과와 반대되는 것으로, 매력이 있는 상대와 함께 있는 경우 자신의 매력이 그 사람과의 비교로 인해 평가절하된다. 여자들은 미팅 자리에 자신보다 예쁜 친구를 데려가지 않으려고 한다.
빈발효과 (Frequency Effect)	반복해서 제시되는 정보들이 먼저 제시된 정보들에 영향을 미치는 것을 말한다. 첫인상이 좋지 않더라도 반복해서 좋은 인상을 보인다면, 그 사람에 대한 부정적인 인상이 긍정적으로 변경된다.
낙인효과 (Stigma Effect)	편견이나 선입견에서 비롯되는 것으로, 어떤 사람이 전과자라든가 정신병력을 가지고 있는 경우 그 사람에 대해 색안경을 끼고 보는 것을 말한다.
부정성 효과 또는 부적 효과 (Nagativity Effect)	지각자에게 수용되는 정보 중 긍정적 측면보다 부정적 측면이 더 많은 영향을 미치는 것을 말한다. 어떤 사람에 대해 착하고 성실하지만 도벽이 있다는 이야기를 들었을 때 도벽의 부정적인 이미지로 인해 그 사람의 긍정적인 요소들이 간과된다.
현저성효과 (Vividness Effect)	어떤 한 가지 현저한 특징을 가진 정보가 인상형성에 상당한 영향을 미치는 것을 말한다. 어떤 여성은 키가 작고 볼품없는 남성임에도 불구하고 그의 목소리에 매료되어 호감을 느끼기도 한다.

2 사회인지

1. 도식의 의미와 개념

(1) 인간이 지닌 인지적 능력의 한계로 인해 사람들은 새로운 정보를 받아들일 때, 그 정보 전체를 받아들일 수 없다. 새로운 정보의 일부분, 현저하거나 특징적인 부분만을 받아들이게 되며, 이 부분정보에 자신의 기존 지식체계를 결합하여 정보를 해석한다. 이때, 개인의 기존 지식체계를 도식(Schema)이라고 한다.

(2) 이야기전달 게임(근거 없는 소문이나 추문 등)

앞의 정보전달자의 일부분만 요약해서 받아들인 뒤 나머지 부분에 자신의 도식적 내용을 포함시켜 다른 사람에게 정보를 전달하게 된다. 그 결과 원래 정보가 지닌 사실은 변형·왜곡될 수 있다.

(3) 편견과 도식

편견도 도식과 밀접한 관련을 지니고 있다. 예를 들어, 특정 지역의 일부 사람만 접하거나 다른 사람에게 들은 내용만을 토대로 자기 나름대로의 도식을 형성하고, 이런 도식을 해당 지역의 다른 사람을 만날 때 선입견으로 사용하면 이것이 곧 편견이다.

2. 도식적 정보처리의 장·단점

장점	• 회상을 용이하게 한다. • 정보처리에 소요되는 시간을 단축시킨다. • 누락된 정보를 메워 준다. • 규범적 기대를 제공하여 장차 일어날 일을 예측하고 대비할 수 있도록 한다.
단점	• 상황을 지나치게 단순화하는 경향이 있다. • 도식에 부합되는 정보만을 선택적으로 수용한다. • 도식에 일치되는 정보만으로 사고의 갭을 메우며, 잘 맞지 않는 경우에도 무리하게 적용한다.

3. 도식의 종류

사람도식	• 일반적으로 사람들에게 가지고 있는 도식 예 의사 • 내현적 성격이론: 어떤 제한된 단서들이 포착되면 그 단서와 쉽게 연상되는 일련의 특성들도 같이 공유하고 있을 것이라고 가정하고 그 제한된 단서에 기초하여 그 사람의 성격을 규정지음 예 직업이 학교 선생님이라고 하면 그는 꼼꼼하며, 융통성이 부족하다 등의 성격특성을 보일 것이라고 판단하는 경우
일도식	• 일상생활 시 특정 행동의 진행절차나 방식에 대한 일반적인 지식체계 예 야구에서 공을 잡는 방식, 만남의 도식, 맞선보기의 도식 등 • 도식이 정보처리에 있어 도움을 주기도 하나, 지나치게 치우치게 되면 수단과 방식에만 치우치게 되어 일의 목적을 경시할 수 있게 된다. 또는 선입견이나 편견을 형성시킬 수 있다.

> **개념더하기** ▶ 인지적 구두쇠(Cognitive Miser)
>
> 개인의 정보처리능력은 한계가 있다. 인지적 구두쇠는 개인이 사회적 정보를 처리할 때 그 노력을 최소화하려는 경향을 말한다. 이와 같은 경향은 정보처리의 신속성 측면에서 유리하지만 정확성 측면에서 불리하다.

3 귀인

1. 의의 및 특징

(1) 귀인이론(Attribution Theory)은 성공이나 실패에 대해 자신의 행동에 대한 원인을 귀속시키는 경향성에 대한 이론이다.

(2) 학생은 어떤 일에 성공했을 때 혹은 실패했을 때, 그 성공 또는 실패의 원인이 자신의 노력이나 능력 등의 내적 원인이라고 생각하는 경우와 우연한 결과나 운 등의 외적 원인이라고 생각하는 경우 후속행동에 차이를 보인다.

(3) 귀인이론은 장래의 사태에 대한 인식이 아닌 사전의 원인 또는 지각에 대한 이해에 초점을 두므로, 미래 행동을 위한 지침을 제시해 줄 수 있으며, 부정적인 상황이 발생하는 경우 그 영향에 대해 설명해 줄 수도 있다.

2. 와이너(Weiner)의 귀인이론

(1) 와이너는 귀인이론(Attribution Theory)을 통해 성공 혹은 실패의 원인은 개인이 어떻게 인지하는지에 따라 동기가 결정된다고 가정한다.

(2) **와이너의 귀인의 4가지 구성요소**: 능력, 노력, 과제난이도, 운

① **능력**: 난 원래 머리가 좋으니까 100점 맞은 거야! 당연해!

② **노력**: 수업시간에도 열심히 필기하고, 꾸준히 예습 복습도하고 열심히 했더니 점수가 잘 나왔네.

③ **과제난이도**: 이번에는 선생님이 문제를 쉽게 내서 점수가 잘 나왔네!

④ **운**: 다 찍었는데 운이 좋아서 100점이네.

예 **좋은 점수에 대한 귀인**: 시험에 100점을 맞은 학생이 좋은 점수를 얻을 수 있는 원인을 능력, 노력, 과제난이도, 운 등으로 돌릴 수 있다.

(3) **귀인의 세 가지 차원**: 원인의 소재, 안정성, 통제가능성

① **원인의 소재 차원**: 원인을 행위자의 내면에 두는지 외부 요인에 두는지의 차원

내부귀인	• 어떠한 결과에 대한 책임을 자기 자신의 동기, 성격, 노력, 능력으로 돌린다. • 성공은 자부심과 동기 증진을 가져오지만, 실패는 수치감의 증폭으로 이어진다.
외부귀인	• 어떠한 결과에 대한 책임을 과제의 난이도나 운으로 돌린다. • 성공하면 외부의 힘에 감사하지만, 실패하면 분노를 일으키게 된다.

② **원인의 안정성 차원**: 원인이 변동할 수 있는 것인지 항상성을 가진 것인지의 차원

㉠ 안정적인 원인: 능력, 학습과제의 난이도

㉡ 불안정적인 원인: 운, 노력

③ **통제가능성의 차원**: 행동주체의 의지와 노력으로 원인을 변화시킬 수 있는지, 과제의 어려움·운과 같이 스스로가 통제할 수 없는지의 차원

개념더하기 ▶ 귀인과 각 차원의 관계

귀인요소	원인소재	안정성 여부	통제가능성 여부
능력	내적	안정적	통제불가능
노력	내적	불안정적	통제가능
과제난이도	외적	안정적	통제불가능
운	외적	불안정적	통제불가능

3. **귀인과정에서의 주요 오류**

(1) **근본적(기본적) 귀인 오류**: 사회적 행동의 원인을 추측할 때 상황이나 환경과 같은 외적 요인은 충분히 고려하지 않고 귀속이 행위자의 특성이라는 내적 요인에만 치우치는 경향이다.

(2) **이기적 편향(자기 고양 편파)**: 성공은 자신의 내부 귀인으로, 실패는 외부 귀인으로 돌려 환경이나 다른 사람을 탓하는 편향이다. 이기적 편향은 자존심을 지켜야 하는 상황에서 주로 나타난다.

(3) **행위자−관찰자 편향**: 동일한 행동에 대하여 타인의 행동은 내적인 원인이 있다고 파악하고, 행위자 자신의 행동은 외적인 원인에 있다고 파악한다.

4. 귀인과정에서의 공변원리(Kelley)

(1) 원인의 독특성 또는 특이성(Distinctiveness)
어떠한 행동이 특정원인에 의해 발생할 경우, 즉 원인의 독특성 정도가 높은 경우 그 결과를 특정원인에 의한 것으로 추론한다.

(2) 시간적·상황적 일관성(Consistency)
시간이나 상황에 관계없이 원인으로서의 특정자극과 그에 대한 결과로서의 반응이 항상 동일하게 나타난다면, 해당 원인에 의해 결과가 나타난 것으로 추론한다.

(3) 원인의 일치성 또는 동의성(Consensus)
특정원인과 그 결과 간의 관계에 대해 다른 관찰자들도 해당 인과관계를 인정한다면, 그 둘 사이의 관계가 매우 밀접한 것으로 추론한다.

개념더하기 ▶ 공변모형 사례 적용

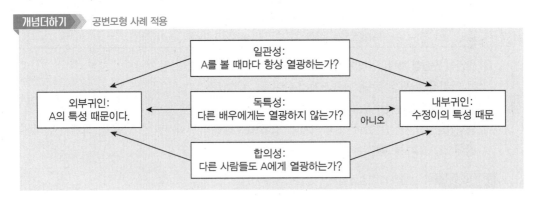

---

02 사회적 관계

1 친교행동

1. 친교행동과 대인매력

(1) 친교행동: 주변에 좋아하는 사람과는 관계를 맺고 유지하려 하고, 싫어하는 사람과는 관계를 끊고 형성하지 않으려 하는데, 이렇게 관계를 형성하게끔 하는 요인들과 인간의 사회행동에 대해 연구하는 사회심리학 분야

(2) 대인매력: 주위 사람들이 자신에게 느끼는 긍정적(호의, 존경 등) 태도

2. 대인매력의 영향요인

(1) 근접성(Proximity)
① 지리학적 거주지 혹은 다른 형태의 공간적 접근성, 즉 서로 가까이 있는 것을 의미한다.
② 실제생활에서 서로 가까운 곳에 살거나, 일을 함께 하거나, 같이 노는 사람들과 알게 되어 서로에게 매력을 느낄 수 있다. 즉, 먼 친척보다는 가까운 이웃이 더욱 친밀한 법이다.

(2) 친숙성(Familiarity)

① 접촉의 빈도수를 의미한다.

② 매번 같은 길을 지나가다가 자주 마주치는 사람들은 단순한 반복적 노출에 따른 단순노출효과(Mere Exposure Effect)에 의해 서로에 대해 호감을 가질 수 있다.

③ 자이언스(Zajonc)의 단순노출효과 실험(Mere Exposure Effect): 친숙함 호감 유발효과

　　㉠ 처음 접하는 사람의 사진을 각 대학생 집단에 따라 다른 횟수(1회 사진을 본 집단부터 25회 사진을 본 집단)로 보여주고 그에 대한 매력도나 호감도를 평정하게 한 실험

　　㉡ 처음 보는 사진임에도 불구하고 단순히 사진을 보는 횟수가 증가할수록 그에 대한 매력도나 호감도가 높은 것으로 나타났다.

(3) 신체적 매력(Physical Attractiveness)

① 최초 만남에서 신체적 외모의 중요성을 강조하는 것이다.

② 매력적인 얼굴에 잘 차려입은 사람이 잠재적 고용자에게 호의적인 인상을 주어 취업에 성공할 확률이 높다.

③ 겉맞추기 원리(Matching Principle): 월스터(Walster)의 연애 관계에 관한 가설

　　㉠ 배우자를 선택할 때 자신의 외모와 비교해 적정한 수준의 짝을 선호한다는 이론

　　㉡ 이유: 자신보다 월등히 외모가 아름다울 경우 거절당할 가능성이 높으므로 현실적 수준의 이성을 선택한다.

(4) 유사성(Similarity)

① 상호간 유사한 정도를 의미한다.

② 유유상종(類類相從)이란 말처럼 성격, 취미, 교육수준, 경제적 지위 등이 유사할수록 관계가 오래 지속될 수 있다.

(5) 보상성과 보완성(Rewardingness and Complimentariness)

① 상호성 원리: 자신에게 호의를 갖거나 긍정적으로 평가해 주는 타인을 좋아하는 경향을 말한다. 보통 인간은 누군가에게 인정받고 후한 평가를 받고자 하는 욕구가 있기 때문에 이를 충족해주는 사람에게 호감을 가진다는 것이다.

② 자존이론: 자신감을 잃고 실의에 빠져있을 때 자신을 인정해 주는 사람에게 끌린다.

③ 득실이론: 처음에는 호의적이지 않다가 나중에 호의를 보이는 사람을 더욱 좋아하며, 처음에는 호의적이다가 나중에 호의를 보이지 않는 사람을 더욱 싫어하게 된다는 원리이다.

3. 좋은 특성을 가지고 있는 사람

성격 특성	• 따스하고 이해심 많은 다정다감한 성격이 중요하다. • 그 밖에 정직성, 성실성 등의 요인이 중요하다.
능력	• 유능한 사람일수록 좋아하게 된다. • 이유: 유능한 사람과 가까이 지내면 자신도 능력 있는 사람으로 평가받을 것이라는 기대감
신체적 매력	• 본능적으로 신체적 매력이 높을수록 호감을 갖게 된다. • 후광효과로 신체적 매력이 높을수록 바람직한 특성을 많이 갖고 있다고 기대한다.

같은 실수라도 상대방이 나를 '실력 있다고 보는지 없다고 보는지'에 따라 '금상첨화'가 될 수도 있고, '설상가상'이 될 수도 있다.

구분	능력이 있음	능력이 없음
실수를 함	1위의 매력도	4위의 매력도
실수를 하지 않음	2위의 매력도	3위의 매력도

4. 스턴버그(Sternberg, 1986)의 사랑의 삼각형 이론(사랑의 3요소)

(1) 사랑은 열정, 친밀감, 헌신적 태도의 세 요소로 구성되며, 정삼각형처럼 세 요소가 각각 충분한 강도로 균형을 이룰 때 완전한 사랑이 된다는 이론

(2) **열정(Passion)**: 로맨스나 신체적 매력, 성적 황홀감
   ① 초기의 사랑으로 신체적 매력이나 성적 흥분과 관련된 욕망
   ② 사랑하는 사람과 신체적으로 하나가 되고 싶어하는 욕망을 갖게 만든다.

(3) **친밀감(Intimacy)**: 서로 가깝고 맺어져 있다는 느낌
   ① 사랑하는 사람에 대한 따뜻한 마음, 삶을 나누기, 정서적인 친밀감을 말한다.
   ② 사랑하는 사람과 친밀감이 있으면 자신의 비밀을 상대방과 나눌 수 있고 서로의 비밀을 지켜주고 보호해 준다.

(4) **헌신적 태도(Commitment)**: 사랑을 유지하겠다는 결정과 헌신
   ① 사랑의 사고적이고 인지적인 측면
   ② 사랑하는 사람과 어려움이 있더라도 의식적인 결단을 통해서 상대방과의 관계를 유지하려는 결단과 책임감을 말한다.

세 가지 기본요소(열정, 친밀감, 책임감)를 결합하여 사랑의 유형을 8가지로 설명했다.

사랑이 아닌 것	친밀감, 열정, 헌신 등의 세 요소가 모두 결여된 상태
좋아함(호감, 우정 같은 사랑)	친밀감만 강한 유형
도취성 사랑	열정만 강한 유형
공허한 사랑	헌신(책임감)만 있는 사랑
낭만적 사랑	친밀감과 열정이 결합된 사랑
우애적 사랑	친밀감과 헌신이 결합된 사랑
허구적 사랑	열정과 헌신이 결합된 사랑
성숙한 사랑	친밀감, 열정과 헌신이 똑같이 결합된 사랑

5. 친교관계의 형성과 유지

(1) 자기 개방의 상호성

① **자기 개방(Self-Disclosure)**: 친교관계의 형성은 우선 자신이 무슨 생각을 하며 어떻게 느끼는지를 다른 사람에게 알리는 데서 시작된다. 그 사람이 어떤 사람인지 알지 못하면 다가가도 될지 멀리해야 할지를 알 수 없기 때문인데, 이러한 자기정보를 알리는 행위를 '자기 개방(Self-Disclosure)'이라고 한다.

② **자기 개방의 상호성**: 자신의 개인적인 정보를 꾸밈없이 보이면 상대방도 그에 상응하는 자기 개방으로 돌려주는 경향이다. 초면에는 업무와 공통의 지인에 대한 이야기로 상대에 대한 정보를 모으고, 만남의 횟수를 늘리며 보다 깊은 자기 개방을 함으로써 친분을 쌓는다.

(2) 사회적 침투이론

① 알트만(Altman)과 테일러(Taylor)는 개인과 개인이 만나 관계가 진전된다는 것을 두 사람의 상호 작용이 성격의 주변부로 스며들어 서로 상대의 중심으로 침투해가는 과정으로 보았으며, 이를 사회적 침투이론(Social Penetration Theory)이라고 한다.

② 사회적 침투는 '지향단계 → 탐색적 감정교환 단계 → 감정교환 단계 → 안정적 교환단계'를 거친다.

(3) 사회적 교환이론

① 대인관계는 보수와 비용의 교환으로 이루어진다는 개념

② 보수는 교제 속에서 얻는 모든 자극을, 비용은 교제를 하는 데 드는 시간과 수고로움을 의미하는 것으로, Give & Take와 같은 비즈니스적인 이해관계에 따라 인간관계가 성립된다는 것이다.

2 도움행동

1. 개요

(1) 도움행동의 정의: 자발적이고 외적 보상을 바라지 않는 상태에서 시발된 행동으로, 그 결과가 실제로 대상인물에게 도움을 주는 것

(2) 도움행동의 이유

① **유전적이고 진화적인 견해**: 이타적인 행동이 없었다면 인간의 생존이 어려웠으므로, 그 행동이 계속 유지된다고 보는 입장

② **사회적 진화**: 친사회적 행동으로 인해 이타적인 행동을 하게 된다는 입장

(3) 도움행동에 영향을 미치는 요인

상황적 요인	타인의 존재, 날씨, 도시 크기, 시간 압력 등
도움을 주는 사람의 요인	행위자의 성격, 기분 등
도움을 받는 사람의 요인	매력 등

2. 위급상황에서의 도움행동

(1) 방관자 효과(Bystander Effect): 다른 방관자가 있을 경우 도움을 제공할 가능성이 줄어든다.

(2) 책임분산이론: 위급한 상황에서 곤경에 처한 사람을 여러 사람이 목격했을 경우 '누군가 다른 사람이 돕겠지'라는 생각으로 오히려 아무도 돕지 않는 결과를 초래하기도 한다.

　예 키티 제노비스의 노상강도 살인사건

- 키티 제노비스(Kitty Genovese) 사건: 1964년 미국의 뉴욕시내에서 일어났던 노상 살인사건. 키티 제노비스라는 여성이 새벽녘에 자신의 아파트로 들어가려고 하는 순간, 강도가 칼을 들고 그녀를 덮치려고 했다. 비명을 지르며 도망가는 그녀를 강도가 뒤쫓아가 칼로 찔러 죽였다. 그 과정에서 비명을 듣고, 몇몇 아파트 창문에 불이 켜지고 사람들이 창문 뒤에 숨어서 이 광경을 엿보고 있었다. 키티가 강도로부터 피습을 받기 시작해서 살해될 때까지는 무려 45분이나 걸렸고, 최소한 38명의 목격자가 있었지만 신고한 사람이 한 사람도 없었다.
- 책임분산이론: 주변 사람들의 존재가 이 상황에 대한 해석을 모호하게 만들었기 때문이라는 이론이다.

3. 평상적 상황에서의 도움행동

규범응보	• Give and Take: 득이 되는 것을 주고받는다. • 결초보은: 나를 도와준 사람에게는 도움으로 보답해야 한다. • 나를 도와준 사람을 해쳐서는 안 된다.
사회적 책임규범	도움 줄 능력이 있으면 응당 해야 할 일이라는 생각
빚진 느낌	형평성 신념: 자신이 손해를 입힌 사람에게 이득이 돌아가게 하거나 도움주는 것으로 속죄하는 것

3 반사회적 폭력 – 공격성

1. 폭력행동의 정의와 원인

(1) 정의: 사회규범에 반하는 것으로, 타인을 해칠 목적으로 취하는 모든 행동

(2) 원인

본능	• 프로이트: 인간은 폭력충동을 본능적으로 갖고 태어난다. • 공격성은 인간과 동물을 포함한 대부분의 동물 종에게 공통적으로 존재한다. • 공격본능에 따른 공격행동이 외부적 단서의 자극에 유발된다. • 공격성은 종의 생존을 위해 필수적이다.
욕구좌절	자신이 성취하고자 하는 목표달성이 좌절되거나 그 목표에 도달하는 길이 차단되었을 때 폭력충동이 형성된다. 예 놀러가려는 아이와 어머니, 시험에 떨어진 재수생, 애인에게 차인 사람 등
단서촉발	• 공격적 행동을 촉발할 만한 도구가 있을 경우 공격행동을 보일 가능성이 높아진다. • 무기효과(weapon effect): 감정이 흥분되었을 때 공격적 의미를 가진 단서가 주변에 있으면 공격행동을 더욱 강하게 촉발시키는 역할을 한다.
사회적 학습	공격행동은 학습 과정을 통해 형성될 수 있다.

2. 폭력행동의 실행과 감소방안

(1) 폭력행동의 실행

강화	• 폭력행동 후 처벌이 없으면 강화 • 처벌하지 않는 것도 승인으로 받아들이기 때문 예 아이가 다른 아이를 때렸을 때, "잘했다. 남자는 힘이 중요해."라고 칭찬하는 경우
모방	폭력충돌이 유발된 상황에서 어떻게 표현하는가를 관찰함으로써 표현방식을 학습

(2) 폭력행동의 감소방안

정화	• 폭력충동을 외부로 발산함으로써 해소한다. • 정화효과: 공격행동의 표현 이후 공격 충동을 감소시키는 현상 예 미디어 폭력시청, 권투 등 공격적 행동을 관찰하는 것만으로도 공격충동이 감소됨
처벌의 위협	• 법률적 처벌규정 • 사후처벌뿐 아니라 사전억제 효과도 있다.
학습된 억제	• 폭력행동 표출에 대하여 죄책감, 불안감을 갖도록 훈련 • 사회구성원이 각자 자신의 폭력행동을 스스로 통제하도록 학습

3. 공격성의 생물학

(1) 유전자 영향: 쌍생아 연구들은 유전이 인간의 공격성에 영향을 미친다는 것을 시사한다.

(2) 신경적 영향: 동물과 인간의 뇌는 자극을 받았을 때 공격성을 억제하거나 발현하는 신경계를 갖고 있다.

예 • 변연계(편도체)에 전극을 삽입하면 공격성이 증가한다.
 • 폭력범에게는 충동을 억제하는 전두엽 활동이 감소되어 있다.

(3) 생화학적 영향: 테스토스테론은 공격적 성향을 강화시킨다.

---

03 사회적 영향

1 태도와 태도변화

1. 태도의 정의와 기능

(1) 정의: 대상에 대하여 일정한 방식으로 반응하는 경향으로, 후천적으로 여러 가지 경험과 학습을 통해 형성된다(Allport의 정의).

(2) 기능: 독일의 심리학자 카츠(Katz)는 개인이 사회생활에 적응하는 데 있어서 필요한 태도의 여러 가지 기능을 제시하였다.

적응기능	보상은 극대화하고 벌은 최소화하는 행동을 함으로써 환경에 적응하도록 하는 기능
자아방어기능	바람직하지 않은 자신의 모습을 직시하는 고통으로부터 자아를 보호하는 기능
가치표현기능	자기개념의 타당성을 확인하고 자존감을 높이는 기능
지식기능	하나의 입장을 취함으로써 복잡한 사회를 이해하고 효과적으로 대처하도록 판단하는 기능

2. 태도의 구성요소

인지적 요소	개인이 태도대상에 대하여 가지고 있는 사고, 신념, 가치, 기대, 지식 등의 집합으로, 다른 요소에 비해 복잡한 양상을 보인다. 예 담배는 비싸다, 담배는 몸에 해롭다, 담배는 긴장감 해소에 도움을 준다 등
정서적 요소	개인이 태도대상에 대하여 가지고 있는 호의적 혹은 비호의적 감정을 반영하는 단일차원으로, 가장 단순한 양상을 보인다. 예 담배를 좋아한다, 담배를 싫어한다
행동적 요소	개인이 태도대상에 대하여 가지고 있는 행동의도를 말한다. 예 담배를 피우겠다, 담배를 줄이겠다, 담배를 끊겠다 등

3. 태도와 행동

(1) 태도를 통한 행동의 예측: 태도가 행동을 결정한다는 가설에 대한 여러 의견이 혼재한다.

(2) 행동을 통한 태도의 예측: 인지부조화이론

① 사람들이 심리적 일관성을 추구하는 경향이 있음을 가정하여, 태도와 행동이 불일치되면 불편감이 생겨서 조화상태를 회복하려는 동기가 유발된다.

② 행동은 대개 취소하거나 변경이 불가능하기 때문에 사람들은 주로 태도를 행동과 일관되도록 변화시킴으로써 부조화를 감소시킨다.

(3) 태도 변화(Attitude Change)

① 지속적인 행동의 준비 상태인 태도가 학습·경험을 통해 단기적 또는 장기적으로 변화하는 것을 태도 변화라고 한다.

② 설득은 언어를 수단으로 한 표적인물에 대한 태도 변화의 시도라고 할 수 있으며, 이를 설득 커뮤니케이션이라고 한다.

③ 설득 효과는 네 가지 요인에 따라 달라진다.

설득자	• 일반적으로 설득자가 전문성을 가질 경우 설득의 효과가 크다. • 슬리퍼 효과: 설득자의 전문성이 낮더라도 나중에는 설득의 효과가 커지기도 하는데, 이는 시간이 흐르면서 설득자의 전문성에 대한 기억과 설득 내용에 대한 기억이 분리되기 때문이다.
설득 내용	• 설득 대상의 기존 태도와 적당한 차이가 있어야 한다. • 지나치게 크면 메시지 자체를 부정하게 됨 • 설득 시 객관적 통계치를 제시하는 이성적 내용보다는 유머를 수사하여 기분 좋게 하거나 공포를 유발하는 등 상대의 감성에 호소하는 것이 더 효과적이다.

설득 대상	• 자아관여(Ego Involvement)
	  – 설득주제가 설득대상에게 중요한 의미를 가지는 경우, 즉 자아관여 수준이 높은 경우, 설득대상은 그 내용에 대해 심사숙고하는 반응을 보이게 된다.
	  – 반면, 자아관여 수준이 낮은 경우 설득자의 외모 등 주변단서에 의해 반응이 이루어지는 경향이 있다.
	• 태도면역(Attitude Inoculation): 설득대상이 자신의 태도에 대해 이미 약한 공격을 받고 그것에 대해 방어한 경험이 있는 경우, 즉 태도면역이 되어 있는 경우, 보다 강한 설득메시지에 대해서도 저항할 수 있으므로 설득이 잘 이루어지지 않는다.

설득 상황	• 다소 주의가 분산되는 분위기가 효과적이다. • 설득 대상이 설득 메시지에 주의 집중할 수 있는 상황에서는 메시지에 대한 반대 주장을 떠올리기가 더 쉽기 때문이다.

4. 페스팅거(Festinger)의 인지부조화이론

(1) 사람들은 자신의 지식과 감정 그리고 행동의 모든 측면이 일치하지 않으면 불쾌감을 경험한다. 마찬가지로 사람들은 자신의 태도와 행동이 불일치하면 불쾌감을 경험하게 되며, 그로 인해 조화상태를 회복하려는 동기가 유발된다.

(2) 인지부조화 이론은 사람들이 취소하거나 변경하기 불가능한 행동대신 주로 태도를 행동과 맞도록 변화시킴으로써 부조화를 감소시키게 된다는 것이다.

(3) 애연가가 담배를 피우면 폐암에 걸릴 위험이 있다는 사실을 알았을 때 행동과 사실의 모순을 극복하고자 담배를 끊거나 폐암에 대한 정보를 부정하고자 한다.

(4) 부조화에서 오는 불쾌감은 신념의 크기에 비례한다.

　① 참전용사는 반전론에 인지적 부조화를 일으킨다.

　② 종교의 신봉자는 무신론에 인지적 부조화를 일으킨다.

(5) 인지부조화 이론은 사람들이 자신의 행동을 합리화하는 경향이 있음을 강조한다. 즉, 인지부조화의 감소과정이 곧 행동의 합리화 과정이며, 그에 따라 어떤 행동을 한 후 개인의 태도는 그 행동과 일관되게 조정되는 것이다. 종말론을 믿는 신자가 막상 종말이 오지 않았음에도 믿음을 버리기는커녕 오히려 이전보다 더 독실한 신자가 되는 것도 인지부조화의 예로 볼 수 있다.

(6) 개인의 현재 모습은 그 사람의 과거경험의 연장이므로 과거의 행동을 부정하여 지금까지의 인생을 부정하기보다 새로운 사실을 부정하려는 경향을 보이게 된다.

개념더하기	인지부조화의 발생조건
행동에 대한 자발적 선택	태도와 관련된 행동이 상황적 압력에 의해서가 아닌 자기 스스로 안할 수 있었음에도 불구하고 취한 것이라는 인식, 즉 행동에 대한 책임감을 느끼게 됨으로써 부조화가 발생된다.
취소불가능한 개입 (돌이킬 수 없는 행동)	자신이 자발적으로 선택한 행동이 취소할 수 없는 것이라는 인식에서 부조화가 발생된다. 만약 그 선택이 언제든지 변경 또는 취소할 수 있는 것이면 부조화는 나타나지 않는다.

5. 벰(Bem)의 자기지각이론

(1) 벰은 태도와 행동의 불일치를 다룬 연구결과들을 검토한 후 사람들이 자신의 거짓말을 믿는 이유가 인지부조화 때문이 아닌 자기지각 때문이라고 주장하였다.

(2) 자기지각이론은 사람들이 자신의 행동을 통해서 태도를 확인하고 이해하는 과정을 설명한다. 즉, 사람들이 타인지각과 마찬가지로 자신의 행동을 통해서 자신의 태도를 추론하는 경향이 있다는 것이다.

(3) 예를 들어, 거짓말의 대가로 1불을 받기로 하고 실험에 참가한 피험자들은 1불이라는 돈은 내가 거짓말하는 대가로 충분하지 않아. 내가 그렇게 말한 것은 그 과제가 정말로 재미있었기 때문일 거야라고 추론했을 것이다.

(4) 자기지각이론도 인지부조화 이론과 동일한 예언을 하고 있으나, 설명방식은 전혀 다르다. 즉, 인지부조화 이론은 인지부조화로 인해 긴장상태가 매개되는 것으로 가정하고 있으나, 자기지각이론은 피험자들이 자신의 행동을 보다 잘 이해하기 위한 귀인과정을 거친다고 가정한다.

6. 하이더(Heider)의 인지적 균형이론(Cognitive Balance Theory)

(1) 사람이 특정한 대상에 대한 상반된 두 가지 태도로 나타나는 갈등을 줄이고 일관성을 유지하려고 함으로써 발생하는 태도 변화를 설명한다.

(2) 사람들은 머릿속에서 인지적, 감정적 요인들이 모두 균형 있게 일관성을 이루고 있을 때 편안함을 느끼며, 비일관성이나 불균형을 이루고 있을 때는 불편함과 긴장감을 느낀다.

(3) P(나)는 X(대상)에게 부정적인 감정을 가지며, O(타자)도 X에게 부정적인 감정을 가지면 P와 O는 서로 호감을 가지게 된다는 이론이다. 즉, 공공의 적이 두 사람을 가깝게 만드는 것이다.

2 동조(Conformity)

1. 동조 현상

(1) 동조는 타인이나 집단의 기준, 가치관, 기대에 순응하여 행동하는 것을 가리킨다. 동조 현상은 사회심리학의 용어로 다수의 의견이 어느 한 방향으로만 쏠리는 현상을 뜻한다.

(2) **동조 압력**: 직장이나 학급과 같은 특정 집단에서 의사결정을 할 때 소수 의견을 가진 이에 대하여 암묵적으로 다수의 의견에 따를 것을 강요하는 것이다.

(3) **자기검열**: 아무도 강제하지 않지만 다수의 의견에 반함으로써 따르는 위협을 피할 목적으로 자기의 의견을 스스로 검열하는 행위이다.

(4) 다수의 동조행동이 형성될 때에는 필연적으로 소수를 제압하는 집단역학(Group Dynamics)이 작용한다.

> **개념더하기** 　애쉬(Asch)의 동조 실험 – 같은 길이의 선분 찾기
>
> - 피험자 앞에 사전에 모의한 다수의 피험자들을 위치시킨 후 동일한 크기의 막대를 찾으라고 지시하였다.
> - 처음 몇 번은 모의한 피험자들에게 계획한 바대로 정답에 해당하는 모델과 동일한 크기의 막대를 고르도록 하고, 이후 모델과 다른 크기의 막대를 고르도록 하였다.
> - 그러자 실제 피험자는 앞선 피험자들이 크기가 다른 막대를 선택한 것을 알면서도, 처음에는 약간 주저하면서 자신도 그들의 선택에 동조하여 그들이 선택한 것과 동일한 크기의 막대를 선택하였다.
> - 집단 내 피실험자를 제외한 모두가 전혀 다른 길이의 선분을 같다고 할 때 피실험자 중 33%가 집단과 일치하게 틀린 대답을 했다.

2. 동조의 원인

(1) 다수의 의견을 따르지 않을 경우 귀속집단으로부터의 배제·징벌을 피하고자 하는 자기방어적인 의식이 작용한다.

(2) **규범의 영향**: 타자의 반응과 기대를 의식하여 그(들)의 승낙을 얻거나 거절을 피하기 위한 동조이다.

(3) **정보의 영향**: 타자로부터의 정보를 자신의 의견이나 판단의 근거로 받아들이는 동조이다.

(4) 가족이나 애인과 같은 친밀한 사이에서도 동조가 발생한다. 소중한 사람에게 거부당하고 싶지 않은 승인 욕구, 친화 욕구와 관련이 있다고 할 수 있다.

> **개념더하기** 　동조행동이 일어나기 쉬운 사람
>
> - 자신보다 다른 사람의 능력이 뛰어나다고 느끼는 사람
> - 친화동기가 높은 사람
> - 자기에 대한 확신과 자신감이 부족한 사람
> - 집단에서의 지위가 낮은 사람
> - 자신 이외에 같은 의견을 가진 사람이 없는 사람
> - 자신이 속한 집단의 지위와 매력을 동경하는 사람

3. 동조의 유형

(1) **표면적 동조**: 그 상황만을 모면하고자 본심을 감추고 다수자에게 동조하는 것이다.

(2) **내면적 동조**: 다수자와 친밀한 타인의 주장·행동을 받아들여 찬동하는 것이다.

4. 소수에 의한 사회변화

(1) 설득력 있고 일관적인 소수가 다수의 입장을 바꿀 수도 있다.

(2) 소수 영향의 조건

① 소수의 주장과 행동양식이 힘 있고 일관성이 있어야 한다.

② 소수는 논리나 합리성 등으로 다수의 입장을 효과적으로 반박할 수 있어야 한다.

③ 소수의 주장이 당시의 사회적 분위기와 일치해야 한다.

(3) 모스코비치(Moscovici)의 실험

① 모스코비치는 애쉬의 동조연구방법을 사용하여 그 반대의 현상을 보여주었다.

② 6명의 참가자들에게 슬라이드의 색깔을 평정하게 하였는데, 모든 슬라이드는 명도에서 약간씩 차이가 있는 청색 슬라이드였다.

③ 참가자들은 모든 슬라이드를 청색이라고 바르게 평정하였다. 그러나, 실험자에 의해 고용된 2명의 가짜 참가자들만은 의도적으로 청색 슬라이드를 녹색이라고 일관적으로 평정하였다.

④ 이러한 소수측의 주장이 나머지 참가자들에게 영향을 주어 약 3분의 1 참가자들이 적어도 하나의 녹색 슬라이드가 있었다고 평정하는 결과를 가져왔다.

⑤ 모스코비치는 이때 소수측의 행동 스타일이 중요하다고 주장한다. 소수의 영향이 효과를 거두려면 소수들은 일관성 있고, 논리적이며, 강력해야만 한다. 이러한 행동양식은 다수측에게 소수측의 주장이 자신감과 확실성을 지니고 있다는 추론을 가능하게 하며, 그들을 더 정직하고 유능한 것으로 판단하는 경향이 있다.

⑥ 소수에 의한 영향은 다수에 의한 영향과 질적으로 다를 수 있다. 다수측의 영향은 내적인 태도의 변화가 아니라 단지 외적 행동의 변화일 수 있지만, 소수측의 영향은 진정한 내적인 변화일 수 있다.

> **개념더하기** 〉 스톡홀름 증후군
>
> - 정의: 스톡홀름 증후군은 자신보다 큰 힘을 가진 사람이 자신의 목숨을 위협하는 상황에서 가해자에게 심리적으로 공감하거나 연민과 같은 긍정적인 감정을 느끼는 현상을 말한다. 트라우마적 유대(traumatic bonding)의 일부로 볼 수 있으며, 일반적으로 유괴나 납치 상황에서 나타나는 현상을 지칭하지만, 가정 폭력, 데이트 폭력 등의 대인관계 상황에서도 나타난다.
> - 배경: 1973년 스웨덴 수도 스톡홀름에서 발생한 은행강도 인질사건에서 유래했다. 무장강도들이 스톡홀름의 크레디트반켄(Kreditbanken)을 점거하고 4명의 인질을 방패삼아 8월 23일부터 28일까지 엿새간 경찰과 대치극을 벌였다. 인질들은 처음에는 인질범을 두려워했으나 시간이 흐를수록 묘하게도 정서적으로 밀착되는 현상을 보이더니 사건이 종료된 후 인질범에 대한 불리한 증언을 끝까지 거부하는 이해하기 어려운 태도를 보였다. 스웨덴 범죄 심리학자이자 정신의학자 닐스 베예로트(Nils Bejerot, 1921~88)는 이런 인질들의 납득하기 어려운 태도를 '스톡홀름 증후군'이라고 했다.
> - 특징적인 증상
>   - 가해자에 대한 존경심을 보인다.
>   - 구조 시도를 거부한다.
>   - 가해자를 옹호한다.
>   - 가해자를 기쁘게 하고자 노력한다.
>   - 가해자에게 불리한 증언을 회피한다.
>   - 가해자에게서 도망치는 것을 거부한다.
> - 스콕홀름 증후군의 심리역학: 임상심리학자 그레이엄(Graham, 1994)은 스톡홀름 증후군의 심리역학을 다음과 같이 설명한다. 피해자들이 생존의 위협을 경험하는 외중에 가해자의 친절을 지각하게 되면 자신이 생존을 허락받았다는 희망을 갖게 된다는 것이다. 이러한 가운데 다른 탈출 방안이 지각되지 않으면, 겁에 질린 피해자는 가해자의 폭력을 부정하고 가해자의 친절한 특성에 대해 유대를 형성하고자 한다. 이때 가해자가 보이는 친절만이 자신들의 구조에 유일하게 도움이 되는 자원이자 탈출 방안이기 때문이다.

3 응종(Compliance)과 복종(Obedience)

1. 응종

(1) 정의: 타인의 부탁에 따라 생각이나 행동을 부탁자가 원하는 방향으로 움직이는 것

(2) 응종을 이끌어내는 가장 기본적인 방법은 호감이 가는 사람의 부탁을 잘 들어주는 성향을 이용하는 것이다. 예 비위맞추기, 아첨꾼의 득세

(3) 응종을 얻어내는 방법

문간에 발 들여놓기 효과 (Foot in the Door)	• 처음에는 작은 요청부터 시작하여 그보다 큰 본래의 목적을 승낙시키는 방법 • 작은 행위에 동의한 사람들은 나중에 큰 것에도 동의하게 된다.
면전에서 문 닫기 효과 (Door in the Face)	• 먼저 누구나 거절할 만한 요청을 하여 거절당한 후 다음으로 본래의 목적을 요청하여 승낙시키는 방법 • 송신자가 먼저 양보를 보임으로써 수신자도 양보하지 않을 수 없는 분위기를 만들어 승낙할 가능성을 높인다.
낮은 공 기법 (Low Ball Technique)	처음에 좋은 조건을 달아 승낙하게 한 다음, 이유를 들어 그 조건을 거두어도 수신자는 일단 승낙한 사안을 번복하기 어렵다.

2. 복종(Compliance)

(1) 정의: 상대방이 갖고 있는 권위나 권력 때문에 상대방이 요청하는 것에 따르는 것

(2) 동조와의 공통점과 차이점

① 공통점: 타인에 의해 행동이 영향을 받는다는 점

② 차이점: 동조는 타인이 직접적인 지시를 하지 않지만, 복종은 직접적인 지시를 했다는 점

(3) 사람들은 권위 있는 인물의 명령에 대체로 잘 복종하는데, 심지어 권위 있는 인물의 요구가 자신의 소신이나 사회적 규범을 어긋나더라도 맹목적으로 복종하는 경향이 있다.

(4) 복종의 원인

① 권위자로부터의 처벌에 대한 두려움

② 권위자에게 책임전가(명령에 따랐을 뿐이다)를 할 수 있는 점

③ 흰 가운이나 박사와 같은 직함 등은 권위자라는 확신이 들게 하여 복종을 성립하게 함

> **개념더하기** 밀그램의 복종실험(1961)
>
> • 밀그램(Milgram)은 권위에의 복종연구를 위해 피험자들에게 각각 학생과 선생 역할을 맡도록 한 후 사전에 짜인 각본에 따라 학생이 단어를 외우지 못할 때마다 선생이 전기쇼크를 주되 그 강도를 최초 15V에서 450V까지 높여가도록 지시하였다.
> • 학생과 선생은 각각 분리되어 서로를 볼 수 없었으며, 오로지 인터폰으로만 소통하였다. 시간이 지날수록 전기쇼크는 커져갔고 고통의 비명소리가 들리기 시작하자, 선생 역할을 한 사람은 연구자의 지시를 계속해서 따라야 할지 망설였다.
> • 사실 밀그램의 실험은 철저히 꾸며진 것으로, 학생과 선생 역할을 맡은 피험자들은 그 사실을 전혀 알지 못했다. 선생 역할을 맡은 피험자들은 연구자의 계속된 지시와 학생의 비명소리(실제로는 녹음기의 비명소리)에 당혹스러워 하였으나, 그들 모두 300V까지(실제로는 조작된 기계장치로서 실제 그와 같은 높은 전압을 부여하지 않음) 수치를 높이는 모습을 보였다. 이와 같은 실험은 인간의 강력한 복종성향을 보여주고 있다.
> • 다만, 권위에 대한 복종은 다음 상황에서 감소되어 나타난다.
>   – 피해자의 고통이 매우 심하다고 판단되는 경우
>   – 피해자가 가까이 있어서 서로의 얼굴을 확인할 수 있는 경우
>   – 권위자의 합법성이나 동기에 의문이 제기되는 경우
>   – 자신의 행위에 대해 개인적인 책임감을 느끼는 경우
>   – 불복종 모델을 목격하게 되는 경우

1 집단에서의 정체감

1. 집단에 대한 개요

(1) 집단은 공동의 목표를 공유하는 둘 이상의 상호의존적인 개인들의 집합체

(2) **집단응집성**: 집단이 구성원들에게 매력을 느끼게 하여 집단의 일원으로 계속 남도록 하는 동기부여의 정도이다. 집단응집성이 높을수록 집단규범의 구속력이 강화되어 성과가 올라간다.

(3) **집단목표와 리더십**: 집단이 바람직한 상태로서 정한 목표를 집단목표라 하며, 이를 달성하기 위해 원조하는 행위를 리더십이라고 한다.

(4) **집단압력**: 구성원들의 사고, 지향, 행동 등을 유사하거나 동일하게끔 하는 힘을 말한다.

(5) **집단규범**: 집단의 구성원들이 공유하는 판단의 기준으로, 명확한 집단규범에는 강한 집단 압력이 따른다.

(6) **규범의 내면화**: 특정 행동에 대하여 규범적 지시가 없어도 집단규범을 따르는 것으로, 질서유지뿐만 아니라 집단 그 자체를 유지하는 역할도 한다.

2. 집단 구조

(1) 집단구조와 형성과정

① **집단구조**: 집단 구성원 사이에 안정된 상호작용이 이루어지는 형태

② 집단구조의 형성과정

    ㉠ 서로를 커뮤니케이션의 대상으로 인식하고, 시간과 장소를 공유한다는 자각이 이루어져야 한다.

    ㉡ 상대와의 공통점을 발견하고 목표를 공유한다.

    ㉢ 우리의식 형성과 집단의 일원이고자 하는 동기부여가 이루어져야 한다.

    ㉣ 동료의식 형성과 역할의 결정 및 역할기대에 따른 안정된 상호작용이 이루어져야 한다.

(2) 역할구조

① **지위**: 개인이 사회나 집단 안에서 차지하는 특정한 위치이다.

② **역할**: 집단이나 사회에서 어느 지위에 부여된 가치 · 행동양식 · 태도 등이다.

③ **역할 기대**: 조직이나 타인이 역할에 어울리는 행동양식을 예상하거나 요구하는 것이다.

④ **역할 갈등**: 일반적으로 개인은 동시에 여러 개의 역할을 갖는데, 서로 대립하고 모순된 역할 기대 사이에서 행위자가 내적 갈등에 빠지게 되는 것을 말한다.

(3) 의사소통 구조

① 집단 내 정보전달, 의사소통의 회로를 도식화한 구조

② 구성원의 중심성과 주변성의 차이를 기준으로 분류한 의사소통 구조의 네 가지 유형에 따라 과제 해결의 효율성과 구성원의 만족도가 좌우된다.

③ 의사소통 구조의 4가지 유형

수레바퀴형		정보의 전달이 중심인물(지도자)에게 집중되는 구조로, 문제 해결의 효율성은 높으나 문제가 복잡할 경우 유효하지 않으며 다른 구성원들이 불만을 갖기 쉽다.
사슬형		직속상관과 직속부하 사이에만 의사소통이 이루어지므로, 전체적으로 소통의 효과가 낮고 파벌이 형성되기 쉽다.
Y형		사슬형과 유사하다.
원형		모든 구성원이 대등한 입장에서 의사소통이 이루어진다. 업무의 효율은 비교적 낮지만 구성원의 만족도는 높다.

(4) 친교구조

① 일반적으로 하나의 집단에는 공식 집단과 비공식 집단이 있다.

　㉠ 공식 집단: 달성할 목표와 직무, 역할 등이 명확하게 정해져 있다.

　㉡ 비공식 집단

　　• 자연발생적이며 개인적인 친교에 바탕을 두고 있다.

　　• 비공식 집단에서의 인간관계와 교류는 공식 집단에서의 활동이나 업적에 영향을 준다.

② 사회측정법(Sociometry)

　㉠ 비공식 집단 내 대인관계로부터 그 집단의 역동성을 분석하는 방법으로, 구성원 간의 수용과 거부의 선택을 통해 측정된다.

　㉡ 소시오메트릭 테스트: 한 구성원이 집단 내 다른 구성원들 중 누구를 배척하는지를 조사하여 그 상호관계를 소시오그램으로 도식화하여 나타낸다.

3. 사회적 정체감

(1) 개인이 어떤 집단에 소속되어 그 집단에 동일시하게 되면, 개인적 정체감은 상실되고 집단의 한 구성원으로 자신을 정의하는 사회적 정체감을 갖게 된다.

(2) 집단에서의 개인의 사고와 행동은 대체로 사회적 정체감을 바탕으로 이루어진다.

(3) 집단에 동일시하는 정도가 클수록 그 집단의 일원이라는 사실이 자기 개념의 중요한 부분으로 자리 잡는다.

(4) 사회적 정체감을 갖게 되면 내집단, 외집단으로 사람들을 구분하여 지각한다.

4. 몰개성화 또는 몰개인화(Deindividuation)

(1) 개인이 집단 속에서 활동할 때 자신의 가치관이나 특성에 대한 인식이 약해지는 한편 집단성원의 행동이나 정서 혹은 상황에 주의집중하게 되어 개인적으로는 도저히 행하지 못할 극단적이고 비이성적인 행동을 저지르기도 한다.

(2) 몰개성화 또는 몰개인화는 집단 내 개별성원이 자신의 정체감과 책임감을 상실한 채 집단 행위에 민감해지는 현상을 말한다.

(3) 이는 집단의 반사회적 행위를 설명할 때 사용되는 개념으로, 익명성, 전염성, 암시성 등의 영향을 받는다. 특히 익명성은 몰개성화의 결정적인 영향요인으로, 익명성이 크고 구성원이 흥분상태에 놓이는 경우, 법과 도덕을 무시한 채 충동적이고 감정적인 행동을 분출할 가능성이 커진다.

> **개념더하기** 군중심리
>
> - 익명성: 군중 속의 한 사람이 됨으로써 자기의식이 약화되는 현상이다. 군중 속에서의 행동은 자기 자신의 행동이 아닌 군중 속의 누군가의 행동이 됨으로써 책임소재가 불분명해진다. 냉철한 사람이라도 군중 속에 놓이면 분위기에 휩쓸려 타인의 생각이나 감정에 따라 행동하게 된다.
> - 일체감: 자신과 같은 생각을 공유한 사람들이 다수 모이면 흥분이 되고 용기가 생긴다.
> - 군중심리의 좋은 예와 나쁜 예
>
> | 좋은 예 | 스포츠관람이나 야외활동 중 무리 속에서 평소에는 창피해 하던 화려한 응원전을 펼칠 수 있다. |
> | --- | --- |
> | 나쁜 예 | 폭도, 약탈, 집단린치 등 |

2 집단과 과제수행

1. 사회적 촉진(Social Facilitation)

(1) 혼자일 때보다 타인이 존재할 때 개인의 수행이 더 좋아지는 현상

(2) 반면, 타인의 존재가 오히려 방해가 되는 경우도 있다.

　① 대체로 쉽거나 잘 학습된 과제에서는 타인의 존재가 수행을 촉진

　② 어렵거나 잘 학습되지 않은 과제에서는 타인의 존재가 수행을 떨어뜨림

(3) 자이언스(Zajonc, 1965)의 과제 특성에 따른 차별적 효과

　① 쉬운 과제에서는 성공이 우세반응

　② 어려운 과제에서는 실패가 우세반응

　③ 사회적 촉진은 결국 타인의 존재가 우세반응을 강화시키는 현상이라고 정의함

> **개념더하기** 사회적 촉진의 발생원인
>
> - 사회적 추동이론(Zajonc, 1965): 타인의 존재가 행동에 미치는 영향을 사회적 촉진으로 보았다. 함께 행위하는 존재(co-actor)뿐만 아니라 지켜보는 사람(audience)의 존재도 그 개념에 포함시켰다.
> - 사회적 촉진에 대한 세 가지 이론
>   - 단순존재가설(Zajonc, 1965): 타인의 존재가 각성을 높여 과제수행에 정적 또는 부적인 변화를 일으킨다.
>   - 평가우려설(Cottrell, 1972): 타인에 의한 평가 우려가 추동의 선행요인이라고 주장
>   - 주의분산 갈등설(Sanders, 1981): 타인의 존재로 인한 주의 분산·갈등의 결과가 추동의 선행요인이라고 주장

2. 사회적 억제(Social Inhibition)

(1) 타인이 존재하는 것만으로도 수행이 저하되는 것이다. 예를 들면 무의미한 음절을 학습하는 것이나 미로를 완성하는 것, 복잡한 문제를 푸는 것 등에서 효율성이 감소된다.

(2) **자이언스(Zajonc)의 추동이론**: 타인의 존재가 개인의 수행에 미치는 영향
   ① 숙련된 과제의 수행: 타인이 존재할 때 더 촉진됨
   ② 숙달되지 않은 과제의 수행: 타인이 존재할 때 더 떨어짐

(3) **당구치는 사람을 대상으로 한 실험**
   ① 당구를 잘 치는 사람: 청중이 있을 때 정확도가 71% → 80%로 증가
   ② 당구를 못 치는 사람: 청중이 있을 때 정확도가 36% → 25%로 감소

(4) 타인의 존재는 호흡이 빨라지고 심박과 혈압이 증가하며, 근육이 긴장된다. 그 이유는 타인이 자신을 평가할 것이라는 평가불안이 있거나, 과제뿐만 아니라 타인에게도 주의를 기울여서 인지체계에서 과부하가 일어나는 주의산만이 일어나기 때문이다.

3. 사회적 태만(Social Loafing)

(1) 사회적 태만은 일반적으로 개인이 혼자 일할 때보다 집단으로 일할 때 노력을 절감하여 개인당 수행이 저하되는 현상을 말한다.

(2) 타인의 존재는 행동동기를 약화시킬 수 있다. 예를 들어, 여러 사람이 줄다리기를 하는 경우, 참여자는 개인이 혼자 줄을 당길 때보다 수고를 감소하는 경향이 있으며, 이를 링겔만 효과(Ringelmann Effect)라고 한다.

(3) 집단이 목표를 달성할 것이라는 기대가 낮을수록, 그 목표 달성이 개인에게 중요하지 않을수록 사회적 태만이 나타나기 쉽다.

(4) 사회적 태만으로 무임승차효과(Free Rider Effect)와 봉(鳳)효과(Sucker Effect)를 설명할 수 있다.
   ① 무임승차효과: 다른 사람의 수고에 기대어 자신의 노력을 감소하는 것
   ② 봉효과: 다른 사람이 수고를 들이지 않는 것을 보며 자신도 의도적으로 노력을 회피하는 것

(5) **사회적 태만의 원인**
   ① 책임감 분산: 사람들은 집단의 일원으로 행동할 때 그 결과에 대한 책임감을 덜 느낀다. 즉, 함께 과업을 수행하는 집단 구성원의 수가 증가할수록 책임이 분산되며, 이로 인해 개개인의 노력이 감소하여 사회적 태만이 발생한다.
   ② 노력의 무용성 지각: 사람들은 자신의 노력이 집단의 수행 결과에 그리 큰 영향을 미치지 않는다고 느끼면 노력을 덜하게 된다(Harkins & Szymanski, 1989; Kerr & Bruun, 1983).

(6) **사회적 태만의 극복 방안**
   ① 업무분담의 명확화: 사회적 태만은 자신의 일을 남에게 미루는 것에서 시작되므로 업무분담을 명확하게 하여 책임범위를 지정하는 것만으로도 상당히 줄일 수 있다.
   ② 집단크기의 적정화: 집단이 거대해지면 관리감독상 제한이 생기므로 집단크기를 관리자의 통제범위에 맞게 적정화할 필요가 있다.
   ③ 집단성과 배분의 합리화: 집단성과를 공정히 평가·배분하여 구성원의 공정성 인지에 맞게 보상하면 사회적 태만의 발생을 막을 수 있다.

- 1913년 막스 링겔만이 발견한 현상으로, 집단이 함께하는 과업에 참여하는 사람들이 증가할수록 1인당 기여도는 감소하는 효과를 의미한다.
- 링겔만은 이를 줄다리기를 통해서 확인했는데, 개인이 혼자 낼 수 있는 힘이 100일 경우 집단구성원 수가 2명일 경우에는 총 힘이 200, 10명이 될 경우에는 총 힘이 1000이 되어야 하지만, 실제로는 이렇게 되지 않는다는 것이 밝혀졌다.
- 특히 집단구성원 수가 증가할수록 개개인이 집단의 과업수행에 기여하는 정도는 감소하는 것이 확인되었다.
- 집단과업을 수행할 때 개인 공헌도가 분명히 드러나지 않는 상황이나 과업 결과에 대한 책임감이 분명하지 않은 상황에서 이와 같은 사회적 태만이 발생하기 더 용이해지는 것이다.

4. 사회적 딜레마(Social Dilemma)

(1) 한 조직에서 모든 이들이 이기적으로 행동하지 않는 한, 개인은 이기적인 행동에서 이득을 얻고 전체 조직은 손해를 보는 상황을 말한다.

(2) 너무 많은 구성원들이 개인적인 이익을 추구하기로 선택하여 즉각적인 만족을 조직의 이상적인 장기적 이익보다 선호하면 문제가 발생한다.

(3) 사회적 딜레마는 다양한 학문 분야에서 다뤄지는데, 예를 들면 심리학, 경제학, 정치학 등이다. 사회적 딜레마로 설명될 수 있는 현상은 자원고갈, 투표의 역설, 인구과밀 등이다.

(4) 사회적 딜레마를 해결하는 방안

① 공동선을 성취하기 위한 법률이나 규제안 발현

② **협동을 유도**: 협동적인 사람에게 보상을 더 주는 것

③ **공동체 의식 증가**: 사람들의 이타성에 호소

④ 집단토의 등 의사소통 활성화하여 상호 불신 해소

"사람들은 집단 내에서 서로 협동할 수도 있고 경쟁할 수도 있을 때 어떤 선택을 하는가?"

두 공범이 있는데, 따로 가두어 놓고 자백을 받는다. 자백을 하면 자백한 죄수는 석방되지만, 다른 죄수는 20년을 감옥에서 살아야 한다. 둘 다 자백을 하면 둘 다 1년형을 살게 되고, 둘 다 자백을 하지 않으면 함께 8년형을 살게 된다. 이때, 두 죄수는 둘 다 자백을 하지 않아 8년형을 살게 된다. 둘 다 자백을 하면 1년만 살 수 있지만, 서로를 믿지 못해서 생기는 해프닝이다.

구분	협동행위	비협조행위(A)
협동행위	공동 이익(1년)	A 이익, B 손해 (석방, 20년)
비협조행위(B)	A 손해, B 이익 (20년, 석방)	공동 손해(8년)

3 집단의사결정

1. 집단극화(극단이행)

(1) **집단극화**: 집단 내의 토론을 통해 집단의 주도적인 견해나 경향성이 강화되는 현상

(2) **모험적 이행**: 혼자서 결정을 내리는 경우보다 집단에서 결정하는 경우 모험적인 결정을 하게 됨

(3) **보수적 이행**: 집단의 의사결정에서 보수적이고 신중한 방향으로 결정 내려지는 경우

(4) **집단극화의 원인**

① 설득주장이론: 집단토의 시 새롭고 다양한 의견에 구성원이 설득 당하는데, 그중에도 극단적인 의견에 쉽게 설득 당한다.

② 사회비교이론: 타인과의 비교로 자신의 것을 인정받으려는 경향이 타인과의 토의 진행 안에 자신의 것이 부족해 보이는 경우 극단적으로 의견을 제시한다.

③ 사회정체성이론: 집단규범의 동조현상이 집단극화를 일으키고 내집단은 의견차이가 극소화되고, 외집단과는 극대화된다.

2. 집단사고

(1) **집단사고**: 집단의사결정 과정에서 존재하는 동조의 압력으로 인해 충분한 논의가 이루어지지 못한 상태에서 합의에 도달하는 현상

(2) 집단사고에 영향을 주는 선행조건인 집단 응집력, 구조적 결함, 상황적 요인이 집단사고의 증상인 집단능력 과신, 집단의 폐쇄성, 획일화 압력으로 나타나며 결국 이것은 의사결정의 질을 저하시켜 정책실패 곧 비합리적 의사결정으로 이어진다.

(3) **브레인스토밍**: 기존의 사고방식에 얽매이지 않고 독창적인 아이디어를 창출하기 위해 집단의 기능을 이용하는 집단사고법이다. 브레인스토밍의 목적은 집단 아이디어가 오가는 과정에서의 연쇄반응과 발상의 촉진을 기대하는 데 있다.

(4) **집단사고의 원인(Janis)**

① 집단구성원들의 강한 응집성

② 집단의 외부로부터의 단절

③ 집단 내 대안들을 심사숙고하는 절차의 미비(성급한 만장일치의 촉구)

④ 리더의 지시적 성향, 판단에 대한 과도한 확신

⑤ 더 나은 방안을 발견할 가능성이 결여된 데 따른 과도한 스트레스 등

3. 집단합리화

(1) 결정과 상반되는 증거가 나올 경우 그 가치를 깎아내린다.

(2) 상호건설적인 비판을 허용하는 개방적 분위기가 필요하다.

11 사회심리학 적중문제

01

다음 중 태도의 구성요소로 옳지 않은 것은?

① 경험과 학습을 통해 얻은 지식, 신념 등
② 말투, 표정, 몸짓의 모양새
③ 대상에 대한 정서적인 반응
④ 대상에 대한 행동의 경향

02

다음 중 집단의 구성원이 다수자에 의한 집단표준을 따르도록 작용하는 심리적 압박을 일컫는 말은?

① 동화　　　　　② 귀인
③ 복종　　　　　④ 동조

정답 및 해설

01　　　　　정답 ②

태도의 구성 요소는 인지적 요소, 감정적 요소, 행동적 요소이다.
② 일상생활에서의 행동의 모양새를 나타내므로, 태도에 해당하지 않는다.

02　　　　　정답 ④

④ 타인 또는 집단이 제시하는 표준이나 기대에 따라 그와 유사하거나 동일한 판단·행동을 하는 것을 동조라고 한다. 동조는 결과적으로 집단 내의 획일성(Uniformity)을 야기한다.
· 동조압력: 직장이나 학급과 같은 특정 집단에서 의사결정을 할 때 소수 의견을 가진 이에 대하여 암묵적으로 다수의 의견에 따를 것을 강요하는 것

03

다음 중 동조의 원인으로 적절하지 않은 것은?

① 집단의 정보를 자신의 의견이나 판단의 근거로 하기 때문이다.
② 다수로부터 자신의 입장이나 안전을 지키기 위함이다.
③ 다수가 소수에 대하여 동조할 것을 암묵적으로 압박하기 때문이다.
④ 권위, 권력을 가진 사람으로부터의 요청이 작용하기 때문이다.

04

다음 중 권위자의 명령이 가해졌을 경우 이를 맹목적으로 따를 수도 있음을 실험으로 제시한 학자는?

① 밀그램   ② 애쉬
③ 로젠버그   ④ 카텔

05

다음 중 성격특성을 나타내는 형용사 목록을 만들어 중심적 특성을 축으로 전체적인 인상이 형성된다고 주장한 학자는?

① 애쉬   ② 페스팅거
③ 와이너   ④ 로젠버그

06

다음 〈보기〉의 내용이 설명하는 용어로 가장 적절한 것은?

> **보기**
> 1964년 미국 뉴욕시내에서 키티 제노비스라는 여성이 새벽녘에 집 앞에서 강도를 만나 살해된 사건에서 유래하였다. 키티가 강도로부터 피습을 받기 시작해서 살해될 때까지 45분 동안이나 피습을 받고, 최소한 38명의 목격자가 있었지만 신고한 사람이 한 사람도 없었다.

① 키티 제노비스 효과
② 방관자 효과
③ 규범응보
④ 사회적 규범

07

다음 〈보기〉의 내용이 설명하는 용어로 가장 적절한 것은?

같은 실수라도 상대방이 나를 '실력 있다고 보는지 없다고 보는지'에 따라 '금상첨화'가 될 수도 있고, '설상가상'이 될 수도 있다.

① 친숙성　　　　　② 유사성

③ 완벽성　　　　　④ 실수효과

08

다음 중 단순접촉효과로 설명되는 대인매력의 유형은?

① 친숙성

② 유사성

③ 신체적 매력

④ 근접성

03　　　　정답 ④

④ 복종에 해당하는 설명이다. 복종(Compliance)은 상대방의 권위나 권력 때문에 상대방이 요청하는 것에 따르는 것이다.

04　　　　정답 ①

① 미국의 심리학자 밀그램(Milgram)은 실험에서 폐쇄적인 환경에서 권위자의 지시에 따르는 인간의 심리를 밝혔다.

③ 로젠버그(Rosenberg)는 미국의 심리학자로, 자기이미지를 표현하는 10개의 문항을 통해 자존감을 측정할 수 있는 자존감 척도를 개발했다.

④ 카텔은 인간의 지능을 유동성지능과 결정성지능으로 구분하였다.

05　　　　정답 ①

① 애쉬(Asch)는 인상 형성이 '다정하다', '따뜻하다'와 같은 중심적인 특성에 다른 정보가 체계화되어 이루어지는 것이며, 특성 하나하나의 총합은 아니라고 주장하였다.

06　　　　정답 ②

② 방관자 효과: 위급한 상황에서 곤경에 처한 사람을 여러 사람이 목격했을 경우 '누군가 다른 사람이 돕겠지'라는 생각으로 오히려 아무도 돕지 않는 결과를 초래하기도 한다.

07　　　　정답 ④

④ 실수효과: 미국 심리학자 애런슨(Aronson)의 실험에 따르면, 사람들은 사소한 실수를 하는 사람이 더 매력적이라고 생각한다고 했다. 능력은 완벽한데, 사소한 실수를 하면 '저 사람도 우리와 다르지 않구나'라고 생각하며 인간미를 느끼고 호감도가 늘어났다. 다만, 평범한 사람의 경우에는 실수를 하면 호감도가 낮아졌다. 잘난 사람은 사소한 실수를 하는 게 인기를 얻는 길이고, 평범한 사람은 실수를 하지 않는 게 호감도가 더 높았다.

08　　　　정답 ①

① 단순접촉효과(Mere Exposure Effect) 또는 노출효과란 그다지 관심이 가지 않는 상대라도 접촉하는 횟수가 많으면 그 사람에게 호감을 갖게 되는 현상으로 친숙성에 해당한다.

대인매력 형성의 영향요인

근접성 (Proximity)	지리학적 거주지 혹은 다른 형태의 공간적 접근성, 즉 서로 가까이 있는 것을 의미
친숙성 (Familiarity)	접촉의 빈도수
신체적 매력	외모의 중요성
유사성	상호간 유사한 정도를 의미
보상성과 보완성	내게 보상과 이익을 주거나 득이 되는 사람

09

성취행동에 대한 귀인유형 중 외부적이면서 불안정한 것은?

① 노력
② 과제 난이도
③ 능력
④ 운

11

A군이 길에서 노인의 짐을 들어드렸다. 이러한 행위가 켈리의 공변원리에 따라 내부귀인이 되려면 어떤 전제가 있어야 하는가?

① 모든 사람이 그때 그 노인의 짐을 들어드리려 하였다.
② A군이 마침 그때 그 노인의 짐을 들어드리고 싶었다.
③ A군은 가끔 어떤 사람에게 그러한 행동을 한다.
④ A군은 언제나 모든 사람에게 그러한 행동을 한다.

10

다음 중 켈리(Kelly)의 공변원리에 의한 귀인에 적용되지 않는 정보는?

① 일치성
② 안정성
③ 일관성
④ 특이성

12

다음 중 동일한 행동에 대하여 자신에게는 외적 귀인을 하고, 타인에게는 내적 귀인을 하는 경향을 일컫는 말은?

① 행위자–관찰자 편향
② 고정관념
③ 부정적 편향
④ 이기적 편향

13

다음 중 선물을 받았으면 답례를 하거나, 상대의 호의에 고마움을 표시함으로써 성립하는 대인관계의 이론은?

① 사회적 침투이론
② 자기개방이론
③ 상호성 원리이론
④ 사회적 교환이론

14

다음 〈보기〉의 내용이 설명하는 용어로 가장 적절한 것은?

> **보기**
>
> 기업이 대중에게 평판이 좋은 스포츠 스타를 광고 모델로 내세우자 해당 상품의 매출이 크게 증가하였다.

① 초두효과
② 후광효과
③ 피그말리온효과
④ 베블런효과

09 정답 ④

④ 운은 원인소재가 외부이면서 불안정한 귀인요소이다.

10 정답 ②

① 다른 사람들도 그 사람과 같은 반응을 하는가?
③ 때와 상황에 관계없이 그 사람의 반응이 일관되어 있는가?
④ 그 사람이 다른 상황(대상)에 대해서 같은 반응을 하는가?

11 정답 ④

④ A군의 선행이 내부귀인이 되려면 공변모델의 일관성, 특이성, 일치성 중 일관성만이 높아야 한다.
• 일관성↑ : A군은 지난번에도 다른 노인의 짐을 들어드렸다 (다른 때도 그러함).
• 특이성↓ : A군은 급우나 후배, 선생님 등 주위 사람들에게 모두 상냥하다(특정 대상에 국한되지 않음).
• 일치성↓ : 다른 사람들은 그 상황에서 모두 모른 척하였다 (다른 사람들과 다름).

12 정답 ①

① 행위자-관찰자 편향이 발생하는 이유로는 자신이 관찰자일 때는 타인의 행동에 주목하지만, 자신이 행위자일 때는 행동이 일어나는 상황에 주목하기 때문이다. 예를 들어, 타인이 숙제를 늦게 내면 게을러서 그런 것이고, 내가 늦게 내면 너무 바빠서라고 생각한다.

13 정답 ④

④ 사회적 교환이론이란 대인관계를 보수와 비용이 따르는 행동의 교환으로 보는 개념이다. 여기서 보수란 교제를 통해서 얻는 욕구충족, 가치실현 등의 모든 자극을 가리키며, 비용은 교제를 하는 데 드는 시간, 수고, 정신적 에너지 등을 의미한다. 즉, 인간관계의 성립과 유지는 들인 노력에 대하여 얼마만큼의 보상을 받느냐에 달려 있다.

14 정답 ②

② 후광효과는 일종의 지각오류로, 어떤 대상을 평가하거나 판단할 때 대상의 부분적 특성에 주목하여 대상에 대해 비객관적으로 판단하는 심리적 특성을 말한다. 〈보기〉의 내용에서 해당 상품의 매출 상승은 대중에게 평판이 좋은 스포츠 스타의 이미지가 후광효과로 작용한 것이라고 볼 수 있다.

PART
2

15

다음 중 집단으로 구호를 외치거나 손뼉을 칠 때 일인당 음량이 줄어드는 현상은?

① 사회적 태만
② 사회적 보상
③ 사회적 억제
④ 사회적 촉진

17

다음 중 응종을 얻어내는 방법이 아닌 것은?

① 문간에 발 들여놓기
② 면전에서 문 닫기
③ 낮은 공 기법
④ 솔직하게 대하기

16

다음 〈보기〉의 상황을 설명하는 용어는 무엇인가?

> **보기**
>
> 침입한 4명의 무장 강도들이 은행 직원들을 인질로 삼아 6일 동안 경찰들과 대치한 상황에서 처음 벌어졌다. 범죄자들이 인질들에게 공포감을 주면서도 가끔씩 친절과 호의를 베풂으로써 그들과 동화되게 하여 그들을 쉽게 사로잡았는데, 경찰이 인질들을 보호하고 증언을 요청해도 그들은 오히려 경찰을 적대시하며 증언을 거부하는 모습을 보였다.

① 리마 증후군
② 스톡홀름 증후군
③ 리플리 증후군
④ 뮌하우젠 증후군

18

하늘이는 분홍 원피스와 검정 원피스를 두고 고민하다가 결국 검은색 원피스를 구매하였다. 검은색 원피스 구매 후 하늘이는 구매 전보다 검정 원피스가 더 예쁘고 구매하지 않은 분홍 원피스가 별로 예쁘지 않다고 평가하게 되었다. 다음 중 이러한 현상과 관련된 심리학 용어는?

① 동조현상
② 가산법칙
③ 피그말리온 효과
④ 인지부조화이론

19

다음 중 기본적 귀인오류에 해당하는 내용으로 가장 옳은 것은?

① 성공은 자신이 잘했기 때문이고 실패는 남들이 못했기 때문이라고 생각한다.

② 다른 사람들이 과제를 끝내지 못했을 때는 게으르기 때문이라고 생각하지만 자신이 일을 못 했을 때는 업무량이 너무 많았다고 생각한다.

③ 어떤 사람의 행동에 대해 원인을 찾을 때, 그 사람의 내적인 성향을 과대평가하고 외적인 상황을 무시하는 경향을 보인다.

④ 대상을 평가하는 데 있어 긍정적인 정보와 부정적인 정보가 함께 있을 때 부정적인 쪽이 전체적인 인상을 좌우하게 된다.

20

다음 중 스턴버그(R. Sternberg)의 사랑의 이론에 관한 설명으로 옳지 않은 것은?

① 사랑의 유형은 9가지이다.

② 친밀감은 사랑의 정서적 측면을 반영한다.

③ 친밀감, 열정, 책임은 사랑의 3요소이다.

④ 책임은 사랑의 인지적 측면을 나타낸다.

15 　　정답 ①

① 사회적 태만이란 다수가 같은 작업을 함으로써 개개인의 평가가 이루어지지 않을 경우 혼자 수행할 때보다 최선을 다하지 않게 되는 현상을 말한다.

16 　　정답 ②

② 스톡홀름 증후군: 인질이 인질범에게 동화
① 리마 증후군: 인질범이 인질에게 동화
③ 리플리 증후군: 허구를 진실이라 믿고 거짓된 행동과 말을 상습적으로 반복하는 인격장애
④ 뮌하우젠 증후군: 신체적 증상이나 없는 사실을 거짓으로 만들어 관심과 동정을 이끌어 내려하는 정신질환

17 　　정답 ④

응종을 얻어내는 방법에는 문간에 발 들여놓기, 면전에서 문 닫기, 낮은 공 기법이 있다.

18 　　정답 ④

④ 인지부조화이론의 '의사결정 후의 부조화'에 해당하는 사례로 하늘이가 이미 검정 원피스를 구매하였기 때문에 그 결정을 더욱 합리화하기 위해 검정 원피스의 가치를 높게 평가하고 분홍 원피스에 대해서는 부정적인 평가를 하게 된 상황을 보여준다.

19 　　정답 ③

③ 기본적(근본적) 귀인 오류: 사회적 행동의 원인을 추측할 때 상황이나 환경과 같은 외적 요인은 충분히 고려하지 않고 귀속이 행위자의 특성이라는 내적 요인에만 치우치는 경향
① 자기 고양 편파
② 행위자–관찰자 편향
④ 부정적 편향

20 　　정답 ①

스턴버그(R. Sternberg)는 사랑의 3요소인 친밀감, 열정, 헌신(책임)이 어떻게 조합되느냐에 따라서 다시 8가지 유형의 사랑으로 나누었다. 사랑의 8가지 유형은 비사랑(Nonlove), 우정(Liking), 짝사랑(Infatuation), 공허한 사랑(Empty Love), 낭만적 사랑(Romantic Love), 얼빠진 사랑(Fatuous Love), 우애적 사랑(Companionate Love), 완전한 사랑(Consummate Love)이다.

PART
2

좋은 책을 만드는 길
독자님과 함께하겠습니다.

도서나 동영상에 궁금한 점, 아쉬운 점, 만족스러운 점이
있으시다면 어떤 의견이라도 말씀해 주세요.
SD에듀는 독자님의 의견을 모아 더 좋은 책으로 보답하겠습니다.

www.sdedu.co.kr

2023 ALL-IN-ONE 군무원 심리학

개정3판1쇄 발행	2023년 02월 06일 (인쇄 2022년 12월 21일)
초 판 발 행	2019년 11월 05일 (인쇄 2019년 10월 22일)
발 행 인	박영일
책 임 편 집	이해욱
편 저	SD 군무원시험연구소
편 집 진 행	신보용
표지디자인	조혜령
편집디자인	박지은 · 장성복
발 행 처	(주)시대고시기획
출 판 등 록	제 10-1521호
주 소	서울시 마포구 큰우물로 75 [도화동 538 성지 B/D] 9F
전 화	1600-3600
팩 스	02-701-8823
홈 페 이 지	www.sdedu.co.kr
I S B N	979-11-383-4011-3 (13350)
정 가	25,000원